中国石化
SINOPEC
40
1983-2023

奋进新征程 建功新时代

——中国石化优秀故事百篇

中国石化党组宣传部◎编

中国石化出版社
HTTP://WWW.SINOPEC-PRESS.COM

内 容 提 要

本书分为“国之重器”“美好生活”“大国工匠”三个篇章，运用大视角、小切口的图文和视频形式，多角度展现了中国石化在落实国家宏观调控政策、实施国家重大战略、保障能源资源安全、抗击重大自然灾害、推进脱贫攻坚、民生工程等方面发挥的重要作用，内容丰富，文辞优美，具有较强的可读性，可供企业宣传文化领域工作者以及石油石化等领域广大员工参考阅读。

图书在版编目（CIP）数据

奋进新征程　建功新时代：中国石化优秀故事百篇 / 中国石化党组宣传部编. — 北京：中国石化出版社，2023.6

ISBN 978-7-5114-6989-2

Ⅰ. ①奋… Ⅱ. ①中… Ⅲ. ①石油化工企业—先进事迹—中国 Ⅳ. ①F426.22

中国国家版本馆CIP数据核（2023）第078784号

中国石化出版社出版发行

地址：北京市东城区安定门外大街58号

邮编：100011　电话：（010）57512500

发行部电话：（010）57512575

http://www.sinopec-press.com

E-mail：press@sinopec.com

北京艾普海德印刷有限公司印刷

全国各地新华书店经销

*

710×1000毫米　16开本　21.25印张　390千字

2023年6月第1版　2023年6月第1次印刷

定价：68.00元

编 委 会

PREFACE >> 前　言

党的二十大擘画了全面建成社会主义现代化强国、以中国式现代化全面推进中华民族伟大复兴的宏伟蓝图，吹响了奋进新征程的时代号角。作为能源化工央企，中国石化以党的二十大精神为指引深入学习贯彻党的二十大精神，主动从“党之大计”“国之大者”中找准方向，满怀信心谱写中国式现代化石化新篇章。

今年是中国石化成立 40 周年。在 40 年的成长历程中，石化人进行了许多艰苦卓绝的探索和奋斗，完成了多项党和人民赋予的重任，这其中也有着许多不为人知的精彩故事。如果能够以故事为载体、以传播为目的、以细节为笔触、以共情引共鸣，在宏伟壮丽的事业中，为“国之大者”的“骨架”增添“血肉”，丰富文化的“纹理”，会不会让她的形象更为立体？答案是肯定的。挖掘它们、传播它们，让更多的人听到、听懂石化故事，也是我们的重要责任，更是贯彻落实党的二十大报告中“讲好中国故事、传播好中国声音”重要要求的生动实践。

这里的故事，每一个都非常精彩。从“国之重器”到“美好生活”，再到“大国工匠”，3个篇章、100余篇故事，运用大视角、小切口的图文和视频形式，多角度展现了中国石化重大战略站排头、创新引领当大任、大事难事挺在前、社会公益显情怀，以及脱贫攻坚尽锐出战、抗击疫情闻令而动的家国情怀；全方位展现了中国石化广大干部员工把党的初心使命融入“爱我中华、振兴石化”的血脉中，把为党分忧、为国尽责、为民造福熔铸于“为美好生活加油”的实践中的良好精神风貌和鲜明时代风采。故事中的主人公，有扎根一线数年守卫能源安全的“孤勇者”、有身居闹市埋首科研不问功与名的“探索者”、有面对疫情毫无退缩保障油品供应的“逆行者”、有在异国他乡坚守岗位履职尽责的“拼搏者”、有在贫困地区带领村民脱贫攻坚的“奋进者”……每一个故事背后，反映的是一个人的成长奋斗史，也是一家企业的发展壮大史。

故事有你有我。每一篇文章、每一个视频，都在用心记录着、讲述着。在回溯这条追逐星辰大海的复兴之路时，我们可以看到自己对初心使命的坚守，对精神传统的传承，对民生责任的担当，对人性至善的追求。

读着、读着，唯有献上崇敬和赞扬。

本书编委会

CONTENTS >> 目录

国之重器

美好生活

大国工匠

奋进新征程　建功新时代
——中国石化优秀故事百篇

国之重器

打破碳纤维技术封锁的“国家队”

上海石化

2022 年 10 月 10 日，我国首个万吨级 48K 大丝束碳纤维工程第一套国产线在上海石化碳纤维产业基地投料开车，并生产出合格产品，产品性能可媲美国外同级别产品，质量达到国际先进水平。上海石化成为我国第一家、全球第四家掌握 48K 大丝束碳纤维产业化技术的企业。

消息传来，整个中国石化为之振奋。因为，这标志着中国石化大丝束碳纤维从关键技术突破、工业试生产、产业化，成功走向规模化和关键装备国产化，一举破除我国碳纤维生产和装备受制于人的被动局面，真正实现了自主可控。

大丝束碳纤维成功投产的背后，浓缩着我国碳纤维技术研发的艰辛历程。

碳纤维被称为“新材料之王”，密度不到钢的 1/4，强度却是钢的 7 至 9 倍，兼具耐腐蚀、高模量特性。但是，碳纤维技术壁垒森严，被日本、美国等少数发达国家牢牢封锁。

泱泱大国，岂容新材料发展成为空白。

2007 年，中国石化作为“国家队”站了出来，决策部署 PAN（聚丙烯腈）基碳纤维的研发和产业化攻关工作，建设项目的重任落到了上海石化的肩上。

胸怀“国之大者”，打造“国之大器”，上海石化把碳纤维的研发生产，作为“在经济领域为党工作”的具体实践和为国家作贡献的重大使命，迅速成立了党政主要领导挂帅的碳纤维攻关领导小组，并组建了攻关团队。

“为国家造碳纤维！”振奋人心的消息在科研院所、高校、企业之间传递。在中国石化、上海市政府的大力支持下，上海石化与上海石油化工研究院、上海工程公司、复旦大学等 10 多家单位协同攻关。高校提供基础理论研究成果，企业开发工程化技术，相互之间无缝对接。为了在跨越技术鸿沟的同时少走弯路，团队制定了“三不原则”，即不摸黑前行、不无谓模仿、不盲目试错。上海石化在明确目标的指引下，逐步积累了丰厚技术。

2008 年 11 月，碳纤维原丝中试装置建成。团队起早贪黑，经过 120 个

日日夜夜试验，成功试制出性能优异的12K小丝束碳纤维（即由1.2万根碳纤维丝组成）的原丝，并形成了具有自主知识产权的成套技术。

首战告捷后，上海石化立即着手建设3000吨／年原丝、1500吨／年12K小丝束碳纤维项目建设。2012年9月，一阶段项目500吨／年碳纤维装置投产。

小丝束碳纤维很快就进入新材料应用领域，改变了国内一些领域的传统做法。如碳纤维抽油杆，最长可达5000米，可长驱直入地下，解决油田作业中套杆连接、起下工作时间长，金属杆易腐蚀、使用寿命短，运行中耗电大等问题，在胜利油田等国内大油田深受欢迎，成为上海石化碳纤维应用的一张亮丽名片。

然而，小丝束产能低，导致碳纤维成本高，国内企业普遍用不起。

为国家造大丝束碳纤维势在必行。上海石化将目标锚定48K大丝束（即由4.8万根碳纤维丝组成），它的最大优势，就是单线产能高、质量性能好，可有效降低生产成本，让碳纤维不再高不可攀。

但是，从12K小丝束到48K大丝束，并不是简单地把喷丝口数量从1.2万个放大到4.8万个，里面有很多关键核心技术。

攻关的号角再次吹响，上海石化科研人员以敢为人先的创新精神投身攻坚战。从2016年5月开始，他们全身心扑在小丝束碳纤维装置上，展开对

48K 大丝束原丝工业化的研究，进行原丝氧化碳化试验。

功夫不负有心人。2018 年 1 月，终于开发出大丝束碳纤维的聚合、纺丝、氧化碳化工艺技术，形成了千吨级 PAN 基 48K 大丝束碳纤维成套技术工艺包的技术基础。

3 月 8 日，迎来一个激动人心的时刻。原料经过聚合、纺丝、牵伸后，化身洁白的原丝，再先后进入氧化炉、碳化炉经受“烤验”，然后一身黑亮的碳纤维“破炉而出”——12K 小丝束碳纤维装置上诞生了国内真正意义上的 48K 大丝束碳纤维，并且技术达到国际先进水平，创造了我国碳纤维制造史上的奇迹。科研人员在现场激动得欢呼雀跃：“我们终于练成了属于自己的独门绝技！”

十五年苦练内功，截至目前，中国石化已累计拥有碳纤维相关专利 251 项、碳纤维复合材料专利 46 项，专利排名国内第一、世界第三。

在不断攻克碳纤维技术堡垒的同时，上海石化还和国内制造企业一起开展碳纤维关键设备攻关，解决关键设备依赖进口的“卡脖子”问题。令人自豪的是，上海石化目前投用的 48K 大丝束碳纤维生产线，氧化炉、碳化炉等关键设备已经实现国产化。

在致力于碳纤维生产的同时，上海石化还联合国内相关企业，积极推进碳纤维及其复合材料在各个领域的创新应用。以上海石化碳纤维为材料，在青岛跨风河大桥上实现了大跨度空间结构碳纤维索的颠覆性应用，跻身世界先进行列；实现了碳纤维复合材料前端模块在时速 400 公里动车组上的安装应用，以及碳纤维复合材料车头罩在高速地铁列车上的批量应用；制造出了举世瞩目的碳纤维冬奥火炬，成为世界首创，并破解了碳纤维复合材料火炬外壳在 1000℃高温制备过程中起泡、开裂等世界难题，为推进碳纤维及其复合材料核心技术的攻关提供了宝贵经验。

心系祖国、志存高远，“国家队”向碳纤维关键核心技术进军的步伐更加坚定，让“新材料之王”更好服务国家能源、交通等高端领域，助力中国智造，为实现伟大中国梦加油。

油气宝藏“开锁记”

西南石油局

四川盆地虽然天然气资源丰富，但地质条件先天不足，天然气存在于岩石的微小孔隙中，就像被束缚在一个个孤立的房间里，无法自由流动。因此，要将这些天然气从地下几千米深的地层中开采出来，必须解决天然气“出行”的难题。

无限级分段压裂技术可以将岩石孔隙中各个孤立的天然气单元体连接起来，让它们能顺畅离开“房间”并汇集到一起。然而，当时国际上的水平井分段压裂技术，要么分段级数有限，要么作业工序复杂、周期长、费用昂贵，无法满足国内非常规气藏“无限级”压裂需求。

“咬定青山不放松，立根原在破岩中”

为了攻破这一技术难关，智能滑套工具研发团队正式成立，并开始了漫长的研发之旅。

2010 年，这支团队初建，那时，团队里有实习期的“愣头青”，有改制转岗的“门外汉”，有非机械专业的“外来户”，有看不懂图纸的“零起步”……

就是这样一支被伙伴们戏称为“来自五湖四海的大杂烩”的团队，研发出井下全通径无级滑套系统，为世界众多油气田的高效、低成本开发提供了一个全新选择。

研发初期，没有标准的试验场地和器械，技术员们就在老乡那里买了十来个背篓，每天装着几十斤的开启工具，在清理出来的场地内往返搬运上百趟，在试验场地步行往返上万米。

藤编的背篓磨破了肩膀，钢制的工具磨穿了背篓。

从“无”到“有”，从“零”到“一”，所有的一切都出自团队之手，需要车零件，他们就自己动手发明一个车床来加工；需要做试验，他们就发明一个工具配套验证装置来检验自己的想法。

从理念的诞生，到井下全通径无级滑套最初的样子，到滑套系列化，再到新材料应用，这支团队保持着对创新的执念，坚韧与笃定默默生根发芽。

“山重水复疑无路，柳暗花明又一村”

从“零”到“一”的过程十分艰难，在工具研制过程中，团队遇到了前所未有的考验。

2011 年底，第一套滑套试制完成，在模拟井下作业环境时，钥匙却无法开启滑套，几经改进，问题依然存在。经过反复推演，团队终于找到了导致试验失败的关键。又经过大半年的反复试验和设计优化，团队创造性地进行了机械编码式无限级设计，成功解决了滑套开启的难题，使全通径无级滑套具备了入井试验条件。

可是，在入井试验时，却又遇到了新问题：滑套误开了不对应的“锁”！虽然经过全力排查，反复改进，入井试验还是遭遇了“三连败”。

连续的打击让团队一度消沉，就像在长跑中身体的承受能力达到了“极限”，每前进一步都异常艰难。

就在大家一遍又一遍梳理问题时，一个小细节引起了研发人员的注意：在井下压力和温度条件下，工具的受力情况、配合关系发生了变化。经过计算、分析，团队很快确定了这就是导致滑套误开的关键原因。

“拨开云雾见天日。”这个发现让整个团队看到了希望。通过反复改进和试验，团队终于迎来了胜利。

2015 年 9 月，改进后的全通径无级滑套在高庙 33-10HF 井现场应用取得成功，开始在川西气田整体应用。

2016 年，全通径无级滑套在江沙 33-19HF 井中全面突破，完成了 30 段分段改造，创外径 139.7 毫米套管内油管带封隔器不动管柱施工段数最多的世界纪录，这也标志着装置真正实现了“分段不受限、管柱全通径、单段可开关、作业全连续”的功能，达到“国际领先”水平。

“长风破浪会有时，直挂云帆济沧海”

团队研发的井下全通径无级滑套系统，创造了致密砂岩气藏不动管柱封隔器分段压裂分段数世界纪录，现场累计应用近 200 口井。

以该工具为核心的精细分段压裂技术，每天为四川省新增数百万立方米天然气清洁能源，可满足千万级人口城市居民用气，为四川省经济社会发展作出积极贡献。

基于该工具的一体化建井新模式，打破了传统井身结构设计思维的局限，引领了天然气开发技术新方向。

这支研发团队，发明了井下全通径无级滑套系统、喷封压一体化工具、全通径封隔器、活动式井下节流器、可折叠软体储液罐等10余项系列核心工具。

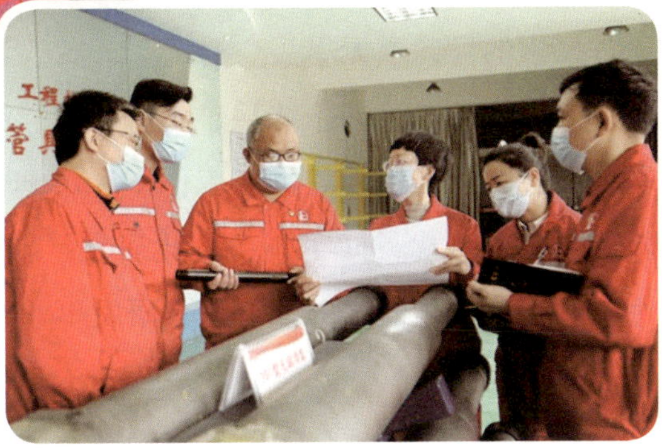

形成的科技成果先后获中国专利银奖1项、中国石化技术发明一等奖1项、四川省技术发明一等奖1项、中央企业熠星创新创意大赛三等奖1项。获美国等7个国家19件专利，获中国发明专利34件及实用新型专利21件。

团队荣获2021年全国工人先锋号、2018年度四川省工人先锋号、中国石化优秀创新团队等荣誉，培养出全国五一巾帼标兵、四川省劳模、中国石化劳模、井下工具专家及多位高精尖技术研发人才。

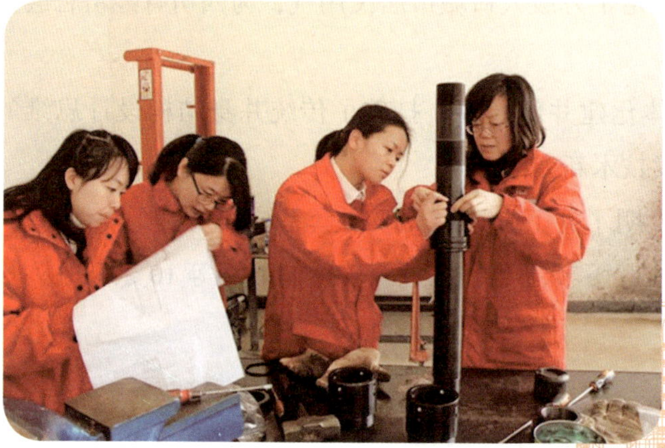

“路漫漫其修远兮”

探索的征途永无尽头。

研发团队通过岗位练兵、头脑风暴、劳动竞赛持续提升技术人员专业水平，通过打造劳模专家创新工作室和巾帼创新工作室，搭建平台引领员工创新、创效、创优，向工具系列化研发、新材料应用等领域发起了新的挑战，用匠心绘制引领油气田井下工具研发事业的崭新未来。

（本文获第五届中央企业优秀故事图文类优秀奖）

我有熔喷布，谁有口罩机？

物资装备部（国际事业公司）

“我有熔喷布，谁有口罩机？”2020 年 2 月 6 日下午 4 点，中国石化的一则帖子，迅速引爆全网。仅仅 15 分钟，联系人“沈先生”——中国石化物资装备部（国际事业公司）易派客公司总经理沈中祥的手机就被“打爆”了。帖子引起了社会各界的广泛关注和热烈响应，成为疫情期间家喻户晓的“英雄帖”。今天，我们要讲述的，就是英雄帖背后的故事。

2020 年初，随着新冠肺炎疫情肆虐，口罩采购难度不断加大！存量不够，中国石化就做增量！为解决资源紧缺的问题，快速组建生产线，提升口罩产能刻不容缓。

2020 年 2 月 5 日，国资委召开紧急会议，号召央企快速增产口罩，中国石化集团公司党组当机立断，跨界增产！时任董事长张玉卓说，生产口罩能多快就生产多快，能生产多少就生产多少。

熔喷布是口罩的“心脏”。敏锐察觉到市场的需求变化后，中国石化提前锁定了100多吨的熔喷布资源，可以生产1亿只平面口罩。熔喷布有了，可我们从未生产过口罩，就是立刻购买口罩机，正常设备到货也要60天。时间就是生命，必须想方设法紧急开工，又一个难题摆在面前！

2020年2月6日下午，中国石化通过易派客微信公众号及中国石化集团官方微信、微博发出了“我有熔喷布，谁有口罩机？”的英雄帖，很快微信、微博阅读量超过1000万次，沈中祥的手机也被“打爆”了。经过连夜核实、联络，当晚，易派客公司就落实了10台口罩机货源。易派客公司乐敏第二天就完成签约和付款，华南公司杨力带领催交团队，于2月20日将首批口罩机从广州空运至北京。就这样，我们不仅买到了口罩机，还把交货期从60天压缩到14天！

口罩机有了，为了早产、多产口罩，易派客公司抽调骨干，和中国石化燕山石化、北京石油的同事们组成百人攻坚队，连夜改造车间，加紧安装、调试生产线。厂房是临时改造的，现场连个凳子都没有。困了，同事们就在车里打个盹儿；饿了，就吃泡面撑一撑。吴小强、金磊、谢鹏是倒班组长，经常下了夜班也不走，直到解决当班发现的问题才肯回家，在最紧张的3个星期里，大家每天睡眠不足4小时，甚至连续36小时守在生产线。

就在现场工作紧锣密鼓开展的时候，2020年3月1日凌晨，1名同志突然高烧，39度！是不是感染病毒了？大家的心，全都提到了嗓子眼儿！高文辉是现场总指挥，他沉着冷静，立刻启动应急响应程序，带班班长金磊冒着被感染的风险，陪同病人前往医院，好在是虚惊一场，病人只是得了普通肠炎。

突击队顶住压力，昼夜大会战，到3月14日凌晨，口罩日产量超百万只。在疫情最严峻的时候，他们整整奋斗了100天，累计增产口罩2亿只！为了守护孩子们的平安，易派客公司又多方奔走协调，增上儿童口罩机高速生产线，生产儿童口罩1200多万只，向社会平价供应。

“中国石化，好样的！”当时，很多网友给中国石化点赞。

熔喷布是生产口罩的核心材料，口罩紧缺的背后是熔喷布的供应严重不足。2020 年 2 月初，国内、国外已经买不到熔喷布了，就连生产熔喷布的设备——熔喷机，也是“一机难求”。好在易派客预见到这个局面。2 月上旬，在发出“英雄帖”，协作产口罩的同时，易派客就提前组建了设备组，联系了 16 家熔喷机供应商，为建设上产做准备。

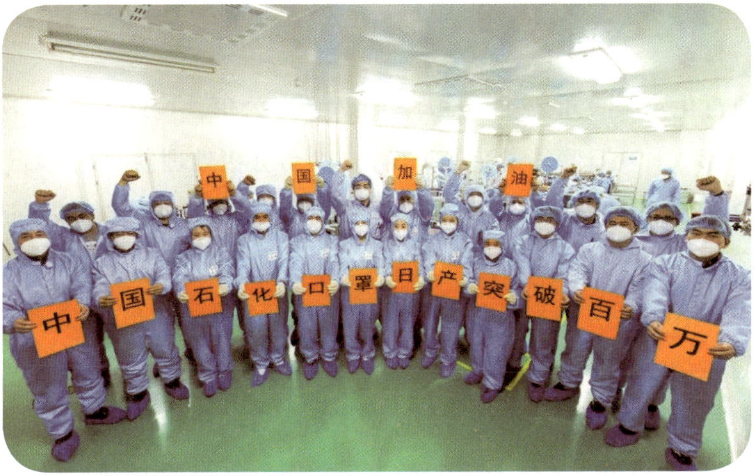

2 月 24 日，中国石化集团党组决定，火速建设 10 条熔喷布生产线。党组一声令下，易派客立即行动：国家需要什么，我们就生产什么；人民需要什么，我们就奉献什么！

可是，熔喷布项目建设需要的 28 台套设备，分散在 7 省 13 区市的 16 家制造厂，特别是熔喷机的关键部件——熔喷纺丝组件需要从德国进口，通常交货期为 9 个月。而那时多地停工停产、物流停运，想要 10 天按时到货，不误工期，想都不敢想！难不难？非常难！干不干？必须干！

张玉卓董事长 3 次赴燕山石化进行现场督导。项目建设刻不容缓，物资保障马不停蹄。

关键时刻，易派客平台的“朋友圈”发挥了作用。中国石化依托易派客，与合作伙伴一道，闯出了一条跨专业、跨行业、跨领域的跨界合作之路。

得知上海保税区保存有一组进口熔喷纺丝组件，经多方协调，这批组件转给了中国石化。易派客紧急协调海关清关，即刻发往燕山石化 。

团结就是力量，合作创造奇迹！中国石化紧急协调上海、天津、江苏、浙江、河北等地政府相关部门，在他们的大力支持下，人员复工、设备加工运输、零部件配套等一个个难题被快速解决了。

中国国航、顺丰公司与中国石化组成了物流合作同盟，保证24小时运输。

中国石化克服重重困难，8天，行程5万公里，抢运了18批次关键设备。2020年3月4日晚，最后一批设备，2台驻极处理器运抵现场，为燕山石化“12天建成一座厂”，抢出了“石化速度”！抢出了“战疫必胜”的石化力量！

无数个不眠之夜、无数个难忘瞬间、无数个动人故事。“英雄帖”的背后，彰显的是中央企业的责任担当，折射的是石油精神石化传统的时代光芒，汇聚的是无数奉献者的磅礴力量！这笔宝贵的精神财富，必将永远激励我们不忘初心、牢记使命，向着打造世界领先企业的宏伟目标奋勇前行！

为了口罩，我们拼了

燕山石化

扫码观看视频

为了口罩，我们拼了

2020年，新冠疫情暴发。在全国疫情防控的攻坚时刻，根据中国石化党组部署，燕山石化于2月24日连夜启动熔喷无纺布生产线建设项目。作为首战之区，燕山石化以“为了口罩、我们拼了”的顽强意志，打破行业常规，突破思维限制，采用边设计、边施工、边采购、边安装、边进行生产准备的方式，最终实现“12天建成首条熔喷布生产线”，以实际行动彰显了央企“国家队”的意志与实力，为打赢疫情防控阻击战作出积极贡献。

我是氢

齐鲁石化

扫码观看视频

我是氢

在中国石化唯一一家生产氯碱产品的企业——齐鲁石化，氢气从离子膜电解盐水中被生产出来，纯度高达99.99%，优于燃料氢纯度的国家标准。2021年11月30日，我国第一个百万吨级CCUS配套项目，中国石化集团齐鲁石化氢气压缩充装项目开始试运行，项目正式投用后，每年可外送氢气1千万立方米，约可供一万辆轿车分别行驶近1万公里，这一成果在为社会提供高品质清洁能源的同时，还将助力齐鲁石化一胜利油田百万吨级CCUS项目实现全流程绿色低碳运输，实现经济效益和社会效益共赢。短视频以氢气的第一口吻介绍齐鲁石化氢燃料电池氢气的建设生产过程。

七剑“探”天山

地球物理公司

乌鲁木齐市米东区铁厂沟镇天山村外，七把斑驳矗立的长剑，在默默诉说着当年的故事。

天山村是天山脚下的一个小村落，它是梁羽生先生笔下“七剑下天山”所在地，也是著名导演徐克拍摄《七剑下天山》影片的外景基地。

如今，地球物理公司胜利分公司 SGC 2107 队所承担的米泉山前带探区的地震测线，正好穿越此处。

天山是西北边陲的一条大山脉，连绵几千里，远望天山，千峰竞秀，远古的造山运动使它形成了起伏剧烈的山前地带，由于山前带推覆构造等具有很好的圈闭条件，是形成大型油气藏的基本条件，也因此成为中国石化油气突破的重点领域。

在沉寂多年后，山前带勘探再次让各个地震队逐鹿中原。

江河行地，日月经天，那些故事和故事里的人都被岁月带走。当年梁羽生武侠情怀的浪漫渐渐消散，等待物探人的，是地震勘探“江湖”的艰险。

天山北麓的工区表层地质条件非常复杂，分选性差，埋深不一，地震打井难度极大。钻井工作也因此成为影响生产组织管理和制约生产效率的一大关键环节。

此刻，钻机队长吴庆恩，这个浓眉大眼、肤色黝黑、闯荡勘探“江湖”

二十多个年头的汉子，脚踏砾石堆积的亘古地表，深感米泉项目任重道远。

凭借多年的钻井施工经验，吴庆恩和久经沙场的物探兄弟们一起，亮出了他们的七把“长剑”：铁马、曼钻、沙陀、皮龙、潜孔钻、30 风钻、爬山虎。

这七种钻机犹如梁羽生笔下的“七剑”，各有千秋，功效非凡：

曼钻、沙陀这类设备扭矩大，钻井进度快，孔径也大，易于下药，它的机动负载设备让它搬家迅速，在前期试验中发挥了功效；

潜孔钻是电机驱动的，噪声低，污染小，多使用在种禽养殖场和人员聚集区；

30 风钻，相比之下它显得更袖珍，它能化整为零，搬迁方便，非常适合山地、丘陵施工作业，成为使用最多的主力钻机；

不利于大型钻机行走的坡地，正好使用爬山虎、皮龙进行钻井。

随着一个又一个的钻机组带着“长剑”纷纷到来，天山村，这个宁静多年的小村庄一下子变得热闹起来。手持“长剑”的钻工们操着各地方言，交流着施工经验，擦拭、保养着自己心爱的钻机。人们很快忘记了这个小山村原来的名字，“钻机山庄”成了她的代名词。

“是该亮剑的时候了！”此时，近千名钻工枕戈待旦逼近天山，一场“大战”即将拉开序幕。

吴庆恩和他的战友目光坚毅。博格达峰北麓190多台钻机列队上阵，招式猛烈，发出震天的吼声。这是一种“短、平、快”的战术，首先要狠抓安全——确保平安，其次要节约时间——耗时要短，并且生产进度每天都要有新突破——要快。

米泉工区不仅地表地形复杂，在地下更是千变万化，这也是山前带的特点和难点之一。

钻机在地面上移动，地下的情景已经大不一样了，地下有坚硬的黑油石，也有柔软的胶泥层，更有容易垮井的黄土层等。不同地形参差不齐、相互交错，给安排钻机带来了极大的麻烦。

“我这里钻机实在打不下去了，可能遇到黑油石了，吴队我把桩号发给你，这3口井情况都是一样。”一个钻机组在求援。

“李老板赶快把你的曼钻调过去，该你的钻机发挥威力了。”吴庆恩对身边的分包商李老板说，李老板应声而去。

为确保一战必胜，SGC 2107 队按照工区的实际特点、进度安排和工序要求，确定了“四步走”的招式：试井工作先行、合理选配钻机、逐点落实井位、科学分配钻机。通过前期 132 口试井“亮剑”，他们试探出了不同地表、不同钻机钻井效率，查清了岩性分布，为各个击破打下了坚实基础。

在繁忙的工地上，不同型号的“长剑”钻机一辆又一辆地从吴庆恩身边驶过。任凭灰尘落了一身，吴庆恩认真地看着手里的“秘籍”，仔细掂量着每口井的分量，这些都已经深深地印在了他的心里。

这本“激发点分布地形图”，是钻机班不离手的“秘籍”，为了修炼这本“秘籍”，几个钻机班长可谓“走火入魔”，谁也记不清楚看了多少个测量点，翻越了多少座山。

他们对每纵炮点按照桩号由东向西进行了逐点踏勘、记录，每个桩号都进行了统计，了解了钻井点位的实际情况，并在奥维地图上标示了行走路线，为以后钻井队“亮剑”创造便利条件。

吴庆恩合上手中“秘籍”，拍拍身上的灰尘，消失在山间小道上。

夕阳西下，“亮剑”一天的钻工们又该收工了，迎着霞光，他们谈论着，你们组今天干了几口井，哪条路搬家更好走……

瀚海云烟迷望眼，天山剑气荡寒秋。找油，还在继续；“亮剑”，今非昔比。SGC 2107 队七把利刃“探”天山，必将演绎新的传奇！

挑战深蓝

石油工程建设

近年来，全球海洋油气开发如火如荼，海底油气管道作为连续、大量输送油气资源最快捷、最安全可靠、最经济的方式，担负着海上油气集输的重要任务，也被称为海洋油气工程的“生命线”。

石油工程建设公司胜利油建公司胜利902铺管船作为中国石化集团公司唯一一艘中深海铺管船，承载着中国石化海洋石油工程由浅海向中深海领域跨越的梦想，作为更广阔海洋上打造的石化上游“长板”利器，开创了“海陆并举”业务发展的新纪元，为集团公司“走出去”战略实施，助力国家“一带一路”建设再添一抹亮彩。

渤海湾里诞生的“石化航母”

在胜利902铺管船船长杨国凯的眼里，埕岛油田的海面上，作业中的铺管船和蓝色的海交相辉映，犹如一幅美丽的油画。

埕岛油田位于渤海南部，是中国石化唯一的规模化浅海大油田，是维系集团公司“东部油气硬稳定”战略决策的重要支柱。

这片1700多平方公里的水域里，330多座各类石油平台油气奔涌，如何将油气资源集中外输，从气候、经济性、运输效率等因素考虑，在海底建设油气集输管道网是唯一的选择。

从构想变为现实，考虑到时间跨度之大、工程量之巨，将全部工程外委建设并不划算。“咱自己可否再造一艘大型铺管船？”胜利油建公司领导层遏制不住对未来的畅想，开始着手谋划及投资论证。

日益精湛的“造船”手艺，是支撑这家公司如此大手笔的关键。早在1998年，胜利油建公司就成功建造了国内首艘超浅吃水滩海铺管船——胜利901铺管船，之后承接了铺缆船、驳船、起重船等各类船只修造，综合实力更是不容小觑。

“胜利902铺管船完全采用具有自主知识产权的设计制造技术，打破了国外公司的垄断！”每次向参观建造的贵宾们介绍时，公司主要领导总以此为傲地解说着公司的核心施工能力。

“不可轻易模仿，一定要量身订制！”在确定了建造适用于100米水深、6～60英寸管径施工能力的铺管船目标后，船型设计参考了国际标准，推演了该船需具备的系列参数：总长118.8米，型宽30.4米，型深8.4米，设计最大吃水5.8米，设计排水量16500吨，艏部设直升机平台，船舶入级CCS，专业的搭配和尺寸的优化让梦想变得“触手可及”。

编写方案的过程“痛并快乐着”，数十人的技术团队昼夜鏖战，反复论证，使用OFFPIPE软件进行海底管线铺设应力分析，利用ANSYS结构分析软件进行结构受力分析，根据相关参数自主设计、建造锚定位系统、铺管主要设备和辅助设备，数百次进行1：100比例模块化实地试验，确保上万条数据的精准可靠。

获取了桩西海工基地优先使用权后，建造项目部将24万平方米预制场地划分成各类功能区，整个船体结构分解为63个分部，分项实施模块化建造，并先后调集20支专业化建造队伍投入立体交叉作业，模块预制、舱内设备安装、船体合拢和甲板上部组块吊装、设备总装等重要里程碑节点相继完成，整船于2011年7月22日下水，2012年1月份正式投用。

自此，这艘船在渤海湾里辛勤耕耘，在埕岛油田累计建成400余公里海底油气管线和注水管线、300余公里海底电缆，为配套建成埕岛油田300万吨/年生产能力的“海上石化”立下了汗马功劳。

驰骋万里海疆的“拓荒者”

“双航母”联合出击，征战星辰大海！

自2014年起，胜利902铺管船与901铺管船双剑合璧驶出渤海湾，在外部海洋市场崭露锋芒，逐步实现了胜利油建公司外闯市场的“海洋梦”。

自渤海出发，一路遨游黄海、东海、南海，从最初建设的册子岛—镇海海底管道穿越福炼一体化项目青兰山码头海底原油输送管道工程，到赵东二期项目海底管线、西气东输二线广州—深圳支干线海底管道工程、丽水36-1气田开发项目龙湾段……

2017年4月15日凌晨2时30分，长约15.49公里、管径1219毫米、设计输油量1500万吨/年的茂名石化单点系泊海底管线顺利完成海上连头。5月19日，单点系泊接卸改扩建后第一船“凯川”轮的25.9万吨原油，标志着亚洲最大管径海底输油管线一次投用成功。

2020年5月19日上午8时25分，总长57.03公里的新奥舟山LNG海底管线登陆点完成连头，创造了国内第二大管径、单条海底管线最长施工纪录。

2022年1月15日，46.5公里的黄泽山—鱼山原油管道项目海底管道施工Ⅰ标段黄泽山端近岸段铺设开工，标志着该管线海域施工正式开始。

在不断的探索实践中，胜利油建公司积累和发展了相关配套技术，核心技术实力日益强大。

多次升级优化作业线系统，改造了20余组辊道系统、AR绞车液压站及其控制系统、液压顶升系统和控制系统、32吨吊装系统、坡口机吊装系统、液压站及其控制系统、托管架支撑辊道及升降系统……“满血状态”的铺管船在风速≤13.8 米 / 秒的海况下铺管能力稳定在每天 2.2 公里以上。

通过作业线及其配套系统的多次升级改造，推广应用了全自动焊接系统，形成了多套自主知识产权的全自动焊接工艺，铺管速度不断攀升，焊接合格率达到 98.1% 以上。

船艉设一台固定起重能力 400 吨、全回转起重能力 350 吨的电力全变频驱动起重机，使其具备了铺设海底管线和海底电缆、海上起重、海洋施工作业支持等扩展功能。

湛蓝的海面上星光闪烁，与一项项保持至今的施工纪录遥相辉映。全自动焊和辊道辅助系统的成熟应用，大幅提升了海管铺设效率，逐步实现了从滩浅海到中深水复杂海况施工的跨越。

“报告，风向东南风，艏向 150 度左右，风力 7～8 级、阵风 9 级，涌浪 1.5 米，左右晃动 3 度，锚链吃力不大！”

2021 年 7 月 25 日，超强台风“烟花”从浙江舟山群岛海域登陆，与在附近躲避台风的胜利 902 铺管船“擦肩”而过，这艘船又一次经受了极端气候的侵袭，并在台风过后迅速投入生产，更加印证了该船所具备的“石化航母”硬实力。

初心如炬演绎“七龙入海”

2020 年 10 月 31 日，胜利油建公司成功中标国内首个输送炼化产品海管项目——舟山—宁波石化基地互联互通海底管道项目，中标额高达 14.2 亿元，是中国石化建设企业迄今为止承揽的单体合同额最大的施工项目，而胜利 902 铺管船作为承揽本次工程的“全能旗舰”备受关注。

为解决鱼山炼化基地产品及所需半成品的有效输送，业主方浙江石化在舟山鱼山岛绿色炼化基地至宁波镇海中金石化之间，建设 7 条海底管道，总长度300公里。管道输送介质为PX（对二甲苯）、石油脑、液化气、乙二醇、富乙烷气、氢气、燃料油、汽柴油等10多种，管径从355毫米至711毫米不等六种，设计压力最高达10兆帕，其中三条为双向输送。

此项目开业内先河，即将创造国内首条产品油海底管线、国内首条不锈钢内衬海底管线、首条长距离X42钢海底管线等多个国内第一。

在项目前期的交流中，石油工程建设公司总经理王中红带队拜访业主领导，胜利油建公司长输管道首席专家王清元，在技术交流中详细地展示了公司在管道铺设、预挖沟、海缆铺设、后挖沟、抛石回填、清管试压等各阶段技术规范和施工方案，并帮助业主对项目进行风险评估，提供全面技术咨询服务，从而得到业主的广泛认同。

其中的乙烷气管道铺设，采用目前海管领域强度最低的X42碳素钢管，在浪花涌动的大海里，如同一根柔软的“面条”，随时都有屈曲变形的风险。项目部专门制定了保障方案，选择最为先进的进口自动焊设备对流水作业线进行全面改造，托管架进行了大幅加长，尽可能减小铺管应力，为特殊管材施工保驾护航。

仅用短短20天筹备，位于舟山群岛的小长涂岛海管预制基地即达到投产作业条件，迅速承担起16万吨海管的中转、接长预制等工作，包括码头装卸、临时仓储、预处理及焊接作业、防腐保温作业、海运等诸多环节。现场观摩的浙江石化业主、BV代表为项目部主动作为的态度和务实高效的作风多次竖起大拇指表示赞许和感谢。

至2021年10月15日，建设团队成功完成PX、燃料油管线的“二接一”陆地预制任务。在预制作业过程中，自主设计研发了管道预制对中系统及配套机具工装，强化人员、设备的紧凑磨合，优化施工组织，预制进度不断突破，累计预制管线73.81公里，为海域铺管作业奠定了坚实的基础。

胜利902铺管船启用至今，十年的时光跨度，见证过多少筑梦与追梦，就留下了多少前行的坐标。这群逐鹿浪尖上的中国石化“闯海者”，而今迈步从头越，向着更远的远方，锁定征途，只争朝夕。

给钻头装上“眼睛”

江汉油田

有一项钻井技术，叫长水平段地质导向钻井技术，通俗地说，就是钻头“先竖再横”——先竖着向下打3000多米，再“躺”着打2000米左右，在深不见底的地下“迷宫”中，让钻头如同长了“眼睛”一般，拐弯抹角沿狭窄主力气层长距离钻进，在地下精准地实现“百步穿杨”。这种让钻头“长眼睛”的技术可大幅提高单井产能，但在3000米的地层深处“穿针引线”，难度很大。

发明这项让钻头“长眼睛”的钻井技术的正是中国石化江汉油田页岩气技术开发团队。

涪陵页岩气田是我国首个实现商业开发的大型页岩气田，它的开发成功牵动着全球能源开发神经，关系着国家能源的安全，江汉油田技术团队深感责任重大。

然而，页岩气开发属世界难题，2013年，我国页岩气开发刚刚起步，开发技术、经验几乎空白。开发涪陵页岩气，就犹如赤手空拳攀登珠峰，难度可想而知！

担当国之重，使命催人进。江汉油田整合技术力量，组建技术攻关团队，紧急赶赴重庆市涪陵区焦石镇——涪陵页岩气开发核心区，一头扎进气田开发工作中。

刚到焦石镇时，小镇经常是一三五停电，二四六停水，稍不留神，晚餐变成了烛光的，洗澡变成了干搓的。他们租住的是农房，冬天冻得要命，夏天热得够呛，还常有毒蛇光临。

对于技术团队来说，生活上苦点累点都不算啥，技术上的“拦路虎”才让人头疼。

当时国外知名技术服务公司给中方技术人员提供了特殊“待遇”——核心技术只字不提，施工井场只能远看，装备用篷布盖好，不让人靠近……

关键核心技术是要不来、买不来、讨不来的，只能靠自己！技术团队深谙其理。

如何让钻头“长眼睛”、提高钻头钻遇主力气层的“中靶率”，是技术团队那时遇到的一大难题。

那段时间，技术团队工作人员白天跑井场，晚上查资料、搞研究，经常熬到凌晨两三点。

凭借 20 多年的经验和大量扎实的基础研究工作，技术团队终于从密密麻麻的曲线中，找到主力气层的“蛛丝马迹”，提出钻头往主力气层下部打。

没想到，遭到不少人的质疑：“往下部打？难度太大了！油气开发中，地质是脑，工程才是手，地质需服从工程，要往好打的位置打，或打在龙马溪组中部，这样才安全稳妥。”

技术团队据理力争：“甜点就是主力气层下部，如果往好打的位置打，或打中部，虽然工程操作上进了‘保险箱’，但开发效果不好。”

“这是蛮干！一旦打错，一口井 1 亿多元就泡汤了。”有人毫不留情“炮轰”技术团队。

深夜，大伙都翻来覆去躺床上“烙煎饼”，一晚上没睡着。

此后的多日里，技术团队反复开会讨论，编制出厚厚的地质导向设计方案，把思路、想法，一五一十地向上级领导做了汇报。后经过多轮次的论证，领导拍板，按技术团队的想法打！

方案已定，重要的是执行。为让钻头精准穿过主力气层，获得高产，技术人员天天守在井场，利用“定测录导”一体化技术优势，准确把握地层走势，使轨迹调整次数大幅减少，运用防碰软件，进行防碰防扰预警，全力做好长水平段地质导向钻井工作。

结果证明，技术团队判断准确，连续打了多口试验井，所有井产量均获得日产 15 万立方米以上高产，特别是焦页 8-2HF 井获得 55 万立方米的高试气产量，创造了当时中国页岩气单井产量最高纪录，技术迅速推广到国内各

大页岩气田，为我国页岩气水平井钻井轨迹设计和控制技术方面作出了创造性贡献。

后来得知，周边搞页岩气开发的兄弟单位，因为打错主力气层，交出几亿元昂贵“学费”。

近几年，技术团队还研发了国产化旋转导向钻井技术，就是利用旋转地质导向工具，它就像地下“巡航导弹”一样，可以在几千米深的地下自动识别井下状况，灵活控制钻进方向，准确命中油气藏甜点，让钻头的“眼睛”更加明亮，可大幅缩短钻井周期，提高气井产量和采收率。因其自动化程度高、精确度高，旋转导向钻井技术被公认为代表着当今世界页岩气开发的最高水平。

经过 9 年多艰苦卓绝的努力，涪陵页岩气田从“一井独秀”到“众木成林”，从“一张白纸”到“中国示范”，从一亿产能到“圆梦百亿”，创新集成了全国首套页岩气开发六大技术体系。

“涪陵大型海相页岩气田高效勘探开发”项目获国家科技进步奖一等奖，“井工厂”生产组织模式入选国家《矿产资源节约与综合利用先进适用技术推广目录》，引领带动了中国页岩气产业发展。

江汉油田技术团队用实际行动打造出了页岩气开发的国之重器，目前气田累计产量超 540 亿立方米，创造了中国页岩气累计产量新纪录。

世界海拔最高井

中原石油工程

羌科 1 井位于羌塘高原的最高处，海拔 5200 米，是迄今为止世界上海拔最高的一口井。羌塘在藏语中的意思是“北方高地”，特指藏北高原，位于昆仑山脉、唐古拉山脉和冈底斯山脉之间，平均海拔 5000 米以上，是我国地势最高的一级台阶，被称为“世界屋脊的屋脊”。那里荒无人烟，高寒缺氧，风沙肆虐，氧含量仅为内地的三分之一，最低温度达到零下 40 多摄氏度，紫外线辐射强度是内地的 5 倍，一年之中有 9 个月冰封土冻，7 级以上大风 200 天以上，当地流传一句话，“风吹石头跑，氧气吃不饱，四季穿棉袄”。在这样极端恶劣的自然环境下，中原石油工程公司钻井三公司铁军将士们历经两年多的奋勇逆行，出色完成了羌科 1 井的钻探施工任务，取得了青藏高原油气勘探史上的历史性突破，标注了钻井施工的新“高度”。

出征，挺进羌塘无人区

2016 年，钻井三公司成功中标中国地调局 1 号重点工程——羌科 1 井，该井地处羌塘无人区，是一处连藏民都不愿涉足的地方，是真正意义上的“钻井禁区”。

羌塘无人区的冬春天寒地冻，气温在零下 10 摄氏度至零下 40 摄氏度之间，夏秋季节到处是草泽地，野狼、野牦牛、藏羚羊等野生动物随处可见。为实地掌握现场第一手资料，2016 年 2 月，该公司第一次踏勘时就深陷危险之地，行进途中突遇暴雪，车辙、湖泊、草泽全被大雪掩盖，连携带的卫星电话信号也是时有时无，与外界暂时失联。如果不能及时出去，待车上的油料耗尽，人将面临生命危险。稍不留意车掉进湖泊或陷进沼泽，后果将不堪设想。大家只能强忍寒风刺骨和强烈高原反应的双重考验，人在前面探路，车在后面跟随，历经一天一夜的“长征”，破晓时分终于安全返回双湖县。此后 3 次深入踏勘，车辆均陷入雪地和草泽无功而返。

2016 年 7 月 28 日开始井场道路施工，先后投入 181 人次，7 台挖掘机、9 台装载机、22 台翻斗车、11 辆大型运输车、3 台吊车、7 台生产指挥及后勤保障车辆，铺垫道路及河流用砂石料达 8 万余立方米。历经 4 个多月的钻前工程施工，11 月 23 日终于成功安装立起井架，12 月 6 日羌科 1 井顺利开钻。

鏖战，彰显铁军英雄

在羌塘，因为海拔高气压低，面条、米饭要用高原专用高压锅才能煮熟。人即使不动，心肺负担也相当于在内地负重50斤爬坡上山，哪怕一次小小的感冒，都会导致肺水肿、脑水肿，可能夺去脆弱的生命。而中原石油工程铁军将士却在那里坚守、奋斗了近800个日夜。2019年2月，甲方因施工难度太大，安全风险太高，钻达4696米时提前完井。

2017年6月，罕见的雨雪天气引发了山洪，冲垮了河床，冲毁了道路。通往羌科1井的186公里道路上竟有14处沼泽，22处季节性河流，37处翻浆地段，运输全线瘫痪，生产被迫停工，连人员的生命安全都受到威胁。危难关头，由20多名党员干部挺身而出组成的“保路突击队”，扛沙袋、填沼泽、修涵洞、疏河道，采取车轮战法抢修道路。轮流上井上岗，轮流吸氧调休，饿了就吃口随身带的干粮，困了累了就在临时搭建的帐篷里歇歇脚。经过2个多月的奋战，终于打通了从井场到县城186公里的“生命线”。

施工中，机械设备因为缺氧不能正常运转，只能采取补氧增压等措施进行改造。机器尚且如此，人就更不用说了。2018年1月，羌科1井施工进入关键时刻，井下发生严重地层漏失，气温骤降至零下40℃，风力高达十级以上，水源上冻，出水量严重不足，配浆速度跟不上井漏速度。紧急时刻，全体员工强忍高原反应，顶着狂风，肩挑背扛，连续奋战三天四夜，完成配浆200多立方米，保证了钻井生产不间断。当钻穿漏层，堵漏成功后，许多员工都已经躺到医务室里去吸氧、输液。甲方得知此事后，发来表扬信称赞钻井三公司干部员工是“青藏铁路精神”的典型代表！

使命，标注钻井新高度

上了高原线，就要作贡献。他们以“海拔高追求更高”的科学态度和勇于创新、精益求精的创造精神，攻克了“高寒缺氧、地层复杂、生态脆弱”三大难题，实现了科学绿色施工。

羌科 1 井的地质资料几近空白，只能摸着石头过河，边钻井边摸索。钻遇漏层时，连续出现了 23 次严重漏失，通过不断优化施工工艺，合理配置钻井液参数，一次次避免了井漏和井壁垮塌所造成的危险。固井时采用双级、多级技术，降低了压漏地层的风险，确保了固井的合格。羌科 1 井攻克了研磨性强、地层漏失严重的技术难题，为研究青藏高原地质构造提供了宝贵的参考数据。

践行“绿色”理念，坚持开发与保护并重，建立环保责任制，在入井道路的各个路口，设立野生动物穿行警示牌，在被碾压的草坪边拉上警戒线。坚持不让一点污水流到河里，不让一片垃圾飘到草原上，不让一滴废油滴到草地里，在每个生活区旁都挖了垃圾坑，拉了围栏，防止野生动物掉落其中。井队配备了泥浆不落地、钻后治理等设施设备，做到了“玉洁冰清，还诸天地；青山碧水，留以子孙”！

高原征程，勇毅前行。中原石油工程铁军队伍以“艰苦不怕吃苦”的优良作风，“缺氧不缺精神”的崇高境界，“海拔高追求更高”的科学态度，用心血和汗水谱写了高原石油钻井史上的辉煌篇章。

“一带一路”上的胜利足迹

胜利油田

宗巴音，位于蒙古国东戈壁省，这里曾是蒙古国石油重镇和苏联重要军事基地。在石油开发最为兴盛的时期，这里油井林立，人口一度达到 2 万余人，苏军撤走后，这里的油田废弃，小镇人口骤减到一千多人。之后，美国、澳大利亚等国的石油公司相继开发该油田未果。

中国石化胜利油田东胜蒙古公司（以下简称东胜蒙古公司）2001 年进入蒙古国石油市场。20 多年来，公司始终注重履行海外央企社会责任，积极践行中国石化品牌价值承诺。公司的到来，既带动了区域经济发展、拉动了就业和消费，也推动和支援了当地教育、医疗等基础设施建设，众多善行义举得到当地居民广泛认同，在当地树立起良好央企形象。

石油古镇重现活力

2019 年 8 月 24 日，宗巴音镇一片欢声笑语，由东胜蒙古公司援助修缮的蒙古国最大的户外游泳池，经过 3 个月的试运行正式剪彩，交付当地政府管理使用。白天这里是孩子们嬉水的天堂，晚上则是小镇居民们消暑纳凉的佳地，他们回忆着从这个泳池里走出的全国游泳冠军，也谈论着中国企业为当地所做的点点滴滴。

东胜蒙古公司自成立以来，为宗巴音提供助医、助学、救援救灾、公共基础设施建设等，实物价值年均在 4 万美元以上，已累计超 100 万美元，并为蒙古国提供分成、税收、就业赞助达 1 亿美元以上。

公司的到来，让原本入不敷出的火车站起死回生，不仅保住了货运，还增加了客运，给这里的居民增加了一条走向外界的通道。镇上可以容纳 500 人的大剧院因经济复苏常有文艺演出，250 人容量的室内体育馆也经常人满为患，“死去”的石油旧镇重现生机。

随着中国“一带一路”倡议的提出，蒙古国也提出了与之相适应的政策——“发展之路”，这给在蒙中资企业发展带来了新契机。东胜蒙古公司应机而动，以平等、共享、尊重的理念积极融入“一带一路”和“发展之路”倡议，逐步加大在当地投资发展力度，赢得了当地政府和居民的普遍尊重，有效提升了中国石化在蒙古国的形象。

让蒙古国员工过上好日子

东胜蒙古公司的到来，不仅给当地注入了生机和活力，更给当地居民带来了更多的就业和发展机会，许多人的生活因此而改变。

宗巴音镇的 L. 巴图青格勒是一名厨师，她和丈夫 L. 巴图德力格尔都在东胜蒙古公司上班。L. 巴图青格勒的大女儿临近高中毕业时，家里开始为没有钱供她上大学而发愁。恰在此时，东胜蒙古公司招收当地雇员，L. 巴图青格勒和她的丈夫双双报名应聘，顺利进入公司工作。13 年间，他们的三个孩子都顺利读完大学并参加工作，家也从蒙古包搬进了楼房。她不止一次跟同事们说，“感谢中国公司带来了这样的好日子”。20 年间，东胜蒙古公司为当地发展注入了蓬勃动力，稳定的收入让员工们有能力送孩子到外地上大学，曾任宗巴音镇长的布日古德巴特尔说，“近几年，每年都会有 10 个左右的孩子到首都乌兰巴托读大学，这在之前几乎是不可能的”。

在当地员工钢苏和看来，中国企业不仅带给他生活水平的提升，还给他提供了成才之路。因为钢苏和勤恳好学，公司就安排中方员工与他结成对子，通过导师带徒提升他的业务素质和技术水平。4年后，钢苏和开始担任注采一队副队长。目前，已经有10多名蒙古国员工走上班站长岗位。

目前公司有蒙古籍员工130余人，占宗巴音镇居民总数的7.5%，许多家庭都有成员在公司工作，众多员工都完成了从牧民到石油工人的转变，越来越多的居民有了稳定的工作和富裕的生活，东胜蒙古公司和蒙古国当地人民携手实现了共建、共享、共兴。

展现中国企业文化魅力

20年来，东胜蒙古公司真情付出，积极帮助当地修建石油公园和幼儿园，每年邀请宗巴音老石油工人回访生产基地，组织向当地学校捐赠，让尊老爱幼的优良传统在心与心之间流淌。

60岁的保洁班长J. 额尔顿其木格，从公司成立的第一年起就在这里从事保洁工作，如今本已到了退休的年纪，因为留恋公司的工作环境，便主动申请继续工作，公司经过研究又将其返聘回来。在中国留学7年的T. 图门纳斯特，毕业后没有选择继承庞大家业而是应聘到公司担任翻译，因为他喜欢中国，更想在工作中感受中国文化的魅力。

东胜蒙古公司在推动当地经济发展、深化合作共赢、履行社会责任等方面获得了中国驻蒙古国大使馆、领事馆的认可和赞扬，商务经理林文杰等曾代表公司受邀参加了国务院总理李克强访蒙的中资企业见面会。

2019年4月，林文杰受共青团中央邀请参加在北京举行的中蒙建交70周年“中蒙友好青年故事会”并作为嘉宾演讲，《戈壁滩上的美好生活》被团中央环球伙伴（Global Partnership）公众号推送。同年6月林文杰又在中国驻蒙古国大使馆举行的共青团访蒙代表团座谈会上发言，受到团中央书记处书记傅振邦的点名表扬。

一分耕耘，一分收获。中国石化胜利油田东胜蒙古公司连续多次获得蒙古国矿产重工业部、矿产石油局等部委颁发的荣誉，连年荣获蒙古国中华总商会“优秀中资企业”等称号。2020 年 12 月 25 日为表彰公司在新冠疫情期间所作的贡献，蒙古国政府矿产重工业部授予公司“2020 年社会责任执行者暨优秀企业”称号，为中国石化在国际市场赢得了声誉，在“一带一路”上留下了浓墨重彩的胜利印迹。

让歌声与微笑飘扬在亚马孙雨林

国勘公司

“请把我的歌带回你的家，请把你的微笑留下……”这个欢快的旋律曾在国勘公司哥伦比亚圣湖能源公司的油田作业现场风靡一时。中外员工都非常喜欢《歌声与微笑》，让大家心情愉快地传唱这首歌的原因，有在优秀企业工作的骄傲与自豪，也有哥中人民互帮互助的信任与依靠。

国勘哥伦比亚圣湖能源公司在文化深度融合中实践“一个团队、一个目标”，让未来发展更长久、更给力。

国勘哥伦比亚圣湖能源公司是中印合资公司，哥伦比亚籍员工占总数的99.2%。由于工作家庭难以平衡，导致员工流动性增强，对人力资源管理提出挑战。圣湖能源公司结合中国“五行”及印度、当地文化元素，以“金、木、水、火、气”5种抽象元素代表人文管理五大理念，启动VITAL员工家庭关怀工程，多维度出发改善员工工作生活质量。

“金”即公平参与培训。定期在公司内部或邀请有资质的教育机构为员工开展石油基础、项目管理、安全操作等专业培训，丰富员工知识储备，提升员工专业技能，使员工成为多面手。还对部分业绩突出的员工进行资助，提供公平的教育机会。

“木”即员工储蓄计划。公司向员工自愿退休金账户汇入部分补贴，扩大未来退休金领取基础，增强了员工的积极性、稳定性。补贴不作为直接薪

酬的构成部分，根据哥伦比亚法律可以免除部分劳资用人税，进一步降低人力成本，实现员工与企业的双赢。

“水”即弹性工作方式。由于受居住地点、交通方式、文化生活习惯等因素影响，员工到达公司的时间差别很大，前后最多能差 1 个小时。圣湖能源公司调查员工每日生活作息时间，制定了三种不同时间的弹性工作制，有助于员工结合部门安排与生活节奏进行选择，大幅提升了员工的幸福感。

“火”即关爱员工生活。圣湖能源公司为员工提供了包含 7 天额外假期的“时间支票”以及餐饮、旅行、购物商业优惠等诸多福利。据调查统计，每月可为员工节约生活成本 100～150 美元。此外他们还定期召开听证会，广泛听取员工的意见建议，不断优化和完善生活质量管理体系。

“气”即实施民主管理。通过抽样问卷调查、重点问卷调查、员工座谈会等方式倾听员工心声，深入细致了解员工诉求，明确重点工作计划，力求通过多样化、个性化的措施，多维度改善员工生活质量，营造充满正能量的工作环境。

通过人文管理措施，圣湖能源公司员工流失率明显降低，也因此获得 SGS 机构授予的 EFR（建设员工友好型企业）国际认证证书，成为哥伦比亚首家荣获此证书的能源类企业。

“我是幸福的放牛娃！”家住哥伦比亚博雅卡港市滨松港镇的巴伯罗兴奋地说，几年前的他却一度愁眉不展。

滨松港镇紧邻秦查斯山脉自然保护区，居民受教育水平低，曾一度依靠种植古柯作物生活。随着当地政府打击毒品犯罪力度加大，绝大多数居民因无法种植古柯失去了经济来源，原本薄弱的传统农业在古柯种植期间遭到较大破坏，重新发展困难重重，巴伯罗与邻居们陷入生活困境。

滨松港镇位于圣湖能源作业现场的主要区域，其发展与稳定直接关系到公司的平稳作业与公共安全。圣湖能源公司主动将支持当地畜牧业发展纳入其社会责任框架内，通过与哥伦比亚国家学术服务机构合作，向当地家庭推广现代畜牧业养殖技术，同时改善当地生态环境。

圣湖能源公司选择面向当地畜牧从业家庭进行现代畜牧技术与市场营销理念推广，牧草混合种植、林草复合放牧、轮牧等方式很快被当地居民接受。他们还为居民提供日处理能力 5000 升的牛奶冷却罐，降低在牛奶加工与储运过程中的损耗，加工后的奶制品与哥伦比亚市场标准接轨。为了帮助更多的居民学习现代畜牧技术，圣湖能源公司结合现代畜牧技术实际操作、奶制品加工储运卫生规范、可持续发展与生态保护、市场营销等四个板块对生产者进行培训，同时通过现场实践活动，帮助居民在生产实际中掌握新技术。

圣湖能源公司的支持不仅提升了当地居民的生活质量，还改善了周边生态环境，产生了积极的社会效应。滨松港镇目前成功配置 4 公顷混合牧草饲料种植地，有效提高了土地利用率。利用林草复合放牧技术，在放牧的同时成功恢复了 20 公顷范围内的树木种植，对 25 个小型畜牧生产者的牧场园区进行了自然环境保护区域圈定。在现代畜牧技术推广的驱动下，当地居民纷纷扩大畜牧规模，取得了良好的经济、社会效益。现在巴伯罗家的奶牛每天产奶量平均提高1升，冷加工后牛奶质量明显提高，又减少了中间商环节，牛奶单升售价提高了200比索。

“在我们公司的帮助下，根据哥伦比亚农业生产标准，该镇从事畜牧业的家庭中已有三成成为中等规模生产者，一些养殖大户拥有的牲畜多达80头！”哥伦比亚公司总经理说，“帮助他们就是帮助自己，互利共赢才能长久发展。”

奔驰！在迈向产业链中高端的路上

润滑油公司

2017年5月4日晚上11点多，从德国斯图加特体育场走出一行中国人，他们虽然步履有些疲惫，却仍沉浸在极度的兴奋中。从早上8点进入奔驰汽车公司为竞标的六家润滑油供应商提供的VIP会议室起，时间已过去15个小时了。在国际一流企业的谈判桌上，SINOPEC润滑油与国际一流润滑油品牌同台竞争，经过三轮的竞价和综合评定，终于赢得了最后的胜利。润滑油公司国际市场部主任孙海成第一时间向国内发回一条微信，此时的北京，正是5月5日的凌晨5点多钟，天色微明。

“SINOPEC润滑油获得全球顶级汽车公司——奔驰公司在全球招标2018～2022年度印度、印尼两个市场的售后油独家供应商资格！历时10个月，终于取得胜利！这是润滑油公司整个团队合作、协同的力量，我们是战之必胜的团队！”

这条来自德国的微信很快在朋友圈中激情传递，大家喝彩、欢呼、点赞，表达自己的喜悦心情。夜以继日，只争朝夕，这已成为润滑油奔驰招标项目组成立以来的工作常态。润滑油公司副总经理李亮耀写道：“感谢前线团队！鲜花送英雄！”

SINOPEC润滑油首次中标奔驰海外招标项目，对于润滑油公司来讲，无疑是一个历史性的时刻。而其中经历了多少艰辛和努力，不仅项目组的同志记忆犹新，所有参与这一项目的干部员工都能如数家珍地娓娓道来。

SINOPEC 润滑油为何能得到奔驰汽车青睐？追根溯源，是由于润滑油公司的责任感。

2002 年 5 月 29 日，润滑油公司成立，开启了专业化、品牌化、国际化发展进程。长城润滑油起源于服务中国航天、军工事业，经过十几年发展，润滑油公司作为亚洲最大、国际领先的润滑油产销集团，是载人航空、航天、远洋运输、高速铁路、国防军工等高端领域的紧密参与者和支持者。中国石化润滑油的领导者不仅担当起企业发展的重任，更自我加压，承担起中国润滑油事业发展的责任。中国制造、中国品牌要走出去，长城润滑油要成为护航的先锋，这是历史的传承，更是使命的担承。

从 2007 年起，润滑油公司就描绘出了国际化版图，实施双品牌，在国内打响“长城”牌，在国外高举“SINOPEC”旗帜。

登高方能望远，临海更有胸襟，公司总经理宋云昌早在多年前就提出，“长城润滑油要进入世界润滑油第一阵营”，豪迈的誓言背后，作为支撑的是信心和奋斗。而要与国际品牌同台竞技，迈向产业链中高端，与高端装备制造商合作是必经之路。这就如同我们要摘取产业链中高端的王冠，而奔驰则是王冠上一颗耀眼的明珠！

启程：“努力始于五年前，当然，还应当更早！”

黄海鹏和文彦龙都是润滑油公司北京研究院年轻的科研人员，谈起与奔驰的合作进程，他们说，是从领导和老师傅那里，接过了国际认证的“接力棒”，更学到了一种精神。

“开始，我们连门儿都找不到，找个联络人和电话都很费力，只能一点点地去找门路。尝试了各种方式，打电话人家不接，发邮件人家不回。为了找到奔驰总部的联络人，我们用了几个月。但我们坚信，只要努力，就有机会。”

自2010年公司与北京奔驰公司合作以来，技术人员与北京奔驰公司加强沟通，而这一桥梁，也为敲开奔驰大门打下基础。

“开始我们想进行国际认证，人家瞧不起我们，原先都是与国际大品牌合作的。说我们没有8年拿不下认证来。”

“但最后，我们第一个产品认证只用了2年！”

凭着5年的不懈努力，公司最终取得了奔驰公司对13个润滑油产品的认证证书。

选择奔驰，就意味着选择了更高的标准和更高的要求。但长城润滑油人认定的事就会坚持。

以发动机油为例，奔驰汽车的一个发动机型号就会对应一个油品规格，而其他汽车厂可能几种发动机对应一个规格。德国奔驰汽车主导着欧洲润滑油的制订标准，规格更为严格。

“我们开展国际OEM制造商认证，就是要瞄准产品最高端。”从无到有，从一个到十几个奔驰认证到手，长城润滑油人用实力说话。

“原来，那些国际润滑油品牌是不把我们作为竞争对手的。而现在，我们与他们的技术人员一起交流，感觉是很平等的。我们不比他们差，很有自信！”文彦龙说道。

探索：“我们不知道能走多远，但必须拼命向前赶！”

每一次探索，都是令人难忘的。2016 年 3 月，北京研究院在与北京奔驰的一次技术交流中，小心翼翼地探询可否与奔驰总部的采购人员建立联系时，对方答应了。终于拿到了德国奔驰采购人员的电话号码，这也是一次迈进。

经过电话沟通，奔驰采购人员约定 3 月 17 日开个电话会议。对于这个“第一次”，润滑油人做了充分的准备。各部门负责人带队，涉及技术、供应、质量、生产、国际市场各岗位人员，甚至请到添加剂公司人员参会。中方的会议室里坐了满满当当的十几个人，德方的会议室里，只有 1 个人！

“真的很忐忑，我们提前准备了大量材料，如果对方问到问题，我们都是先下边讨论出结果，再一并回复。我们怕对方不了解，怕对方拒绝。”黄海鹏说道。

介绍 SINOPEC 润滑油的 PPT 讲解用了足足 20 多分钟。之后，我方提出，“奔驰汽车进行海外招标时，我们可否参加？”对方很快回答：“Why not？（为什么不呢？）”一时，中方会议室里的人都愣住了。是啊！太出乎意料了，对方马上就同意了。这说明什么，说明 SINOPEC 强大了，中国品牌强大了，德国人认为我们参与竞争是理所应当的。而只有我们自己知道，为了这一天，我们付出过多少努力。

2016 年 7 月 5 日，德国奔驰寄来全球招标询价书。公司迅速成立招标工作小组，公司领导挂帅，部门负责人带队，关键岗位跟进，20 余名项目组成员开启了跨越欧亚、不舍昼夜的工作模式。

仅在项目启动的三周内，李亮耀副总经理就牵头开了十几次会议。奔驰项目涉及采购、生产、物流、质量、保障等方方面面。无论涉及哪个部门、哪个人，没有二话，都是先接下任务再说。大家都是面对新问题、解决新问题，摸着石头过河。

“没有做过的人不知道工作量有多大。”北京研究院的徐夏歌、赵佳洋负责奔驰产品技术支持，每一个技术文件都是他们加班加点的成果。以奔驰产品的 MSDS 为例，每一个产品的 MSDS 必须要满足欧洲的标准要求，仅一个产品的 MSDS 就有十几页，全部用英文写成，每个数据和分类等级都要反复沟通核对，确认无误后，按规范要求上传到奔驰专用系统。项目关键时期，赵佳洋已有 7 个月身孕，但她还是每天默默地做好手中的每一件事。大家都是一个心思，要把自己的事情干好，不能给项目拖后腿。

勇攀科研高峰，技术人员要冲在前面。北京研究院把精兵强将派驻在这一项目上。“就得争分夺秒，不然根本做不完。”北京研究院的黄海鹏说。过去 5 年，他们做了 13 个奔驰发动机油的认证。而 2016 年，他们完成了 17 个发动机油认证，8 个齿轮油认证。每一项工作计划都是列到天的，比如台架实验，必须穿插进行，配方调整都得确保一次通过。

奔驰项目的海外招标，对于公司来讲，意味着无数个“第一次”。公司领导鼓励大家，“放心大胆地去做，抱着必胜的信心！”

世上无难事，只怕有心人。为了攀登“奔驰”这座高峰，长城润滑油人逢山开路，遇水搭桥，拼了！我们能走多远就走多远！

拼搏：“每一次竞标都不容易，我们只能往前冲！”

赵昊是润滑油公司国际市场部的一员。他介绍说，从 2016 年 8 月 18 日参加奔驰项目第一次报价，到 2017 年 5 月 4 日止，一共经过了四轮竞标。“当初，我们不知道能进入第几轮，每一次都尽了全力！”

第一次报价后，公司决定派赵昊和文彦龙去德国现场沟通。从登上飞机的那刻起，两个人的心情就是不安的，不知道能否完成任务。此行，他们带着公司总经理宋云昌的亲笔信。“感谢奔驰公司给予中国石化润滑油公司的机会。”感谢信是一个信号，传达出中国石化润滑油人的诚信和态度。

出发前，发给德国奔驰采购人员的邮件一直也没有得到答复，对方在休假，按照德国的企业文化，员工休假一般是联络不上的。赵昊说，“当时就想，我们就要学习华为人在海外打拼的精神，抓住一切可用的机会。”

到了德国，他俩一边不断给奔驰采购人员打电话、发邮件，一边打听奔驰采购人员办公地点并去“踩好点”。前三天，没有任何消息，眼看还有一天就回国了，两个人仍然没有放弃。终于，德国人回邮件了，约好第二天见面半小时。机会来了！第二天，两个人着装整齐来到奔驰总部，沟通很有进展，原定的半小时谈话延长到了一小时。首次成功拜访为后续工作开了个好头儿。

2017 年 1 月 23 日，收到德国邮件，要求 2 月 6 日到德国现场答疑。正值年关，按常规办理赴德国签证手续几乎不可能，难度非常大。即使只有一线希望，也得坚持！紧要关头，北京研究院李万英院长临危受命，带队参加奔驰招标现场说明会。1 月 24 日（腊月二十七日），润滑油公司召开专题会，组建团队，准备相关材料。同时向中国石化集团公司外事局上报“赴德国执行洽谈奔驰服务用油招标工作任务团组和新加坡常驻人员增访德国团组请示”。集团公司外事局领导和相关处室人员特事特办、急事快办，一路为奔驰项目“开绿灯”，为顺利出访提供保障。

2017 年春节，对于中国石化润滑油新加坡公司的汤万东来说是难忘的。1 月 24 日下午 5 点，他正准备收拾行李，乘凌晨航班回国。国际市场部领导打来电话，考虑到在新加坡办理到德国签证可能容易，派他紧急前往德国参加竞标。放下行李，他开始研究如何拿到签证直到深夜 12 点，在网上预约到唯一一个春节前的面签机会。不知道能否在 2 月 6 日前如愿拿到签证，只能一切往前赶。办完公事，他取消机票，给家人打电话，孩子知道爸爸不能回家过春节，哭了。

1 月 25 日，在新加坡公司安排下，面签的 28 页材料和证明准备好了。

经过努力，新加坡方面答复2月1日发放签证。接下来的几天，公司一个重要客户需要现场服务，汤万东换上工装，从早上忙到深夜。当他登上到德国的飞机时，感冒造成声音嘶哑，只能靠润喉糖缓解，在飞机上他还在准备交流材料。2月6日，国内正是一片喜庆的节日气氛，奔驰项目组已稳稳地交出了优异的“答卷”。

担当：“我们是一支队伍，有的是执行力和战斗力。”

为了这一项目，公司每个条线都在奋斗着。公司党委书记苟连杰每每鼓励大家：“体现担当，就是要冲上去！”

公司领导始终站在项目攻关的最前沿，最难的问题，由公司领导牵头解决。为了敲开奔驰总部的大门，公司总经理宋云昌写下亲笔信；当采购人员一筹莫展时，公司副总经理李亮耀第一时间沟通协调，为成功铺平道路。

在各部门、各单位，最难的事情由领导负责。第一次参加国际一流公司的海外招标，这是对润滑油公司国际化发展实力的一次检验。这是一次赛跑，国际一流品牌早已熟悉了比赛规则，而SINOPEC润滑油是第一次亮相，必须精彩！

新加坡公司作为生产供应单位，需要通过德国奔驰公司对ISO/TS16949和VDA6.3标准的双重审核。VDA是德国汽车工业协会，由于德国在世界汽车工业领域的地位，VDA6.3代表的是一种先进的汽车行业顾客标准。新加坡公司刚刚通过ISO9001认证2年时间，没有经历过汽车行业标准ISO/TS16949认证，接受德国VDA6.3标准审核对其是个不小的挑战。

公司组织机关部门、研发单位和新加坡公司召开奔驰审核准备协调会。每周三早调会后，各部门领导、主管沟通情况，协调解决问题，成为雷打不动的“奔驰项目”时间。

为了保证基础油与添加剂供应，物资供应部一次次与供应商沟通，反复询价与谈判，加班加点跟踪海外供应商的情况，确保完全满足奔驰项目的要求。

新加坡公司首要任务就是要通过奔驰现场审核，副经理夏鹏担此重任。从迎审的第一天起，他每周在生产现场的时间都在四天以上。在奔驰审核前进行了 BV 第三方审核，完成了二次审核的整改工作，同时开展员工培训等。

新加坡公司雷锦文负责采购管理的体系建立和迎审工作。他积极与顾问沟通，做了大量工作。业务部采购组提供齐全的资料和完整的记录，以 0 观察项和 0 不符合项通过了审核。奔驰审核组表示："对中国石化润滑油新加坡公司采购管理的审核结果非常满意。"

"新加坡公司所有的流程、文件，都重新梳理了一遍。所有的记录都要确保符合标准要求。"为做好现场审核，迎审人员提前 45 分钟到岗。"检查得太细了，显示出德国人的严格。而听到通过审核的消息，那一瞬间，真是有些感动。"夏鹏回忆说。

黄海鹏在记录中写道："5 个年头，1825 个日日夜夜，哭过、笑过，我们无怨无悔。25 个发动机油认证，8 个齿轮油认证，每个都来之不易。3725

个试验数据，每个数据都饱含着长城润滑油人辛勤的汗水。161 封与奔驰的往来邮件，记录了我们工作的点点滴滴。不论是北京时间，还是德国时间，抑或是美国时间，我们都战斗在第一线。我们只希望，做有担当的探路者。”

信念：“我们自豪，有中国品牌的强大背书！”

第一次参观奔驰博物馆，项目组的每一个人都有所触动。这里，从 1887 年成立起，记录了奔驰汽车的前世今生。而最有意义的是，与奔驰大事对应的是世界大事。站在历史悠久的奔驰汽车展室前，大家有一个共同的心愿，“长城／SINOPEC 润滑油，也要做百年老店！”

是的，中国制造、中国品牌正在崛起。

北京研究院副院长刘红还记得第一次带队到德国交流时，双方的人员，特别是我方的人员都比较拘谨。德方提到，“在法兰克福市有一座很高的大楼，楼上标识是 SINOPEC，是你们公司吧。”他们提到的中国石化大楼位于市中心。在德国的城市，高楼并不是很多。从 SINOPEC 这个话题开始，中国石化的品牌背书让双方的交流一下变得更顺畅了。

当中国制造走向中国创造，中国品牌经过多年的积累，在国际舞台开始有了自信。长城润滑油正当其时，机会给予早有准备的人，SINOPEC 润滑油第一个获得来自世界一流汽车公司的橄榄枝。

“招标时，与他们一同竞标，我们也很自信。他们是轻车熟路，我们尽管是第一次，但我们是凭实力跟他们站在一起的。”文彦龙回顾参加招标时的情景，这样说道。

加速："迈向产业链中高端，前路漫漫，久久为功！"

时针指向2017年5月4日下午3点，在德国竞标现场，进入最后的报价环节了。团长孙海成虽身经百战，此时的神情却更加凝重，写下每一个数据都十分谨慎。每一个事项，都需要全体人员思考沟通，共同决定。最后，孙海成还是给国内等待的公司领导打了电话，得到指示。标书交上去了，就等最后结果了。奔驰方面说，"你们可以回去等"。但大家商量后，还是决定留下来。

夜色一点点浓起来，大家仍然期待着。夜里11点多了，奔驰方面人员走进来，宣布SINOPEC润滑油中标印度、印尼两个市场时，大家的心随之一振，不禁相互拥抱祝贺。

因为是第一次，我方要求德方再给一个书面通知。我们对于这次胜利太看重了！

时任中国石化集团公司董事长戴厚良对"SINOPEC润滑油首次中标奔驰海外项目"做出重要批示：润滑油公司持之以恒，久久为功，结构调整取得了重大进展，可喜可贺！

没有时间歇息和停留，新的征程已经开始了！

通过招标后，距离2018年1月1日供货，时间只有几个月，对于奔驰项目第一单，公司领导要求：必须万无一失地做好！

长城润滑油国际化的蓝图正在缓缓铺开，展现出无限的美景。奔驰！迈向产业链中高端，中国石化润滑油一直在路上！

为了给10亿人做一身新衣

扬子石化

2018年9月的一天，南京的刘女士在参观扬子石化企业形象展示厅后，发出了这样的感慨：没有想到石化工业，首先是为了解决我们的穿衣问题！

往事不堪回首，1978年的中国百废待兴，物资匮乏，做一身新衣服，是件奢侈的事情。

1978年底的国家工作会议上，一项重大的决策诞生：引进国外先进技术，在南京建设当时全球最大的芳烃联合装置，主要由45万吨/年芳烃和45万吨/年精对苯二甲酸（PTA）装置组成，生产化学纤维，解决粮棉争地矛盾。

投产后折算，每年可供织出55亿米布，这些布料可为全国10亿人每年做一身新衣服，从根本上解决人民穿衣问题。扬子石化担当了这项伟大、光荣的使命！

芳烃大决战

用命运多舛来形容扬子石化30万吨/年乙烯工程是恰当的。承诺给中国10亿美元贷款建设该项目的伊朗爆发“伊斯兰革命”，国家开始对国民经济进行调整。扬子石化芳烃联合装置经历了近十年的停缓建，设备、技术服务合同早已逾期，图纸不全，扬子石化喊出了“决战大芳烃”的口号。

1986 年 12 月，扬子石化以 45 万吨 / 年芳烃联合装置为核心的二阶段工程陆续启动建设，确定 1989 年 10 月全面建设的工程控制目标。

数万人会集施工现场，大家克服各种困难，对存放了数年的设备重新检验，没有周末和休息，每天都工作到深夜才回家，芳烃厂 21 对新人推迟婚期；1990 年 3 月 14 日，45 万吨 / 年芳烃联合装置贯通全流程，扬子石化以 30 万吨 / 年乙烯和 45 万吨 / 年芳烃联合装置为核心的两大装置群全部建成投产。芳烃联合装置全部装置完成开车后，时任扬子石化公司总经理的彭哲春亲自为延迟结婚的 21 对新人主婚，举行集体婚礼！

扬子石化乙烯工程建设每一步都举国瞩目，工程开工和投产都登上了《人民日报》头版。

1993 年，国家决定停止自新中国成立以来凭粮票、布票供应粮、棉的政策，敞开供应，这不能不归功于中国石化工业的建设和发展。几经发展，扬子石化芳烃联合装置已经由 45 万吨 / 年发展到今天的 140 万吨 / 年，PTA 装置由 45 万吨 / 年发展到 105 万吨 / 年，折合成布匹可为全国 13 亿人每人每年提供 5 米布。

人才大检阅

1987 年 7 月，一阶段工程进入最后决战，二阶段工程徘徊不前。时任中石化总公司副总经理的盛华仁来扬子石化召开二阶段工程现场办公会。在听取了芳烃装置、PTA 装置以及渣油轻质化、乙醛和醋酸装置与配套工程建设的进度、质量和涉外工作中遇到的某些问题的汇报后，盛华仁说：“现在看来，外商靠不住了，我们是中国人，45 万吨 / 年芳烃装置和 45 万吨 / 年 PTA 装置工程建设，要‘以我为主’！就是以中国人为主！我们要有这种民族精神，有这个志气！这里不是有个‘团结，拼搏，突破’的扬子精神吗？我们就要在这里拼搏一番，把这个难题突破！”

“以我为主”建设方针是针对引进装置合同过期、外商不再承担合同义务、责任提出来的。随后，盛华仁进一步要求在生产战线和基建战线上的全体建设者，以我为主，继续努力，稳住一阶段工程已开起来的装置，加快二阶段工程建设步伐，夺取工程的全面胜利。他说：“以我为主，就是以中国人为主，这是一项闪耀着民族精神和锐意进取品质的决策，我们要怀着对历史的思考和振兴中华的远大理想，勇敢地担负起‘以我们中国人为主’，建设二阶段工程的历史任务，为国争光。”

“以我为主”就是要保证进度、保证质量、以我为主、力求节省。设计院、施工队伍、专家顾问组、建设指挥部和生产单位，是以我为主的核心力量。以我为主建设方针激发了中国石化企业集团的优势力量，凝聚了中外专家、技术工人的智慧、经验，得到了全国各方的大力支持，扬子乙烯二阶段工程建设进展明显加快。

以我为主，不仅解决了二阶段工程建设设计的消缺问题，解决了二阶段工程建设短缺物资的补供问题，还组建了中国自己的专家队伍，替代了外国专家，为扬子石化芳烃培养了优秀的技术团队。

当时，南化公司、兰化兰炼、大庆石化、金陵石化、燕山石化、齐鲁石化、锦西石化等各路英才齐聚。高等院校的优秀毕业生，更源源不断地充实到扬子人的队伍中来。

多年来，中国石化注意以我为主，发挥经济实体的优势，对系统内的人力、物力、财力实行集中管理，统一调度，把力量用在刀刃上，集中兵力打歼灭战。为了确保国家重点建设项目如期竣工投产，在中国石化系统之内，人才的调动、借调、互相支援、互为培训是大量地经常地进行的，由来已久。

技术大突破

“有钱买不来核心技术！”中国石化高层领导有感而发。事实也证明，包括炼油、乙烯在内的两大成套技术都是由我们自己独立开发成功的；芳烃技术也只剩下吸附分离单元这块“硬骨头”。

2009年10月，中国石化集团公司决定依托扬子石化联合装置，汇集中国石化全系统技术开发、设计、建设、设备制造、吸附剂开发等集合优势，在扬子石化建设3万吨/年PX示范装置，掌握芳烃吸附分离工艺技术，补齐芳烃成套技术最后缺板，形成中国石化自有芳烃类成套技术。

这一决定所面对的困难可想而知：到当时为止只有美国和法国两个国家拥有芳烃成套技术，面对中国已经是芳烃生产大国，而核心技术却要靠从国外引进的尴尬，时任中国石化集团公司主管领导的戴厚良多次对技术开发提出要求；集团公司科技开发部主任、中国科学院院士谢在库数次到工程现场召开现场会，他要求设计、施工、采购都要打开“绿色通道”，为项目顺利进行创造条件。白手起家，几经反复，克服了非标准设备制造、安装，系统程序编制，吸附剂开发等困难。专家们住进设备制造厂和施工现场，边发现问题，边研究解决办法，一步步向前推进，研究开发一段，组织鉴定一段，现场实施一段，摸清原理，向前推进，2010年10月10日，示范装置顺利一次开车成功。

中国石化自此可向国内外提供芳烃工程建设的设计、施工、设备制造、吸附剂供应等全套技术。以这一技术为蓝本，在海南炼化建设的60万吨/年PX装置一次开车成功，验证了这一技术的可靠性。中国石化“高效环保芳烃成套技术开发及应用”项目荣获2015年度国家科学技术进步奖特等奖。

的确良“的确靓”

仪征化纤

2018 年 9 月 18 日，中央电视台中文国际频道播出电视系列片《加油！中国》的第二集《穿在身上的石油》，从“的确良”故事切入，讲述了中国大力发展石油化纤工业，从“的确良”到仪纶纤维，从自主创新开发高效环保芳烃成套技术到聚酯产业链，中国石化默默地攻克了一道又一道技术难关！仪征化纤等单位干部员工看后倍感自豪。

涤纶，是合成纤维的一个重要品种，也是最大的品种，是以聚酯为原料经熔断纺丝及后加工所制成的纤维，又称聚酯纤维，当它在香港市场上出现时，人们根据广东话把它译为“的确良”或“的确凉”（凉、良，粤语同音）。

20 世纪 70 年代，“的确良”深受老百姓青睐，风行一时。如今普通“的确良”已成为一个时代的服装记忆。改革开放 40 多年，中国人民衣着水平的提高和进步，从一个侧面反映了中国石化为有效解决“粮棉争地”矛盾和从穿衣难到穿好衣问题，改善人民生活作出的历史性贡献，也记录了仪征化纤建厂 40 多年奋斗的足迹。

发展石油化纤工业，粮田变“棉田”

中国是一个人口大国，解决人民的吃饭问题不容易，解决穿衣问题也同样不容易。改革开放初期，物资还很匮乏，解决10多亿人的吃饭穿衣问题仍然十分迫切。

依据传统的生产模式，中国人的穿衣问题，基本上是靠种植棉花取得原料，再辅以缫丝和毛纺。这种以天然纤维为主要原料的传统生产模式，不仅造成了“粮棉争地”的矛盾，同时也使我国与世界在现代化纤工业领域的差距越拉越大。

1978年，我国人均纤维年消费量仅为2.88公斤，相当于当时世界人均水平的40%，国家实施布票的定量供应，生产上主要依靠天然纤维即棉花。

石油可以造“棉花”。20世纪70年代初，周恩来总理提出了“轻工重点抓纺织，纺织重点抓化纤”，这是把发展纺织工业的重点放到发展化纤工业上来的一次重大战略转移。中国化纤工业开始由以煤化工、乙炔为主要原料生产维尼纶，转入以石油、天然气为主要原料生产涤纶、锦纶、腈纶、维尼纶等合成纤维的新时代。

建设“四大化纤”基地是中国大规模发展石油化工、化纤的初战。1977年6月，轻工业部又提出了在国民经济“五五”计划期间，扩建上海金山石化二期工程和再建一个特大型化纤企业的发展目标。经过国务院批准，仪征化纤列入国家22个重点引进项目之一，决策运作53万吨产能的仪征化纤项目，这是一个相当于当时全国化纤产能的项目，是从根本上解决人民的穿衣问题、缓解国内化纤的供求矛盾、改变中国化纤工业落后面貌的战略性措施。

之后，受国家财力所限，仪征化纤工程被迫缓建。为了救活仪征化纤项目，仪征化纤建设者敢为人先，大胆创新，运用国家拨款和国外贷款共同经营涤纶一厂。中信公司在日本金融市场发行100亿日元债券，这是中华人民共和国成立后第一次在国外发行债券。第一笔外债，为仪征化纤筹集到可贵的第一期资金。仪征化纤成为中国第一家负债经营的大型企业。这种独特的投资建设方式，被人们称为“仪征模式”，开了国有企业“借债建厂、负债经营”的先河。

1990年，仪征化纤一、二期工程全面建成投产，形成年产50万吨化纤和化纤原料生产能力，占全国合成纤维产量的1/3，涤纶产量的1/2，相当于全国棉花总产量的1/8，能给全国人民每人每年提供5米布料，添一套“的确良”新衣，成为我国最大的化纤和化纤原料生产基地。

40多年来，一代代仪化人用智慧和汗水、忠诚和奉献，以满足国家和人民需求为使命，敢为人先，艰苦创业，改革创新，砥砺奋进，书写了将占地1.46万亩粮田变成1000多万亩“棉田”的奋斗传奇，累计生产聚酯产品5000多万吨，用它们制成衣服可给全国人民每人添100多套“的确良”新衣。

发展国产化聚酯技术，量增变质提

1998年，仪征化纤随中国东联石化集团有限责任公司整体加入中国石油化工集团公司，资源优势、产业链优势和一体化优势进一步凸显。

2000年12月，国家经贸委“九五”重大科技攻关项目和中国石化“十条龙”科技攻关项目——国内首套10万吨/年国产化聚酯装置建成投产，一举打破了国外技术垄断，开创了中国聚酯装置建设国产化的道路，大大降低了聚酯项目建设的技术门槛和投资成本。

受国产化聚酯成套技术突破和需求增长拉动等影响，我国迅速掀起了聚酯产能快速扩张的“聚酯风暴”。仪征化纤坚持人无我有，人有我优，人优我特，加大产品结构调整，聚酯产品逐步从服装、家纺向产业应用等领域拓展，向差别化、功能化、高附加值方向转型升级，实现从量的增长向质的提升转变，由“制造”到“创造”的转变，产品差别化率居行业领先水平，涤纶短纤维产销量全球第一，一批特色产品、拳头产品产销量成为全国“单打冠军”。

近年来，针对“涤纶面料易起球，纯棉衣服爱变形”的不足，仪征化纤会同中国纺织科学研究院等单位承担了国家“十二五”科技支撑计划项目的超仿棉产品，开发生产的“仪纶”纤维是通过分子设计和构建创造的新一代合成纤维，为全球首创，兼具了棉与涤纶的优良特性，具有手感柔软、常压染色、抗起球和吸湿快干等特点，是“的确良”最新升级产品。如今，“仪纶”纤维已在石化工装等多领域应用，特别是在闷热的夏季，一线员工感觉身着“仪纶”工装透气舒适了很多。

中央电视台中文国际频道《加油！中国》电视系列片摄制组一行在南通一服服装企业采访时，该企业干部员工说：“仪纶”纤维“的确靓”。

发展高科技纤维，做大变做强

在连接珠海与香港的伶仃洋海面上，一条美丽的“白色丝带”徐徐展开，它就是港珠澳大桥，是一座由6.7公里的海底隧道，两座约10万平方米的离岸深水人工岛和22.9公里的跨海大桥，共同形成的桥、岛、隧超大型海上通道，是世界最长的跨海大桥。

2017年5月2日，港珠澳大桥岛隧工程海底隧道的最终接头——重约6000吨的钢结构混凝土预制件在伶仃洋主航道吊装下沉对接完成，意味着港珠澳大桥主体工程即将全线贯通。承载此次吊装的是世界最大单臂全旋回起重船“振华30”，为最后的接头安装立下了汗马功劳，然而很多人并不知道，在海上吊装6000吨的“大家伙”，还有一个至关重要的部件，就是由14万根高强度纤维丝组成的吊带，它不仅要承受得住相当于22架空客A380重量的沉管隧道，还要在整个吊装过程中确保绝对的平衡。

这些丝线的材料是超高分子量聚乙烯纤维等径强度是钢丝的18倍。这样一束直径0.5毫米的细丝线，承重力能达到35公斤。而港珠澳大桥所用的吊带，一条就由十几万根这样的丝线组成。该纤维由仪征化纤公司生产提供。

超高分子量聚乙烯纤维，与碳纤维、芳纶并称为三大高性能纤维，是目前世界上强质比最高的纤维，在国防军工和民用工业上都有广泛的应用，是强国强军的战略物资。

高性能纤维的生产技术过去一直被西方国家封锁，对别国实行禁运。随着我国国防军工和国民经济的发展，对高性能纤维的需求量愈来愈大，而该产品的国际价格却不断上涨，国内高性能纤维在国防和特殊领域上的应用一直受制于国外供应。因此，大力发展高性能纤维产业，打破国外封锁与垄断，进一步提升我国的军事装备实力和国民经济的产业升级，成为我国化纤工业推进自主创新、转型升级的一个主攻方向。

2007年，仪征化纤“300吨/年高性能聚乙烯纤维干法纺丝成套技术开发”被列入中国石化科技创新“十条龙”攻关项目。经过产学研的联合攻关，2008年、2011年，国内首套300吨/年、1000吨/年干法纺丝高性能聚乙烯纤维工业化生产线在仪征化纤先后建成投产，打破了国外技术垄断，产品达到国际水平，使得我国成为第三个掌握此项技术并实现产业化的国家。

仪征化纤超高分子量聚乙烯纤维，商品名为“力纶”。近年来，仪征化纤充分发挥国内唯一干法纺丝生产线的优势，加大产品结构调整，先后开发、生产了近百个“力纶”品牌细旦、高强、有色等系列产品，产能目前已达3300吨/年，已实现航空航天、船舶远洋、防弹装甲、道路交通、工程建设、应急救援、劳动防护和凉感纺织品等军民两用。与用户合作开发的“深蓝1号”渔网箱，实现了中国从近海养殖到深海养殖的成功突破；应用于国防军工领域，中国第一艘航空母舰“辽宁舰”的停舰泊绳就是由它制作而成。

从“的确良”衣料上的一根线到港珠澳大桥吊装缆绳上的一根线，从解决基本的穿衣问题到重大工程建设中一展身手，仪征化纤因改革开放而生，它伴随改革开放走过40多年，终不负时代所托。

“飞扬”诞生记

上海石化

精彩、非凡、卓越！北京2022年冬奥会、冬残奥会向世界展示了绿色冬奥、科技冬奥的无穷魅力。

由上海石化牵头研制的世界首创的冬奥火炬“飞扬”，也让世界看到了“新材料之王”碳纤维的“中国突破”。

2020年6月，北京冬奥组委把制造碳纤维氢气火炬列为体现科技冬奥、绿色冬奥的重点，并把任务交给了中国石化。中国石化决定发挥旗下上海石化碳纤维原创技术策源地的产业优势，制造一支富有高科技含量的碳纤维火炬，为国争光。

接到任务，上海石化第一时间成立了以党委书记、董事长为总负责人，副总经理为技术负责人的攻关团队，组织开展碳纤维火炬外壳研发。

由于当时火炬还没有正式样品，团队借来北京奥运会火炬“祥云”，认真研究，琢磨细节，按照“祥云”的结构，研发出首支碳纤维材料火炬，重量比“祥云”轻了30%。看似一切顺利，团队信心十足。

但是，当10月初拿到火炬“飞扬”正式样品时，团队不由大吃一惊：“飞扬”与“祥云”的区别巨大。“祥云”为圆筒形，结构较为简单，采用铝合金材料，燃料为液化气，燃烧温度低。而“飞扬”旋转上升，如丝带飘舞，构造复杂，燃料为氢气，火炬出口温度达800摄氏度左右。

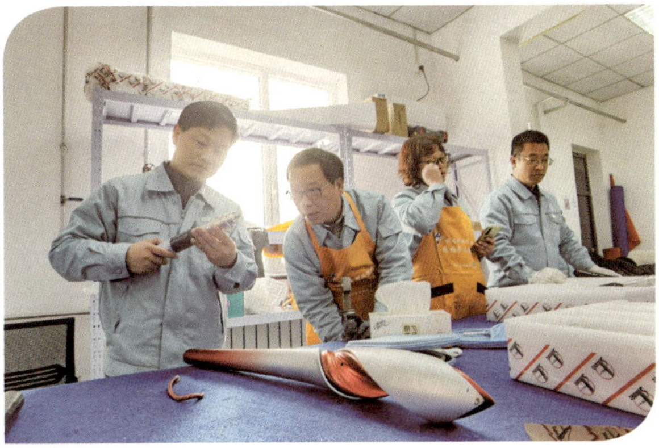

一个个“拦路虎”，让团队成员茶饭不思、夜不能寐。他们每天带着一个个关键问题分头行动，又带回一个个方案集中讨论，甚至在大年夜都没有停歇下来。

火炬外壳的不规则性，是火炬制造中的第一大难点。团队找到拥有独特三维编织技术的东华大学，但他们只能编织等口径物件。他们通过技术交底，协助东华大学一起攻关，最终采用经向、纬向、法向三个维度进行编织，直接将碳纤维编织成火炬形状，再用特殊树脂成型。三维立体编织成的火炬外壳不仅看不出任何接缝与孔隙，整个造型浑然一体，立体感强，而且极大地增加了火炬强度，耐冲击、抗摔打。

让火炬能够经受800摄氏度高温炙烤，是火炬制造中的第二大难点。碳纤维材料是很柔软的，只有与树脂材料进行复合后，才能坚如钢铁。碳纤维能够耐火，但是，绝大多数的树脂材料是经受不住火焰炙烤的，温度达到500摄氏度，就会化为灰烬，而火炬的氢气火焰出口温度接近800摄氏度。就在一筹莫展之际，上海市经信委传来消息，说金山区一家小微企业研发了一种树脂，能耐火。这种作为第三代树脂材料的聚硅氮烷树脂，兼具有机物附着力强及无机物耐高温的特点，并且集耐腐蚀、耐磨损和防污、防水、超薄膜等优点于一身。但是，在多次燃烧试验中，发现火炬有起泡、开裂等现象。团队经过不断优化工艺，才最终解决难题，让火炬经受住了“烤验”。

如何安置火炬的燃烧系统，则是火炬制造的第三大难点。火炬由外飘带和内飘带组成，外形好看，但内部空间狭小。要把一个储氢瓶和一整套燃烧器安置在火炬里面，储氢瓶必须做得越小越好，但又必须保证火炬长时间的燃烧，这是一对绕不过去的矛盾。航天科技团队经过无数次反复研究试验，找到了解决方案。他们将储氢罐做小，并加大储存压力，以增加氢气容量，同时，配套微型减压阀，在使用时通过减压阀将压力由 420 公斤 / 平方厘米降到 1 公斤 / 平方厘米，保证火焰饱满耀眼，可抵御 10 级大风和暴雨。“迷你版”的燃烧系统诞生了。

经过近 100 天日日夜夜的奋战，碳纤维氢气火炬终于研发成功。

2021 年春节刚过，火炬样品进京“赶考”，火炬从外观到质量，呈现出“轻、固、美”的特点，得到冬奥组委和专家一致认可。2 月 4 日，冬奥火炬一经亮相，世界为之惊叹。

成功完成研发任务后，正当上海石化以为能松一口气时，2021 年 3 月，又接到冬奥组委和中国石化新任务：再次担当产业链链长，完成火炬量产。

上海石化再次成立了由主要领导和 3 位分管领导组成的项目领导小组，并设立综合协调、商务运作、生产督造三个工作组，强化组织领导和工作联动。

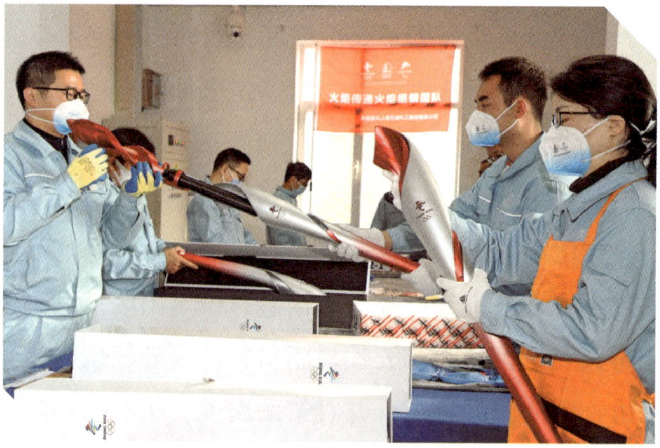

经过两个月考察、比选，冬奥组委、中国石化和上海石化确定了各部件委托加工企业，一个集火炬外壳、内飘带、燃烧系统、火种灯生产，以及终端检测、交付产品于一体的总流程，在上海、北京、江苏、广东、河北等五大基地迅速建立并高效运转起来。

由于火炬部件加工企业分布广，而且部件最终要汇总到上海石化进行总

装，牵头组织的困难多、责任大。

上海石化与设计团队一起，克服疫情带来的不利因素，通过线上线下，对各部件加工企业进行指导。量产团队坚持边对接、边完善、边验证、边量产，争分夺秒，与时间赛跑，攻克了燃烧段尺寸稳定控制、燃烧段浸渍工艺、控氢阀微小流量稳定控制等10多项技术难关，实现了火炬从实验阶段到量产阶段的跨越，并最终相继完成了2000支“飞扬”火炬的量产任务。

2022年4月8日，因为出色完成冬奥火炬制造和运行保障任务，上海石化受到党中央、国务院表彰，获得“北京冬奥会、冬残奥会突出贡献集体”称号。

上海石化在冬奥会保障的赛场上，摘得了“金牌”。

“氢”舞“飞扬”

燕山石化

在北京冬奥会开幕式上，伴随着主题曲《雪花》，天使般的孩子们围绕雪花台站成心形，迎接冬奥火炬到来。

鸟巢中央的巨型雪花化为主火炬台，两名运动员共同手持火炬“飞扬”，缓缓嵌入主火炬台。最后一棒，就是主火炬！

中国石化旗下燕山石化生产的氢，点燃了主火炬！

一簇“微火”，烛照天地。冬奥主火炬首次以“微火”形式，闪耀鸟巢夜空。随风舞动的亮丽火焰，由燕山石化生产的氢气变化而成，背后凝结着石化人的智慧与汗水。

2015年7月31日，北京成为2022年冬奥会和冬残奥会举办城市。习近平总书记多次作出重要指示：坚持绿色办奥、共享办奥、开放办奥、廉洁办奥，确保把北京冬奥会办成一届精彩、非凡、卓越的奥运盛会。

实现“绿色办奥”，能源清洁至关重要。由于氢能是一种清洁高效的可再生能源，具有来源广泛、持续供应、快速补给等特点，北京冬奥组委决定将氢燃料电池汽车作为赛事期间人员出行服务保障车辆。

2018年7月，成为北京冬奥会官方油气合作伙伴后，中国石化集团公司党组把握能源发展大势，抓住保供北京冬奥会清洁能源契机，率先将氢能全产业链作为新能源发展的核心业务，加快推动氢能资源低成本开发利用，并在燕山石化启动建设了北京冬奥会氢气新能源保供项目。

“担当北京冬奥会氢能的保供重任，我们的优势得天独厚。”燕山石化首席专家、新能源办公室主任李军良介绍，“燕山石化区位优势明显，保供项目在这里建设，可有效节省运输成本。”

除了区位优势，燕山石化还有天然的生产优势。燕山石化氢气来源充足——炼油系统的连续重整反应单元和化工系统乙烯装置的副产氢气丰富。

2019 年 10 月 12 日，燕山石化氢气新能源装置开工建设。面对紧张的工期，燕山石化另辟蹊径，从设计之初就采用橇块化设计，在加工厂提前预组装，然后整体运输到施工现场二次连接安装，有效缩短了施工周期。

2020 年 1 月 2 日，燕山石化北京冬奥会氢气新能源保供项目中交，随即进入紧张的开车准备阶段。“参与氢气新能源装置建设，除了积累新建装置的经验、提升业务能力以外，还能参与氢能保供、助力绿色冬奥，心中增添了神圣的责任感和使命感。”装置工艺技术员姚晋松回忆。

万事开头难。燕山石化氢气新能源装置投运时，各项参数只能靠自己摸索。装置员工不畏挫折、不怕失败——压力控制不好，就一次次地试；数字显示不对，就一遍遍地调……

2020 年 3 月 27 日，氢气新能源装置成功产出合格高品质氢气。经中国石化石油化工科学研究院检测，各项指标均满足国家氢燃料电池汽车用氢标准和要求，并顺利通过冬奥组委对燃料氢质量指标的检测。

“按照国标要求，提纯后的氢气纯度需要超过 99.97%，而我们的氢气纯度可以达到‘5 个 9’，也就是 99.999%。”装置主管蒋智慧信心满满。

北京冬奥会期间，燕山石化氢气新能源装置不负众望地承担起中国石化 4 座服务冬奥加氢站和冬奥主火炬的供氢任务。自 2022 年 1 月 25 日北京能源保供开始，到 2023 年 3 月中旬北京冬残奥会胜利闭幕，燕山石化供应北京冬奥会、冬残奥会能源氢气共计 55.4 吨。

争取到冬奥主火炬的保供任务并非易事。

在北京冬奥会开幕式的前期策划阶段，北京冬奥组委和开闭幕式导演团队通过反复研究和比较，最终设计出颠覆式的主火炬“微火”方案，并获得国际奥委会同意。

2021 年 6 月，主火炬点燃方案确定后，紧接着就要考虑保供问题。得知相关需求后，中国石化冬奥办立即联系北京冬奥组委进行沟通，全力争取冬奥主火炬的保供任务。

直到今天，中国石化冬奥办火炬项目负责人孙保华，仍然记得争取主火炬保供任务的日子。那段时间，中国石化冬奥办所在的中国石化总部大楼 22 层办公室，经常到了深夜还亮着灯。

“每天晚上九十点钟下班是常事。”孙保华回忆，“冬奥办虽然是临设机构，成员来自集团公司不同部门和单位，但大家心往一处想、劲往一处使，解决了一个又一个难题。”

8 月，了解到主火炬更加准确的用氢方案后，中国石化冬奥办及时向集团公司党组汇报。集团公司党组要求，全力以赴争取和做好主火炬保供任务，并将相关任务交由燕山石化具体负责。

“有了金刚钻，才敢揽瓷器活儿。鸟巢主火炬对氢气供给要求高，而燕山石化氢气新能源装置生产及配套设施具备基础条件，天时、地利、人和俱全。”李军良介绍。

在一次沟通会上，面对冬奥组委相关人员的提问，中国石化冬奥保供项目负责人表态：“担当冬奥主火炬的保供任务，中国石化绝对没问题，请冬奥组委放心！”

除了氢能领域的雄厚实力，中国石化的品牌和质量也绝对值得信任。北京 2008 年奥运会准备期间，中国石化与北京奥组委紧密合作，在场馆建设、清洁能源、物资保障、志愿服务等方面倾力奉献，承担为鸟巢提供 8 万张专为奥运开发的合成树脂观众座椅及跑道沥青的任务。至今，鸟巢座椅颜色依然鲜亮如新。北京冬奥组委一名工作人员评价道：“中国石化，给力！”

2021 年 9 月，北京冬奥组委最终确定由中国石化负责鸟巢主火炬的保供任务。“得知中国石化争取到主火炬保供任务时，办公室所有人都开心极了！”孙保华激动地说，“北京冬奥会的主火炬，将由中国石化生产的氢气点燃！”

2021 年 11 月初，在北京冬奥组委的组织下，中国石化、中国航天科技集团开会商议冬奥主火炬保供方案。

“根据会议确定的保供方案，航天六院 11 所制造的储氢设备先到燕山石化加氢站加满氢气，再送到鸟巢指定地点，往返全程均由燕山石化派专人护送。”燕山石化冬奥专项保供小组组员罗洋介绍。

11 月 19 日，他们首次进行氢气充装试验。当天下午 4 时，罗洋和同事将从航天六院 11 所取到的储氢设备带回燕山石化氢气新能源装置，随后卸下储氢设备、检查余压、取样分析，并对储氢设备的阀门和管线进行测试，具备充装条件后立即进行充装。

“我们前期做了大量的准备工作，中国石化的氢气质量有保证，对方提供的设备也符合要求，确保了这次测试顺利。”罗洋回忆说，“主火炬的保供任务，是一项多方合作的项目，少了哪家都不可能完成！”

随着开闭幕式方案不断细化，开闭幕式主创人员提出新的要求：由于储氢设备放置在较远的隐蔽处、输氢软管隐藏在巨型雪花的结构中，开闭幕式期间无法对储氢设备进行更换，这就需要尽可能延长储氢设备的续航时间。

中国石化主火炬保供人员与航天六院 11 所经过反复讨论，决定根据主火炬储氢设备设计要求，适度调整氢气充装压力，确保在现有储氢设备不变的情况下储存更多氢气。

“为此，燕山石化冬奥专项保供小组联合航天六院 11 所相关技术人员，对燕山石化加氢站控制程序进行优化调整，在满足压力要求的前提下，让储氢设备的续航时间在原来 8 个小时的基础上又延长了 50 分钟。”罗洋介绍。

充装和设备的问题解决后，紧接着就是运输问题。

12 月 29 日，主火炬设计和保供相关人员又举行会议，确定主火炬储氢设备的运输路线。为确保储氢设备运输安全，他们制定了每次开幕式彩排深夜运输的方案，设计了 3 条运输路线，并根据当天路况、天气等因素，灵活确定当天的路线。

为配合开幕式彩排，罗洋和同事通过确定的运输路线，从燕山石化向鸟巢运送了几次储氢设备。由于都是晚上 11 点出发前往鸟巢，每次当他们开着空车返回燕山石化再回到家里，时针已指向凌晨 4 点了。

随着冬奥会日益临近，从生产环节到运输环节，参与冬奥主火炬保供的所有人员，都能感受到与日俱增的紧张氛围。

燕山石化氢气新能源装置建立了装置运行日汇报机制，机、电、仪、管、操等专业人员每日在工作群内汇报装置运行情况，实现信息实时共享；每周组织相关部门和单位召开装置特护会，解决生产、操作、产品充装、运输出厂各个环节出现的问题。

为确保北京冬奥会期间的安全平稳运行，氢气新能源装置还推出每天夜间闭灯检查的升级管控措施。“闭灯后，在漆黑的环境中一旦发现蓝色火焰，就意味着装置区有泄漏点，我们就要第一时间报告并妥善处理。”蒋智慧介绍。

北京冬奥会前夕，燕山石化顺利通过全球首个《低碳氢、清洁氢及可再生氢标准与评价》，成为国内首家取得清洁氢认证的企业，为实现“绿色办奥”再添保障。

在保证氢气新能源装置平稳运行的同时，燕山石化冬奥专项保供小组对保供主火炬的储氢设备运输方案进一步细化。

在运输过程，他们对安保押运采取“五专”原则，即专人驾驶、专车押运、专线行驶、专人押运、专时押运；押运方式采取前、后为押运车辆，中间为冬奥氢能运输车辆，安排专人随车负责安保押运工作，确保万无一失。

此外，他们还运用“头脑风暴”的方式，对保供方案的细节进行进一步推敲。“我们经常分为设备小组和运输小组，分别给另一组的方案计划挑刺儿，互相查找在保供细节上的不足。”罗洋解释道，“有时候我们会为了一个方案细节的敲定争得面红耳赤，因为我们知道，冬奥主火炬保供不容有失！”

在冬奥会开幕式前最后一次彩排运送任务中，罗洋和同事驾车来到鸟巢门口，在午夜的寒风中等待了两个多小时。其间，当看到如小天使一般的孩子们从场馆鱼贯而出时，他的脑海里已经浮现出无数种对开幕式场景的想象。

“一想到这些孩子的笑脸绽放在开幕式现场，主火炬的火焰闪耀在鸟巢上空，身上的寒意就全部驱散了。”罗洋陶醉在那时的场景中。

装置上跳动着的“中国芯”

中科（广东）炼化

中科炼化环氧乙烷 / 乙二醇（EO/EG）装置自 2020 年 9 月运行至今，YS-9010K 银催化剂最高选择性高达 90.78%，年平均选择性高于保证值 1.5%，性能达到世界领先水平，装置物耗、能耗稳居中国石化集团公司双第一，标志着中国石化“十条龙”攻关项目之一——中科炼化 EO/EG 装置银催化剂国产化成功应用。一颗健康的“中国芯”，正在中科炼化装置上稳健跳动着。

打破惯例，首装采用国产银催化剂

中科炼化 EO/EG 装置采用壳牌公司传统工艺包，按照惯例，首装必须捆绑其专利氧化反应器银催化剂。为打破垄断、降低采购成本，同时为中国石化自主研发的工艺包提供工业应用基础，在中国石化的大力支持下，中科炼化决定当“第一个吃螃蟹的人”，在引进专利技术的装置中，首装采用北化院自主研发、催化剂公司生产的国产化 YS-9010K 银催化剂。

中科炼化 EO/EG 装置单套环氧乙烷产能最大、流程最长，首次投产即采用国产催化剂，在当时全球范围实属首例。壳牌专利商提出，一旦采用国产催化剂，将不为装置的催化剂装填工作和反应单元提供技术支持，各项性能指标也不再作保证。

国产银催化剂没有起始反应温度的工业应用数据，技术团队就积极联系北化院、上海石油化工研究院，针对低空速、大管径的反应床层工艺、关键试验没有专利商指导等困难，深入探讨、量身定制高选择性 YS-9010K 银催化剂，不断优化催化剂生产工艺及性能评价体系，并制定了严格的质量保证体系，以提升催化剂的整体性能和与装置的匹配性。

同时，利用动态模拟软件，追踪关键参数在飞温工况下的变化，预测出对相关系统的影响，并根据银催化剂的特性，全方位开展装置工艺设计复核与优化，为装置顺利投料开车提供了理论支持。

摸着石头过河，实现一次开车成功

2020 年，受新冠疫情影响，海外专家无法到现场提供“三查四定”及试、开车全过程的技术服务。消息传来，中科炼化技术团队成员们的心里又沉重了几分。

“我们团队里 70% 以上都是年轻人，只有 3 名员工有整套装置的操作经验。新装置、新员工、新催化剂，没有海外专家现场指导、没有任何可借鉴的案例，一切都需要摸着石头过河。”该公司工艺工程师莫海兵回忆道，“但既然接力棒传到了我们这儿，谁也不想‘掉链子’。没有先例，我们就开创先例；没有标准，我们就创建标准。”

年轻的技术团队独立完成了本应由专利商主导的联锁调校、生产准备及开车前条件检查确认等相关工作，为新装置顺利开车打下了坚实的基础。

2020 年 6 月 9 日，氧化反应器进入装剂阶段。YS-9010K 银催化剂首次工业化应用，装填量为全球最大，仅纯银用量就高达 110 吨，装填时间跨度长、技术要求极高。为确保万无一失，他们详细制定装填方案，并组建了党员突击队，24 小时坚守现场，实行全过程监管，保障装填安全进行、质量过硬。为防止催化剂受潮，封闭的反应器内部温度必须控制在 40～45 摄氏度，25328 根列管，408 吨银催化剂，技术团队仅用 15 天就完成了装填工作。

2020 年 9 月 12 日，中科炼化 EO/EG 装置一次开车成功，不仅打破了引进技术首装进口催化剂的惯例，也为国内 EO/EG 项目提供了更多的选择，大幅压低了进口银催化剂的成本，为国产银催化剂进一步开拓国内外市场提供了新的机遇。

攻克重重难关，优化装置运行

在开车初期，催化剂就出现了汽包温度低、产汽量大、反应器入口二氧化碳浓度偏高等问题，造成了催化剂的选择性低、原料乙烯和氧气单耗高。中科炼化技术团队日夜不停研究分析技术资料、论证技术方案，经过多次试验摸索，将各个问题逐一攻破，保证了装置的平稳运行。

装置运行逐渐平稳，他们开始将目光放到更高的标准上——抓住关键点，保证高效运行。他们通过实时数据监控、收集、分析、总结，掌握“第一手”资料，摸透催化剂的“脾气”，根据反应温度及时调整装置负荷，跟踪氧化反应状况，优化操作，确保催化剂始终能保持在最佳运行状态。

自 2021 年 1 月至今，EO/EG 装置乙烯单耗、综合能耗在中国石化集团公司累计 9 次排名第一，产量指标始终位于前三，综合指标远优于其他同类装置，环氧乙烷和乙二醇产品质量均达到国标优等品标准，全年减少二氧化碳排放 14000 吨。

让大海告诉你，我的爱有多深！

茂名石化

扫码观看视频

让大海告诉你，我的爱有多深！

作品讲述一群在南海潮汐中奔忙的“赶海人”的感人故事。他们要在复杂的海况与瞬息万变的气候下，安全平稳地将超大型油轮上的原油接卸下来，通过15余公里的海底管道输送上岸，常常在海上一漂就是十天半月。海上作业，没有后援，条件艰苦，顾不上家事，令许多人望而却步，他们却乐此不疲。中国石化茂名石化海上“单点”投用27年来，他们累计安全环保接卸油轮1300多艘、原油2. 4亿吨！

把“棒棒糖”变“墨汁”，还能创效 20 亿

石科院

扫码观看视频

把“棒棒糖”变“墨汁”，还能创效20亿

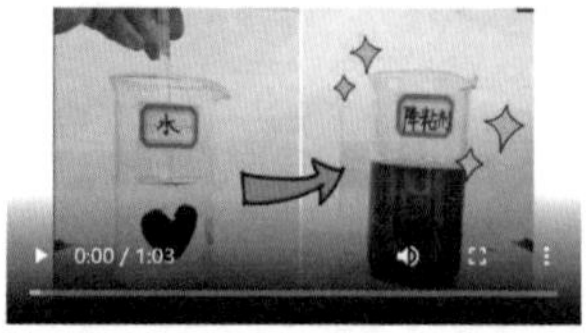

石科院和胜利油田生物基驱油剂由微生物发酵生产，与传统工业驱油剂相比无毒无污染，可有效降低稠油黏度，提高开采效率，在胜利油田应用后已累计增油近7万吨。预计未来5年内可以增油110万吨，规模化推广后产品销售和增油的经济效益将超过20亿元。

喝下“西北风”，吐出高蛋白

石科院

吸收工业废气就能产出高蛋白？岂不是“真·喝西北风就能饱”？！

这个神奇的“小东西”就是——微藻。

微藻是指在显微镜下才能看到的微小藻类群体，包括螺旋藻、小球藻等多种藻类，广泛存在于天然水体中，是水生态环境的重要组成部分。

它的神奇之处在于：能利用光合作用，以极高的效率吸收环境中的无机碳（如二氧化碳）与无机氮（如氮氧化物），在生物代谢的过程中将其转化为有机碳（主要为糖类与油脂）和有机氮（主要为蛋白质）。

如果能对工业废气中的二氧化碳及氮氧化物进行富集、转化与提纯，作

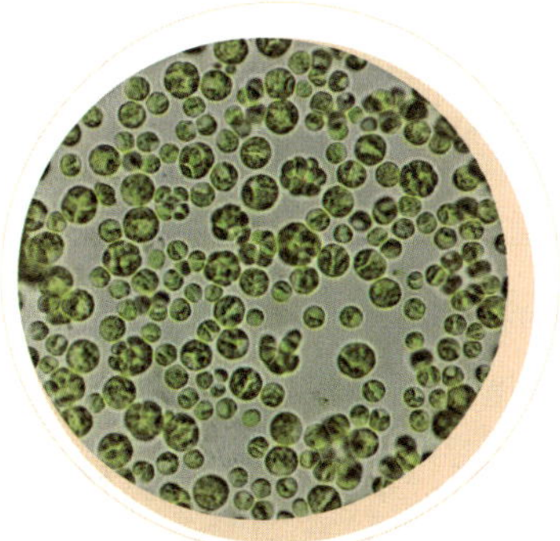

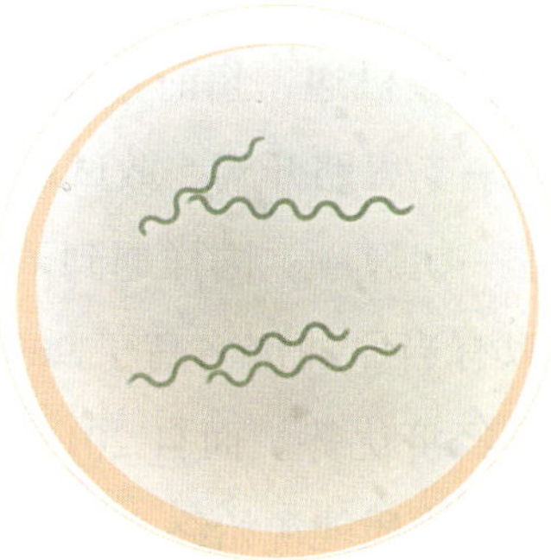

为养殖微藻的“养料”，不仅能减少炼化企业生产过程中的二氧化碳及污染物排放，而且可利用边角剩余土地开展养殖，增加蛋白质供应。

微藻的这种独特属性也意味着，只要拥有了关键技术，就能让它在实现“双碳”目标与保障粮食安全方面发挥独特的作用。

现在，技术来了！

日前，由石科院牵头、多家参研单位共同合作的“微藻脱硝并兼产高价值生物产品技术开发与工业示范”项目通过了中国石化科技部组织的技术评议。

简单地说，这项技术就是用含二氧化碳的废气养殖微藻，再利用微藻生长过程中生成的蛋白质，作为食品与饲用蛋白来源。

利用微藻脱硝成套技术，可将工业废气中的二氧化碳和氮氧化物变废为宝，一家千万吨级石化企业可年产约 500 万吨高蛋白微藻，市场价值超过 500 亿元，环保效益及经济效益显著。

技术虽好，研发不易。从最开始进入这一领域，到示范装置收到良好效果，这条探索之路，研究人员走了十多年。

另辟蹊径，从微藻制油到减排与蛋白质生产并举

从 20 世纪末开始，欧美政府及企业就已陆续开展微藻能源研究项目，但由于技术经济性等原因，陆续退出了这一领域，未能实现工业应用。

中国石化抓住机遇，超前布局。2008 年，在中国石化科技部的支持下，石科院组建了一支思路开阔、敢试敢拼的微藻生物技术团队。

攻关并非一帆风顺，同样遇到了最大的障碍：经济性。据石科院院长李明丰介绍，只有当原油价格高于 90 美元 / 桶时，以微藻油为原料制备的生物柴油才具有经济优势。而自 2014 年起，国际油价却始终低位徘徊，成本劣势导致微藻生物质能源始终难以实现大规模工业应用。

研发团队不得不向“无人区”挺进。他们重新分析审视了微藻的组成与性质，发现微藻在生长过程中除了能生成用于制备生物燃料的油脂外，还能积累大量的蛋白质、糖类及其他生物活性物质。其中，蛋白核小球藻与螺旋藻等藻种的蛋白质含量甚至达到40%～70%，远高于常见的植物蛋白质含量。而且微藻中蛋白质的氨基酸可消化性好、组成均衡，是非常理想的食品与饲用蛋白来源。

研发团队敏锐地意识到：将微藻碳氮减排与蛋白质资源生产相结合，才是微藻生物技术未来能实现大规模应用的发展路径。

寻根究底，开展基础研究剖析科学规律

技术的不足，归根结底在于对基本原理的理解不够透彻。石科院研发团队决定从基础研究入手，深入剖析微藻脱硝技术背后所隐藏的科学本质。

研发团队层层分解，从反应原理、传递过程及细胞生理状态等不同角度，对氮氧化物固定与微藻生长所涉及的各个环节进行逐个击破，“对症下药”开发技术。

最终，通过藻种采集、分离纯化、驯化筛选及性能评价等一系列手段，他们获得了能高效固定氮氧化物和二氧化碳的优势藻种35株，成功建立起了藻种库。

花开两朵，创新养殖模式助推技术突破

基础研究获得突破后，团队开始进行技术开发。而在建立技术体系之前，首先要确定的是微藻的养殖模式。

微藻养殖分为自养、兼养等模式。

自养模式是微藻仅以阳光为能源进行生长，具有技术简单、易于大规模实施、成本低等优势，但自然光的能量密度低，导致微藻生长速度较慢。

兼养模式是微藻同时利用光能和外源有机物作为能源，生长速度快、脱氮效率高，但对装置设备要求也更高，额外添加的有机物“饲料”也会增加成本。

两种路线各有优劣，而石油化工技术复杂多样，不同技术排放出的含氮污染物的质与量也有很大差异，单一的技术路线很可能无法满足未来工业化应用对脱硝技术的需求。

研发团队创造性地提出两条技术路线并行开发的思路：自养模式应用于处理低浓度大流量的含氮污染物，兼养模式应用于处理棘手的高浓度含氮污染物。

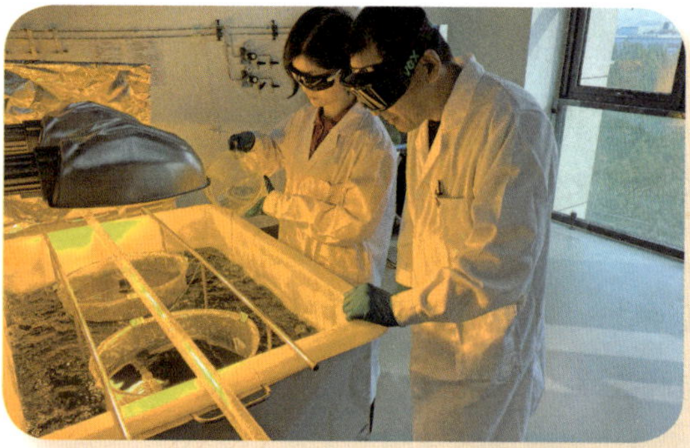

确定研发方向后，团队乘势而上，迅速推进技术开发与实验室小试、中试研究，联合相关单位，在藻种选育、光能兼养技术、微藻高效采收与生物质利用等方面实现了创新与突破。

世界首创，工业示范装置成绩斐然

在中国石化科技部十余年的持续投入和大力支持下，2021 年，石科院在国际范围内率先建立了微藻脱硝组合工艺，使烟气脱硝与微藻养殖两个关键过程既紧密耦合又独立运转，完成了微藻碳氮减排与高蛋白生物质生产利用的全流程技术开发，获得了一系列核心技术成果。

这项世界首创的微藻脱硝组合工艺在业界引起了广泛关注，在中国石化科技部组织的项目评议会上，专家一致认定该技术属国际首创，脱硝率和氮源固定效率达到国际领先水平，为利用微藻生物技术，实现我国“碳中和”目标及粮食安全战略开辟了新道路。

目前，该项目已申请中国专利 67 项，获授权 34 项；申请国际专利 2 项，美国专利授权 1 项，形成了完整可自由运作的专利网，技术自主可控，相关科研项目获得中国石化集团公司 2019 年度前瞻性基础性研究一等奖。同时，中国石化先后在催化剂长岭分公司、石家庄炼化及湖北化肥等企业开展微藻碳氮减排的示范工作，均收到了良好效果，为微藻生物技术的进一步工业化实施奠定了基础。

神奇的数字

共享东营

首先，问大家一个问题：

١ ٢ ٣ ٤ ٥ ٦ ٧ ٨ ٩ ٠

这些是什么？

是孩童的涂鸦？

还是可以解开藏宝图的密码？

答案在这里：

1 2 3 4 5 6 7 8 9 0

没有错！它们就是阿拉伯地区使用的数字！

2022 年第一家境外工程企业上线财务共享系统，

经过前期培训，

面对这些来自世界各地的语言、数字，

中国石化共享东营分公司境外业务部的员工们已经习以为常，

当地人可不会用汉语和数字，

虽然已经有了心理准备，

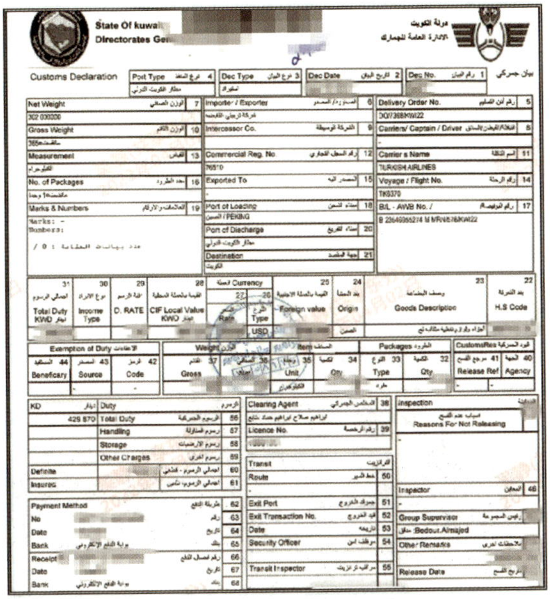
State Of kuwait
Directorates Ge
دولة الكويت
الادارة العامة للجمارك
Customs Declaration
بيان جمركي
1 Dec No.
2 Dec Date
3 Dec Type
4 Port Type
5 Delivery Order No.
DO/7368/KWI22
6 Importer / Exporter
7 Net Weight
302 000000
8 Carriers/ Captain / Driver
-
9 Intercessor Co.
10 Gross Weight
11 Carrier s Name
TURKISH AIRLINES
12 Commercial Reg. No.
76510
13 Measurement
14 Voyage / Flight No.
TK0370
15 Exported To
-
16 No. of Packages
17 B/L - AWB No. /
B 23640066274 M MRN876/KWI22
18 Port of Loading
/ PEKING
19 Marks & Numbers
Marks: -
Numbers:
20 Port of Discharge
21 Destination
22 H.S Code
23 Goods Description
24 Origin
25 Foreign value
26 Type
USD
27 Rate
Currency
28 CIF Local Value KWD
29 D. RATE
30 Income Type
31 Total Duty KWD
Exemption of Duty
42 Code
-
43 Source
-
44 Beneficary
Weight
37 Gross
36 Net
Item
35 Unit
34 Qty
Packages
33 Type
32 Qty
CustomsRes
41 Release Ref
-
40 Agency
-
KD
Duty
56 Total Duty 429 870
57 Handling
58 Storage
59 Other Charges
60 Definite
61 Insurec
38 Clearing Agent
39 Licence No.
Transit
50 Route
-
51 Exit Port
52 Exit Transaction No.
53 Date
54 Security Officer
55 Transit Inspector
Inspection
Reasons For Not Releasing
-
46 Inspector
-
Group Supervisor
Bedour.Almajed
Other Remarks
Release Date
62 Payment Method
63 No
64 Date
65 Bank
66 Receipt
67 Date
68 Bank

但当发票展现在大家面前的时候，

所有的人都面面相觑，

甚至有些“压力山大”，

有人忍不住脱口而出：

——这简直跟一张画一样！

为了能看懂繁杂的外语发票，

大家除了把 0～9 十个阿拉伯数字贴在桌子上，

还总结出了一句口诀：

“颠三倒四”“非六非七”

“七上八下”“零点无心”

以为阿拉伯语就是“天花板”了？

不！

更难的在这里！

土库曼斯坦语发票，

让翻译器都“投降”“认栽”的存在，
为此大家认真学习这些外语专用名词，
还有当地税法……
大家在共同努力下，
顺利“攻克”了境外业务的一座座大山，

随着境外企业的不断上线，
大家还有很长的路要走，
更多的“大山”等着大家去“征服”。
我们会以饱满的热情，
努力学习，认真工作，
提供更加优质的共享服务！

让新疆棉田自由呼吸

化销华北

“以前是雇人拾残膜，每亩地需要支出60多元，还费时费力。现在是机械回收残膜，1000多亩地两天时间就能干完，不仅节约了时间，还节省了人工费、降低了成本。”化销华北新疆代表处业务人员在春耕期间回访耐候膜使用情况时，听到农户的反馈，心里很是欣慰。

农户提到的可以机械回收的残膜，正是化销华北携手产、研、用多方开发出的中国石化34GL专用料生产的国内首款可工业化回收利用的高强“绿色”耐候膜。

20世纪80年代以来，农地膜覆盖技术被广泛应用于新疆地区棉花、蔬菜等农作物种植，对促进农业增产、农民增收发挥了巨大作用。但由于早期使用的农地膜薄脆、易破损，随着残膜量在农田中逐年累积，土壤结构遭到严重破坏，农作物的产量和质量也受到影响。近年来，为减少残留农地膜对土壤及农作物的危害，新疆全面禁用超薄农地膜，客户及当地农民迫切希望开发出耐候性强、回收率高的绿色农地膜专用料。

为帮助新疆棉田“清肺通络”，让土壤实现自由呼吸，化销华北充分发挥中国石化在功能性材料领域的开发优势，积极协调产、研、用多方为农田废旧地膜污染治理提供系统性解决方案。针对新疆对农地膜厚度、耐候期、抗拉伸强度等关键指标要求，化销华北携手中国石化北京化工研究院、中天

合创能源有限责任公司成立“新疆耐候膜开发与循环项目组”，从基料选择、配方调整、老化试验、性能检测等多个环节入手开展技术攻关。历时近 3 年，成功开发出国内首款工业化可回收利用的“绿色”高强耐候聚乙烯树脂专用料 34GL，该专用料具有突出防老耐候性和稳定加工性，用其生产的地膜可以满足当地政府要求的抗老化能力超过 180 天、使用后可以卷起回收的农膜标准，残膜回收率可达 90% 以上，能较好满足后期膜渣分离循环利用需求，对从源头上治理白色污染、改善农田土壤环境有着积极作用。

为推进回收残膜高附加值应用，化销华北按照“谁生产、谁回收”的思路，联合政府相关部门及中国石化产业链相关单位，助力下游客户攻克了农膜机械化回收、膜渣分离、干洗造粒、注塑制品等各环节技术难点，高效打通农膜循环产业链全流程，推动残膜实现从白色污染到周转箱筐、塑料托盘等农用生产资料的华丽转身。

实验数据表明，中国石化 34GL 专用料高强耐候膜覆膜 210 天后物理性能可保留 80% 以上，能满足机械回收作业所需的残膜物理强度。机械回收作业效率可达到 500 亩 / 天，残膜回收率达到 90% 以上，远优于人工回收水平。按每铺设 100 万亩农田需 6000 吨 EGF-34GL 来计算，在剔除原料供应、残膜回收及再生原料等环节的成本后，预计可实现收益 1900 万元。既让新疆棉田实现了自由呼吸，又产生了可观的经济效益，更是为农田“白色污染”治理提供了一条可推广、可复制、低成本的新路径，化销华北在落实“富民兴疆”的具体实践中交出了特色答卷。

向超深层进军

西南石油局

自古以来，“上天入地”就是人类梦想。如今，当人类在太空大展身手的同时，在探索深邃地宫之路上又有了新的突破。

2021年1月27日，尽管西南石油局元坝气田寒风萧萧，但广大干部职工心里一片沸腾。中央电视台等媒体纷纷报道，世界首个埋深7000米超深高含硫生物礁大气田——元坝气田自2014年12月投产以来，累计生产天然气突破200亿立方米，实现了安全绿色高效开发。

“嘉陵江边迎朝阳，昆仑山下送晚霞。”脍炙人口的歌曲《我为祖国献石油》，描绘出老一辈石油石化人在嘉陵江边会战的身影。然而，此后漫长的时间里，无数前辈满腔热血而来、心有不甘而去，把梦想深埋在这块土地上。

2011年12月14日，吴基荣从成都出发，载着行李，翻山越岭，第一次来到元坝，等待他的是建设元坝净化厂的重任。元坝气田地处四川盆地东北部，横跨广元、南充、巴中三市，三级地质储量超1.1万亿立方米，2007年发现，2011年整体探明并启动元坝气田开发建设。元坝气田硫化氢含量高，必须建设大型净化厂。

吴基荣是个“拼命三郎”，经常晚上加班到凌晨两点。2013年3月，他遇到了“麻烦”，经常感觉咽喉疼痛、声音嘶哑，检查结果为良性甲状腺

“结节”。为避免浪费时间，影响气田建设，他果断在医院“一切了之”，为气田建设“贡献了一个器官”，一道长达10厘米的紫红色伤痕横贯颈下。手术后不到一周，他又回到元坝气田。就是这样，上万名建设者齐聚元坝，开启了一段气壮山河的奋斗历程。

元坝气田是我国向超深层进军的新战场。世界著名的里海北部卡萨岗超大型含硫生物礁气田埋藏深度为2000～3000米，我国著名的超深高含硫气田普光气田平均井深达到5900多米，而元坝气田最深井8425米，平均井深7600米，在这样的超深层，哪怕一个手指甲盖大小的地方，也相当于顶着700公斤的压力。

超深只是元坝气田最具代表性的特点，它还有“三高、五复杂”（即高温、高压、高含硫化氢，天然气组分复杂、礁体储层复杂、气水关系复杂、压力系统复杂、地形地貌复杂）等特点，绿色高效开发是一项高难度、高风险的自主创新工程，面临诸多世界级难题。

“元坝气田礁体小且分散，就像伸开的五指，粗细都不一样，每个指节的长度、宽度、厚度也都不一样，中间还有很多空隙，犹如在超深层迷宫寻气探宝，并且高温超压。”中国石化西南石油局依托2项国家科技重大专项和10余项中国石化课题开展联合攻关，创新形成的元坝气田高效绿色开发技术整体达到国际先进水平，部分核心技术国际领先，首次实现7000米深、最小0.12平方千米小生物礁体的精确识别与精细刻画。

找到油气藏的星星点点“甜点”，关键在于实施超深水平井“蛇形”变轨钻进，实现斜井穿多层、水平井穿多礁，从而提高单井产量。“钻井时，钻头先从地表垂直向下钻，找到甜点区着陆后，转个弯，再沿甜点区水平穿行1000米左右，目的是扩展采气面，这样直井、斜井加水平段，相当于在地下打了一个珠穆朗玛峰的高度，为的就是把小礁体像糖葫芦一样穿起来。”

元坝气田建设那3年，吴基荣回家累计不超过20天，西南石油局广大参建职工就这样奋力拼搏，全力打造安全绿色样板工程，建成世界气田开发史上单体最大的应急疏散广播系统，日夜守护气田周边2.6万户居民平

安；建成我国首座具有自主知识产权的大型天然气净化厂——元坝气田净化厂，天然气总硫回收率超99.8%；建成我国首座高含硫气田水处理循环利用站——元坝气田采出水低温蒸馏站，气田实现零排放。

与崇山峻岭相守，携农田村落为伴，井然有序的气井场站，点缀在诗意山水间，一幅新时代追逐油气梦想的画卷徐徐展开——经过一代代石油石化人的不懈奋斗，元坝气田一口口超深气井“直入地宫、力擒气龙”，一座座智能场站拔地而起、直指苍穹，2014年12月元坝气田前期试采项目投产，2016年12月元坝气田全面投产，宣告数十年的油气梦想终于在这里绽放，正在成为我国开发超深层油气资源的新标杆！

“元坝气田具有年产40亿立方米原料气、34亿立方米净化气和30万吨硫黄的能力，获评国家优质工程奖，填补了我国开发超深层生物礁气田的空白，为我国乃至世界深层超深层油气资源规模效益开发提供了成功经验。”西南石油局有限公司执行董事、党委书记，西南油气分公司代表郭彤楼介绍。我国“十三五”油气资源评价结果显示，深层超深层常规天然气资源量占比50.7%，探明率仅为8.8%，是未来油气资源战略接替的重要领域。

“气田建设投入巨资，运营守护不好就是罪人”，曾任采气二厂厂长的蔡锁德说，确保安稳长满优运行是元坝气田首要任务。元坝气田的 30 余口生产井，口口是超深井、是高产井、是功勋井，任何小事都是大事，容不得半点儿疏忽。

西南石油局深入分析气藏储量动用情况，挖潜未动用天然气富集区，增加经济可采储量，完善配产方法，弥补产量自然递减的损失，大幅延长稳产期。同时，实施精心呵护高产气井、精细管理异常井、精致调控产水井、精准部署调整井的“四精”管理，30 余口井平均日产气达 40 万立方米，10 口井累计产气超 10 亿立方米，实现不同礁体均衡开采、气井高产稳产，气田整体效益最优。

“有党员带头，大家有困难也不怕”，2021 年 4 月，采气二厂元坝采气管理区青工委员曾力在元坝 205-1 井碰口作业时发出感慨。面对安全绿色开发、延长气田高产稳产期等重大任务，西南石油局抓实党建与生产深度融合，成立不同类别的党员突击队，在攻克急难险重任务上当好“尖刀”，充分发挥党员先锋模范作用，持续建强全面过硬的战斗堡垒。

元坝气田设计稳产 6 年，西南石油局通过生物礁滩体精细刻画，有效提升储量动用率，通过改进酸化压裂技术，有效提升天然气采收率，将实现气田稳产 10 年，为长江中下游 6 省 2 市 70 多个城市源源不断送去“福气”。

在元坝这片筑梦、追梦和圆梦的热土上，广大石油石化人向超深层进军，用大担当作答——建设绿色高效平安大气田，书写新时代“我为祖国献石油”的崭新篇章。

白鹭和塔林的故事

镇海炼化

“西塞山前白鹭飞，桃花流水鳜鱼肥。”“两个黄鹂鸣翠柳，一行白鹭上青天。”白鹭在文人的墨香里翩然来去，有白鹭在的地方就像是一幅山水画卷，那是古人描绘的世外桃源。而我工作的地方也有这样一个白鹭翻飞的世外桃源。

我叫陈单青，是镇海炼化公司的一名青工。镇海炼化位于东海之滨，是全国大型的炼化一体化企业，年加工能力达 2300 万吨原油、100 万吨乙烯。创业 40 多年来，我们公司累计实现利税超 2790 亿元，是国家最初投资的 594 倍。

今天我有幸将镇海炼化的好故事带到这里，和大家一起分享《白鹭和塔林的故事》。

我，是一名 PX（对二甲苯）装置的操作工。说到 PX，常常让不少人闻之色变，但其实并没有那么可怕。当我在装置里巡检的时候，经常会看到在管廊附近的草地上悠然踱步的白鹭，而它们的家离我工作的装置只有 470 米。那是一片 2200 平方米的小树林，位于公司仓库和液化气装瓶站的中间。站在装置的塔林高处，你能看到那郁郁葱葱的树林在蓝天白云的映衬下，与炼塔油罐构成了一幅刚柔相融的画面。我和我的同事们喜欢称这片小树林为“百鹭园”。因为那里各种鹭鸟多达数百只，除了常见的白鹭、牛背鹭、池鹭、夜鹭等，还有大白鹭等珍稀品种。

每年早春三月，这片小树林就开始热闹起来，白鹭们回“家”了。这群大自然的精灵们在这里筑巢繁育。每次我巡检到塔林高处，总会停留片刻，那些在翠绿林海里的白衣仙子，时而展翅翱翔，悠然起舞；时而静立在枝头，闭目养神。这样的情景不禁让人恍惚，自己真的是在石化企业上班吗？

春来秋回，白鹭在塔林上空翻飞翱翔的身影已经成为镇海炼化的一景。这些大自然的“生态检验师”，对环境要求苛刻，却为何选择在我们装置的塔林深处安家呢？宁波大学海洋学院教授谢志浩这样解读：“鹭鸟选择繁殖地有 3 个必要条件：茂密的植物、稳定的水源和充足的食物。”而镇海炼化厂区有着绿化率达 42% 的茂密植被，厂区内干净的沟渠是最方便的水源地，附近海边滩涂里的小鱼、小虾为白鹭提供了丰富的食物。良好的生态环境和完整的生物链正是它们对此地不离不弃的原因。

2014 年，因生产需要，我们公司在成品油罐区将要新建一条输油管线。技术人员制定了最经济高效的设计方案。公司班子在审议过程中发现，管架要穿过“百鹭园”。大家都知道白鹭们向来胆小，平时在路边草坪上遇见，还没等你靠近，它就早已谨慎地拍着翅膀飞去了别处。更别说在“百鹭园”里搭设管架这样的施工项目了，到时候砂轮一打，火花四溅，挖土、开沟的动静，管架搭设的噪声，人听了都烦，鸟儿肯定也受不了，甚至有可能会迫使它们另谋“出路”。为了这些可爱的小家伙能安心繁育下一代，公司最终决定重新设计方案，让管道拐 3 个弯，绕着“百鹭园”走。同时，担心施工的噪声影响白鹭在春季繁衍，特意避开 3～9 月份，将施工时间安排在白鹭南飞越冬的季节。去年春天，白鹭比以往来得晚了些，那段日子可急坏了管线施工的负责人，因为担心周边管线施工干扰到白鹭回巢，他每天上班前都会去“百鹭园”看看，直到白鹭如期而至他这才松了一口气。为了这群小家伙们，公司光是在管道工程费用投资中就额外增加了 200 多万元，施工进度也因此一再减缓。但是，大家都觉得值！

而这件事经过报道引起了中央电视台的注意，公益广告“为了碧水蓝天”就是以这个真实案例为蓝本拍摄的，我有幸参与其中，近距离接触这些大自然的精灵，记得第一次看到鸟窝里的蛋，还有刚刚孵出来的小雏鸟，那种从心底涌出的莫名感动，我至今难忘。由我们公司员工创作的歌曲《让白鹭告诉你，我的家在这里》最能表达我的这种感受。虽然我不擅长唱歌，但我还是想在这里为大家哼上两句：白鹭告诉你，我的家在这里，这里有蓝天，这里有白云。

如今，参观“百鹭园”已经成为我们公众开放日的经典环节，“让白鹭说”已经成为镇海炼化、成为中国石化对外宣传的一张亮丽名片。以白鹭为主角的公益广告在央视播放超过 300 次；白鹭还飞进了“鸟巢”为世界田径锦标赛加油，传播“能源和环境和谐共生”的环保理念，为镇海炼化、为中国石化的绿色发展代言。在这里，我诚挚地邀请各位，一定要来镇海炼化看一看，我和我的白鹭伙伴在塔林深处等着您！

第一加油站

上海石油

最近，在上海石油第一加油站二楼观景平台上，慕名而来拍摄婚纱照的青年男女越来越多了。俨然，第一加油站已经成为融入外滩景观的“网红打卡地”，同时她还有另外一个重量级的身份——中国建造的第一座加油站，且在创建时有过一段曲折的故事，让我们把时光倒流，一起回到那段岁月。

1843 年 11 月 17 日上海正式通商开埠，1856 年外商蜂拥而入。此时的世界早已经历工业革命的洗礼，各类先进的机器、设备不断涌入国门，随之而来的是对石油产品需求的不断提升，巨大的商机引起了美孚、亚细亚、德

士古公司的注意，它们先后进入中国开设了加油站，偌大的市场唯独没有一座中国人开办的加油站。

直至 1946 年 6 月 1 日中国石油有限公司成立并立即加入竞争激烈的油品市场后，中国的石油行业方才开始加速发展。1948 年 10 月 10 日，四川路桥堍加油站建成并开始营业，这是当时中国建造的第一座加油站，这一历史时刻被载入当时的石油公司工作旬报并一直保存至今。

上海解放后，在为加油站编号排序时，将她命名为：第一加油站，并一直沿用至今。

设计融入城市景观。74 年来她临水而居，静静倾听潮起潮落，与这浦江两岸一起历经数次蜕变，破茧成蝶，飞舞在时代的尖端。2020 年 10 月，经最新一期文化改造后，她以“折扇”“浪花”的新造型重新呈现于世人面前，吸引了无数游客与市民的驻足欣赏。据相关负责人介绍，全新的第一加油站是上海石油与黄浦区联合打造的一个综合服务型兼具景观性加油站，她造型的灵感来源于苏河，又完全融入苏河，现成为申城苏河南岸公共空间景观提升的亮点工程。

悬挂式智能加油。2020 年 10 月 29 日，作为上海石油与黄浦区企地融合的“结晶”，经改造回归后的第一加油站举行了隆重的开业仪式，随后迎来了她开启新篇章后的第一位顾客，从顾客面带疑惑的脸上，员工读懂了其中的不解，便向其介绍道：“本站在加油泵岛的设计上独树一帜，把加油枪送上天、基座沉入地、加油机布置在角落，将整片场地完全空出，待车辆前来加油时，将悬挂式油枪落下进行密闭加油，这样不仅配合整体设计形象，更是可以同时为 4 辆车加注油品，比改造之前更美观也更高效，安全环保功能也丝毫不弱于传统加油站，大家可以放心地前来加油与游玩。”

如今的第一加油站，集科技、便捷、历史、文化、美食、美景于一体，加油站便利店采用了通透的玻璃幕墙与工业风设计，陈列着加油站的整体模型，供顾客欣赏，室内楼道墙面上张贴了“上海石油成立以来大事记”，二楼咖啡店内“一号站的历史轨迹”海报悬吊于店堂内。越来越多的商务人士、游客朋友可以在亲水平台边品尝美味甜点边观赏沿河的生态风景，也可选择漫步楼道间，能看到墙面间叙写着它一路走来的点滴历程，加油站之外的林间步道，竖立着一座座不同时代加油机的雕塑，既是中国石油商业发展的缩影，又是代代石油人的孜孜追求。

如今，前来第一加油站开展读书分享会、户外写生和摄影、团建等小型文化活动的群体越来越多，她正翻开城市型加油站从商业建筑向城市建筑转型的新篇章。她经历了“从最初到最美”的变革与升级，承载着历史变革，赓续着企业文脉，上海石油这张闪亮的名片，期待大家前来“打卡”。

（本文获第四届中央企业优秀故事图文类三等奖）

洁净能源 为冬奥加油

石化报社

扫码观看视频

洁净能源 为冬奥加油

冬奥七年之约,中国石化用实际行动兑现庄严承诺，全力服务北京冬奥会和冬残奥会，向国家和人民交出一份优异答卷，得到国家有关部委、北京冬奥组委的高度肯定。

作品讲述了中国石化承制火炬“飞扬”，与科技冬奥同行；提供清洁能源，与绿色冬奥同行；传播冬奥文化，与全民冬奥同行的故事。

2348——红色密码

巴陵石化

扫码观看视频

2348——红色密码

2348的全称为“中国人民解放军总后勤部第2348工程指挥部”，是巴陵石化的前身。1969年，基于战备需要，周恩来总理批示同意在湘北地区云溪山沟组建2348工程指挥部，筹建化工化纤军需企业。基于保密要求，工程、工地均用代码命名，实际用途，鲜为人知。建设者们在严守保密纪律的前提下，克服艰苦，仅花费不到两年的时间联运投产成功。始于国防建设，肩负战备担当。2348是那个年代特有的红色密码，蕴含了“非十分不可”的保密精神，更孕育了石油石化优良传统。如今，经过50多年的建设，在2348精神的传承下，巴陵石化坚定地向建设世界领先化工材料企业迈进。

冬奥保供有我

河北石油

冬奥会及冬残奥会期间，河北石油张家口石油公司作为能源保障单位，累计服务涉奥交通保障车辆 17785 车次，其中传统燃料油品车辆 13796 车次，氢能燃料车辆 3989 车次，累计加注油品 720 余吨、氢能 38.19 吨。

寒冬中，石化人不辞辛苦，不畏困难，发生了许多温暖感动、坚守奋斗的冬奥故事。

与时间赛跑，全力保障场馆用油

“各保障小组注意，要加快沟通对接，落实细节，确保冬奥场馆 -50# 柴油配送，有任何问题及时反馈。”在张家口石油公司冬奥保障工作周例会上，张家口石油公司相关负责人再次强调。

张家口石油公司承担着 2022 年北京冬奥会张家口崇礼赛区山地转播中心、冬奥村、颁奖广场和制服与注册中心 4 座场馆发电机用油保障任务。

2022 年 1 月 19 日，气温骤降，山地转播中心向张家口石油公司寻求 2 万升 -50# 柴油紧急油料保供支援。接到保供任务后，张家口石油公司火速行动，立即组织协调，此时，全国疫情散点多发，从天津调配油品面临困难，

加之天公不作美，纷纷扬扬的大雪持续在下，给道路运输带来风险，配送任务面临严峻考验……

“保供冬奥就是命令。”他们与时间赛跑，经河北石油分公司等多方帮助协调，克服重重困难，在天津、承德、张家口三地持续接力，历时 2 天多，在 1 月 22 日下午 4:30，顺利将 2 万升 -50# 柴油送到北京冬奥会张家口崇礼赛区山地转播中心完成交接。“感谢你们的大力支持，能将 2 万升 -50# 柴油提前送到，切实解决了我们的后顾之忧，真是太感谢了！”转播中心电力保障相关负责人王经理难掩激动之情。

赛会期间，累计为冬奥场馆配送油品 29 余吨，圆满完成冬奥场馆用油保障任务，彰显了中国石化“为冬奥加油”的央企担当。

风雪夜，全力以赴供氢

2 月 11 日，冬奥会赛事激战正酣，傍晚时分崇礼赛区飘起了鹅毛般的雪花，张家口石油公司崇礼西湾子加氢站，连续为冬奥氢能车辆持续加注的第 29 天，连日来，累计为 2374 车次加氢 23344.91 千克。

凌晨两点，雪依然在下，寒风裹挟着冰粒般的雪花呼啸而来，气温降至零下 23 摄氏度，加氢站现场灯火通明，10 余辆服务冬奥的氢能源车辆仍在排队等待加注。

站长李博和员工们一起坚守在岗位上，“请关闭车窗，根据工作人员指挥，有序进入加氢现场”。员工们全副武装，防疫人员首先为即将进站车辆进行全面消杀，车辆进站后，由帮扶人员登记，随后，员工引车到位后，关闭电源，接地线，然后进行加注，一套流程下来，加注一辆车需要 15 分钟左右。

雪越下越大，风雪交加，恶劣的天气给现场作业带来很大压力，防疫人员手拿的喷壶，三分钟不使用，壶嘴就被冻住了；现场登记用的笔，需要时不时放进袖子里焐一焐，才能继续书写。风雪中，有的员工口罩上结了厚厚的冰柱，护目镜上凝结了冰霜，脸也冻得发紫……但他们毫无怨言地选择坚

守，公司也提前为大家送来暖贴、姜汤等驱寒，全力以赴提供清洁能源，为冬奥护航。

张家口石油公司始终坚持疫情防控和冬奥保供“两手抓，两手硬”，尽管天气恶劣、车辆较多、任务很重，党员干部带队冲锋一线，全体员工团结一心，凝心聚力，舍小家顾大家，齐心协力战疫情、抗风雪，严格执行各项防控举措，确保服务冬奥会各项工作万无一失。

铲冰除雪，党员冲锋在前

冬奥保障期间，大雪下了一场又一场，雪情就是命令，为了保障服务现场出行安全，给大家一个安全干净的环境，张家口石油公司立即启动应急预案，党员领导干部带队积极行动。在清晨，天还没亮驻崇冬奥指挥部人员就纷纷来到保供站挥舞扫帚扫起雪来；在深夜，他们连续坚守，不畏严寒，团结协作，利用各种工具清扫积雪，做到雪停路净，为大家的工作与通行带来了安全与方便。

他们有的睫毛和头发丝上都结了冰霜，但依然没有停下手中的工具，驻崇冬奥油品保供现场总指挥，张家口石油公司相关负责人说：“能服务家门口的冬奥盛会感到特别骄傲，希望能在冬奥期间让中国石化给世界留下美好的印象，所以每个人都很努力！”

各保障组在高强度的工作下，大家毫无怨言，充分展现出石化人“特别能战斗、特别能吃苦、特别能奉献”的精神！

北京冬奥会期间，张家口石油公司先后成立 8 个保障小组，派出帮扶人员共计 60 余人参与冬奥保障任务。各保障小组和职能科室上下联动，全力以赴推进冬奥会保障工作。连续 50 余天奋战在一线，他们勇挑重担，听党指挥，始终牢记“冬奥有我，请党放心”的铮铮誓言，用实际行动高质量完成服务冬奥保供工作，展现石化担当，擦亮了服务冬奥的亮丽名片。

用“温度”助力战“疫”

新星公司

新年伊始，“奥密克戎”突袭天津。2022 年 1 月 12 日 22 时，新星公司下属绿源公司天津公司接到地热供暖紧急启动需求电话——原来已建成但未入住的小区，被天津市宁河区政府指定为疫情防控隔离点。供暖设施虽然完备，但运行系统尚未列入启动计划，供暖运行人员也没有配备……

一场与时间赛跑，争分夺秒助力天津战“疫”的战役随即打响。

深夜吹响“集结号”

“时间紧、任务重，还请你们克服困难，确保后续隔离人员到达后，能住得舒心、安心。”1 月 12 日晚，绿源公司天津公司副经理、工会委员姚永像往常一样值班，突然，一阵急促的电话铃声响起，电话那头的话语略显焦急。

原来，天津市宁河区一小区被指定为疫情防控隔离点，要求必须在两天内启动运行地热供暖。

姚永思忖片刻，盘算了现有人员力量，答复道：“好的，请放心，我们全力以赴，坚决完成任务！”

挂掉电话片刻，姚永随即拨通了副经理戴雨和4名机关职工的电话，召集成立攻坚队。

“我们面临的困难确实不小，但只要有一丝希望，就要尽百分之百的努力。”23时，相关人员先后抵达指定地点。

“结对子”协作推进

地热供暖启动离不开运行工，然而疫情管控下，运行工难以在短时间内就位。由管理人员“临时客串”供暖运行工——姚永将先前的计划方案进行了详细介绍和推演，得到了一致认可。

为确保供暖紧急启动工作职责明确、程序流畅、安全可控，姚永根据现有人员专业特长，采取“结对子”的方式，由一名技术人员牵头搭配一名非技术人员，分工协作、分头行动，携力推进落实。

生产运行部蒋林广带领综合管理部郭小宇，负责检查、启动站内设备；生产运行部平会超带领市场开发部李勇，负责地热井热源端的启动和室外二次管网的检查；姚永和戴雨，进行机动协助协调和后勤保障工作。

为保障人员安全，绿源公司工会及时组织力量调配疫情防控物资，为换热站配备了防护服、防疫口罩、消毒酒精、测温枪等物资。

木板床“无人问津”

1月13日凌晨，六人小分队到达供暖站点，马不停蹄投入工作中。地热井开启、换热站调试、供热管网试水打压、管线巡查检修……各项工作有条不紊，只为第一时间启动供暖。

情况紧急，来不及做更多的准备。换热站值班室仅有施工队以前作业时留下来的一张简易的木板床，配上临时借来的一床被褥，成了大家预备的轮换休息的场所。

然而，直至 1 月 13 日 7 时，没有一人在这个临时搭建的床铺上休息片刻。“无人问津”的木板床，成为大家为同一目标共同努力的见证。

1 月 14 日凌晨 2 时，连续奋战近一天两夜后，该小区各项供暖准备工作全部完成。伴随着供暖工作成功启动以及地热井、换热站等各项设备设施稳定运行，小区供暖条件达到要求。与此同时，疫情防控工作人员到达，陆续进入小区楼宇，进行消杀处理和防疫物资调配。

“后续，我们将定时巡查地热井、换热站内设备设施、小区供暖管网等，确保供暖效果持续稳定。”1 月 15 日，在防疫人员的有序引导下，在该小区进行集中隔离的首批人员相继顺利入住。

“三争”开丁基

燕山石化

“做争气人、干争气事、打争气仗”，这是1999年燕山石化合成橡胶事业部在丁基橡胶装置建设和开车时提出的响亮口号。这一口号被书写成巨大横幅悬挂在丁基橡胶装置的管廊上。

丁基橡胶是一种新型的、特殊的橡胶产品。它具有气密性好、耐老化等特点，主要应用于高级轿车内胎和医用密封等领域。长期以来，丁基橡胶制造技术被世界上三四个国家所垄断，我国每年要花上亿美元进口丁基橡胶。因此，打破国外垄断，建成中国自己的丁基橡胶装置便成为几代燕化人的梦想。

丁基橡胶生产技术基本上由美国埃克森、德国拜尔等少数公司所拥有。20世纪90年代，燕山石化曾同埃克森等公司展开了引进技术的艰苦谈判，但由于对方的条件太苛刻，引进事宜一直没有进展。90年代后期，燕山石化开始与意大利PI公司商谈合作事宜。PI公司的技术没有经过工业化，许多地方尚不完善，但为了降低引进费用，打破西方大公司的技术垄断，燕山石化决定依靠自己的力量吃掉PI公司这碗“夹生饭”。

1999年12月28日，我国第一套丁基橡胶装置一次投料开车成功，产出合格的丁基橡胶。然而，开车成功后，PI技术没有经过工业化的缺陷便逐步暴露：生产不能连续进行，工艺、设备、仪表问题频频发生，装置陷入了连续3年严重亏损的境地。

这时，有人主张关掉这套装置，以免拖垮整个事业部。关键时刻，燕山石化在橡胶事业部成立了“丁基橡胶技术攻关小组”，决心以橡胶人的“三争”精神攻克丁基装置的技术难关！

此时，美国埃克森公司断言：“中国这套丁基装置没有5至8年的时间是开不起来的。”这愈加激发了燕山石化人攻克丁基技术难题的决心。

30多年前，我国第一套顺丁橡胶装置也曾面临过“一堵、二挂、三污水、四质量”的巨大难题，是老一辈燕山石化人以为社会主义祖国争光，为中国工人阶级争气的精神，刻苦攻关，拼搏奉献，才攻克了道道难题，并建成了今天全国最大的合成橡胶生产和研发基地。

面对新世纪国际竞争的挑战，新一代燕山石化人决心继承老一辈的光荣传统，再造新世纪的辉煌。为了弄清影响装置稳产高产的问题，事业部和车间技术人员一道潜心研究，先后提出了数百项技改建议，解决和攻克了工艺技术上的一个个瓶颈。通过不断改进，攻关组最终找到了可靠的稳定剂，有效延长了聚合反应的周期，产品产量和质量也有了明显提高。

通过几年的一系列技术攻关，装置生产能力提高了30%，反应器平均运转周期达到了80小时以上，创造了世界上丁基橡胶单釜运行的最高纪录。到2005年，聚合釜平均运转周期又延长到82小时，最长超过了100小时，装置年产量远远超过3万吨设计值，达到了3.9万吨。燕山牌丁基橡胶已成为中国石化单项产品利润率最高的产品和燕化公司重要的经济效益增长点。

“丁基橡胶技术攻关开发”成果分别获得中国石化集团公司2004年度国家科学技术进步奖一等奖，国家2005年度技术发明二等奖。2006年2月，“丁基橡胶装置工艺优化”项目荣获北京市科协“金桥工程”一等奖。经过燕山石化人的奋发攻关，具有大量中国自主知识产权的丁基橡胶生产技术已达到了国际先进水平，多家国内外企业纷纷来到燕山石化寻求技术转让事宜，使中国成为世界上少数拥有丁基橡胶成套技术和生产装置的国家之一。

锦旗背后

华北石油局

一面锦旗代表一份责任
看似朴实无华
但背后的故事
凝聚着群众对中国石化华北石油局
消防员的
诚挚谢意和真挚情感

“是你们救了我们的命”

2016 年 12 月 31 日晚，中国石化华北石油局消防大队（以下简称华北消防）全体消防员也和全国人民一样，早早吃过晚饭，在安排好战备执勤的情况下，准备用自己准备好的节目一起跨年欢庆，喜迎新年钟声……

“全体注意，警情出动！”18 时 49 分，火警警铃突然响起，接警员下达任务指令：“呼吉尔特乡阿小线十字路口两车相撞，3 人被困车内，情况紧急，当地 110 指挥中心请求增援。”

消防员迅速赶赴事发地点，通过现场勘察、破拆、扩张等一系列紧急救援行动，成功解救出3名被困群众（一位母亲和两个孩子），经过现场急救后，将3名被救人员护送上了120救护车，险情成功化解。

队友们回到队上，已是晚上11点多。

“你们就是我们的保护神”

2020年3月2日，大牛地气田内陕西榆林小壕兔乡贾明村区域，发生油松林着火，过火面积已达数百平方米，火势猛烈，伴有强烈浓烟，严重威胁到周边村民的集中居住区。

华北消防第一时间接到火警，迅速组织消防力量赶赴现场，经过奋力扑救，大火成功被扑灭。就在此前一天，甘肃泾川县玉都镇南一公里，同样发生了油松林火灾，驻扎在红河油田的华北消防快速出击，完成了扑救任务。短短两天，成功处置两起累计过火面积达800平方米的火灾事件。

“突发油松大火时，我正在乡里开会，都没来得及谢谢你们，今天特地赶来感谢华北消防员的辛苦救援。”小壕兔乡长带领贾明村3组村民将一面印有“抢险救危心系群众、为民解忧无私奉献”字样的致谢锦旗送到了消防员手中，由衷感谢华北消防快速反应、紧急救援。

“小伙子，太感谢你们了”

2021年4月17日18时左右，红河油田驻地一农户家的一间草棚自燃起火。华北消防接警后，迅速调派2台消防车11名消防员赶赴现场。经过近1个小时的战斗，大火被彻底扑灭，保护了相邻的牲畜棚5间、牛羊20余头。

“小伙子，你们来得太及时了，不然旁边牲畜棚的牛和羊就全完了，”村民曹鹏握着消防员秦冬冬的手激动地说，“真是太感谢你们了！”

“力所能及帮助群众，是我们义不容辞的责任！”华北消防队负责人孙继柯说。

这些“小感动”慢慢汇聚，凝聚成了华北消防服务气田、服务群众的铿锵誓言。

走进校园，送上消防安全大餐

防消结合，预防为主。2021 年 11 月 9 日，在第 30 个“全国消防日”，华北消防组织人员走进图克镇小学校园开展消防宣传活动。

“如果发现着火了，我们该怎么办？”“打什么电话可以找到消防员叔叔？”消防监督员周武堂用幽默生动、通俗易懂的语言，从多个方面为小学生讲解火灾的危害、如何正确拨打“119”火灾报警电话以及灭火器操作等消防知识。

活动中，学校全体师生在消防人员的哨声中开展了应急疏散逃生演练……大家纷纷捂住口鼻，沿着既定逃生路线，从教学楼上迅速有序弯腰前行，顺利撤离。

一位三年级的小朋友说：“消防员叔叔太伟大了，遇到火灾时，我们是赶紧逃生，而消防员叔叔却是逆行而上。”

“每年的‘119’消防日，我们都会组织人员进乡镇、进学校，采取发放宣传资料、讲解消防知识、面对面沟通等方式进行消防宣传，目的就是进一步普及全民消防安全意识。”孙继柯说。

“小事还有很多，比如冬天救援时，身上瞬间结冰，回来之后，我们就像冰墩墩一样，自带冰雪罩子。”

投桃报李，驻地群众也多次走进华北消防，把一面面锦旗、一声声感谢、一句句祝福送到了消防卫士的心里。

2007年，随着中国石化华北石油局大牛地气田开发，华北消防应运而生，十几年来，华北消防在保障气田平稳运行的同时，积极履行央企社会责任，主动服务驻地抢险救援累计达600多次，有效保障了驻地群众生命财产安全。

铸造“心脏”

石化机械

天然气压缩机是地下储气库建设的关键设备，被誉为储气库的“心脏”装置。随着中原储气库群的持续平稳运行，部分压缩机出现“水土不服”现象，尤其是前期建设的部分储气库使用的压缩机大部分是“洋设备”，一旦出现故障，就会导致储气库停工。同时，与进口压缩机相匹配的“小零件”也问题不断。

突破“卡脖子”，换上“中国芯”，对中原储气库群建设来说迫在眉睫，石化机械储气库压缩机应运而生。

“回想当初，压缩机主要依赖进口，核心技术受制于人，同时存在供货周期长、售后服务得不到保障等诸多问题，影响油气田正常生产，石化机械压缩机前路艰难，但不可后退。”谈到石化机械压缩机发展历程，压缩机高级专家侯小兵坚定地说道。

作为中国石化国产化压缩机制造基地，石化机械三机分公司坚持科技自立自强，服务油气开发利用，从“技贸结合、引进消化”到“引智借脑，自主创新”，搭建起国际化“产学研用”平台，依托石化机械“一院五中心”创新体系，形成资源共享、协同攻关机制。

凭借30多年的天然气压缩机研发制造经验，依托建成的国内唯一大型往复式压缩机综合试验平台，石化机械三机分公司已研发制造出能够适应天然气、页岩气、煤层气、LNG（液化天然气）、二氧化碳、硫化氢、氢气等多种介质和不同工况的增压、集输、注气、加气压缩机。

“在储气库压缩机研发上，我们提前跟踪布局、多年精耕细作、最终厚积薄发，有了坚实的技术底蕴。”石化机械三机分公司总经理肖海燕自豪地说道。

原来，早在2010年，中原油田就与石化机械“一拍即合”启动了文96储气库先导试验项目，研制出国内首台储气库国产化压缩机。

无经验可供借鉴，压缩机国产化工作注定是一场艰难的持久战。在随后的国产化推进过程中，双方技术人员依托中原储气库群这个“只能成功、不能失败”的“试验场”，针对中原储气库群进气压力和排量、排压、排温等参数进行现场调研，建立起合作攻关协调机制，研制出首台储气库国产化压缩机，形成了4项技术成果、12项关键技术，并通过鉴定达到国际先进水平。

2015年，石化机械又通过文88项目压缩机成橇国际合作、文72项目注气压缩机国产化，进一步掌握高压压缩机关键技术，成功研制35兆帕压缩机组。

2016～2018年，石化机械在中原文23储气库项目上与国内外知名厂家同台竞技，打赢一场漂亮仗。在工艺适应性、振动指标及千小时故障率等方面，石化机械研制的储气库压缩机显现优势，并实现率先交付、率先调试、率先投运，以50%的设备台数承担了中原文23储气库70%以上的注气任务，成功树立起国产压缩机高效可靠的品牌形象。

石化机械坚持以用户为中心、以价值创造为主线，围绕天然气压缩机产业化建设，持续强化科技自主创新不停步，开发出33吨杆载、52兆帕高压、大排量压缩机，同时推进包括机组改造在内的运维一体化服务。当2021年初中国石化集团公司储气库产能建设不期而至时，石化机械已有了充足准备和底气，全面供给服务胜利永安、中原卫11、清溪、文13西、白9、孤家子等储气库建设，有效带动中原储气库群近70%压缩机实现国产化。

特别是，中原卫11储气库应用的压缩机实现全国产化制造，具有压力高、排量大、适应范围广、供货周期短、性价比高、安全可靠、运行平稳等特点；压缩机组振动控制技术、大压差气缸润滑技术国际领先。截至2023年2月底，卫11储气库累计采气量突破1亿立方米。

“现在，投运的国产化压缩机完全可以跟‘洋设备’媲美，我们再也不用被‘卡脖子’了，采购和运维成本也降低了很多。”中原油田天然气产销厂压缩机设备管理有关负责人孙东阳介绍。

在普光气田，石化机械成功开发国内首套高含硫压缩机组，从结构设计、耐腐材料、焊接工艺、整机试验等维度入手，突破关键核心技术难题，掌握高含硫压缩机开发的核心科技和自主知识产权，在国内率先掌握适用于含硫化氢17.5%天然气环境下运行的压缩机研发与制造技术，打破国外垄断。2022年4月，石化机械推出的国内首台高含硫天然气压缩机组，在普光气田P101站完成工业化试验，为酸性气田开发、稳产增产提供了装备支撑。

页岩气增压压缩机、高压大功率储气库压缩机、二氧化碳压缩机、高含硫天然气压缩机、海洋大功率往复式压缩机等特色装备应运而生，石化机械铸造了一个又一个“心脏”。

60 年情缘

润滑油公司

走进润滑油公司的大门，就会感到这里整洁、朴质而有序。路边高大的银杏树、白杨树已经合抱粗了，简约的花园绿意融融、花团锦簇。厂区深处，有一座二层的小楼，近处还有一幢平房，门口有一块牌子工整地标注着：中国石化润滑油空间润滑技术开发中心。

“这里就是中国航天润滑材料的发源地。”开发中心工程师赵恒自豪地说道，“这两个井盖就是当年建厂时留下的。”经历岁月沧桑的井盖上 621 的字样还是清晰可见，从 1962 年开始，它就忠诚履行着职责。

在这里，从 1958 年中国第一个煤炼厂艰苦创业，到 1962 年转产含氟油脂，中国石化润滑油从零起步，打破国外垄断，自主研发生产中国第一批全氟碳油脂、氟氯碳油脂、聚全氟异丙醚油和聚全氟甲乙醚油，全面满足我国核工业、航天工业发展需求，已形成航天动力系统、导航系统、密封系统、伺服机构、舱内系统等 7 大类 58 种航天润滑产品，从“东方红”卫星发射到“神舟”飞天，从“嫦娥”奔月到“天宫”对接，助力中国成为世界少数几个掌握航天润滑技术的国家之一。从侯祥麟等老一辈石化人开始，历经几代人，如今接力棒已交到“80 后”“90 后”的手中，如今，这个团队正在为我国空间站建设研制最新型的润滑产品，与中国航天、中国梦同行。

习近平总书记强调：重大科技创新成果是国之重器、国之利器，必须牢牢掌握在自己手上，必须依靠自力更生、自主创新。

大国重器，是国家富强、民族振兴之脊梁。国之重器运转需要润滑油，国家需要就是使命，而自强不息、产业报国、打造一流正是润滑油公司 60 年不变的初心和使命。作为大国重器背后的隐形力量，长城润滑油提供着始终如一的优质产品与服务，几代人相传，从未停下进取的脚步。

国家需要，义不容辞

20 世纪 50 年代末 60 年代初，在当时严峻的历史条件下，老一辈石油石化人临危受命，科研生产人员克服重重困难，历经无数个不眠之夜、无数次试验，研制出优质的全氟碳油。一位老同志回忆说：当时听到这个好消息，大家高兴得都跳起来啦！

“因为是国家需要的，拼了命也要生产出来！”

20 世纪 60 年代，中苏关系破裂，苏联给中国工业留下一大批半拉子工程，并撤走在华专家，有个别态度不好的外国专家断言，过不了几年机器会成为破铜烂铁。

据一位老同志讲，在苏联援建期间，对润滑油是严格保密的。油品是苏联专家保管的，如果不小心有几滴油掉在地上，苏联专家就会用滤纸把油仔细擦掉，并将纸扔进锅炉烧掉。在得不到国外生产全氟碳油的原料、工艺和设备等资料的情况下，虽然当时有石科院副院长侯祥麟的支持，高清岚等的带领，但是从化学方程式到真正的产品，他们经历了太多的失败。当时，科研人员的粮食定量不高，参加氟油研制的科研人员相继出现体力变差，有的人身体出现了水肿。大家加班加点，周末也很少休息，连续几昼夜留在实验室。

1962 年 1 月，在石油工业部余秋里部长指导下，石油工业部 621 厂（润滑油公司前身）仅用一年半时间即建成，成为我国第一个氟油生产厂。因为需求十分紧迫，621 厂只有一次试车投产成功，按时拿出合格产品，才能保证军工需要，这是当时全厂职工面临的最严重考验。621 厂和石科院科研人员在一线会战，经过夜以继日的连番苦战，第一次试运行历时 115 天，提前 60 天超额 131% 完成了首批生产任务，为满足国家需要，实现特种润滑油成功生产作出了贡献。

当采访到老同志们，为什么还会坚持下来时，大家的回答还是出奇地一致：在那个年代，国家选择你做这个工作，就是得把工作做好。这就是老一辈石油石化人心中最单纯、最坚守的初心吧！

从研发团队的技术人员到生产车间的操作工，以及从事辅助工作的人员，如今很多人身上都或多或少地留下了工作时的伤痛或伤痕，但对于老同志们来讲，这些都是岁月留下的印记，是他们为企业、为国家付出的证明。

据高清岚回忆，1965 年全国青联常委开会，他受到国家领导人周恩来、刘少奇的接见。周总理问高清岚在哪个部门工作，他说：“在石油部门，具体是搞特种润滑油的研制和生产，为军工服务的。”周总理说：“祝你和你的同事们取得更大的成绩！”

高老说：“这是我见到的最高领导人对润滑油科研生产工作的要求。我认为，周总理说的话，是对研究院说的，是对 621 厂说的，我们努力执行总理的嘱托和盼望，完成我们应该完成的任务！”

曾在 621 厂工作过的老同志，对他们的工作非常自豪，说：“国家、党组织信任我们，我们就得给国家干保险活儿。”当时，工作条件艰苦，没有空调。为了保证清洁度，在调脂净化室里工作时，工人们会主动在操作时把通风停了，脚下、手上套上塑料袋，在高温里，完全不透气，含有毒性的油气会蒸发，吸入肺里，呼吸困难。屋里弄了一盆冰，实在热了，就在边上待 2 分钟。每次工作完成时，工人们把鞋子脱下来都能倒出汗水。

励精求实，开拓创新

正常生产后，621 厂认为：虽然已经满足了用户需要，但要真正持续做到这些，必须不断开展技术攻关，进行设备、工艺改革并试制新产品。只有开拓创新，才能确保国防需要。

当时，科研工作者们冒着危险，加紧试验，经过前期周密研究策划，精心操作，试验取得成功，试制了第一批油样。经过努力，研制出的产品质量达到二代油的标准。新产品具有产品质量高、效率高、成本低等优点。最终完成含氟油系列产品的更新换代工作。这也标志着我国含氟油脂生产水平迈上了一个新台阶。产品通过国家鉴定，并获国防科工委发明奖一等奖。

随着中国运载火箭的发展，航天工程的实施，对配套的油脂提出了更高要求。科研人员经过深入研究和反复试验，终于找到能做成合格产品的油料，成功制成了适用于火箭多处部位的轴承脂和密封脂。

在大胆探索与创新下，研制生产出的聚全氟异丙醚，与国外油样相比，性能更优越。这打破了国外厂家的垄断，也标志着我国含氟油脂达到国际先进水平。该产品在 1978 年获得全国科学大会奖。

在这期间，干部职工克服时间紧、条件差、环境艰苦等困难，始终殚精竭虑、兢兢业业地工作在服务国家军工、航天事业的第一线。在国家开展的各项重大试验中，保质保量地完成任务，从未出现差错。就像他们生产的产品一样，忍耐苛刻、艰苦的环境，不怕危险巨大的考验，默默无闻，注入设备哪里，就坚守在哪里，永恒工作，永远放心。

从 20 世纪 80 年代初期开始，621 厂在全力确保国家特种油脂生产的前提下，贯彻石油工业部倡导的“军民结合、以民养军”的指示，积极开展民用化油品研究，研制生产出 4830 等 17 个品种，服务冶金、石油电子、化工等产业。1980 年开始生产润滑油，建成中国第一家高级润滑油调和厂，开启了中国石化润滑油事业发展的新征程。

老一代人退休了，新一代人接替了岗位，不管岁月如何变迁，但使命和责任一直没有离开过这片热土。

几十年来，企业在发展中，不断投资进行技术改造，保障军工航天发展要求。中国石化润滑油始终不忘责任，随时准备着，为国家的发展提供优质产品，让祖国放心！

不忘初心，奋勇前行

经历着历史的沧桑，润滑油公司从没有一时一刻忘记石油石化的传统和“三老四严”的精神，开船出海，奋力开创中国润滑油的新时代。

自 2002 年 5 月 29 日中国石化润滑油公司成立起，历经品牌整合、销售体制整合等重大专业化改革，公司坚持“任何时候不以牺牲质量来换取短期经济效益”的质量价值观，质量追求始终如一，力求万无一失。对标国际标准，永不止步，坚持自主创新求发展，打破国际垄断，走出了一条专业化、品牌化、国际化的发展之路，成为中国润滑油行业的领军者，成为中国石化的亮丽名片，站在了中国润滑油品牌的第一阵营。

如今，源自“621 厂”的这个团队，围绕重型运载火箭、空间核动力装置、深空探测及空间飞行器等，开展润滑材料的研究，为“复兴号”高铁、C919 大飞机等一系列“大国重器”提供润滑服务与支持。新一代润滑油人致力于服务国家发展战略，紧随“一带一路”发展倡议，从中国高铁到超大油轮，从全球主流车企的共同选择到奔驰中标，从高举 SINOPEC 旗帜海外建厂到中国品牌联手走出去，持续开展与航空、航天、高速铁路、远洋运输等高端技术应用领域的合作，作中国高端装备制造业的支持者和参与者，为打造世界一流企业努力奋斗。

守护“生命之河”

齐鲁石化

“保黄河安澜，保黄河水量，保黄河水干净，保沿黄人民群众日子好、地方发展好，保黄河文化传承弘扬好。”

党的二十大山东代表团新闻发言人，山东省委常委、宣传部部长白玉刚用通俗易懂的“五保”，精准概括了山东在黄河流域的使命责任。

2021 年 10 月，习近平总书记曾深入山东省东营市的黄河入海口等地，实地考察了黄河流域生态保护和高质量发展情况。齐鲁石化牢记习近平总书记的嘱托，主动融入这一国家战略，努力做好黄河水文章，通过大力推进污水回用项目，打造“国企 +”区域达标等方式，千方百计管住“水袋子”，守护黄河流域“生命线”。

“国企 +”帮地方污水找到了“家”

走进齐鲁石化供排水厂乙烯净化控制室，监测系统的大屏幕上实时滚动着齐鲁化工园区地方企业的废水排放指标，各项数据一览无余。这些数据，记录了多年来齐鲁石化帮助百余家地方企业处理污水，让它们终于找到了“归宿”。

作为老工业基地，齐鲁化工园区中小工业企业云集，但大部分并不具有污水处置的技术和能力，因此，污水的去向就成了企业发展的一块“心病”。在安全环保越发成为人民美好生活的“底线”时，污水能否达标排放，直接决定了企业的生死存亡。

要在保护好黄河流域生态环境的同时，还要保障企业发展，处理污水是关键。

在守护黄河流域、维护地方经济的重任面前，齐鲁石化以央企的担当“站 C 位”，在处理自家污水的基础上，还担起了周边百余家地方企业的污水处理重任。在全国首家推出“国企 +”区域达标模式，帮助地方解决了污水治理的“老大难”。对打造齐鲁化工园区环保“生态圈”，守护黄河流域“生命线”发挥了积极推动作用。

“国企 +”绿色生态建设是齐鲁石化独创的一种区域环保管理模式。多年来，在不断提升自身环保达标水平的同时，齐鲁石化积极承担起齐鲁化工园区百余家地方化工企业的污水处理，带动周边企业共同实现达标排放。几十年间，帮助处理地方企业污水超 3500 万吨。

同时齐鲁石化以提供免费技术支持的方式，帮助周边企业打造自身的污水预处理系统，实现达标排放。

技术“蝶变”，污水转世“重生”

黄河安澜，国泰民安。“为了节约使用黄河水，齐鲁石化向污水要效益，通过多项技术改造，实现废物利用，‘污水’变‘活水’。”说起齐鲁石化的污水回用项目，齐鲁石化生产技术部副经理高同伟如数家珍。

“今年实施投用的供排水厂乙烯污水场污泥干化设施增设喷淋水管线项目，就是将固废装置干化单元喷淋水由地下水改为乙烯污水场出水。”污水摇身一变，成为地下水的“平替”，重新投入生产链条，实现污水再次利用和节约新鲜水的双重目标。

该项目按全年运行 9 个月，每月干化运行 15 天计算，可节约新鲜水约 58 万吨 / 年。“目前，公司现投用运行的污水回用项目有 8 个，年回用污水量超 700 万吨。”高同伟从项目列表中看到了黄河水治理重任里的齐鲁担当。

齐鲁石化在治污的同时，升级“打法”，力推污水回用技术，“变废为宝”不断成为现实。

“我厂正积极实施建设炼油南区污水回用及提标改造项目，这是公司贯彻落实黄河流域生态保护和高质量发展的又一重要举措。”翻看着项目可研报告设计和工程进度周报，供排水厂公司公用工程专家欧焕晖梳理着其中的一项项数据。项目投用后，可节水减排 190 万立方米 / 年。

污水深度回用项目工作和技术研究的最高目标，是探索实现污水的近零排放。担任供排水厂污水深度回收利用项目牵头人和负责人的盛伟算了笔账，齐鲁石化排海管线绵延 60 公里，加之协助百余家地方企业排污，目前，供排水厂每天接收污水 4.5 万吨，达标排放 3.5 万吨，回用污水已达 1 万吨。

“反哺”桑梓，55 年省出 249 个“大明湖”

水是生命之源，饮水思源。

齐鲁石化建设之初，水资源供给是一个重要先决条件。随着生产规模的倍增，取水量也呈现快速增长，单靠地下水已经不能满足生产、生活所需。

2001 年开始，齐鲁石化与淄博市人民政府协作实施引黄供水工程，年底建设投用并开始向齐鲁石化供水。“十三五”期间，淄博市引黄供水工程向齐鲁石化年均供水 2925 万吨，占齐鲁石化取用新鲜水总量的四成以上。

舐犊情深，反哺其恩。引黄工程哺育了齐鲁石化，反哺桑梓，齐鲁石化以一条条节水治水硬措施，回报这条母亲河。

《齐鲁石化“十四五”节水工作方案》《齐鲁石化水资源节约管理细则》等管理举措纷纷出台，节水治水“并驾齐驱”。包括“工业取水量比 2020 年降低 10%，节水 400 万立方米”在内的 8 类节水计划正逐步成为现实。

2021 年上半年，齐鲁石化工业取水量 1977.53 万立方米，比中国石化考核指标少 244.1 万立方米；污水回用率 44.5%，比考核指标提高 4.5 个百分点；循环水水质合格率完成 99.9%，达到奋斗指标；化学水水质合格率完成 100%。

每一个数字背后，都是齐鲁人“刀刃向内”反哺黄河的“硬杠杠”。

环保就是最大的效益。齐鲁石化不算经济账，在端牢“能源饭碗”的同时，力求端好“生态饭碗”。

建厂 56 年来，齐鲁石化通过提高全员节水意识，加大新型节水设施投用，实施节水技术改造，降低供水管网漏损等措施，守好每一亩节水“责任田”。据估算，截至 2021 年底，累计节水约 3 亿立方米。

“按照大明湖 120 万立方米的蓄水量计算，相当于节约近 249 个大明湖。”公司生产技术部水汽管理科副科长涂俊自豪地说。

美好生活

交纳100万元特殊党费，她是谁？

石化报社

"七一"前夕，一位老人慢慢走进银行，认真写下汇款单，一笔一画签好自己的名字，将她积攒多年的100万元党费汇入所在公司党委账户，交上级党组织后转到中组部指定账户。

百万党费背后的她

"这笔党费是我多年的心愿，就想着在'七一'前交给党，庆祝中国共产党成立100周年。"

今年95岁高龄的周奇君，是南京工程公司一名离休职工，也是一名共产党员。1949年参加中国人民解放军，并在抗美援朝战争中，先后荣立三次三等功，1961年12月加入中国共产党。1964年3月，服从组织安排到南化设计院（南京工程公司重组前单位）工作。"我以前没有读过书，是党教会了我读书认字，培养了我，我一定要努力完成党交给我的每一项工作。"

谈及这笔特殊党费，起初老人不愿张扬，也不许向外界透露自己的真实姓名。说得最多的就是，"这只是一件普通的小事，我做了一名共产党员应该做的事，没什么好说的。"

老人说她年纪大了，不能再上战场了，作不了多大的贡献。“这笔党费是我多年的心愿，就想着在“七一”前交给党，庆祝中国共产党成立 100 周年。”

由于数额巨大，考虑到老人的实际情况，公司党委曾多次做她的思想工作，建议她适当减少额度，但她态度坚决地表示，这是自己多年的夙愿。等到相关手续办完后，周老这才松了口气：“终于把这件事办好了，今晚终于可以睡个好觉了。”

被“惦记”了十年的 100 万元

“我从十年前就开始准备了，一定要在建党 100 周年这个好日子交给党。”

记者来到周奇君老人家时，她正在收看庆祝中国共产党成立 100 周年大会的重播。

老人激动地说，庆祝大会这几天她已经看了好几遍重播，什么时候结束她就什么时候睡觉。

提及党费，老人说她“策划”和“惦记”这 100 万元十几年了，一直想着“七一”前完成心愿，就盼着这个好日子！

“我从十年前就开始准备了，也一直告诉家人，万一我不在了，这笔钱不能动，一定要在建党100周年这个好日子交给党。”

老人的儿子说，这笔党费是母亲多年的心愿，每年都要算一算，还有多少年就能迎来中国共产党百年华诞。

周奇君老人觉得，那么多无名英雄流血流汗换来了今天美好的生活，她是幸运的，能看到伟大祖国的繁荣昌盛。

100万元党费在建党100周年的特殊日子交给组织，是她的心意，代表着对党的无限忠诚、深情热爱和美好祝福。

老人不离手的宝贝

“千言万语汇成一句话——党怎么说，我们怎么做，我要紧跟党的脚步，不能掉队！”

周奇君老人有个宝贝，可以说从不离手。她说有了这宝贝，就能时刻和中国共产党在一起！

它就是老人怀中的放大镜。

95岁的周奇君，年事已高，眼睛不太好了，但每天都坚持戴着眼镜再拿着放大镜看报，看新闻联播。在看到宣誓视频时，更是赶紧掏出放大镜，跟着视频画面，一字一句地重温入党誓词。

“要知道党的政策是怎么规定的，怎么执行的，这些都得要知道。还要知道发生了什么大事，哪里有需要帮助的人，党永远在我心中。”

汶川地震时，老人主动交纳2500元特殊党费支援灾区建设。武汉新冠疫情暴发后，她冒着雨坐着轮椅把10万元送到公司，并附上了一张发黄的信纸，上面写着：“我国今年遇上了突发性的病毒疫情，我是一名共产党员，应该急党所急，自愿捐款10万元！”

（本文获第五届中央企业优秀故事图文类一等奖）

我眼中的东乡

石化报社

扫码观看视频

我眼中的东乡

甘肃省临夏回族自治州东乡族自治县，是全国唯一一个以东乡族为主体的少数民族自治县，属于“三区三州”深度贫困地区。党中央把定点帮扶东乡县的光荣任务交给了中国石化。本片从中国石化报社记者第一人称视角，用镜头讲述中国石化8年间帮扶东乡打赢脱贫攻坚战的故事，从东乡巨变中展现中央企业“顶梁柱”的责任担当。该片曾荣获2022年中组部第十六届全国党员教育电视片观摩交流活动优秀作品三等奖。

你的样子

胜利油田

扫码观看视频

你的样子

2021年是建党100周年，也是胜利油田发现60周年，胜利油田在这个时间节点创作了这部作品。该作品采用虚拟立体合成技术，展现出一代代胜利石油人为国献油拼搏奉献的样子，引起广泛共鸣与好评。

（本视频获第五届中央企业优秀故事视频类优秀奖）

10 环

高桥石化

在你眼中 10 环代表着什么？

是弓箭手瞄准方向命中靶心的欢呼声？

或是站在领奖台上拥抱奖杯时激动的泪水？

10 环，带给我们的是骄傲，更是辛勤付出的历程。

在我们石油石化行业，也有这样的 10 环。众所周知，油品质量关系到千家万户，在普通汽柴油生产过程中，质量各项指标有一定范围，但是在某一个特殊油品生产领域，这个范围会非常非常的小，小到生产过程中对质量的调控不能有一丁点的偏离，就如同 10 环一般，必须异常精准，才能达到质量目标，这就是定制油生产。

什么是定制油呢？

就是客户直接给你质量指标，这些指标往往要求很高，就如同私人定制的衣服，需要量体裁衣才能让客户得到最满意的体验。

就在上个月，中国石化高桥石化公司 1 罐 300 多吨的定制润滑油装车运往市郊一家大型冶金单位。对方总经理亲自致电中国石化润滑油公司，感谢高桥石化的定制油为他们解决了生产设备长期依赖进口润滑油的难题。

事情要从 3 个月前说起，上海有家大型冶金单位需要一种轧制润滑油来替换长期进口的润滑油，客户反映国产各种润滑油使用下来总会在钢板上留下油迹，根据该种润滑油的相关指标，只有高桥石化具备这样的生产条件，可以生产出和进口润滑油同等质量的产品。

第一个接到轧制润滑油订单的是高桥石化技术质量部林荣兴，这样的挑战让她既兴奋又感到前所未有的压力。兴奋的是如果生产成功，公司又增加了一个牌号的产品，开拓了市场；压力是这个轧制润滑油的一个主要指标——馏程，非常窄，只有正常指标的十分之一。

这时林荣兴想到一个人，那就是高桥石化全国劳模杨建国，这位从小学徒成长为装置操作“大拿”的厉害角色，帮她解决过好几个新产品生产难题。

接到林荣兴的生产方案，杨建国立即忙活了起来，他立即召集杨建国创新工作室所有骨干研讨生产方案、查看以往的操作数据，大家都觉得这次轧制润滑油生产有点“悬”，悬在操作条件太苛刻，因为装置在生产过程中，温度波动几度很正常。但这个油温度波动始终要控制在 1 摄氏度以内，并且要一直保持 12 个小时。

一天内日常的气温变化都有十几度，何况是工艺复杂的生产装置？

“我觉得行！”原先还七嘴八舌的研讨会一下被杨建国的话镇得安静下来。杨建国又一次讲出了别人没有想到的生产方案，让装置满负荷在临界状态运行，这样，产品抗波动能力就能大大增强。如同百米冲刺的运动员，达到极限后，平时对其干扰的因素反而微不足道了。

但是，这样的操作需要百分之一百的智慧和胆量！

一周后的装置控制室。

杨建国坐在中控制操作台中间，一只手拿着对讲机，一只手频繁地操作鼠标，查看计算机操作画面，此时的中控室，如同指挥千军万马的指挥部，一条一条指令发出，庞大的装置各个部件跟着指令一点一点地动作。机器的轰鸣声像吹响的集结号，而管线中的润滑油像雄赳赳的队伍，源源不断地涌入油罐。

整整 12 个小时，杨建国和他的团队没有离开中控室和装置现场一步，此时，谁又能想到，一张心血管病医学诊断报告还夹在杨建国的病历卡中。医生嘱咐“老杨，支架手术越快越好”，杨建国一边答应着，一边往装置跑。那天，本该去装心脏支架的他没有按时上手术台，而是悄悄地坚守在操作台前。如果问我什么是付出，这就是付出，这就是对“功成不必在我，功成必定有我”的最好诠释。

第二天，油罐分析报告出来了，轧制润滑油生产成功，各项指标均符合客户要求，定制油质量又一次精准命中“10 环”。

远眺大江东流，我们挺立潮头。高桥石化用精准的“10 环”打造中国石化优异的质量品牌形象，用每一滴油都是承诺，来共同书写勇立潮头先行者的传奇！

（本文获第七届全国品牌故事大赛上海赛区二等奖；
入选第五届中央企业优秀故事创作展示）

312 个红手印，只为挽留他

胜利石油工程

4 月 20 日，谷雨。这是春季的最后一个节气，这天也是石洪飞在滨州市无棣县柳堡镇大王柳堡村任职省派“第一书记”的最后一天。天刚蒙蒙亮，他就已经出现在了村口。早上 6 点 20 分，村里上学的孩子们要在这里乘坐校车，石洪飞想最后再送他们一次。

2019 年 5 月，经中国石化胜利油田推荐、山东省委委派，中国石化胜利石油工程公司渤海钻井总公司的干部石洪飞来到滨州市无棣县大王柳堡村任第一村书记。

700 多个日夜，石洪飞在大王柳堡村有了好几种身份：他是带领大柳堡村 511 户村民摘掉“省级贫困村”帽子的“石书记”，是给 500 多名村民免费治过病的“石大夫”，更是全村老人孩子都舍不得的“亲人”。

“想想当初为什么要入党”

穷，这是石洪飞走进大柳堡村时的第一印象。

多处闲置破旧危房，村内主路排水沟坍塌严重，路边杂草丛生，整个村子里甚至没有一条像样的路……

“油田的人来这儿干什么，到农村只是为了镀金，不会为村子带来真正的实惠。”在一片质疑声中，石洪飞带着被褥一头扎进了村里。

两个多月时间，他跑遍了每家每户。驻村，就要“驻”到群众心坎里。村民穷根在哪，他朝哪儿使劲拔；村民抱怨啥，他就改变啥。

“好好想想当初你们为什么要入党。”第一次全体党员大会上，石洪飞就把村里党组织建设薄弱、党员先锋带头作用发挥不出来的问题摆到了台面上，给全体党员上了一堂找回入党初心的党课。

会后，有着40年党龄的王树国抓着石洪飞的手说，已经很久没听过这么生动的党课了。

此后，田间地头、走街串巷，石洪飞带着村里“两委”班子了解困难家庭、贫困户的情况，帮助百姓解决实际困难。

村里的党员活动室也在悄然发生变化。各类制度规范上墙，标准化管理，严格落实“三会一课”制度，每月5号被定为“议政日”，全体党员实行量化积分考核……在渤海钻井中亚项目部担任党支部书记的石洪飞把在单位多年的党建经验带进了大王柳堡村。

新冠疫情发生后，党员们自发组成志愿队，坚守在防控一线，昼夜奔波。在每月的议政会上，党员纷纷为村里的发展出谋划策，党支部成了村民心中的主心骨。

在石洪飞任第一村书记的两年间，村支部吸收了4名青年加入党组织，一改多年没有发展新党员的现状。

为村民免费治病

知道石洪飞任职期满要离开了，董昭树和老伴董雪岭几夜没睡着。

今年67岁的董昭树因两条腿半月板严重破损已经卧床多年，出自中医世家并且具有高级针灸师资格的石洪飞得知情况后，便利用空余时间给老人进行治疗。

三伏天，看着石洪飞的汗像下雨一样往下滴，董昭树心疼地让他停下来歇一歇喝口水。

“不喝了大哥，还有一家等着我呢。”大王柳堡村因病致贫、因残致贫的老人多达 53 人，石洪飞想在这两年里让更多村民通过摆脱疾病，早点摘掉贫困户的帽子。

不止大王柳堡村，两年来，石洪飞坚持给无棣县各村镇的 500 多名村民进行免费治疗，光购买医疗器具就自己花费了 7 万余元。

平日里，给村里孤寡老人买菜和生活用品，给孩子买学习用具，给生病村民买药……到底给多少村民买过东西，石洪飞也记不清了。但是，村民们都记得。

贫困户王玉农说，穿上了他送的皮棉鞋；孤寡老人董沾祥说，隔三岔五能吃到他送来的饭菜；身患精神病多年的董转身上，穿的就是他给买的衣服……连从隔壁李什村来大王柳堡村卖货的罗燕都知道，村里有个经常给孤寡老人和孩子送温暖的“石书记”。

“感谢上级给派来了这么好的干部，让我们村里不仅有了主心骨，也有了知心人。”村里连着干了 8 届的老书记，今年 78 岁的王玉德感慨道。

在他和妻子薛玉凤的聊天记录里，经常出现500元、1000元的转账记录。

石洪飞笑着说，这些钱基本都花在村里了，妻子却毫无怨言。

印在心里的312个手印

4月20日，是石洪飞离别大王柳堡村的日子，冒着雨前来送行的乡亲们拉着他的手依依不舍，热泪盈眶……

已脱贫的卢宝凤来了。过去她住的土坯房子屋外下大雨，屋内下小雨，石洪飞帮她修葺翻新，改善了住宿生活条件。

在职两年，石洪飞为村里危房户争取到每家3万元的专项改造资金，拆除破屋危房100余间。

已脱贫的王树建来了。当初王树建想搞试验田，但是资金短缺，石洪飞利用政策帮他申请银行贷款，帮他联系产品销路，两年时间，王树建的收入涨了三四倍，还带领村里其他人一起干起了育苗种植。

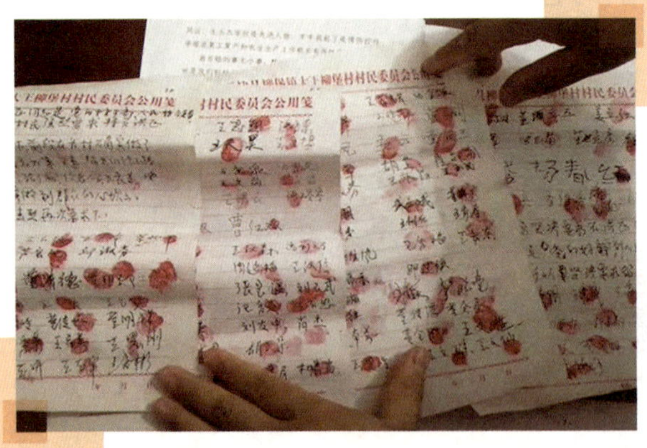

贫困孤寡老人董本兰、刘娥、张华凤来了。通过土地流转、引进光伏发电等项目，村集体每年收入十几万元，贫困户仅分红收入就达到5000元以上。

每到过年过节，村里80岁以上的老人、老党员、老干部和贫困户还能收到渤海钻井总公司党委送来的米面粮油。

村里老党员王树国、王玉德也来了。两年间，他们看到在石洪飞的对接下，村里修建起了 1000 米的环村路，看到村里建起了 260 平方米的文化中心，修建了 900 平方米的休闲广场，还看到了村里安装的 23 个摄像头和路两侧栽种的月季、冬青、松树和柿子树……

两年时间，从一个“省级贫困村”到焕然一新的“市级文明村”，石洪飞给大王柳堡村带来的是物质和精神双脱贫。

在石洪飞的笔记本上，还写着许多未完成的心愿。

“大王柳堡村不仅要实现脱贫，更要振兴。”

“要想办法加大发展多元产业，增加村民收入。”

“村民们的生活质量要提高，大王柳堡村要变得有活力、有生机。”

……

“我们恳请让石书记留任！村里需要他，老人也离不开他。”村支书王树彪拿着一份印有 312 个红手印的申请书交给了省委组织部考核人员。

312 个红手印，印在纸上，也印在了石洪飞的心上。

一块馕饼

塔河炼化

时至晚春，东边天际一抹鱼肚白，小山村一片沉静，人们还沉浸在梦乡里。这时，村东头三间砖瓦房里，一个40多岁的男人早早起床，悄悄奔向村南头的广场，40多分钟急走运动后返回驻地，这个人就是中国石化塔河炼化公司选派到莎车县阿拉买提镇扎满库木村的第一书记方学辉。

“方书记，我家种的哈密瓜苗蔫了。”

“方书记，我家的屋顶漏雨了。”

“方书记，我家门口的路什么时候修好？”

“方书记……”“方书记……”在莎车县阿拉买提镇扎满库木村，只要有他在，大家什么都不怕，“有事找方书记，放心！”这是扎满库木村百姓的共识，更是方学辉给扎满库木村百姓吃下的一剂“定心丸”。

自2018年驻村后，今年已是他驻村的第四个年头。四年来的脱贫攻坚一线工作，使扎满库木村和方书记都发生了明显变化，扎满库木村路通了，村庄变整洁了，昔日的贫困村脱贫出列了，考大学、购车盖房的农户增多了；而方书记眉间的“川”字纹更深了，两鬓开始斑白，后背也出现了微驼，从前老百姓口中的“方书记”也变成“老方”了。

查看完今日工作后方书记回到驻地，简单洗漱后，还来不及做早饭，早会时间就到了，方书记看了看时间，拿起一块馕饼随便吃了两口，又将馕饼

揣在自己的小包里，随后便急急忙忙地跑去会议室开始布置一天的工作和队内分工，会议结束后，大家按照分工各自忙碌起来，开始了一天的工作。

从村部出来，方学辉按着自己的“固定路线”在村里走了一圈，一路上经过的大多是家里生活困难、子女不在身边、自身患有疾病的村民家。或在外边问候一声，或进屋坐下唠唠家常，村民的情况他了然于胸。驻村的这几年，他已经养成了习惯，没事就会到村里走一走，问问村民有什么困难，见到老人家里有什么活就帮忙干一干：“他们的孩子出门打工了，我就是他们的孩子。”

“方书记，你看我院子里种的辣椒长得多好，等丰收了你拿点回去给咱们队员都尝尝，都是绿色无污染的嘞！”村民穆尼热拉着方书记的手指着院子里长势喜人的辣椒苗笑呵呵地说道。

几天前，突如其来的冰雹打得农民们都措手不及，作为种植大户的穆尼热慌了神，没有大棚怎么办？这几亩地的农作物都得遭殃，就在危急时刻驻村工作队员们出现了，大伙儿穿上防护雨衣，在方学辉的指挥下，有的拿铁锹，有的拿木桩，有的拿防雹网，顾不得冰雹砸在身体上的疼痛，大伙儿你一锹、我一锤地快速搭建了临时防雹大棚。大棚建好了，队员们看着对方的狼狈样儿却止不住地笑了，虽然身上被砸得通红，但心里暖暖的。

穆尼热热泪满盈地紧紧攥住方书记的手说道："保住了！保住了！幸好有你们，谢谢共产党，谢谢驻村队员们！" 第二天穆尼热满心欢喜地给驻村工作队送去了锦旗。

走访完村民，已是到了午饭时间，"方书记，今天说什么都要留下来吃个便饭再走，刚炖好的鸽子汤你必须要尝一下。"村民阿不都紧紧拉着方书记的胳膊。"今天还有其他的活呢，实在不能多停留，再说了作为一名共产党员不拿群众的一针一线是最基本原则，我可不能犯错误啊。"在再三拒绝后，阿不都依依不舍地看着方书记离开了。

离开阿不都家后，方书记又马不停蹄地来到双膜大棚，中午的太阳疯狂地炙烤着每一寸土地，他的嘴皮也干裂得厉害，坐在田埂上方书记掏出自己包里的馕饼吃了起来，被风吹久了的馕饼干得难以下咽，嚼了两口便又收了起来。

吃完就查看起了自己的得意之作——双膜甜瓜，方书记把袖子一撸就熟练地扒拉了起来，一边查看双膜瓜的长势，一边翻弄叶子看是否有蛀虫，"有了双膜护体，甜瓜早上市一个月，价格翻番不在话下。"方书记对同行的村民乐呵呵地说道。甜瓜种植是他在 2018 年初到村后开发的新营生，因此村民们喜欢叫他 "甜瓜大王"。从育苗，到种植、管理，再到包装、销售，方书记一个步骤一个步骤地跟进，为此也是操碎了心，双膜瓜也不吝啬自己的生长，一年年长势喜人。

每天村里挨家挨户地走访，解决完每家的问题，查看完村里种植产业一整套程序走完回到宿舍后天已经黑了，方书记顾不得喝上一口水倒下头便沉沉地睡去，半块馕饼静静地躺在方书记的小包里。

梦里 "方书记……方书记……" 的声音又呼唤了起来。

大雪纷飞中的加急电报

扬子石化

这个并非杜撰的故事，发生在三十多年前的1986年，扬子石化公司的建设阶段。

那天，下着大雪，收发室的小尹喘着气冲进车间办公室，把一张纸往主任手中一塞：“加急电报！”话音未落，主任的心就扑通扑通地狂跳起来，瞧这丫头火急火燎的样子，没好！她用颤抖的手抽出电报纸一看，突然愣住了，“哎哟”了一声：“这是赵家全的！”又一拍大腿，说了声：“糟！”拉开门就往外跑。

百米之外主任成了雪人，寒气随着她一同钻进厂房。

十几个人围着一台解体的机器正在抢修，见主任这般模样，都诧异地抬起头。

“老赵？老赵呢？”她焦急地问身旁一个小青年，“你们班长呢？”

一个俯着身用聚光灯正检查轴瓦的人站起身来说：“啥事儿？”

“加急电报！你的！”主任扬了扬手中的那片纸，觉得自个儿声音怎么那么不自然。

老赵愣住了，原本黑黪黪的脸一下子变得煞白。他给家里定过规矩：非死人失火，不准打电报。这一张薄薄的纸，意味着……

主任上前几步，把电报递过去。

突然，老赵向后倒退了一步，那封电报如同一块炭火一般。他连连摇手，大声嚷着：“不！我不看！我不看！”

主任吃惊了，十几个人也都吃惊了。

主任的声音充满女性的柔和：“老赵，你这是怎么啦？别着急，我念给你听，好吗？”

老赵蔫了，蹲下身将头埋在膝上，压低的声音几乎是在乞求：“别念，一个字也别念，我现在什么也不想知道。我脑子不能乱，一乱，这活儿也就乱了。再给我两小时，两小时……我得把这活儿抢完。”

主任发急了：“老赵，这不成，活儿我再派其他人顶着，你这事儿可耽搁不得呀！”但主任心里却明白，这台机器是全厂的“心脏”，它若不被及时修好将影响全厂的生产，损失是巨大的，而这活儿也只有老赵能拿下来。

现场一下子静了下来。老赵缓缓站起身来，如同一尊雕像。突然，他大吼一声，如炸雷一般：“都愣着干什么？干活去！”

老赵扭过身，不再看主任，但从那紧蹙的眉尖可以窥视出他内心的忐忑不安。

主任叹了口气，把电报揣进兜儿里。大家又忙碌起来，但每个人都尽量让动作轻点再轻点，唯恐撞击老赵那颗正在滴血的心，偌大的厂房仿佛是所静静的医院。

天车终于隆隆地开动了，巨大的吊钩在哨声中将机器吊起就位。电闸合上了，机器轻快地转动起来。

主任走到老赵面前，递上了电报。

老赵只瞅了一眼，泪水便夺眶而出。电报上写着：“英车祸伤重速回。”英是他的妻子。

老赵号啕大哭，踉跄着扑进弥漫的风雪之中。

当夜，火车带走了老赵。

老赵回厂时，身边多了个12岁的女孩，那是他的女儿，一个刚刚失去母亲的孩子。小姑娘对大家说，如果爸爸早到家两个小时，还能见上妈妈最后一面。妈妈等得他好苦好苦。

主任哭了。她知道，如果老赵不为那活儿耽搁两个小时，正好能赶上一趟快车。

新工人进厂时，主任动情地给他们讲述了老赵这个普通党员的真实故事，一个小青年不以为然地嘀咕了句："丁大点事儿，也值得这般张扬！"主任立马就火了，恨恨地骂了句："混蛋！"很快，全厂都知道了这位女车间主任第一次开口骂人了。

加油站来了一位客户，是红码……

广东石油

那一晚
我的同事在对进站顾客进行验码时
发现客户显示的竟然是
红码
上报、隔离、消杀……
你没猜错，我是一名加油员
这是我在广东深圳待的第 5 年
3 月初，深圳出现疫情
响应公司号召
我们所有加油站要求
进站客户佩戴口罩
并对他们进行
体温测量和健康码查验

疫情，真的离我们并不远
防疫绝不能松懈
如果您到中国石化加油站加油

工作人员提醒您
戴口罩、测体温、出示健康码
请给予理解并积极配合

其实，我们跟这座城市的所有人一样
从没想过有这么一天
这座在我们眼中
意气风发的奋斗之城
会突然按下**“暂停键”**

喧嚣的城市突然安静了
店铺关了
公交、地铁停了
突然发现
深圳除了汽车声、人声以外
还有鸟鸣声

但是，我们加油站没有停
没有霓虹灯的夜里
加油站红色罩棚下的那一盏
成了最亮的灯

我所在的皇岗高速加油站
是跨境货车保供站
每天依旧繁忙
那边香港同胞每天吃的肉菜瓜果
都从我们这里过去

我从来没想过
这个网兜会成为我的工作用具
它不是用来捞鱼的
应政府防疫要求
我们为跨境车辆加油时
采取全程无接触式加油

车主朋友将加油卡从车窗内伸出来
掉入我手里的网兜
进行消毒后
我拿起那张加油卡插入加油机
完成为跨境车加油的第一步

因为跨境货车进站频繁的缘故
我担起了防疫的重任
守护着跨境货车“绿色通道”
落实一车一消杀的防疫措施

每天为跨境车辆加油
说不害怕，那是不可能的
但我相信
我们一定能赢

疫情之下
我们按要求做好消毒防护
手握油枪，坚守岗位
为城市应急防疫车辆加油

为深圳市民
构建安心的“能量补给站”

加油站 19 名员工坚守岗位
每日做了核酸后出门
持“绿码”上班

为了按时到岗
我们骑单车、开电动车，甚至走上 1 个小时
有人怕所住地区封控
干脆带着行李箱住在了加油站
我已经习惯了
每天 8 小时的防护服
呵气成雾的护目镜
没有触感的防护手套

算一算，已经两年没有回家了
刚刚和相恋 4 年的凤领了证
还没来得及带回去见父母
有种关爱
叫“妈妈觉得你危险”

“你们封城了？有囤粮吗？”
“你那危险吗？”

“这是管控了，没封城啊！”
“妈，我挺好，有注意防护的！

公司给我们
加倍配了口罩、消毒液、手套
加油站有消毒，很安全！”
“等疫情过了，我就带凤回去看你。”

那天在吃饭的时候
我“偷听”到站长和女儿的通话

我们都是
父母的孩子、孩子的父母
暂时的分离
只为更好地团聚
此时此刻，我们在加油站坚守
成为抗疫斗争中的逆行者
疫情让城市出现了油米荒
社区里独自居住的蔡婆婆打电话来了
我扛着大米和油往她家里送

“感谢你们啊，价格也没涨
真是良心卖家。以后还会有货吗？”
“有！中国石化的便利店里
油、米、牛奶、消毒液、口罩
供应充足
我们承诺商品不涨价，服务不打烊。”

疫情肆虐的这段日子
我每天为 30 多辆跨境货车加油

接触上百名客户
消了毒，再服务，再消毒，再服务
口罩一刻不摘
哪怕在脸上勒出了印痕
坚持，坚持，再坚持
总有一天
我们都能相互看到灿烂的笑脸

其实，每天身处一线岗位
面对来自四面八方的客户
说不害怕，也是不可能的
但我们坚信，风险是可以防范的
只要我们提高防范意识
严格做好自身防疫消毒工作
引导客户扫码、测温、戴口罩等
把每一步都做到位
我们定能防控好疫情风险

我们天天被各级组织关心着
公司、经管部将口罩、饮用水、方便食品送到加油站
领导为我们做心理辅导
哪怕一丝的焦虑也会消散殆尽
大家不由得感叹
“组织有力量啊！”

我们还积极响应政府号召
加入抗疫青年突击队

下班后
积极加入社区义工队伍
青春与汗水在这场社区防疫战中挥洒

真正的勇敢
不是无所畏惧
而是心生恐惧
依然愿意选择前行

除了深圳遭遇疫情以外
3 月 15 日，东莞因疫情“停摆”
3 月 16 日，广州地区突发疫情
3 月 17 日，汕尾等地区陆续暴发病例
……
在这些地方的加油员
也正全力进行抗疫

“刷刷”同事们的朋友圈
他们坚守抗疫的故事
让人泪目

这个春天
有花香，有鸟鸣
也有我们坚守奋斗的身影

快与慢，离与合
都在疫情过后
化作一道绚丽彩虹

光阴的故事：我的工作服

齐鲁石化

扫码观看视频

光阴的故事：我的工作服

在庆祝中国共产党成立100周年之际，采用情景剧再现等形式介绍齐鲁石化建厂55年来在工作服方面的发展变化，以一个个小点反映出国家的发展变化。节目勾起几代人的回忆，触动心弦。

班旗

江汉石油工程

扫码观看视频

班旗

《班旗》讲述了一个发生在中国石化顺北油田井队里的故事。顺北，一个只有方位没有地名的地方，它的全称是顺托果勒构造带以北，石油人叫它顺北。5年前，这片大漠深处的无人区来了一群穿红工衣的人，他们扛着旗帜，立起井架，井架上的队旗高高飘扬。这片黄沙漫漫的瀚海就有了一点红，一线红，一片红。队旗插在50米高的钻塔之尖，那是一队之旗，一队之魂。井架正前方插有班旗，班旗是一班之旗，一班之魂。

（本视频获第五届中央企业优秀故事视频类优秀奖）

重见光明的小小罗

广西石油

“这个油迪宝宝，真可爱！我要带回家和弟弟一起玩。”12 月 4 日，术后刚摘下眼罩的小小罗接过探访团送来的油迪宝宝，欢呼雀跃。

小小罗出生在一个较为困难的家庭，爸爸罗君强今年已经 64 岁了，还承担着家里十几口人所有开支。妈妈是个先天性白内障患者，生活无法自理，全家仅依靠着几亩地过活。小小罗刚满 7 岁，但从出生那一刻起就没有看见过这个彩色的世界，无论大人们如何在她耳边描述，她都无法想象出来，她的未来如同眼前阴霾般苍白。而这个困难家庭里，还有分别是 1 岁、3 岁的两名患先天性白内障的婴幼儿。

在健康快车驶进贺州正式开诊后，小小罗是第一批被送进“健康快车”接受治疗的白内障患者。

“我能看见了！可以帮助爸爸照顾弟弟妹妹了！希望医生也能快点把我的弟弟妹妹们也治好！”

7 年来，小小罗终于拥抱了这个世界的色彩，她多想把这个喜悦立即分享给自己的父母。可是，妈妈因病住院，爸爸又要下地干活，懂事的小小罗刚恢复健康，便尝试着一边为弟弟妹妹做些力所能及的事，一边好奇地观察着这个生动的世界。对她年幼的心灵而言，“健康快车”就是看见蓝天白云的希望，她多希望自己的两个弟弟妹妹也能看看这生动的世界，看看美丽的“彩虹火车”。

由于两名婴幼儿年纪尚小，他们的眼科手术必须全身麻醉，因此只能前往基地医院进行治疗。不过令人振奋的是，中国石化“光明号”健康快车项目主动承担了他们所有的治疗费用，全程产生的所有费用均免费，就是为了能让他们重新获得美好未来。

11 月 27 日，小小罗的两个弟弟妹妹在基地医院接受了由“健康快车”上的北京大学人民医院教授主刀的手术，重新获得了光明。相信不久后他们这些含苞待放的祖国花朵就会对着阳光肆意绽放美丽。“彩虹火车”打开了他们心灵的“窗户”，这个深受疾病困扰的家庭终于有了一丝光亮，有了可期的未来。

“光明号”如期而至，踏着彩虹捧来光明，给幼小孩子的未来带来生机，使他们变得有无限可能！

守护童年守护爱的“小温叔叔”

北京石油

温华平是一位扎根油库一线 17 年的踏实小伙，现任中国石化销售北京石油分公司安全环保部副经理，自 2002 年来京工作后，他与家人一起，业余时间几乎全部献给了公益事业。

2002 年的温华平 20 岁出头，刚来北京不久，还是大兴油库的一名普通工人。1 月初，和他们同租一间公寓的一个朋友向他们讲述了太阳村的故事。当时这个专门收留服刑人员子女的社会机构，刚刚成立不到一年，正处在缺钱缺人的两难境地。二话没说，温华平跟着几个年轻人就来了太阳村。

那时候，村里不少孩子都是刚从外地来北京，在附近的板桥小学上学。可孩子们基础差，总是跟不上学校里的进度，温华平最主要的任务便是补课。一直是一副笑眯眯的样子，怎么问都是一副有耐心的样子，温华平很快拉近了和孩子们的距离。

第一次给孩子们上完课后，临走出大门时，一个孩子追出来拉住温华平的衣服，仰着头问道：“小温哥哥，你下周还来吗？”“来！”看着当时 10 岁的吴小华，温华平应了下来。“最开始是为了承诺，答应了就要来嘛。后来成了习惯，不来就觉得心里空落落的。”之后每个周六他都会去看望孩子们，陪伴他们一起读书学习，一去就是 21 年。

太阳村是为一群特殊的孩子成立的一个慈善机构，这些孩子的父母大多有一方或双方都在监狱服刑。这样一群在社会上饱受歧视、不公的孩子，小温夫妇都将他们视如己出，尽管他们还没有自己的孩子，可是他们对这些孩子的爱，让孩子们觉得就算是自己的父母也很难做到这么细心、耐心。

这 20 年里，大家问他们去太阳村都干些什么时，他们总是笑嘻嘻地说是去村里打杂。性格温和极具耐心的温华平夫妇一般做的是三项陪伴工作，陪学、陪玩、陪聊天。孩子们喜欢听他们讲故事，和他们一起做游戏。春节时小温夫妇也时常在村里度过，和孩子们一起守岁，给孩子们发红包，甚至离开村里返家读高中、大学的孩子，温华平夫妇也会帮助联系学校资助他们学费等。这些看起来和家人一样的举动，让孩子们对夫妻俩格外依赖信任，每年过年不少孩子们返京都会先去温华平夫妇家里报完到再回太阳村。

对想回到户籍所在地读高中考大学的孩子，他们不仅想办法联系说服他们的亲人，而且主动资助困难孩子。他们的女儿今年五岁半，自三个月大开始，每个节假日也随同他们一起到村里，加入陪伴的队伍，成为村里最小的志愿者。温华平坚持 10 年为两名打拐被解救未找到父母的孩子寻亲，在 2020 年初北京太阳村关闭后，孩子们都被送回户口所在地的福利院，他冒着疫情风险，带着女儿辗转民政局和公安机关为这两名没有归属的孩子落实北京户口、上学，最终使他们在北京丰台儿童福利院居住。他还每月去探望他们，受疫情影响不能探望后，他还固定时间通过快递给他们寄送学习资料、零食，持续带给孩子温暖。

温华平夫妇除了在太阳村做公益外，从 2006 年开始，他们还和其他志愿者们一起，为满足乡村孩子们的求知渴望，在安徽、湖南、广西等地募款捐建了 130 多所蒲公英图书馆。从布置图书馆到购置馆内设施，甚至到图书的摆放，他们都一一操心，偶尔有空，还会到不同的乡村图书馆为孩子们读故事。这一切几乎占据了他们全部的业余时间，可是夫妇俩做得不亦乐乎，完全没有要停下来的意思。

温华平夫妇用青春书写着奉献的画卷，用爱心灌溉着孩子的生活，用行动履行着无言的承诺。他们用自己的专业素质和大爱无疆，默默影响着改变着周围更多的人从小事行善，为平凡爱心筑成的公益事业增加了更多的力量。

加油站里也能看到全世界

陕西石油

赛中为运动员加油的是啦啦队，加油站里为汽车“加油”的也是“啦啦队”，他们没有高亢的嗓门、华丽的衣服、动感的编舞，但他们一样美丽！《加油站里也能看到全世界》——一个真实、可爱、执着的“啦啦队员”的日记……

人生如剧，情节反转难料。

一年以前我还不曾想到，自己会成为一名加油员。初上岗位，本想一笔一画记录加油员的生活，可是加油的工作实在磨人，不仅磨身体，更磨精神。每天下班时虽不是扛过千斤后的瘫软，却也有灌铅似的疲惫。

当班的第一天，我就感觉到了加油员工作的不同。

相比之下，以前的工厂工作好像是云朵上建立的小王国，专业性太强，封闭而局限。加油员更能见世面，接地气，更能感受人间的百态、社会的温度。

加油站，是个小小的驿站，却蕴藏着大大的世界。

在这里，你会感到世界的忙碌，形形色色的人，各式各样的车，每辆车、每个人身后都有一个世界。也许是因为加油站旁边有个巨大的批发市场的缘故，物流车辆是我们加油业务的“大头”。这些顾客各式各样：有的开着超长大卡，他们大部分是搞运输的外地人，走南闯北，见多识广，不修边幅，喜欢帮衬，多少带点行走江湖的豪爽仗义；中型卡车大部分是搬家公司、市内配送企业的，同样是搞物流，却多了些市井气，能说会道，亲切幽默，只是有的人爱占点小便宜；还有一种“小运输”就是三轮摩托，车主主要是在市场和周围倒货，风里来雨里去，头戴毡帽脚踩皮靴，手套护耳一个都不能少，每次三五十块钱加满，跑一天，他们把 92#、95# 哪个耐烧算得清清楚楚。加汽油的小汽车里最多的还是微型客运面包车，每次来加个五十一百的，司机旁边一般坐着媳妇，两口子加完油送货，挡风玻璃前常常放着来不及吃的早点。

这就是生活，暂时地停泊，不停地奔波。

顾客当然少不了以车代步的私家车主。老百姓加油都喜欢实惠，时髦的互联网，不一样的优惠力度，价格牌上的数字再小，车主们也要搞个翼支付、银联钱包什么的，能省就省呗，反正大家省着了，我们也开心。当然，站里时而会来辆奔驰、宝马之类的豪车，说起来车主并没想象中那么飞扬跋扈，反而是比较客气的。有时也能联想到道德、财富与地位的问题，可仔细想想，其实生意不过是工作，财富也都是汗水，没有人会不珍惜。

加油员的辛苦是必然的。

我们站 24 小时总共就那么 5 个人，白班连夜班地倒，可以说每个人每天工作都是“12+”小时。然而，加油员的收入与工作时长并没有多大关系，销量才是王道。车少的话，销量跟不上，工资就很微薄。车多的话，工作强度就大了，北方这样的冬天里，人就在瑟瑟寒风中奔忙着，一个“12+”接着“一个 12+”。

手里的油枪轻的也有五六斤，重的估计有 10 斤，提枪放枪，来回往复，指引收钱，一人担当。如果再多上几辆三轮摩托，就得提着油桶来回七八趟，这些都是我们分内的工作。

加油工作虽然辛苦些，但操作相对容易上手。所以，加油工大抵分两类：一类是年轻人，从周边乡镇到城市立足，他们虽然接触新业务快、学习能力强，但年轻人的心总是往高处飞的，他们很快就从追求稳定有保障，到追求飞得更高挣得更多，很少有人能长时间适应这样的上班机制和枯燥的工作内容，所以加油站人员替换率比较高。还有一类是当地的下岗职工，年纪稍大，没有别的技术的话，这份工作可以维持起码的生计。老师傅们能干得长久，而且责任心强，虽然也有比较老到的，但每个人都很善良。

总而言之，加油员是城市中比较艰辛的群体之一，每个人背后都有不容易的生活。

加油工作要求“加一看二照顾三”，耐心、细心、诚心，一个都少不了，可遇上车多，却也无奈分身乏术。若是油没加够，顾客肯定不会满意；钱少收了，那得加油员自己赔。

说说我加油中遇到的一件事：那天加了辆吉普车，油费 300 块，顾客拿一沓 5 块钱付给我，其间还拿了瓶玻璃水，玻璃水 10 块一瓶，一共 310 块。在清点结算的时候，怎么数都少 10 块钱，顾客已经开车起步，我边追边喊，幸好他听到停下了车，一再确认下才把 10 块钱给我。想来他也不是成心逃单，否则他不会停下。

这样的事加油员都经历过，且不说恶意逃单的，还有车多忙晕了忘收钱的，有时打个岔忘记收了，有时款没结清车跑了，或者有时有人故意地蒙混过关。

无论是顾客还是加油员，都各有各的不易。

加油站里人头攒动，其实就是这个世界的缩影。

真切体会到加油员的辛苦与不易，也是我这次转型的一大收获。我不知道自己需要多少坚持来扛起这份职业，但我想尽全力去经历，去感受，去体会，去投入，让这段经历更加刻骨铭心，也好时刻激励自己前进、前进、再前进！

一碗姜汤

广西石油

凌晨四点半，潇贺古道旁的一家民居里，亮起了一盏灯。这里，便是广西石油贺州羊角山服务站站长潘绍明的家。这位常年奋战在基层一线的“大老粗”，此刻正在忙着他数年如一日的“细活”——煮姜汤。

姜是潘绍明精心挑选的生姜，潘绍明把它削皮切块，和红枣一起煮，既有驱寒的功效，又能提气调味。大约半个小时，红枣和生姜都已开始出味，潘绍明又放了些红糖，搅匀，小火煮15分钟后，才盛进保温桶。

每天，潘绍明都会熬上几锅姜汤带到服务站，免费提供给过往的路人。往往一天下来，用掉的姜汤要多达10锅。为此，潘绍明不得不早起好几个小时，还要在前一天晚上就把所有材料准备好。这个习惯，他一坚持就是6年。

这个现年43岁的硬汉，身上有股子韧劲，每天早上六点多到站，做好姜汤的保暖后就开始打扫放置物品，用扫帚“唰唰”清扫路面的声音和铁锹碰撞路面的声音的劳动进行曲，奏响贺州羊角山服务站新的一天。尽管此时，距离首批农民工到站的惯常时间还有3个小时。

贺州地处广东、广西、湖南三省交界处。每年春节前夕，都会有大批务工人员从广东入境，穿越此地前往湖南、云贵等地。广西石油公司在摩托大军返乡沿线设立了羊角山爱心驿站，免费提供医疗、食品、取暖休息、车辆保养维修等服务，吸引了一大批志愿者加入了爱心队伍。潘绍明就是其中之一，他和他的志愿者朋友们以贺州羊角山服务站为大本营，舍小家顾大家，用爱守护着他人的回家之路。也因为他准备的一碗碗驱寒的姜汤，他被大家亲切地称为“姜汤哥”。

“哈哈，又见到你了，姜汤哥。去年回来没有看到你，还真有点不习惯呢。”

“去年可能你们忙着赶路，正好错过了，我没见到何大哥您，还以为您坐高铁回家不来了呢！”

“我和你大姐不好坐那个。还是咱们的大摩托车舒服！特别是你大姐，心心念念着你的姜汤，说自己怎么做都不是这个味儿，就好你这口，这不，连旁边的泡面和粥她都不去吃了。”

“好嘞，你们先坐着休息会儿，我马上就给你俩端两碗姜汤来。”

虽然潘绍明只知道这对夫妻的姓名，却不妨碍他们成为好朋友。而这段缘分，还要从多年前说起。

2014 年冬天，远在广东佛山打工的何氏夫妇一放假便迫不及待地赶回老家贺州市钟山县清塘镇过年。夫妻俩天还未亮便骑着摩托车在寒风中长途跋涉，到达羊角山服务站的时候，妻子已明显体力不支。“当时我看到何大姐的脸色苍白，就觉得不妙。”潘绍明赶忙将其扶进休息区，打开取暖器，又给两人递上热气腾腾的姜汤，让全身冻僵的何氏夫妇慢慢恢复了知觉。从此，每一年返乡，夫妇俩都要在羊角山服务站休息区停留，喝着姜汤和潘绍明闲话家常，结下了深厚的友谊。

因此结缘的故事还有很多。2016 年 2 月 12 日下午 4 点左右，服务站又迎来一拨返乡农民工。突然一位大婶神色慌张地问“姜汤哥”潘绍明：“你们这里有止血药吗？我老伴被重型卡车碰了一下摔倒了，手上血一直在流，快帮我老伴止血。求你们了。”

“姜汤哥”拿起药箱跑到入口处，扶着大叔下了摩托车坐好。一边叫人将大叔的摩托车和上面的行李看管好，一边询问：“大叔，您现在感觉怎么样？除了手受伤出血，还头晕吗？或哪里不舒服吗？”他一边让志愿者小张帮大叔卷起袖子，用绳子系在伤口上方位置，一边让小沈扶着大叔，拿起喷雾止血剂，往伤口上喷。大约喷了一分钟，伤口不再流血了，志愿者们才扶大叔到休息区休息、吃点东西。

“真是太谢谢你们这些小伙子了。刚才我老伴太紧张了，没有见过世面，吓到你们了，不好意思呀！”大叔感谢地说道。“没事呀，换作是我，可能会更紧张的，今天是小年夜，等会我们送你一个福字贴，让你们把福字带回家。”

大叔连声道谢，又在“姜汤哥”的帮忙联系下修好了车，最后满意地挥手道别：“明年我还从这里回家。”

贺州羊角山爱心驿站公益活动，到今年已经是第7个年头。身先士卒、做好垂范，“姜汤哥”潘绍明用自己的初心和行动，完成了自己的使命。至今，他已记不清自己送出了多少碗姜汤，结交了多少位路上的朋友，带动了多少名志愿者。但是，他依然记得每天告诫自己，苦点累点没关系，坚持就有千山万水，就有感动常在。

正是在潘绍明的影响下，涌现出一大批志愿者在中国石化“情暖驿站·满爱回家”大型社会公益活动中的无私热心奉献，让更多的返乡农民工得到帮助，得到关爱，很好地诠释了中国石化服务社会的宗旨。

“交通网络正日益完善，既有高铁通达，高速公路也是四通八达，可能以后我们这些志愿者就不会有这么多为大家服务的机会了，但是只要大家还叫我一声‘姜汤哥’，我就还会在爱心驿站等着大家。”在潘绍明眼里，群众的需要和认可就是他坚持下去的动力，也是他最大的人生价值所在。2018年10月7日，在央视“魅力中国城”节目中，“姜汤哥”的故事，代表贺州的温度，登上央视舞台，向全国人民展示石化人的风采，“姜汤哥”将成为潇贺古道上一道特殊的风景，和古道热肠的贺州精神同在。

晒金

江汉石油工程

扫码观看视频

晒金

这是个发生在涪陵国家级页岩气示范区的故事。涪陵地区雨水多，一年有300天泡在雨里 。有一年的“五一”这天，焦石29平台的50806JH钻井队总算遇到了好天气。太阳出来了，实习技术员小高把队里近年荣获的奖牌搬出室内，一一擦拭。两张桌子摆满了奖牌，还是放不下，他又搬来两张条凳，把每块奖牌擦得亮亮的，让它们在阳光下晒一晒， 晒来之不易的荣誉。工人先锋号、中国石化银牌队、提速提效流动红旗、标杆队、模范基层单位、先进基层党组织……这些奖牌的背后是一首首涪陵国家级页岩气示范区建设者的青春之歌、奋斗之歌、奉献之歌。

（本视频获第五届中央企业优秀故事视频类三等奖）

一个在路上的家

江苏石油

扫码观看视频

一个在路上的家

中国有3000万长途卡车司机，让中国经济的血液快速流动。他们常年奔波在路上，风餐露宿，挥汗如雨。江苏石油聚焦货运司机等户外工作群体吃饭难、歇脚难等急难愁盼问题，全力投身“司机之家”项目建设。截至当前，在全省建成514座“司机之家”，每日为1.1万名货车司机提供“爱心”服务，努力推动民生工程走深走实。

（本视频获第五届中央企业优秀故事视频类三等奖）

梦圆古张村

茂名石化

“下周，我要结婚了，希望茂名石化的哥哥姐姐能来参加我的婚礼。”2021 年底，中国石化茂名石化公司（以下简称茂名石化）结对扶贫村古张村特困户吴帝水家的阿娣，高兴地和茂名石化“亲戚”在微信里聊天。

听到这个好消息，茂名石化的扶贫干部和宣传部的记者们喜笑颜开，大伙看着阿娣长大，从特困户的孩子到当上护士，现在又有了自己温暖的小家，苦尽甘来，梦想也一步步成真。在吴帝水简朴的家里，阿娣抱着经常来看望他们家的蓝姐姐一起合影，再三感谢着茂名石化的“亲戚”，她身上穿着洁白的婚纱，脸上带着微笑，仿佛一朵花灿烂了岁月。

阿娣有了幸福的小家，驻村干部李亚标既欣慰又感慨，他还记得第一次上门时的情景，吴帝水老人一家吃的是猪油捞白粥，住在四面漏风的危房里。吴帝水老人是村里最特殊的一户贫困户，老来得一子一女，不料老伴却在孩子小的时候就过世了，他拉扯两个孩子生活非常困难。

茂名石化想方设法改善吴帝水一家的生活，帮助他们申请政府低保，给他们家新建了房子，还为两个孩子送上每年 6000 元的就学资助金，安排了课外辅导员帮助他们完成学业，赠送书籍、学习用品等，鼓励他们努力学习。“以前我们家吃的是番薯叶，现在吃上肉了，有新房子住了。”吴帝水的女儿阿娣、儿子阿年特别感恩。

2019 年 8 月，阿娣护理专业毕业了，但就业屡屡碰壁，非常沮丧，做好了到药店工作的打算。茂名石化驻村工作队了解情况后，开动“双腿”帮助就业，取得地方政府有关部门支持，帮助其在县级人民医院实现了稳定就业。如今，有责任心能干的阿娣已经成长为医院里的骨干护士，细心贴心照顾病人，她受到了病人们的交口称赞。

“没有茂名石化，就没有今天的我。”阿娣有了稳定的工作、不错的收入，还找到了情投意合的另一半，“我会加油的，用爱生活，用心工作回报社会。”

像阿娣那样的村民，在古张村还有很多。有了茂名石化“亲戚”，他们的生活得到了改善，日子越来越好，心情也越来越好。

“有赖英明共产党，巨龙盘旋绕村旁。善长人翁真可赞，中国石化最荣光。脚踏实地迎头赶，阔步和谐奔小康。茂名石化劬劳恩，古张村民记一生。”古张村村民陈水兴看到家门口的“烂泥路”变成了村里第一条硬底化道路，激动之余写下了这首感恩顺口溜。

在村里修路的那段时间，陈水兴每天都要在这条路上来来回回地走上五六遍。他想看看能不能为修路出一份力，又或者什么也不干就只是在这条路上走一走就很满足了。

“还记得2016年我刚到古张村的时候，村里唯一的一条路，一到雨天就处处泥泞，让人无法下脚，当地村民都称这条路是‘泥水路’。”茂名石化驻古张村第一书记李亚标回想起刚来到这里时的情形，还颇有感慨。

由于太穷，这条“泥水路”包含了村民们多少辛酸与无奈；由于太穷，修一条像样的路，便成了这个村子几代人的梦想和奢望。

直到有一天，茂名石化驻村工作队来啦！

“听说工作队在筹备着为我们修路……”“他们好像不仅带来资金，还为咱们村量身定制了一个百香果种植项目。”“听说还会教咱们种植技术咧！”“我可听说扶贫走过场，做做面子而已，做不得真。”

一时间，关于驻村工作队的议论，演变出好几个版本在这个贫困的村庄里裂变、扩散。

随着时间的推移，村里的硬底化道路修好了，路灯亮了，几家住在危房里的人搬到了新家，党群服务中心建成了，百香果种植基地成片的果树挂满了果子……

2020年初新冠疫情暴发，村民们曾担心在这条路上看不到驻村干部的身影。可他们万万没想到，即使是国内疫情最严重的时期，驻村工作队仍挨家挨户宣传疫情信息和科学防控知识。

同时，驻村工作队经过不懈努力，终于把原废弃的一段灌溉水渠建成了兼备排涝、通路、灌溉功能的新路，既解决了产业扶贫百香果的运输问题，又实现了100多亩农田的复耕。

2020年底，古张村完成了贫困户脱贫、贫困村出列。建设美丽乡村向大伙发出了新的动员令，茂名石化为古张村勾勒了乡村振兴的美丽蓝图。

古张村的“扶贫路”，村民们心里的“小康路”。走在这条“扶贫路”上，每个人的脸上洋溢着幸福的笑容，每个人的眸子里都散发出希望与期待。

于赤道之国

国际石油工程

2002年，国际石油工程公司厄瓜多尔子公司在赤道之国注册成立。一晃20多年过去，公司不断发展壮大，成为厄瓜多尔境内领先的石油服务公司，始终坚持“品牌、责任、创新、共赢、融合”的价值观，实施“四个一”工程，于赤道之国浇灌出了中厄两国之民人间友谊的花朵。

签协议，保障就业平等

2010年，厄瓜多尔出台新劳工法，规定企业需履行社会责任，雇佣当地员工总数4%比例的残疾人员。但因为公司员工大多在钻井施工现场作业，属于高风险作业，残疾员工无法胜任该类岗位，于是公司就和厄瓜多尔残疾人联合会共同努力，用劳工融合服务协议模式解决这一问题，由残疾人联合会负责通过其他渠道安排公司招聘的残疾员工工作，公司负责支付这些员工薪酬。维罗妮卡·加西亚就是这项劳工融合服务协议的受益者之一。

2014年前，维罗妮卡和家人住在马纳比，是一名农民。2014年，维罗妮卡家庭发生变故，前夫性格暴躁，在一次家庭争吵中开枪打伤了她，使她失去了左臂，前夫的暴行还对她和她的三个孩子造成了其他身体和心理伤害。在住院三个多月后，维罗妮卡因为手术欠下了一大笔债务，再加上三个孩子需要照顾和对未来生活的不确定，她陷入了绝望。

公司和残疾人联合会知道了维罗妮卡的悲惨遭遇后，主动提出帮助，优先处理她的申请，将其纳入劳工融合服务项目。加入该项目以来，她离开了令她伤心的故土，重拾了对生活的信念。经过两个月的培训，她重新走上工作岗位，目前在基多的皮钦查残疾人协会担任行政秘书，帮助和她一样的残疾人融入社会。

筑平台，建设实践基地

2022 年 7 月厄瓜多尔国立理工大学化工系学生一行 36 人来到公司 SINOPEC191 队现场进行参观。

金色七月，毕业季的学生面临着人生的抉择。厄瓜多尔国立理工大学化工系的学生毕业后大多从事石油行业工作，因此希望能有机会亲临施工现场，感受一下钻机隆隆、热火朝天的场面，亲自看一看、了解一下石油钻井现场工作情况。厄瓜多尔国家石油公司每年都需要招聘大量理工院校的大学毕业生，此次活动正是由厄瓜多尔国家石油公司出面邀请国立理工大学学生参观施工业绩较好的钻井现场。

大学生一行人来到 SINOPEC191 井场，井队 HSE 负责人对其进行了入场教育，指出参观期间注意事项，然后由现场安全总监带领，按照钻具摆放区—库房—柴油罐区—办公室的顺序逐一进行参观，过程中大学生就公司以及现场施工环节等具体事宜不时提出问题，对石油工业和中国石化公司表现出极大兴趣，表示毕业后一定会选择石油这一热爱的行业。

育文化，增强行业沟通

2022 年 8 月 6 日上午 10 点，公司组织的厄瓜多尔境内中国石油川庆、厄瓜多尔国家石油公司、斯伦贝谢、哈利伯顿等 14 家石油公司参加的 2022 年度“中石化国工‘厄子’杯石油足球联赛”正式开幕。

14家石油公司负责人、公司代表、员工近400人齐聚比赛场地。现场先举行了隆重的开幕式，参赛队伍中14家球队的球童和各队球衣分别进行了展示，中国石油川庆公司足球球童获得“最佳足球球童”称号，班尼亚杜丽公司球队球衣赢得“最佳球衣”称号。随后还进行了颠球技能比赛。比赛在如火如荼的气氛中依次开展。

公司以20周年庆为契机开展系列活动，通过举办足球联赛提升国际石油工程公司在厄瓜多尔的品牌形象，促进与不同文化背景的石油公司沟通，助力公司市场开拓。

助社区，促进教育发展

根据厄瓜多尔政府出台的《亚马孙特别领土经济促进法》，企业在亚马孙地区开展活动应优先雇佣当地劳动力解决就业，重视环境保护，支持社区教育和社会福利事业，促进社区建设和当地经济发展。

长期以来，公司及地区公司项目部与当地社区、部落和居民保持着密切联系，积极承担社会责任，既保障了施工顺利又融洽了社区关系，在当地享有极好的口碑和声誉。

2022 年 10 月，公司正在作业 SACHA 钻完井总包服务项目，了解到附近学校孩子们缺少书包和椅子后，在最短时间内购置了 200 个书包和 200 把椅子及时送达学校。孩子们收到书包时欢呼雀跃，学校老师和孩子们收到捐赠的物资后对公司的善举表示感谢。

也正是在 2022 年，世界石油工程师协会 (SPE) 厄瓜多尔分会向公司颁发奖牌，对公司在当地石油工程领域技术、社会责任和环保方面的积极参与及努力给予鼓励。

卖黄桃

湖南石油

湖南株洲炎陵是革命老区，也是乡村振兴的重点帮扶地区，黄桃是老区人民的“钱袋子”。多年来，湖南石油公司将黄桃销售作为重点助农项目，助力打造炎陵产业振兴的拳头产品。2021 年 7 月，一场突如其来的输入性新冠肺炎疫情，导致湖南株洲交通不畅、炎陵黄桃销售受阻。黄桃成熟快、难储存，让果农一筹莫展，心急如焚。湖南石油公司急百姓之所急，将黄桃销售纳入“我为群众办实事”重点项目，与时间赛跑，组织打响打赢黄桃销售战，为革命老区办实事解难事，为企业履行社会责任添上了浓墨重彩的一笔。

为助力炎陵黄桃销售，湖南石油公司举办第五届黄桃节，15 家地市分公司代表现场签下军令状，承诺抓住黄桃上市销售契机，帮助株洲炎陵黄桃销售。公司党员干部充分发挥“站排头，争第一”的先锋模范作用，多措并举为果农在疫情期间的黄桃销售打开销路。

作为属地公司，株洲石油公司领导班子积极担当作为、以上帅下，带头在朋友圈宣传推介，并积极联系外省客户。零管非油党支部全体党员分成两组，多次到市区东海、泰山等大加油站，开展“销售助力乡村振兴”主题党日活动，打造黄桃等扶贫商品新颖堆头，洗桃切桃，为客户提供免费试吃等服务，为扩大销售创造机会。株洲石油公司渌口区漉浦站站长陈佩向每个来

站客户推荐黄桃，同时发挥企业微信社群营销优势，短短三个小时就在“易捷嗨购”“呼”来超过 2 万元的订单。

湖南石油公司发挥渠道优势、客户优势、资源优势和品牌优势，线下依托省内 1600 多家易捷便利店开展销售，将黄桃全部摆放在便利店入口、加油坪中央等显眼位置，方便客户购买。

线上通过中国石化销售公司微信号“中国石化朝阳 e 站”头条推广，并依托湖南石油公司网上商城和株洲石油公司“易捷嗨购”等平台同步销售，积极开展直播带货等活动，加大营销力度，助力炎陵黄桃走出大山，走出湖南，远销至湖北、山东、浙江、上海等省市，实现“线上、线下”双渠道发力。

公司积极开展爱心捐赠活动，采购一批黄桃送至外来支援株洲抗疫的医护人员及抗疫一线工作人员手中，积极承担企业社会责任，配合市委市政府打赢疫情防控硬仗，全力帮助老区人民渡过难关。

经过充分宣传发动，公司在疫情管控期间，借助易捷品牌的强大力量，全省系统各地市公司共同发力，短短20余天内帮助炎陵黄桃在全省乃至全国累计销售260余万元，做到了雪中送炭彰显企业大爱、助力老区担当社会责任，以“我为群众办实事”的举措推进乡村振兴工作见成效，得到了株洲市委市政府高度肯定和社会各界充分好评。

“短短几天，全市200余家企业参与进来，共购买黄桃60万余斤。特别由衷赞誉的企业是：中国航发南方工业有限公司、中国石化销售股份有限公司株洲分公司（株洲石油公司）……”这些企业购买力度之大、数量之多，令人深切地感受到企业的社会责任与担当。2021年8月11日，株洲市企业联合会以及株洲市企业家协会在《致全市企业的一封信》中这样写道。

近年来，湖南石油公司通过每年举办“黄桃节”“年货节”等，有效解决了扶贫商品销售渠道难打开、销售产品滞销等问题，在履行国有企业社会职责、服务当地经济发展中作出表率。

1500 个日夜

广东石油

2021 年 12 月 30 日，临近新年的最后一天，已经 59 岁的邓水生启程告别了这个他待了 1500 个日夜的第二个故乡——广东韶关市翁源中洞村。1500 个日夜里，他与中洞村的村民同吃同住同劳作，如今，随着中洞村脱贫后全面奔小康，他要离开了。临别前村民赠送他的各种土特产堆满了房间，但他什么都没有带走，只带走了几本写了五年扶贫日记的笔记本，这里承载了他太多的记忆，值得他永远珍惜和追忆。

困难面前，他没有退缩

“举目望去，入眼皆是破旧和荒凉；满山苍翠，但遍地都是低矮的土房和生活垃圾；溪水清澈，但池塘里却漂浮着各种垃圾，臭气熏天；一个个老人、孩子，衣衫褴褛。”这是 2016 年初，曾担任广东石油韶关石油公司财资部主任的邓水生，因为工作需要，被派驻到离市区近百公里的中洞村的第一天见到的情景，他在日记中写下了这段话。

回想起当天的情景，邓水生依然觉得就像发生在眼前一样。那一间间破旧的土房子，那一个个瘦弱的身影，那一片片荒凉的土地，在他的脑海里留下了深刻的烙印。那一天，当村支书把他拉到有肉有青菜的饭桌前的时候，他纵使饥肠辘辘，却一口都吃不进去。

当天晚上，山里还下起了大雨。山里风大雨急，躺在冰冷的木板床上，听着外面哗啦哗啦的雨水声，他突然想起白天里看到的郑阿婆的房子有一大片瓦破碎了，这时候肯定会有很多雨水灌进来。

一想到这里，他就赶快披上外套和雨衣，打着手电筒冲了出去。果真郑阿婆家的情况比他想象的还要糟糕。郑阿婆的房子里满是雨水，冷风呼呼地灌着，郑阿婆那被病痛缠身多年的老伴的被子也湿了，躺在床上不停地剧烈咳嗽着。

冒着大雨，邓水生找来一个个盆子接水，和郑阿婆一起将床上的被子换掉，然后开始修理漏风的大门和屋顶。邓水生忙碌了一晚上，直到将郑阿婆和她的老伴都安顿好后，才疲惫地离去。

但谁知屋漏偏逢连夜雨，连续两天的冷风暴雨，引发了郑阿婆老伴的哮喘病。纵使邓水生万般努力，还是没有挽留住他的生命……那一个晚上，邓水生独自在黑夜中坐了一整晚。他很痛苦，也很自责，怪自己没有早点过来，也怪自己力量太小，面对这样的困境，他不知道自己到底还要不要坚持下去。

但当第一缕阳光升起来的时候，他决定撸起袖子加油干！他在心里暗暗下定了决心，一定要带着村民脱贫致富！

用脚丈量土地，他找到致富之路

太阳升起来后，邓水生便开始到村里进行全方位的考察和走访，村里的所有村民，他一家一户地走访，逐个逐个地进行访谈，又在网上和当地期刊杂志上查阅了大量的资料，很快，他的思路就渐渐地清晰了下来，并写了一份分析报告，第一时间向韶关石油公司领导汇报。

公司领导经过讨论后，对邓水生的想法很赞成，结合当地扶贫办的工作部署，韶关石油当即决定拿出十万元进行对口扶贫。

得到了公司的大力支持后，邓水生的干劲更足了。结合中洞村地多山多的实际，以及村民的种养传统，邓水生决定有针对性地帮村民选择见效快、有销路、收益好的山地禽类、香菇等菌类、蜂蜜等，作为推动特色产业发展的主导项目。

中洞村塘仔组的贫困户郭维善患有肾功能衰竭、糖尿病等疾病，不能从事较重的体力活，需要长期吃药，家里还有孩子老人要供养，经济压力十分大。在邓水生的引导下，郭维善摆脱等靠要的思维，积极种植香菇、养蜜蜂，家庭可支配收入从 2016 年的 3 万多元增加到 2019 年的 11 万多元，不仅成功摘掉了贫困的帽子，还成为村里的致富带头人。

在邓水生的大力推动下，村里的贫困户纷纷加入发展林下特色产业的行列，有的仅种养一种，有的几种产业一起发展。2019 年，全村贫困户发展山地鸡、蜜蜂养殖、香菇等产值总计超过25万元。

他还率先探索“林业碳汇+精准扶贫”项目，并在广州碳排放权交易所完成竞价交易，增加全村经济收入81.9万元。此举引起了当地媒体的关注，《广东新闻联播》《广东卫视新闻》等节目对此还进行了深度报道。

村民收入提高了，生活条件改善了，郭维善的女儿读上了大学，郑阿婆也搬进了工作队为她修建的结实整洁的红砖房，村里的欢声笑语越来越多，村子也越来越漂亮了。2019年12月，中洞村成功上榜“国家森林乡村”。

产品滞销，他积极出谋划策

在邓水生的引导及努力下，村子里的经济发展、环境生态，都在一步步地向好。但2020年，新冠疫情汹涌来袭，村民的经济再次陷入了困境。村民丰收的大米、花生、香菇和蜂蜜都堆积在家中，卖不出去，大伙急得直跺脚，郑阿婆更是牵着邓水生的手直抹眼泪。

如何帮村民走出困境，邓水生再次陷入了沉思。在连续几天的辗转反侧后，他想出了一个解决的办法，那就是带领公司员工购买村民的产品，让村民的产品即便不出村，也可以远销到城市中！

说干就干，他一方面积极投入疫情防控工作中，协助参与完成在村居住的693人健康排查及防护等工作；一方面将村民的情况向公司汇报，号召公司领导员工积极购买村民的农产品。

就这样，村民的一颗颗花生、一粒粒大米、一罐罐蜂蜜，纷纷被运送到公司食堂及公司领导员工甚至客户的手中。不仅如此，村民比较畅销的农产品如茶叶，还被拿到公司的易捷便利店进行销售，邓水生还在网上学习直播带货的方式，指导村民进行直播带货，多方式帮村民解决滞销问题。仅2020年春节，他就帮中洞村村民销售了两百余只鸡，香菇、生姜、大米等千余斤，助力扶贫近十万元，大大缓解了村民的困境。

2021 年 12 月，邓水生完成了中洞村脱贫奔小康与乡村振兴的衔接后，按照规定，他该返回公司了。

“没有你，哪有我们今天的幸福生活啊！”临走之前，村支书久久地握着他的双手不松开，郑阿婆更是一次次地流下了混浊的泪水。

“我是一个党员，能在接近退休之年，在这里发光发热，我感觉很幸运。亲眼看着这里的兄弟姐妹，日子一天天地好起来，亲眼见证这里的一草一木，一山一水，一点点地美起来，我也是打心底里地高兴！”面对村民的感激，邓水生由衷地说道。

在爱满星河的九年

浙江石油

儿童节里的一幕

2022年6月1日，一群孩子走进了浙江石油温州石油公司（以下简称温州石油）黄屿加油站的爱心驿站。

跟在身后的，还有一群志愿者。

孩子们好奇地打量着这里，摆弄着驿站里的加油站模型玩具，而面对志愿者们与他们的沟通，他们没有理会，显然，这不是一群普通的儿童，他们是“来自星星的孩子”。

志愿者们并不气馁，他们一起将准备好的长幅画卷拿出来，铺在地上，用手握住孩子们的手，自己也一起趴在了地上。“来，我们一起把这块太阳画上金色！”半小时后，画卷上陆续有了彩色，志愿者们和孩子们的衣服上也有了彩色。站长邱雅拿出准备好的蛋糕，贴心地切成小块，孩子们看到蛋糕的瞬间就被吸引了，志愿者们用勺子一点一点将美味的蛋糕喂给孩子们，空气中弥漫着蛋糕的香甜味。

“这块蛋糕给你吃！”一个孩子将蛋糕用勺子递给了站长邱雅，邱站长在惊喜之余吃下了这份甜蜜，眼里满是感动与欣慰。这看似平常的画面实则

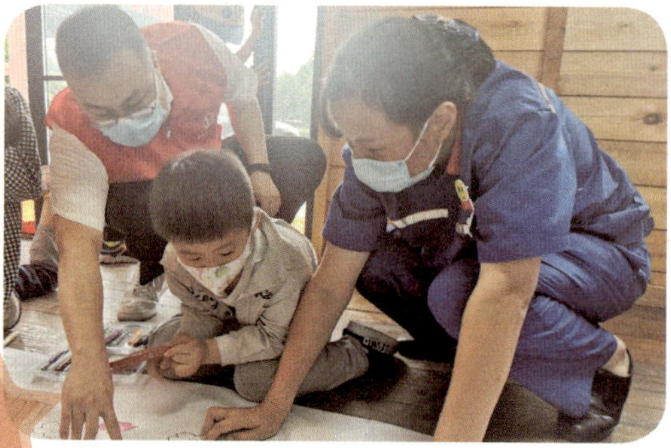

一点都不简单，打开自闭症儿童的心扉实属不易。

这是发生在儿童节的一幕。当天，温州石油组织党员志愿者将一群特殊的孩子（自闭症儿童）接到加油站的爱心驿站，向孩子们介绍加油站的工作，与孩子们一起画画、搭积木、分享蛋糕，还为他们送上礼物，共同度过这个愉快的节日。

“我以为一起画画就很不容易了，没想到他们会给我送蛋糕，就像我自己的孩子一样，9 年的时光一晃而过，这真是爱的回馈！”面对这些“来自星星的孩子”，邱站长显得有些激动。

面对这份爱的回馈，温州石油业务党支部书记黄亮非常感慨：“这条公益之路，我们已经坚持走了 9 年！”

9 年，说长不长，说短，可真的不短了。

人们常说，做一件好事容易，做一天容易，做一月容易，做一年也不难，难的就是坚持把一件好事一直做下去。

爱满星河的 9 年

从 2014 年开始，温州石油业务党支部向社会公益组织了解自闭症儿童的情况，并与温州自闭症儿童康复中心——星乐儿童成长服务中心取得联系，发起了“关爱星星的孩子”志愿服务项目。

9年间，他们收集孩子们的“微心愿”，累计送去700余本爱心图书，与孩子们一起阅读，为他们打开沟通世界的大门。9年间，他们为孩子们上课，一起做手工、绘画、分享爱的礼物。9年间，寒冬酷暑，他们陪伴着孩子们慢慢地长大，爱心从不间断。

在2019年温州石油易捷品鉴会上，温州石油还特意设置了慈善拍卖环节，拍出的3万元善款，全部捐赠给星乐儿童成长服务中心。如今，在志愿服务队的宣传引导下，温州石油已有4个党支部的100多名党员加入关爱自闭症儿童行列。

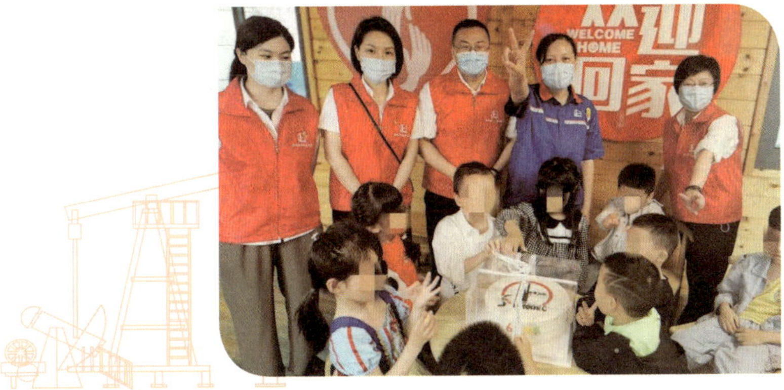

为了让社会上更多的人了解这群孩子，温州石油还联合共青团温州市委员会、温州市残疾人联合会等共同开展“爱满星河”“益起行·点亮星光”“全城告白自闭症儿童”等活动，在全市各加油站设立爱心宣传点，党员志愿者身穿“石化蓝”，化身“星星”的守护者。每次活动参与人数都超过200人，累计为5000多位私家车主系上蓝丝带，与爱心车主共同向自闭症儿童家庭传递美好祝福。

“我相信，正是因为我们不断的努力，才收获了孩子们爱的回馈。9年来，我们坚持做好这件事，也一定会继续走下去！”志愿者李荣锋坚定地说。

土里创“金”

江苏石油

睢宁县王集镇杨集村是经济基础相对薄弱的村子，2019 年该村可持续集体经济收入也就在 10 万元左右。然而通过帮扶，该村可持续集体经济收入一年可以增加 20 多万元。村内一条 1000 米长、3 米宽的水泥路已经铺设完成，路灯安装也正在进行。看着这条即将能够通行的水泥路，当地村民喜笑颜开。

“连我们自己都没想到，他们来驻村帮扶仅一年就给我们带来了这么大的收益和变化。他们的帮扶真是帮到了点上，帮到了老百姓的心坎里。”杨集村党总支书记杨宏生如是说。

杨宏生所说的他们，是驻村专职帮扶队员徐福国和他的后方单位江苏石油公司。据了解，江苏石油公司自 2016 年至今连续五年定点帮扶睢宁县脱贫攻坚工作，先后帮扶庆安镇杜巷村、岚山镇陈集村、王集镇杨集村，累计拨付帮扶资金 340 余万元，先后实施帮扶项目 8 个。

“只要精准施策，及时破解难题，用心用力，脱贫也就不再是难事。”对于脱贫帮扶工作，已经驻村帮扶第三个年头的徐福国这样说。

精准施策破题，土里也能创“金”

睢宁县岚山镇陈集村是江苏省经济薄弱村。2017年，该村全年集体经济收入仅11.9万元，贫困户25户107人，人均年收入仅4500元左右，远未达到脱贫指标。

2018年4月，根据公司安排，年仅30岁的徐福国作为江苏石油公司一名专职扶贫干部，驻村到陈集村，并担任第一书记。入村第一天，他就在村综合服务中心的展板上写了一句话：为陈集村的美好生活加油。驻村的第一个月，他就把村里918户家庭访了个遍，帮村里制订了“一户一策”的脱贫方案。真正要彻底解决脱贫的问题，关键还得靠发展对路子的产业。

针对村子山地丘陵沙土地多且存不住水，两季间作小麦和玉米亩产低、收入低的实际情况，徐福国通过反复调研、走访，决定引进种植紫薯。在通过徐州市政府与徐州市农科院技术专家联系后，村集体流转土地100亩种植最新品种的紫薯、红薯以及出粉率较高的白薯。

“搞种植我们也有经验，专家说的不一定对。”起初，很多村民认为紫薯的个头越大越好，专家的种植方法与他们传统的经验存在矛盾，并没有严格按照技术指导进行种植，结果紫薯种植出现虫害和减产的现象，损失近5万元。

徐福国坐不住了，他与技术专家反复研究，重新调整种植方案，2018年将紫薯的大小控制在每个2～3两。为应对甘薯市场的价格波动，徐福国带领村集体利用废旧砖窑厂修建了1200平方米的甘薯储藏库。如今，土地亩产值从800元增加到3000元。而且通过紫薯的种植销售，2018年该村集体增收了15万元。不仅如此，还带动了村民直接就业增收。

针对陈集村灌溉用水极其缺乏的难题，江苏石油公司将打造深水泵房作为2019年扶贫开发的重点项目。从当年5月开始，该公司就协助当地政府成立深水泵房建设小组。

通过与当地水利部门和国土部门的协调，在睢宁县水利局打井队的帮助下，通过地下水文勘探，最终将水井的选址确定在陈集村东部，靠近耕地和灌溉渠的地方。由于地下岩石层较厚，给打井工作带来很大难度。

经过近一个月的不断努力，一口 150 米深水井终于出水，并建设了水泵房、深井泵、变频柜和供电线路等配套设施，出水量不低于每小时 30 立方米。深水井项目建成后，持续不间断供水改善了周边一百余亩土地的浇灌难题，为陈集村集体土地今后发展温室大棚种植项目提供了保障。

与此同时，江苏石油公司还为陈集村土地合作社购置了 2 台联合收割机、2 台拖拉机以及配套农具，在服务村级合作社的同时，外出挣取收入。2019 年底，该村全年集体经济收入达到 39.6 万元，低收入户已全部脱贫。

输血变为造血，具有可持续性

王集镇杨集村是江苏石油公司今年重点帮扶的村子。在杨集村村部院内，停放着 1 台吸污车、1 台植保机和 1 架植保无人飞机。杨宏生说，还有 1 台挖掘机正在外面忙碌着。“这些机械可都是我们村集体经济可持续性增收的宝贝。”

江苏石油公司通过农机购置项目帮扶，为杨集村集体购置了小型农用挖掘机 1 台、吸污车 1 台、植保机 1 台、植保无人飞机 1 架，共计 65 万元。“挖掘机来的当天，就出去挣钱啦。一天纯收入在 400 元，到现在一天都没闲着。就这一项，估计一年就有 10 万元的收入。”杨宏生认真地算着收入账。

植保机和植保无人飞机一年仅服务村里合作社就能挣 4 万元，外出服务还能再挣回 6 万来元；吸污车，除了服务本村外，还能外包服务，怎么着也能挣好几万元。“这样算下来，我们村集体收入一下子就上来了，而且还是可持续性的。江苏石油公司给我们带来了实实在在的信心！”杨宏生越算越开心，话语里也是满满的感激之情。

“帮扶，我们就要把输血变成造血，使之可持续发展。”据徐福国介绍，在省委驻睢帮扶工作队的统一部署下，2020～2021年度拟在王集镇建设一座高标准猪舍项目，该项目总占地约50亩，生猪年出栏量1.6万头，总投资约1500万元，由包含江苏石油公司在内的7家“五方挂钩”后方单位共同出资，现项目已通过县扶贫工作领导小组评审。“正式运营后，一年收益大约在200万元，分到7个村，那也是很可观的。”徐福国感慨地说。

脱贫不脱政策，脱贫不脱帮扶

陈集村是江苏石油公司2018～2019年帮扶的村子，按理说，既然已经脱贫了，就不用帮扶了。但江苏石油公司严格落实“脱贫不脱政策、脱贫不脱帮扶”的指示精神，依据岚山镇发展规划，为满足岚山镇人民群众过上美好生活的需求，决定在岚山镇投资占地面积10亩、总投资2000余万元的综合服务体。

该项目集商超、餐饮、教育、农资等多种与人民群众生活生产密切相关的商业业态于一体，由江苏石油公司统筹部署，徐州石油分公司贯彻落实推进。据了解，通过多次的现场调研以及与岚山镇党委、政府的沟通，已经明确项目建设方案。

如果说，项目上的帮扶能给村镇带来实实在在的经济效益，那么在关键时刻出手助力抗击疫情，就是硬核支援，真正暖人心的事情。2020年上半年疫情防控期间，睢宁县是徐州地区疫情较为严重的县区，睢宁第一例感染者又出现在岚山镇，且岚山镇有4～5万名外出务工人员，流动人口较多，急需防疫物资。

一直关注睢宁村镇发展的江苏石油公司党委书记、董事长张有根在得知消息后，第一时间就作出部署，要求徐州石油分公司紧急调运防疫物资支援。接到命令后，徐州石油分公司党委迅速行动，仅用一天时间就筹备好了防疫物资。

2021 年 2 月 6 日上午，载有 5200 个口罩、3000 副手套、60kg 酒精、50kg 消毒液、100 箱方便面、100 箱瓶装水、100 袋大米、50 桶食用油、50 盒枸杞的物资装满 2 辆运输车，从徐州石油分公司机关大院驶出，在该公司党委副书记、总经理朱晖，时任副总经理徐清武带领下，冒着风雪赶往岚山镇。

“当时是特殊时期，我们可以说是争分夺秒式地筹备物资，运往岚山镇的路上我们的心情也是急切和紧张的，直到安全地将这批物资交到岚山镇政府，我们一路悬着的那颗心才算真正地放下。”当时参与其中工作的徐福国说。

据徐福国介绍，在他驻村帮扶的三年中，张有根董事长无论平时工作多忙，每年都会抽出一定时间来帮扶村看看，实地座谈了解情况，积极寻找帮扶对策，以实现精准帮扶。杨集村新修的这条水泥路，也是张有根董事长今年在 84 岁老党员王以山家中走访慰问时了解到问题后修建的。

王以山，中国人民志愿军退伍军人，双目失明，一级残疾，丧失劳动能力。因家门前的道路实在太难走，王以山每天只能在家门口坐坐，无法自己出门。更重要的是，此路还涉及 5 个居民小组八九百人出行，就因为资金缺口太大，大家盼了好久都没修成。

“张董来了，说帮着俺们修路，但没想到这么快就修好了！”提及修路，王以山开心不已。据了解，此路配有 50 盏照明灯，共计投入 47 万元，其中江苏石油公司出资 15 万元、村民自筹 4 万元、申请“一事一议”财政补贴 28 万元。

对于下一步帮扶，作为后方帮扶单位的江苏石油公司在破解农产品深加工后产品销售困难和西瓜种植障碍的同时，将着重做好三件事，即发挥企业优势，拓展农产品销售新渠道；发挥企业平台优势，引入新型农业科学技术；助力地方企业发展。

（本文获第四届中央企业优秀故事图文类优秀奖）

授人以渔

国勘公司

非洲是中国向西推进“一带一路”建设的重要伙伴和落脚点。非洲的人口结构年轻化程度较高，但教育资源和经济发展水平有限，如何化非洲青年人口为人口红利、提高非洲青年的就业率，成为备受非盟关注的热点问题。喀麦隆共和国位于西非和中非之间的几内亚湾，自然资源多样、种族文化多元，拥有“小非洲”的称号。“一带一路”建设这一历史性的机遇为中非合作发展带来了前所未有的机遇。

国勘公司紧抓中非发展战略对接的机遇，自进入喀麦隆油气市场以来，坚持“合作共赢”理念，创立了“喀麦隆石油行业人才培养与发展计划”社会责任项目，为当地培养了大批石油行业优秀人才，有效推动非洲青年人口变为人口红利。

在进入喀麦隆油气市场伊始，公司在当地人力资源市场上一时很难找到语言好、业务强、具备跨文化沟通交流能力的当地石油人才。2012 年，公司与喀麦隆四所著名高校和一家技术研究机构签署合作协议，从源头寻找石油行业顶尖人才进行培养。

George Elambo 是来自雅温德大学国家工程高级学院的一名学生，他通过层层选拔，成为第一批长期实岗培养项目（以下简称项目）的 4 名实习生之一。

根据培训计划，完成陆上的安全培训后，George Elambo 开始了海上作业平台的实岗锻炼。虽然在学校成绩优异，并能较为熟练地掌握理论知识，但因为一直以来没有深入进行专业实践的机会，在最初来到喀麦隆公司海上作业平台时，看着眼前的大型石油机器设备，他内心忐忑，非常担心在操作时出现失误。

为了帮助实习生更顺利地完成身份转换、快速成长，同时为了保障实习生的身心健康，该项目为每位实习生配备了专门的导师，他们都是在公司工作多年的工程师，不仅经验丰富而且专业技能过硬。公司为 George Elambo 安排的导师是安雷。在 5 个国家有过油田现场工作经历的安雷工作能力优秀，语言能力也不在话下，无论是日常交流沟通还是培训和实践时的指导，都能实现有效沟通。

当安雷意识到了 George Elambo 在操作设备时的紧张感后，便邀他一起吃饭，在轻松的氛围中帮助他缓解不安。George Elambo 回忆起这顿饭时说，“安雷在工作中认真严谨，在工作外幽默风趣，他以自己为例，跟我分享他在最初开始工作时的紧张感，和我现在的体会完全一致！他教会我放平心态，帮助我增强了自信心。在他的指导下，我上手很快，最初的忐忑不安的心情渐渐消解了。”

由于喀麦隆公司的油气设施均在海上，实习培养计划具有较强的针对性，实习生们有时需要在海上待很长的时间。George Elambo 在工作结束之后，时常会想念家人。一天的工作结束后，安雷经常会和 George Elambo 聊天，他发现 George Elambo 比较内向，因此会鼓励他多与其他实习生交流，不仅交流专业技能上的学习和收获，也可以聊聊生活和未来规划，多结交好友。安雷的关心让 George Elambo 感受到了温暖，也逐渐变得开朗了起来。

实习生们在整个项目周期中都有持续的跟踪指导和辅导计划安排，以培养其专业知识和实践运用能力、端正的工作态度、较强的安全生产责任意识。在安雷的指导下，George Elambo 欣喜地看到了自己的进步，在跟家人视频聊天时，总是会骄傲地讲到自己在实习中的收获，“做中学，学中做”

的方式让他能充分运用理论知识解决实际问题，并在实践当中对理论知识进行补充。

当 George Elambo 遇到难题时，安雷经常以启发性的指导方式鼓励他探索出正确的解决方法，以便提升动脑思考的能力，加深记忆，在以后的学习中能成长得更快。

“授人以鱼，不如授人以渔”，国勘公司在实现喀麦隆离岸油气田开发的同时，通过捐资助学、支持社区建设、参与社会公益事业、保护生态环境等多种形式助力当地发展，加强文化沟通与交流，努力实现融入当地、发展当地、贡献当地。“石油行业青年人才培养发展计划”是公司与当地石油行业和社区居民共同成长发展的一个典型案例。

等了20年，李警官终于找到油田恩人

江苏油田

2017年11月21日，中国石化和江苏油田微信公众号同一天发布一则微信《小编，我找了这个人20年，请帮帮我》，刷爆朋友圈。这则微信讲述了一个怎样的故事呢？

原来，前段时间，江苏油田微信公众号编辑在后台看到了这么一则留言："你好管理员，我想找下中国石化江苏油田叫袁玉柱的工程师，想确认下他是不是20多年前曾经资助过贫困生读书，如果有这个人，我想和他取得联系。我是在百度上搜江苏袁玉柱这个名字，发现他和你们公司有关系，然后关注你们公众号的，我想从这里找到突破口。"

留言的人是谁，他为什么要寻找袁玉柱

留言的人为何要找"江苏袁玉柱"，20多年过去了，他们有着怎样的人生际遇？

经过详细了解，留言的人名叫李车，是云南省孟连傣族拉祜族佤族自治县哈尼族阿卡人。他曾几次试图寻找袁玉柱，但不记得具体通信地址，只记得他是江苏的。

2014年，李车在百度输入江苏袁玉柱这几个关键字，网页里有个单位的任职公示名单里有这个名字显示。但李车不敢认定这个人就是曾经资助过他的袁叔叔。

今年9月27日，李车再次输入这几个关键字，网页里还是那个熟悉的名字。后来他想，是不是可以关注这个单位的微信公众号，和小编或管理员取得联系找到突破口呢？

于是，李车关注了江苏油田的微信公众号，在公众号后台写了一段寻人留言。他以为不一定会被关注，没想到油田微信号的编辑很用心，向他简单了解情况后便让他等通知。

编辑将李车的寻人留言发在了江苏油田宣传微信群里，向网友打听袁玉柱的联系方式。

短短一天时间，李车便得到编辑回复，江苏油田确实有一个人叫袁玉柱，是油田的HSE总监，而且通过了解，他确实曾经加入过希望工程，资助过一个云南的孩子。

李车欣喜万分，这个人真的是自己要找的袁叔叔么？

一封20年前的信，打开一段尘封的往事

这世上，总有一些缘分会奇妙地存在。20年前，也就是1997年，李车在自治县拉嘎小学上学。李车有一个姐姐和两个妹妹，都在一个学校上学。家境贫寒的他，学习异常刻苦，渴望通过知识改变命运。

对一个边疆山区的农村家庭来说，同时有四个孩子上学，是不小的经济负担。可是哪怕再困难，李车的爸爸妈妈也咬牙供孩子们上学，希望能够圆孩子们的求学梦。

相比李车家，有很多家庭更贫困，连孩子起码的生活、学习都保障不了。所以，辍学的孩子不在少数。

李车说，那时班里有个拉祜族孤儿阿尔，学习不错，可是由于没有父母供养，他一次次地面临辍学。当时有个希望工程项目，专门资助边疆少数民族地区的贫困孩子，阿尔接受了资助。然而不知什么原因，最终他还是辍学了。

后来，班主任把这个名额给了李车。面对宝贵的资助，李车心里非常感激。从老师那里得知，捐助人是袁玉柱。于是，他给袁玉柱写了一封信。很快，袁玉柱也回信，鼓励他好好学习。

有了助学资助，李车顺利地小学毕业。后来，捐助项目结束，李车和袁玉柱失去了联系。

人们常说：天道酬勤，努力的孩子命运不会差。这以后，李车上了初中、高中，还如愿考上云南警官学院，成为一名警官。光阴荏苒，一晃20年过去了，虽然李车家里早已摆脱贫困，但他仍惦记着袁玉柱曾经的资助之情，对袁玉柱的寻找也从未放弃。

20年过去了，袁玉柱也还保存着当年李车写给他的信。信上面，李车用稚嫩的笔迹写道：听老师给我们介绍说，在很远的地方，有好些叔叔、阿姨省吃俭用，用这部分钱资助贫困学生读书……没想到现在我也享受了这笔希望工程款。为了不辜负您对我的希望，我努力学习、奋发上进。上学期，我期末考试，平均分为90分。老师还特地表扬了我，我想这其中也有您的一份功劳，因为是您给了我二次读书的机会……

一封20年前的信，见证了他们的缘分。20年来，这个云南哈尼族孩子一直心存感恩，希望能找到他的袁叔叔，向他述说一直埋藏在心底的往事。

“最见不得孩子上不了学”

好事多磨，李车终于通过小编提供的信息加上了袁玉柱的微信。对李车的成长，袁玉柱非常欣慰。他说：这是他努力读书的结果，应该感谢老师和家人！

更让李车感动的是，找到袁玉柱后，袁玉柱将当年的信拍成照片发给了他。看到自己的笔迹。一时间，李车热泪盈眶。

说起李车的成长故事，袁玉柱也非常感慨。他没想到自己当年的一个小小举动，圆了一个边疆山区贫困家庭孩子的读书梦。

袁玉柱也出身于一个贫困的农村家庭，从小生活在江苏连云港东海县李埝林场大队。小时候上学，学校没有教室和课桌，就在树林里挂一块黑板，学生蹲在地上上课。家里有 6 个孩子，他是老大。虽然家里负担重，但是父母仍坚持供 6 个孩子读书。

在生活的重压下，袁玉柱的父母仍然乐善好施，只要别人讨饭到家里，哪怕饿着肚子，也要先给人家盛碗饭。父母的言传身教，对袁玉柱影响很深。

袁玉柱学习刻苦，他先考上江苏石油学校，后分配到江苏油田工作。他工作勤奋，曾在艰苦的油田生产一线做过多年的采油队和作业队队长。他深知读书对一个贫困家庭孩子的重要性，每次团委开展助学活动，都积极参与。他说："最见不得孩子上不了学。"

1995 年，他在《中国青年报》上看到希望工程的活动启事，便主动汇款 300 元参与活动。他当时一个月的工资才 400 元，并且还要帮助家里其他姐妹上学。

当时，中国青年报的工作人员征求他的意见，是要资助男孩还是女孩。他说，男孩、女孩都可以，只要能帮助孩子上学。

希望工程给袁玉柱联系资助的是云南拉嘎小学的贫困学生。其间，他收到孩子写的信，还特地回信，鼓励孩子好好读书，改变命运。

20 年，李车再见这封信亦是感慨万分，他写下这样的一段话：20 年很长，长到你都不记得那时候发生的故事的细节！20 年很短，短到当你再次捡拾那些遗失的美好，记忆便不再模糊，而是那么清晰！当我看到袁叔叔还完好保留着我给他的信件时，内心无比感慨！那时真好，还能用简单的文字表达内心的情感，时光真好，还能留住这些美好，我真幸运，还能找回这份遗失的美好！

缘，妙不可言。爱，连绵不绝。当年那个边疆山区贫困家庭的孩子，如今学成归来，以满腔热情回报家乡，传递大爱。他说：他会将袁叔叔的爱传承下去，致力扶贫攻坚，让边疆人民的生活更加美好！

李车的领导、孟连县人民法院党组书记、院长柳丹，特地在 11 月 23 日感恩节当天，在法院工作群里发表了这样一篇文章——《不忘初心，方得始终》。在文章中，他写道："袁玉柱同志这是大爱，滋润孕育了今天的李车同志，而李车同志又继续将这大爱传递，我相信，这爱的果实将生生不息。我们作为一名法律工作者，应向袁玉柱同志那样心怀大爱，更应向我们身边的李车同志学习，知感恩并传递这份爱。心怀大爱才能更好地诠释法律的真谛，懂得感恩才能回报自己的初心。"

回家过年

广东石油

扫码观看视频

回家过年

此片讲述一位卡车司机爸爸带妻子和孩子到司机之家过年的故事。2020年起，广东石油建设卡车司机之家，面向卡车司机提供洗浴、休息、送餐、休闲等免费服务，为他们搭建线上卡车生态服务圈，提供货运派单、轮胎、润滑油、尾气处理液等卡车耗材团购等10多项线上服务，成为走南闯北卡车司机温馨的家。目前，已建成800多座“卡车司机之家”，面向所有卡车司机，为卡车司机打造温馨周到、高效便捷的“爱心驿站”。

“奶奶上车，我带您回家！”

江西石油

2020 年 12 月，有一条视频感动了众多网友，在中国石化新媒体平台播放量共计达 1 亿次，点赞量达 523 万。网友们纷纷在留言区为视频中的小伙子点赞。

2020 年 12 月 25 日 14:42 分，寒风瑟瑟，一位老奶奶出现在了江西南昌石油云天路加油站的出站口，她不断地徘徊张望，一副无助的样子。这一幕，被正在加油站的南昌石油青云谱分公司经理助理付盖嘉看到了，他赶紧上前询问：“奶奶，你有什么事？”

“我找不到回家的路了，我也不知道这是哪里！”老奶奶焦灼地回应。付盖嘉耐心地询问老人：“你还记得自己的家庭住址吗？”

在老人给出的模糊地址中，付盖嘉提取出了“十里庙王家”的关键字眼，他立马拿出手机在地图上搜索，十里庙王家大院距离云天路加油站有 3 公里。

已是寒冬的南昌，室外温度很低，付盖嘉和同事一起搀扶着老人，说道：“奶奶，你上车，我送你回家！”路上，付盖嘉在同老人的谈话中了解到，老人是坐公交车去买菜，下公交车后犯迷糊，找不到回家的路了。

由于十里庙王家大院的区域不小，老人记不清具体的家庭住址，付盖嘉问老人是否记得家人的电话号码，老人说子女的电话号码她记不住，家里有

一个 90 多岁下不了床的老伴。无奈之下，付盖嘉将车子开到十里庙王家大院附近，带着老人在附近一圈一圈反复找寻，让老人慢慢回忆。

在转了大约 15 分钟后，老人突然说道：“我住的地方是廉租房。”得到了这个关键信息，付盖嘉连忙将车开到了旁边的社区党群服务中心，通过咨询党群服务中心的工作人员，付盖嘉得知这个区域只有一片廉租房，就在党群服务中心对面。他立刻上车带着老人继续找寻，终于在车子开进廉租房院子的大门后，老人认出了自己的家。

“小伙子，我认识这里！这就是我家！”

“那你记得怎么走吗？”

“我记得的，直走右拐走到底第 2 个单元就是！”

付盖嘉将车子开到老人所说的单元门口，搀扶着她下了车，在单元门口老人遇到了附近的邻居并主动打招呼，付盖嘉最终确认这里就是老人的家。

“到我家坐坐，喝杯茶，真的是太谢谢你了！”老人拉着付盖嘉感激地说。

“不要不要！我还要去上班！”付盖嘉连忙挥手。

老人一个劲地道谢，并想拿钱感谢，被付盖嘉婉拒，老人感叹道：“你真的是太好了！”

本以为，故事到此告一段落，没想到，两位“90后”竟然再次相遇了。奶奶的家人在网上看到视频，又看到蓝色的工服，猜想是附近加油站的员工，于是前来询问，没想到真的找对地方了。

奶奶在子女的护送下，早早地来到了云天路加油站，与那个记挂了好几天的“好孙子”再次相见……

一个小小的举动，温暖了千万人的心。愿爱心传递，愿每个人都被世界温柔以待！

7年，18万元终于追回来了！

四川石油

“毛书记，七年了，七年啊！我都没敢想还能要回这笔钱。”一位大爷拿着退还的土地购买定金，热泪盈眶，他拉着小伙子的手满眼感激。“如果不是你，我们就找不回这些属于自己的辛苦钱了，这可是借遍亲戚朋友凑够的钱啊！”“是啊，毛书记，你太了不起了！”

2020年9月16日，在四川省凉山彝族自治州布拖县乌科乡洛作村村委办公室，几位老乡围着四川石油驻村扶贫干部毛晓华忍不住点赞。看着大爷皱纹里藏不住的沧桑，看着质朴的老乡们，毛晓华也不禁鼻子一酸，十八个月的奔波，数次的谈判交锋，终于换来了一个字——“值”！

一张老旧的收条，一双满是老茧的手

“小毛，你看看我们这个东西。”这是毛晓华在洛作村帮扶的一个周末，一位大爷小心翼翼递给他一张又破又旧的收条。只见收条上简单写着“今×××收到购买土地定金18万元整”的字样，而落款日期却是2013年。毛晓华立刻察觉出异样，他搀扶老人到办公室，并为他端上一杯热开水，详细了解这张收条背后的故事。

原来当时的洛作村不通电、不通路，条件十分艰苦，考虑到孙子的上学问题，大爷便和村里的 8 户邻居商量，一起找个条件好些的地方购买土地修建房屋，方便孩子们读书，也方便他们务工挣钱。而就在他们物色土地购置时，认识了两名中间人，对方声称自己在西昌市经久乡的朋友有合适土地要卖，而且担保能为老乡迁入户口，解决老乡孩子们的上学问题。

在实地考察满意后，老乡们东拼西凑每户 2 万元交上了中间人要求的 18 万元定金，收到了这张收条。然而，万万没想到，土地定金交上后，户口迁移却是中间人牟利的谎言，待他们去追问退款时，中间人却以老乡提前违约为借口，不予退还，甚至玩起了失踪，再也无法联系上这两名中间人。

在多方联系无果的情况下，老乡们一纸诉讼将中间人告上了法庭。意不想到的是，法院在执行中发现，两名中间人无固定资产可执行，也没有固定住所无法联系。

老乡们的血汗钱就这样一直无法得到执行，一直拖着。

追退之路困难重重，坚定信念一追到底

一转眼六年过去了，这条追还退款之路依然遥遥无期，老乡们无助又无奈，让毛晓华寝食难安。

18 万元，在半牧半农、依靠传统农作物维持生计的洛作村，是他们卖多少吨土豆，要多少个起早贪黑劳作才能换来的血汗钱啊！想到这些，毛晓华更是坐不住了。“不管要回来多少，我一定要为老乡们做一点事，至少自己内心好受一点。”

“村民的困难就是我的困难，村民的期盼就是我的行动方向。”毛晓华当即收集相关证据，整理资料，带上两名老乡前往法院执行局。由于没有执行局联系方式，也没有提前预约，毛晓华就在法院门口苦等了几个小时，功夫不负有心人，终于与执行局联系上，将事情的来龙去脉讲述后，当即得到了执行局的大力支持，并商讨了追讨方案。

于是，毛晓华便开始了在法院、公安局、村子，三地之间的来回奔波，这一奔波就是 10 余次。在法院和公安局的帮助下，在他锲而不舍地追讨下，

一名中间人终于浮出“水面”。随后便进入了与中间人、与卖家长达几个月的诉讼谈判。

2020 年 9 月 15 日，在法院的调解下，在毛晓华的据理力争下，对方终于退还了这笔“巨款”。9 月 16 日，老乡们终于拿回了 7 年前买地的 18 万元。在领取钱款时，老乡们都在感谢中国石化四川石油驻村干部。

从 2019 年 3 月毛晓华接触这件事开始，这条历时 18 个月的“马拉松”追退之路，终于画上了圆满的句号。看着老乡们拿到了自己的血汗钱，看着老乡们满足的笑颜，这位第一书记此时也喜上眉梢。

“是你们救了我的命！”

洛阳石化

“多亏了驻村工作队和村干部！”

9月13日，洛阳市洛宁县小界乡苇山村村民凡毛旦感激地说：“我一家5口人，差点就被倒塌的房子埋了，是你们救了我的命！”

石化行业高温高压易燃易爆，干部职工都高度重视安全，有着多年丰富工作经历的洛阳石化驻苇山村第一书记徐国旗对安全也格外敏感。在持续的大雨中，他带领队伍加强巡检，“要推进乡村振兴，更要帮助村民守护安全”。

“毛旦叔，东西先不要管了，赶紧撤！”8月30日，徐国旗带着驻村扶贫工作队上山巡逻时发现凡毛旦屋后山坡开裂，有滑崩趋势，赶紧说服凡毛旦转移撤离。

“走，还是不走？”房子里，凡毛旦守着一堆家什拿不定主意。“舍不得啊，这是建好没几年的好房子。电视机都是好好的，走了怎么办？”

67岁的凡毛旦是建档立卡贫困户，之前一家5口人居住在两间30年房龄的老瓦房里。后来，村里帮他做了修缮。靠着近几年的扶贫，老凡2016年顺利脱了贫。

门前阔坪场，屋后大青山，种点蔬菜……凡毛旦“没想到自己老了老了，日子过得越来越好”。然而，今年8月以来，连续一个多月的绵绵阴雨，给凡毛旦浇了个透心凉。

"毛旦叔，后山随时会垮塌，必须马上撤离！"徐国旗和村干部再次劝说。凡毛旦也知道危险，可他盘算过："现在脱了贫，要是没人管，再不让住家里，往后连个落脚的地方都没有。"

好说歹说，徐国旗和村干部总算把他拽出来。或许是老天"眷顾"，凡毛旦刚出来，房子瞬间倒塌。

眼望着大雨造成的山体滑坡将自己的房子变成了废墟，一家人十分难过。

徐国旗和村干部猜到他的心思，再次说道："毛旦叔，人没事就好。房子倒了可以再建，哪怕脱了贫摘了帽，再遇到困难，我们一定会落实帮扶政策，还帮你建起来。"一席话解开了凡毛旦的心结，脸上的皱纹舒展开来。很快，一家人被暂时安置在村部。

得知灾情消息后，洛阳石化立即安排对口帮扶单位第一时间赶赴受灾现场查看灾情、指导救灾，给凡毛旦一家带来了必需的生活用品。

同时，徐国旗带着驻村工作队一方面迅速上报灾情，积极争取救灾物资和款项，另一方面积极争取政策支持，为凡毛旦一家灾后重建筹措资金。

"虽然房屋倒塌了，但是有乡里和驻村工作队的关心和帮助，今后的日子我还有啥愁的。"凡毛旦湿了眼眶。

只要国家有需要，我什么都可以捐

安徽石油

27年前，他在油库巡检发现轻生女子，不顾冬天水寒温度低下水救助落水女子。

37年前，工友在油罐内清理残油时，不慎被有毒气体熏倒。他立即下罐救出中毒工友。

48年前，他发现休息日邻居家门窗紧闭，孩子啼哭不止，连忙开门，救出煤气中毒的一家三口。

入党68年以来，他时刻以一名优秀共产党员的标准严格要求自己，敢于冲锋在前，乐于无私奉献。

他叫程裕康，现年90岁，是安徽石油阜阳石油公司的一名退休职工。今年9月，他做出了一个特别的决定——百年之后无偿捐献自己的遗体、角膜。

捐献遗体这件事，他念了十年

百年之后捐献自己的遗体，并不是突发奇想，这个事情，他念了十年。

年轻的时候，程裕康便觉得殡葬习俗不合理，占用大量土地，也不环保，那时候他的想法是，如果能跟周总理一样，将骨灰撒在山林、湖海，回归尘世哺育花草也是好的。十年前，他听广播，了解了遗体捐献志愿项目，但是当时信息的渠道比较窄，没能联系上相关组织，事情也就暂时搁下了。

今年9月，程裕康摔伤了胳膊，住在女儿家，又与女儿程咏梅重提旧事。老人知道现在网络方便，让女儿打电话问，让外孙在网上查，了解捐赠的要求。

女儿程咏梅了解到遗体捐赠最好由本人亲自到场签字，并且捐赠需要征求夫妻双方、子女同意。程咏梅暗暗流了几回泪同意了，程裕康的老伴却无法接受。

“我知道你不愿意，我时间也不多了，捐献遗体，为社会做最后一点事，是我的心愿。”程裕康多次劝说妻子，最终征得了她的同意。

9月27日，程咏梅和她的爱人一起，在公司体检结束后，带程裕康老人来到红十字会，签署遗体捐赠协议。

红十字会的工作人员问老人要捐什么，他说：“只要国家有需要，我什么都可以捐。”

成为“大体老师”后备役

“你这么一大把年纪了，器官都已经跟你一起老了，捐赠别人也用不了啦。”程咏梅也曾试图劝诫父亲。

“可以捐眼角膜啊，程程说身体能给医学生用来解剖。”程裕康私下做过功课。

程程全名王程，是程老的外孙，一名胸外科医学专业的研究生。提及为什么选择成为一名医生，王程表示，一方面是希望更好地照顾老人，另一方面也希望能够尽自己的能力去帮助其他人。

据王程了解，国内愿意捐赠遗体作为“大体老师”的案例很少，“大体老师”数量紧缺，所以医学院会尽量延长教学时间，“大体老师”身上的每个器官都可能被反复使用，切分多块。

“一般人哪怕原先有勇气，听说这些也都被劝退了，但是我跟外公详细描述过，他在了解一切的情况下依旧能够下这样的决心，我其实很佩服他。”

程裕康常跟子孙说要做好事、做善事。遇到地震、灾情，他都会带头捐款。

“人家比我们难，我们冻不着，也饿不着。”

受程裕康影响，程咏梅也决定等她百年之后，将遗体捐赠给医疗事业。

“能折腾”的老爷子

程裕康是出了名的“爱折腾”的老爷子，街坊邻居的事情他永远跑在最前面，兜里面总是给坐公交忘记戴口罩的人准备着备用口罩，就连每天骑着自行车锻炼身体，路上遇到乱丢的垃圾他都要拾起来。他从来也不闲着，时刻关注公司的发展，为公司建言献策。

尽管已经是鲐背之年，程裕康的身子骨却依旧结实，住的地方距离公司远，附近没有公交站台，老人每次交纳党费都要先骑十多分钟的自行车，花一个多小时，转两趟公交。程咏梅觉得对于老人来说太折腾了，要帮他代缴党费，但是程老始终觉得自己还能动，就应该自己去，对待党的事情，态度必须要严肃，每次交纳党费他从未迟过，每年的党员活动也都积极参加。

前两年，阜阳刚通了高铁，程老连续几天都骑车到火车站看高铁，去合肥做手术的时候是女婿开车把他送过去的，回来时，却特地让他坐了一次高铁，就为了完成老人的一个心愿。返程的路上，程老不停地说：“真快啊，国家发展真快啊，改革开放真好啊。”

“结识中国朋友是我的荣幸”

炼化工程公司

提起沙特阿拉伯，很多人第一印象就是男人身着白色长袍、女人穿着黑色长袍戴着黑色面纱，富裕到满大街都是豪车、满地都是石油的土豪级神秘国家。对于很多中国人来说对它也是充满了好奇和恐惧，好奇的是这样的国度是不是像传说中的那样，地上随便一挖就会流出石油，国民是否可以拿着国家的津贴吃喝玩乐，不用上班；恐惧的是每当留着长须穿着白袍戴着头巾的男人和穿着黑袍戴着面纱的女人经过身边的时候，是否会有像媒体描述的恐怖袭击发生。随着中国石化炼化工程公司进驻沙特，慢慢地我们开始了解这个神秘的国度。

炼化工程沙特公司设在沙特东部省库巴市，是沙特经济发达地区。根据沙特相关法规的要求，所有在沙特企业，无论业务类型，无论雇员数量，都必须雇佣一定比例的本地雇员，随着沙特公司的注册及业务的开展，我们也开始跟当地人有了交往，尤其涉及政府部门业务的都需要授权沙特人去办理，这就需要我们更多地、不断地和他们接触、交流、沟通、合作，共同完成任务。相处的时间长了，我们发现沙特阿拉伯并不像传说中的那样个个都是土豪，给人恐惧感。相反也有很多普普通通一般收入的人，像我们一样热爱着生活。也许是受沙特保人制度长时间的影响，有些当地人宁愿靠收取的一定保费生活也不愿意干体力活赚钱，时间久了自然就养成了一种懒散的习性。我们也了解到好多兄弟单位招聘一定比例的沙特人，仅仅是为了完成相关要求。沙特公司领导从长远考虑，决定自己培养一批沙特籍员工，让他们做一些实实在在的工作，这样便有了今天公司一大批沙特籍优秀骨干员工，谢赫阿里就是他们其中的一位。

“感谢真主，能让我在有生之年结识中国朋友，并跟他们一起在SINOPEC工作，我的中国朋友们各个彬彬有礼，我非常喜欢并且尊敬他们，这是我的荣幸。”每当谈起公司的中国人，谢赫阿里都会自豪地跟他的家人和朋友们这样介绍。

和谢赫阿里的交往也彻底让我们对这个国家有了新的认知，平日里他身着白色长袍，头戴白红色缠巾和一个黑色项圈，留着长须，整洁而又干净，一副标准的阿拉伯人着装，这样的着装在阿拉伯国家受人尊敬，认为这是对伊斯兰教虔诚笃信的表示。

他的名字叫阿里，谢赫是阿拉伯语的音译，意为有学问的长者，因为他的年龄比我们大很多，所以我们尊称他为谢赫阿里。他有两个老婆，十个孩子，其中八个孩子已经长大成家，还有两个小孩是他第二个老婆所生，目前就读小学，有时他会带小孩来办公室玩，两人站在一块，不知道的人还以为他们是爷孙俩呢，而他听到后总是乐呵呵地笑着。

“按赛俩目阿来库目，兄弟们，早上好，”当我们进入办公室的时候，他就用标准的阿拉伯语问候大家，谢赫阿里是虔诚的穆斯林，早上礼拜后，他就开始忙碌，很多时候，只要家里事情不多，他都提前半个小时进入办公室，由于他的带头作用，其他员工也不好意思再迟到了。简单的祝福和问候结束后，谢赫阿里开始询问：“今天有多少需要递交的手续？暂住证？签证？多少人员需要更改信息……”一系列的外事业务对话在阿里和同事们之间展开了，他们开始忙碌，为今天的业务准备着各种资料，干得热火朝天，最后阿里统一收集准备好的资料，去沙特内政部外籍证件中心办理证件，取号、排队、等待结果，他总是积极乐观、稳稳当当，每次他把手续取走，我们都很放心，因为到了第二天他就会带着满满的收获来给大家报喜。

阿里2009年入职沙特公司，转眼间已经快十年了，十年如一日，他兢兢业业、勤勤恳恳、尽职尽责，积极向上，从入职时接手的几十人的工作量，到后来的几百人、上万人的外事业务，凭借他多年的工作经验，在沙特公司其他几位同事的齐心协力和共同努力下，面对高峰期每天上百人的外事业务，积极出谋划策，寻求多方面关系，特别是高峰期每天要办理一百本以上暂住证，护照办公室每天就接收我们五十本的资料，谢赫阿里多次和护照办公室经理联系洽谈，介绍我们公司情况和困难，最终拿到经理给我们的特权信函，顺利地完成公司各个项目上线人员外事办理业务，为沙特公司各项目能够正常运作提供了强有力的保证。

目前，公司人力资源部仅有三位中国同事，主要负责管理和项目间的协调，其他具体业务都是沙特人负责，日复一日，年复一年，从最初刚接触业务的懵懵懂懂到后来对业务的熟悉精通，这么多年工作下来，不仅包括阿里在内的沙特同事，还有我们几位中国同事，都取得了一些成绩，感觉有很多收获，时间久了，我们彼此也变成了很好的朋友。

“我非常喜欢在SINOPEC工作，这里的人犹如兄弟一般，大家相互帮助，相互尊重，团结合作，工作中有说有笑，这样的工作环境我非常喜欢。”阿里说。“也许这就是命中注定，因为SINOPEC，他和中国人结下了不解之缘；因为经常跟公司的中国人见面打交道，慢慢地他喜欢上了中国。”平日里他会带一些家里煮好的阿拉伯咖啡和自家椰枣树收获的新鲜椰枣让我们品尝，工作之余，我们一块聊天、聊生活、聊沙特和中国的风土人情。

“我希望一直可以在公司工作，尽我之能为公司服务，直到退休。”阿里说，他的老家在沙特西南部阿希尔省，距离艾卜哈35公里的海米斯穆谢特地区。那里是一个很受游客喜欢的旅游地，尤其夏季里气候温和多雨，比东部气候凉快很多，而且还有不少的山区和公园。他的九十岁高龄的老父亲和兄弟们都在那里生活，这两年他的兄弟们帮助他在老家农村盖了新房，他还给我们看他的新房子照片，他说等退休了他要回老家，还邀请我们有机会一定到他们老家去旅游做客，他为我们杀鸡宰羊。

"我的心愿就是希望中国和沙特两国关系越来越好，两国人民能有更多的交流，有更多的中国公司来沙特投资。"这是谢赫阿里经常和我们说的话。目前沙特国家提出了 2030 年愿景，正逢中国的"一带一路"的实施，中沙对接，合作共赢，两国关系越来越好，两国人民的生活越来越幸福！这是我们共同的心声。

友谊桥梁

国际石油工程

国际石油工程沙特分公司的井架矗立在沙特的沙漠腹地，几乎所有新招的沙特籍员工对这些的认知都几乎为零，对于中国文化，除了电影里或网络上耳熟能详的标志性代表词汇外，其他也是一片空白。公司培训中心的教师们在进行员工培训时，不仅会教授业务知识，还会给学员介绍中国文化，无形中当起了中国文化的宣传大使，为中沙人民之间架起了友谊的桥梁。

当学员被问及中国给你的印象是什么的时候，很多学员脱口而出：“长城，中国功夫”。个别学员可以说出“你好、再见”等问候语。“是的，这些都是关于中国的，但中国文化可不仅仅是这些。”培训中心的老师和学员关于中国文化的交流往往由此拉开序幕，从中国悠久的历史、锦绣河山，到中国的开放与包容、多民族和睦相处，再到中国的饮食文化等，图文并茂，还有辅助的小视频等，学员总是兴致勃勃全程参与，并不时提出一些问题，对中国文化表现出浓厚的兴趣。

有一个名叫法赫德的员工，他来自沙特南部边境与也门接壤的地区，初中毕业后便随父母迁往东部省达曼市。东部省是产油区，国际石油工程沙特分公司的总部也在这里，为了源源不断给钻井现场输送人员，所有沙特员工的招聘工作就在这里开展，法赫德是众多求职者中的一员，与众多求职者一样，他对钻井行业一窍不通，甚至英语也说不好。与中国石化结缘后的第一课，便是了解中国文化。培训中心的老师告诉他，将来到了钻井现场，你会发现你有很多的中国同事，为了便于很好地合作，做好自己岗位工作，你首先需要了解中国的文化，就像中国人到了沙特，要了解沙特当地文化一样，只有彼此了解，才能建立互信，更好地开展工作，为公司作贡献，为自己创造更多的价值。而且，从1000多年前开始，中国人就通过丝绸之路来到了古代沙特，从那个时候开始，两国人民就建立了深厚的友谊。

法赫德对中沙两国的文化非常感兴趣，同时对中国文字表现出了极大的兴趣，上课一开始，他便请求培训中心的老师用中文将他的名字“法赫德”写在黑板上。在他的带动下，其他学员也都一一要求培训中心老师用中文写他们自己的名字，并且，立刻在自己的本子上依葫芦画瓢写开了，“阿里”“易卜拉欣”“艾哈迈德”……

良好的开端是成功的一半，往往第一堂的中国文化课，就会调动起学员们学习的积极性，为后续的取证培训课程的良好进行打下了坚实的基础。理论培训对于沙特学员来说是比较乏味的，毕竟，好多学员是失学多年并在社会上辗转多年的人，但是，在理论培训时，时不时在课堂中穿插一些关于中国的小典故，播放一些中国人生活的短视频，往往能立刻引来学员们的共

鸣，他们的疲倦困乏也会随之烟消云散。

沙特培训中心作为中国石化海外第一个培训中心也是社会责任示范点，从成立至今累计举办了近2000期培训班，帮助了2万多名沙特籍员工就业，其中有无数个法赫德，他们都成为中国石化的一员，培训中心为中沙人民之间架起了友谊的桥梁。

鸡蛋面上了卡车司机的“朋友圈”

江西石油

2022 年 4 月中旬，一辆由宁波开往深圳的货车缓缓驶入位于浙赣交界处的中国石化江西销售石油分公司上饶玉山华东加油站，因疫情管控要求，异地车辆无法进入上饶城区，需重新上高速驶离。

卡车司机袁师傅得知消息后，就近进入经常来加油的华东加油站，准备休息片刻就走。停好车后，袁师傅直奔便利店：“拿包方便面，有热水吗，帮忙倒点热水。”看到是经常来加油的司机师傅，站里的营销员周丽萍马上关心地问他吃饭了没有。“现在疫情管控，很多地方不让下车，我已经很多天没有吃上热饭了，只在车里吃了一些随车的面包。”袁师傅苦笑地说。

听后，周丽萍立即跟站长曾玉明说明了情况。“出门在外不容易，不能让咱们的司机朋友饿着肚子开车。”曾玉明马上叫周丽萍到加油站的小厨房，做点热食送给袁师傅。

十几分钟后，周丽萍端着一大碗热腾腾的火腿鸡蛋面来到袁师傅的车旁，倒进他随车携带的小电饭煲中，“你看下还要吃点什么？厨房里还剩了些新鲜的菜。”曾玉明热心地问道。

“非常感谢，非常感谢，非常感谢！”一连三声谢谢，道出了袁师傅的心声。他激动地拿出手机，将这温暖的一幕记录下来，发到了自己的朋友圈。

“这么有爱的站长和员工，有什么理由不来加油呢！”卡车司机的这条朋友圈，很多人点赞。

一壶热水、一碗热饭，虽然这些帮助微不足道，石化人却一直用力所能及的力量，温暖着卡车司机前行的道路。

我喜欢“动物媒人”这个名字

青海石油

“季书记啊，我们家的猪又下崽啦！”看到驻村第一书记季鹏远远地走过来，村民朱洪花开心地招呼他进屋喝茶，季鹏笑着走进院子，轻车熟路地走进猪圈，细细查看起来。

这个村，这个人

这个村叫庄科脑村，坐落在湟中县共和镇东南部，海拔2956米，地处高寒脑山地区，农作物生长周期严重不足，小麦亩产仅150公斤，加上交通不便，信息闭塞，经济发展相对滞后。

这个人叫季鹏，自2011年进入青海石油以来，工作上认真努力，从一名普通加油站加油工迅速成长为加油站计量员、站长。2015年10月，青海石油接到青海省委省政府扶贫任务后，在公司党委的号召下，季鹏同志第一时间报名，经过组织考察后成为湟中县共和镇庄科脑村扶贫工作队第一书记、队长。到村任职以来，他始终心系群众，满怀为民之心，不忘初心、牢记使命，真功实做，用实际行动诠释了一个共产党员的担当和责任。

“没有调查就没有发言权”

“没有调查就没有发言权”，他始终坚持这条工作原则。驻村后，季鹏对庄科脑村的地理环境、贫困户情况进行了全面了解。按照“精准扶贫、精准脱贫”的总体要求，他以扶贫对象建档立卡数据为基础，对庄科脑村进行全面准确的摸底清查，按照“不漏一村，不漏一户，不漏一人”的工作原则，他和驻村工作队成员、包村乡干部以及村委会干部利用一个星期的时间，对庄科脑村所有农户一户一户调查，一人一人核实。功夫不负有心人，现如今，季鹏对所有在家的村民闭着眼睛都能叫出他们的名字，甚至能喊出他们的“绰号”，对贫困户、低保户和党员的基本情况悉数尽明。对从中发现的问题，一项一项记在民情日记上，挂在心上，并着手一件一件解决。既密切了党群、干群关系，又为驻村工作的良好开展打下了坚实基础。

把实事办在群众的心坎上

打铁还需自身硬，要想带领群众脱贫就必须要有强大的组织领导。在村“两委”的大力支持与密切配合下，季鹏同志克服种种困难，认真细致地开展调查研究，帮助制订庄科脑村扶贫攻坚方案和26户贫困户脱贫巩固计划，通过5年的不懈努力，脱贫工作成效显著。

“第一次尝试这种合作模式，没想到我们的畜牧业还能在这个小村庄成为产业！”致富带头人李云说道。为了紧紧围绕农村合作社发展思路，充分发挥产业带头人作用，季鹏带头探索“公司＋农村合作社＋贫困户”模式，现已成立合作社3个，带动村民47户，年增收80余万元，以致富带头人李云种植燕麦和村民赵国忠养殖牛羊为示范，引领贫困户共同发展种植和畜牧业，现已有13户贫困户加入合作社。同时，为进一步加快脱贫步伐，使村里的贫困户能走出去务工和从商，他多次联系西宁市公交集团，新设了2条公交线路，为村民去西宁、鲁沙尔、多巴等地打工创造了便利的条件。

扶贫先扶智

去年6月，庄科脑村学生周某辍学在拉萨打工。在得知辍学原因后，季鹏往返几千公里，远赴西藏拉萨，经过7天的努力，成功让该生返校上课。

“我的孩子在打工赚钱，家里的生活全靠他。”这是学生继母见到季鹏说的第一句话。

面对这一情况，季鹏想办法找来了周某的父亲、二叔和村里在藏务工的乡亲们现身说法，通过耐心的劝说，终于取得其继母的理解，辍学学生也同意返校完成九年义务教育。正值端午，季鹏和周某周末踏上返程的火车，季鹏说：“虽然不能和家人共度佳节，但也是不枉此行。”6月28日，在驻村工作队和村委会的监督下，学生周某顺利进入共和镇维新中学，回归学生生涯。季鹏还利用周末时间，亲自下厨为他做饭，让他感受到家人般的关怀和温暖。

工作队变身“销售员”

在做好扶贫攻坚工作的同时，工作队变身“销售员”，围绕共和镇镇政府周边的市场需求、客户需求，帮助争取团购优惠，通过商品代购、送货上门给客户带去优惠和便捷，赢得了一致好评。同时，工作队也帮助公司提升了非油品销售额，今年以来，共计销售非油品 40 余万元、成品油销售 5 吨、一键加油注册 30 余人，实现“精准扶贫”“攻坚创效”两不误。

现在的庄科脑村在青海石油的帮助下，排除一个个在致富路上的障碍，2019 年底村民年均收入已过万元大关，贫困户收入达到 6638 元（较 2015 年增收 5 倍多），提前 1 年实现贫困户脱贫，脱贫工作成绩显著。驻村近五年，季鹏同志积极联系青海石油党委每年都为每户村民送去春节慰问品，春耕备耕时又与单位商量协调资金给每家农户发放一袋化肥，他就是这样，不爱说大话、就爱干实事，成了群众眼中的好心人，把温暖送到了百姓的心坎上。

同时，他始终坚持物质扶贫和精神扶贫相结合，加大对贫困群众的宣传教育力度，高度重视思想脱贫，每年多次召开会议和入户宣讲党的惠民富民政策和乡村振兴战略，彻底消除村民的“等靠要”思想，变“要我脱贫”为“我要脱贫”，增强贫困群众的内生动力和活力。

绿水青山带笑颜

齐鲁石化

作为齐鲁石化“第一书记”采访报道组成员，我踏上了前往郯城县的路程。郯城县有“银杏之乡”的美称，刚从高速公路驶入郯城县，道路两旁便多了许多银杏树，已是满眼金黄。

山东省临沂市郯城县位于沂蒙山南麓苏鲁交界处，是著名的革命老区，全县人口近百万，是山东省的扶贫重点县。按照国家和山东省委的统一部署，2012 年 4 月开始，齐鲁石化先后选派 4 轮 12 名优秀党员到郯城县泉源镇、庙山镇担任第一书记。发挥中央企业优势，抓党建促脱贫，开展产业扶贫，留下致富产业，促进了农村经济社会发展，企地携手奔小康。

“第一书记”回到他们扶贫的乡村，热情的乡亲伸出温暖的双手，紧紧握在一起。许多人眼角含着热泪，脸上满是幸福的笑容，像久别重逢的老友，更像见到了自己的亲人一般。

跟随着东五湖村扶贫的“第一书记”的步伐，我们来到番茄大棚。那些尚在青涩中的番茄，不久的将来都会变成鲜艳的果实。这些蔬菜大棚是“第一书记”扶贫工作最好的见证。盖顶的薄膜，一定坡度的围墙，根根屹立挺拔的石柱，每个角落里都有“第一书记”付出过的心血。

一幢幢石化企业帮助援建的党群活动中心，一座座宽敞明亮的文化活动广场，一排排列阵而立的蔬菜大棚，一片片绿油油的麦田。过去泥泞的土路，变成了宽阔的水泥路；曾经那么破旧的房屋，现在是二层小楼的洋房；曾经夜幕降临后黑暗的村庄，如今夜晚也是灯火通明。说起这些事情，一向含蓄矜持的村民们，也会笑出声来。百姓过上了有奔头的日子，怎能不夸赞改变他们生活的“第一书记”，感激石化企业给予的大力支持与帮助呢?

“第一书记”的脸颊通常晒得黢黑，和当地老百姓几乎无异。他们来就是解难题，帮助老百姓致富，怎能不尽最大努力让大家过上幸福生活的。

在郯城县采访，感受最深的是眼泪和欢笑一样多。每一个“第一书记”的背后，都有许多让人难忘的故事。他们很少去和别人说，而是把所有的精力、时间都投入扶贫项目中，那是他们价值的体现。工作和家庭，总是难以兼顾。在关键时刻，都是毫不犹豫地选择工作。哪怕心有愧疚，哪怕心存遗憾。而这一切的背后，显现的是一种责任，一种情怀，一种帮助村民共同致富的力量。

泉源乡原副乡长平媛媛，在此次采访过程中，给我留下了深刻的印象。我们见到她的时候，她离预产期还有五天。可是，当听闻“第一书记”返乡的消息时，她还是风尘仆仆地赶过来，只为了见一见“第一书记”的面。时任泉源乡翁屯社区党支部书记的张庆成，正在外地招商引资。听说“第一书记”返乡，开了八个小时的车，从昆山回到了郯城。许多人自发地赶来，如同“第一书记”离开时的不舍相送。

说起建大棚遭遇过的波折和困难，平媛媛依然止不住发抖的声音。她说，“第一书记”远离家乡、远离亲人，来到我们的故土，帮助我们致富，展示的是一种精神，一种情怀，我觉得能够孕育这种精神和情怀的企业很伟大。这种精神就是齐鲁石化精神。我向你们这个群体致敬，更要向培养你们的齐鲁石化致敬。

返程整理图片的时候，我的心仿佛还留在那里，那么蓝的天，那么美的村庄，那么朴实的笑容，心底有股暖流在流淌、在激荡。我深切感受到“第一书记”和村民们那种家人般的情深义重。这不仅体现在他们做了多少具体工作，解决了多少问题，而是他们带给郯城人民一种崭新的国企理念，一种美德的普及。

“第一书记”在我的镜头里，笑得如此灿烂，倘若不是那一身工装蓝，你真的很难分辨出他们和老百姓的不同。他们和乡亲们讲话的态度，是那么随意，那么地接地气，我想老百姓是喜欢的。他们会不自觉地说，我们村儿，我们郯城。这个被称为第二故乡的地方，就这样自然而然成为“第一书记”生命中不可或缺的一部分。

齐鲁石化共投入扶贫资金1600余万元，帮助当地群众改善基础设施，美化绿化环境，培育致富项目，关心困难群众，实施慈善捐助，捐资支持教育，树立社会新风。八年间，11个贫困村实现了脱贫致富。郯城县庙山镇党委专门给齐鲁石化公司送上锦旗，翁屯社区村民送来摁满红手印的感谢信。

泪洒这片土地，是因为炙热真情！不忍松开的手，是因为曾携手闯难关、经风雨。村民们喜欢这些踏实肯干的“第一书记”，“第一书记”也在希望的田野上，追求着别样的“诗和远方”，播种希望，收获喜悦，在自己的人生履历中留下深刻而持久的烙印。正如平媛媛说过的那句话：只见那锣鼓喧天，怎解当年的内心忧思？正因为对脱贫攻坚事业的这份坚守，今日的累累硕果才分外香甜！

从郯城回来，我有了渴望表达的冲动，我想把“第一书记”的故事讲给更多的人听。2020年11月23日，中国832个贫困县全部实现脱贫摘帽，兑现了“五年之约”。在这个非凡成就的背后，有“第一书记”这样一群人的奉献，他们是多么可爱的一个群体，是整个国家扶贫工作取得如此成功的基石，也是老百姓真正从心底信赖、感谢并永远不会忘怀的一群人。

空中通道架起军民连心桥

湖北化肥

这是一则封尘已久的故事……

1981 年 9 月的一天，湖北化肥尿素二氧化碳压缩机由于机械密封故障导致转子震动异常，日产量 1700 吨左右的尿素装置被迫停车。

由于是进口设备，只有相距 1400 公里的河北沧州进口备件库才有备件，那是“13 套大化肥”厂家每家出资 300 万元设立的。

紧急会议后，有两个方案：一是走铁路，那时是计划经济，需要铁道部开绿灯，才有指标和计划，满打满算，需要 7 天时间；二是走陆路，自己开车去沧州，筹备、来回也要 7 天。这期间，不仅损失 1.5 万吨优质尿素，使供应不济的湖北农业雪上加霜，更让寄托毛主席希望的 13 套大化肥增产尿素、赶超国外装置的政治任务蒙上阴影，怎么办？

每个人都急得像热锅上的蚂蚁，这时候，我们想到了空运。

我立即带队赶往毗邻的空军十三师当阳机场求援。到了机场，我们说明来意后，接待我们的团参谋连声摇头，说十一临近，空军若非紧急情况，不会轻易飞行，需要请示司令部。

我的心凉了半截，全厂上下盼着我们、等着我们，怎么能空手而归？抱着最后的希望，我想试一试，见一见师长——机场最高长官。

被我们的诚意打动，团参谋答应我们吃过午饭后见师长，并建议我们请示湖北省高层，也许会有办法。一句话如同醍醐灌顶。我立即打电话回厂里，党委书记彭万里接到电话后，联系上湖北省委常委、副省长田英（曾任湖北化肥建设指挥部指挥长兼党委书记，是塔林管网在荒岗野地拔地而起的见证者）。田英急了，火急火燎地把情况反映给当时的湖北省委书记陈丕显。一听湖北唯一的大化肥告急，供给断档，陈丕显第一时间拨通总参谋长杨得志的电话。听完汇报后，老首长立即下令，按作战方案处理。

接到空军司令部命令的十三师当阳机场，在15时召开作战部参谋长会议。师长表示，全力满足湖北化肥要求。我们商议好，第二天8时，转子用解放车拉到机场，然后连车带转子一起“坐上”运输机。

第二天10时，运输机起飞，11时多就到了沧州。由于化工部提前让沧州备件库做好准备，所以飞机降落后，解放车开下飞机，800多公斤的“大块头”吊下来，新转子吊上去。当天15时，就飞回当阳机场。我们回到厂里已是16时多，清理转子、安装、试车，第二天凌晨装置顺利开车，产出合格尿素。

（邢洪图　口述）

大国工匠

国家图书馆来了一位“90 后”院士

洛阳（广州）工程

初秋，国家图书馆，一位 94 岁的老人久久地站在书架前，微微佝偻着身体仔细挑选着各种文献书籍，中文的、英文的、日文的……他拿起几本书缓缓踱步到桌旁落座，如饥似渴地汲取着其中的精华。

他端坐在那里，成为图书馆里最独特的风景。

那一刻，时光仿佛在他滑动的指尖上回转，眼前这位白发苍苍的老人俨然是那个当年痴迷在北京图书馆自学的翩翩少年。

他，就是中国科学院院士、中国石化集团有限公司科技委顾问、洛阳（广州）工程公司技术委员会名誉主任陈俊武。

2020 年 9 月 15～19 日，陈院士利用在京参加中国石化第三届科技委第八次全体会议和院士座谈活动的间隙，专门来到了这些年心心念念的国家图书馆，生活中的琐事他从不放在心上，但去国家图书馆查阅资料这件事他却牢牢记在心上，因为这里有他所需的卷帙浩繁的文献信息资源。

在工作人员的指引下，陈院士一边询问一边学习，通过电脑检索到了自己想要查阅的 *Oil & Gas Journal* 的最新几期，这种全英文的刊物是世界最具影响力的石油类刊物之一，记录了在炼油、碳排放和氢能等领域的最新科技成果和行业发展动态。

最让陈院士高兴的是，工作人员还为他办理了一张电子阅读卡，能够远

程访问国家图书馆的资源，实现了他在家就能随时查找资料、了解学术新动态的心愿。陈院士活到老、学到老的精神引来了周围人的啧啧赞叹。

他总是说：“我现在身体和思维还可以，有生之年，还要继续和大家一起努力，为党和国家尽一些绵薄之力！”

一生为国，无怨无悔，陈俊武院士用实际行动诠释了爱国、奋斗、奉献的时代楷模精神。

火神山旁，冲锋在前的加油站站长

湖北石油

“我是一名普通的基层员工，在疫情防控、油品保供这场没有硝烟的战场上，我愿意冲锋在一线，为生命救援加油。”2020 年 2 月 4 日，湖北石油武汉知音加油站站长李郑军在入党申请书上这样写道。

2012 年 10 月，武汉知音加油站开业，李郑军成为第一任站长。他怎么也没想到有一天自己管理的这座位于城郊的小站会成为社会关注的焦点。

“站长，站长，我们加油站外面运来好多施工机械，还有上千名建筑工人，他们说火神山医院就建在我们加油站隔壁。”2020 年 1 月 23 日 22 时，刚回家的李郑军接到加油站员工李连九的电话。

李郑军躺在床上翻来覆去，怎么都睡不着，索性一下子爬了起来，对爱人说：“火神山医院就建在我们加油站旁边，站里的员工有点害怕，我得回加油站一趟。”

今年 47 岁的李郑军，当了近 8 年的加油站站长，形形色色的事也算经历了不少。当他冒雨赶回加油站，看到加油站罩棚下面全是躲雨的工人后，顿时有些傻眼。

“连九，马上把加油机电源切断，注意加油站安全。”李郑军说。

“我们都是接到通知，从四面八方赶到这里来建设火神山医院的，现在施工现场全是泥巴，连落脚的地方都没有，只有你们加油站亮着灯，我们只能到这里来躲躲雨。”一位农民工兄弟跟李郑军说。

一墙之隔的火神山医院施工现场，挖掘机、推土机等机械轰鸣，加油站罩棚下面聚集了大量的施工人员。

“能不能给我们喝点开水？有方便面、饼干吗？我们都还没有吃饭。”李郑军和李连九一夜下来，不停地给施工人员烧开水、泡方便面，一晚上烧了40多壶热水。为了给施工人员提供方便，李郑军将自己和邻居家里的烧水壶全都拿到了加油站，几天下来知音加油站烧坏了6个水壶，每天为施工人员提供200多壶热水。

“我们烧一壶开水要20分钟，一壶水能泡六七碗方便面，最多时20多名施工建设者等着开水泡面，我们都很着急，有的人趁我们忙时，就只打半壶水烧，这样水壶的加热管特别容易坏，质量再好的壶，也顶不住24小时不停地烧水。有时候水壶烧坏了，他们也挺自责的，其实我们都不怪他们，医院建设争分夺秒，他们也是想快点回到岗位。”加油站员工董进荣说。

几天下来，4000多名施工人员都知道了，中国石化加油站是能供他们休息的“红帽子港湾”。

离火神山医院接诊的日子越来越近。加油站3名员工的心理压力越来越大。加油站员工董进荣担心地说：“站长，我们害怕，一是大量病人马上就要安置在我们旁边，二是我们村里的路都封了，外面也交通管制，我来加油

站上班太不方便了。”

“别担心，我会接送你们，每天陪在你们身边，跟大家在一起。”李郑军说，“另外，大家每天都要至少测量两次体温，报告家里人的情况，加油站要定时消毒，为火神山医院临时指挥部提供服务，我们自己也一定要做好防护。”

李郑军的父亲是一位老石油人，今年已经75岁，从大年三十开始，老人就承担起家里的大小事，老人说：“郑军，不用担心我，尽心把加油站管理好，疫情这么严重，石化人都得贡献一份力量。”

“最近只要我回家，我20岁的儿子都会从楼上跑下来看我一眼，他什么都不会说，但我知道，他在关心我，我觉得儿子长大了。”李郑军欣慰地笑笑说。

李郑军的妻子是一名警察，和他一样，从腊月二十九就开始奋战在疫情防控一线。“我们已经13天没有见面了。我们每天接触的人太多，为了避免交叉感染，爱人晚上住在另外一个房间里，每天晚上我们抽时间视频聊几句，报个平安。”李郑军说。

2月2日，离火神山医院接诊仅剩一天。看着加油站油罐内，能保障1200多台救护车及应急救援车辆油品供应的80吨油品，李郑军心里很踏实。但4台加油机已经用了好多年，一旦出现故障，会直接影响油品保供。李郑军凌晨就给公司领导打电话，希望马上派人对加油站进行保养。

10时，3名加油机维修人员绕行3小时，赶到知音加油站。“只要能为火神山医院救护车辆油品保供作一点贡献，跑再远的路都值了。”加油机维修人员章贵山说。

2 月 3 日凌晨，知音加油站正式成为火神山医院定点保供站。

“今天上午，我们已经为 9 台救护车加油，转送病人的救护车越来越多，说一点也不怕，那是假话，但看到救护车上的医护人员在争分夺秒拯救老百姓的生命，我必须坚守岗位，为他们加油，这是我的职责。”李郑军说。

“现在，过来加油的救护车全是转运确诊病人的，救护车司机的表情都特别凝重，为了防止感染，我们和救护车上的医护人员一样，都穿着防护服、戴着口罩、护目镜和手套，为了减少防护服的穿脱次数，大家都尽量少喝水，最长一次我连续穿着防护服 24 小时没有脱，就怕穿脱防护服的几分钟有救护车来加油。”加油站女员工董进荣说。

“4 日那天晚上，在加油站值班时，脑袋里突然像放电影一样，浮现出我最近接触的一位位火神山医院的建设者、现场执勤的武警官兵和警察及火神山医院的医护工作者，我不知道他们叫什么名字，但他们冲锋在疫情防控的一线，胸口佩戴的党徽印在了我脑海里，我觉得那代表着光荣和使命。那天晚上，我提笔一气呵成，写了一封入党申请书。我很平凡，能为社会作一点贡献，给孩子做一个榜样，就是我的初衷。”李郑军说。

为火神山医院的救护车及应急救援车辆的油品保供战才刚刚开始，李郑军和加油站的员工们，却不知道要坚持到哪天。

“各级党组织都对我们加油站进行帮助，我们有信心坚决完成火神山医院的油品保供任务。”李郑军坚定地说。

现在，知音加油站除了李郑军及 3 名员工外，公司每天派出 2 名党员突击队队员及 1 名带班领导到加油站增援，加油站里的油品储备很充足，能确保 24 小时为救护车及应急救援车辆提供加油服务。新配的 2 台卓玛泉饮水机，让大家需要热水再也不用等待。

（本文获第四届中央企业优秀故事图文类三等奖）

毫厘之间见匠心

胜利油田

扫码观看视频

毫厘之间见匠心

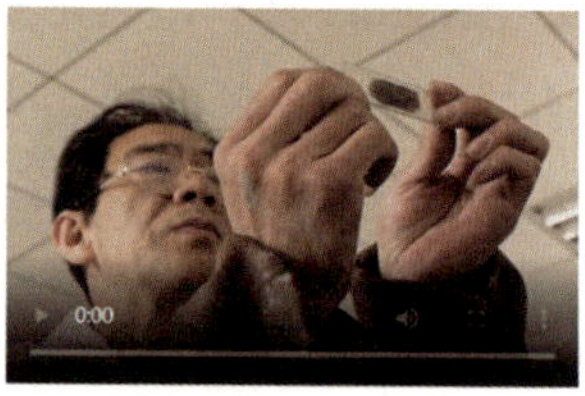

在中国石化有个特殊的岗位，专门负责将钻录井取出的岩芯打磨成厚度为0.03毫米的薄片，比头发丝0.05～0.08毫米的直径还要小。岩石薄片分析鉴定是了解油气储层岩石组成、结构的基础，而岩石制品更是薄片分析鉴定的前提，要想知道地下有没有油，制作岩石薄片进行分析是基础环节。于琦师傅所在的胜利油田勘探开发研究院地层古生物实验室便是全国行业标准的制定单位。

甘做大漠一沙柳

华北石油局

扫码观看视频

甘做大漠一沙柳

华北石油局就像一株沙柳，扎根鄂尔多斯盆地六十余载，矢志寻油找气，在三代人艰苦奋斗的辗转风尘中，建成的大牛地、东胜两大气田已累计生产天然气突破 500 亿立方米，气源输往宁夏、内蒙古、陕西、山西、河南、山东等黄河流域 6 省区，产生了强劲的经济拉动效应，让上百家企业、上亿户居民受益，也为黄河流域生态保护、高质量发展和“美丽中国”建设作出了贡献。

“踏浪者”

上海海洋石油局

4 口高温高压井和 127 口常温常压井的夜班一上就是 10 年，每年出海天数 220 天以上。

平台经理心怀歉疚：“把夜班交给他我才放心，这么长时间，就是苦了他了。”

妻子说：“以前总觉得我苦，现在才知道，他在海上经历着怎样的艰辛。”

他对自己发狠誓：“就是崩了这口牙，也要啃下高温高压这块硬骨头！”

去年冬天，天气格外的冷。勘探 3 号海洋石油钻井平台上，钻机的轰鸣声、风的呼啸声交织在一起。

凌晨 3 点，一阵急促的电话铃声吵醒了中国石化上海海洋石油局钻井分公司首席技师陈忠华。

“陈大师，井下出事了！”

陈忠华迅速穿好工衣冲上钻台。

“现在地层返出流量增多，发生井涌了！”司钻急切地说。

此时，平台正在进行的是一口超高温高压井作业，井底温度高达 215 摄氏度，实际井底压力最高达 103 兆帕，相当于普通大气压的 1000 多倍，一旦处置不当，后果不堪设想。

陈忠华扫了一眼钻井参数曲线："现在的返出量比之前增加了多少？"

"增加了 5%，还在继续上涨。"

"好，立刻停泵、停转，准备关井，泵房做好压井准备。"

陈忠华的冷静判断，给大家吃了一颗定心丸。

解决了放喷管线的问题，新的麻烦又摆在面前。由于井底压力太高，需要超高密度的压井液才能完成后续压井作业。

陈忠华沉着安排："大家兵分三路，一路负责防喷管线，另一路负责泥浆泵配件更换，最后一路负责压井作业，所有作业要同时进行，一定要保证安全。"

而陈忠华一整夜都在检查管线、更换配件、指导压井作业，生怕出一点纰漏。

经过 20 多个小时的努力，各项数据逐渐恢复到安全范围内，险情被排除，此时，陈忠华已经 30 多个小时没合眼了。

一直以来，海上高温高压井作业风险和难度极高，被称为勘探开发的禁区。普通员工一年出海 180 天，陈忠华每年出海天数都在 220 天以上。他执拗地说："就是崩了这口牙，也要啃下高温高压这块硬骨头。"

陈忠华的夜班一上就是 10 年。"夜班要求当班人能够独自处理复杂情况，把夜班交给陈忠华我才放心，但这么长时间，就是苦了他了。"平台经理心怀歉疚地说。

陈忠华反倒乐在其中："钻台上平平安安才是最重要的，我觉得夜班也蛮好的，夜里安静，正好能静心做研究。"

陈忠华在海上的业余时间主要用来翻资料，总结作业经验。每次遇到井下复杂情况，他都会拿出自己总结的笔记："这是'百宝书'，能让年轻人少走弯路。"

传统接钻杆的方法效率低，在 1 分钟就能决定成败的高温高压井作业中，效率显得尤为重要。陈忠华查理论、画图纸、与老师傅交流想法。经过一次次的尝试，设计出辅助"鼠洞"，三个人的活儿现在一个人就能轻松搞定，接钻杆速度提升近 30%，井口工具损耗减少 70%，这个设计也获得国家实用新型专利。

从业 30 多年，从钻工到领班，再到中国石化技能大师、上海市劳动模范，陈忠华逐渐成长为高温高压钻井领域的专家。

37 年的海上工作，陈忠华全身心投入，以至于妻子抱怨："我觉得平台才是你的家，你跟平台过一辈子吧……"

2019 年，钻井分公司展演体现海洋石油钻井工人工作生活的舞台剧《金牌之路》，陈忠华的妻子受邀观看。当看到海上工作的丈夫成了一个"泥人"时，她泪流满面："以前总觉得我苦，现在才知道，海上作业如此艰辛，他比我苦多了。"

"在平台工作 30 多年，最对不起的就是我的妻子了。"谈到妻子，陈忠华也是满怀愧疚。

30 多年的风雨征程，看着祖国的海洋石油事业蓬勃发展，陈忠华仿佛看到了一路走来的自己。

（本文获第四届中央企业优秀故事图文类优秀奖）

鹏龙，我们接你回家

湖北石油

2016年7月22日12时，经过46小时的全力搜寻，陈鹏龙的遗体被找到。6名身穿加油站工作服的湖北石油荆门石油公司员工在岸边一字排开，接这位牺牲在抗洪一线的同事回家。在殡仪馆车辆缓缓启动的那一刻，周边的群众无不默哀致礼，现场的车辆自发鸣笛致意……

最险的地方由我去

7月19日晚，湖北荆门普降暴雨，荆门石油公司所属京山、沙洋、天门公司受灾严重，一条条灾情讯息汇集到分管安全的荆门石油公司党委委员、副经理陈鹏龙这里，这一夜，陈鹏龙在不断地接打电话中度过。

7月20日早上6时，陈鹏龙在公司微信群通知，上午8时，召开抗洪抢险紧急会议。

会上，陈鹏龙说，抗洪救灾就是党员干部践行“两学一做”学习教育的考场，党员干部必须战斗在抗洪救灾的一线，员工碰到困难时，必须有党员干部的身影在现场。并当即成立三支党员干部抗洪救灾突击队，立刻赶赴受灾县市公司组织抢险。“京山县的加油站险情最重，我和安全质量部主任

陈士武、政工部主任廖方敏一起去，我们领导干部就是员工的‘主心骨’。”陈鹏龙说。谁都无法预料，这次会议竟成为陈鹏龙与同事们的诀别。

7 月 20 日 9 时，陈鹏龙等 3 人赶赴灾情严重地区开展救援。到达公司所属的杨丰加油站所在京山县永隆镇杨丰街时，道路被淹无法继续前进。在等待过程中，陈鹏龙听到两声“砰、砰”巨响，有十多年安全管理经验的他，判断出是加油站发生油罐浮罐的声音。五分钟后，前面传来消息，不远处的一座社会加油站发生浮罐溢油事故，油品已经开始泄漏到洪水中。“当时，周围的老百姓感到非常恐慌，陈经理立即安抚周边的老百姓并告知救援人员立即使用围油栏等应对措施，防止油品大面积泄漏。”廖方敏说。

看到社会加油站发生事故，陈鹏龙更加焦急，担心公司所属的加油站也发生类似情况。“断电没有？有没有油花溢出？有没有给油罐注水？”陈鹏龙赶到加油站，还没有等站长开口，就连问三个问题。陈鹏龙立即查看加油站库存台账，了解油罐内的余油量，要求站长立即采取注水压罐措施，并组织员工转移到安全地带，反复叮嘱站长一定要把员工的生命安全放在首位。

最后时刻想的还是大家

京山县永隆镇杨丰街水位持续上涨，陈鹏龙又接到附近加油站的告急电话。20日13时50分，紧急前往救灾的陈鹏龙和两个同事被洪水挡住去路。灾情不等人，陈鹏龙迅速找群众借了一台车轮直径一米多的农用旋耕机，3人上车后，冲进湍急的洪水中。洪水太大了，一股巨浪从侧面汹涌而来，猛烈撞翻旋耕机，3人同时落水。第一个落水的廖方敏回忆，落水时离自己只有2米的陈鹏龙大喊："注意安全、注意安全……"，仅十几秒自己就被洪水冲出一百多米开外，在拼命挣扎中抱住了一棵仅小碗粗的树，洪水离树顶仅一米不到。廖方敏再回头时，已经看不到陈鹏龙和陈士武的踪影。"陈经理落水，喊的不是救命，而是注意安全，他心里想的不是自己，而是大家的安危。"廖方敏说。

15点50分左右，廖方敏被当地的搜救人员救起，16时左右陈士武被救起，但陈鹏龙一直失联……

无情的"洪魔"还是带走了陈鹏龙。7月22日12时，经过46小时的全力搜救，陈鹏龙的遗体被同事抬上岸，这位持续战斗在抗洪救灾一线的英雄，永远离开了自己深爱的家人和倾尽心血的工作岗位。

陈士武回忆说："陈经理对工作太拼，特别是这个月以来的抗洪抢险工作，公司受灾较为严重的60多座加油站，他全跑遍了，最多的时候一天要跑七八座加油站，陈经理平时对谁都一脸笑容，但对待安全工作他就是'黑脸包公'，铁面无私。"

"7月2日凌晨，我们加油站的围墙随时有倒塌的危险，我第一时间向公司报告了险情，陈经理要求我们必须连夜排除险情，大半夜的找人找机械都不方便，正当我们发愁时，陈经理连夜赶到我们加油站，一起研究处置方案，紧急调用挖掘机，将围墙拆除，并叮嘱我们一定要设置警戒标识，避免次生灾害发生。"荆门石油分公司杨家桥加油站站长宋静林说。

大个子的“细心眼”

陈鹏龙身材高大，一米八几的个子，心却很细。2016年1月，根据天气预报，荆门地区即将迎来一场十年一遇的寒潮，这引起了陈鹏龙的警觉。陈鹏龙立即了解加油站员工冬装库存情况，发现库存不够，预定的冬装还未运到，于是下死命令，必须赶在寒潮前，让一线员工穿上冬装。他安排专人每天打2次电话催促生产厂家，务必在寒潮来临前将冬装运到。经过紧急协调，1月20日，冬装和防寒用品发放到库站一线员工手中，22日，荆门地区最低温度下降到零下七摄氏度，没有一名员工受冻。

陈鹏龙是经营上的一把好手。为实现2016年公司零售经营“开门红”目标，2015年12月陈鹏龙组织召开会议，要求利用元旦、春节，抓住返乡探亲客流增大、汽油需求旺盛这一节日销售特点，加强节日油品保供，以汽油营销为重点，紧盯市场需求，推出增值服务，提升加油站整体服务水平。今年1～2月，加油站油品零售业务同比增幅达到了18.3%，增幅在湖北石油排名第二。

陈鹏龙是从基层一线成长起来的干部，工作作风务实，讲实话、办实事、求实效，雷厉风行、执行力强，是一名敢于碰硬的好党员、好干部。他先后获得“湖北省青年岗位能手”“中国石化湖北石油安全生产先进个人”“中国石化集团公司安全生产先进职工”“湖北省安全生产优秀工作者”等荣誉称号。

（本文获第五届中央企业优秀故事图文类三等奖）

金总和他的银色之梦

北化院

在实验楼走廊一头有间不大的屋子，透过门口的玻璃窗，一眼就能瞧见里边堆得如小山一般的资料。再加上一张斑驳的书桌，一台老式电脑，一个有些掉皮的搪瓷杯子，几乎便是这间屋子里全部的“家当”了。这间屋子的主人便是全国劳动模范、北化院燕山分院原副总工程师、银催化剂领军专家金积铨。

今年已经是金总从事银催化剂研究的第45个年头了。这位已是耄耋之年的老人，却仍然坚持着数十年如一日的工作习惯：每天上午到实验室记录数据，再回到办公室整理和研究数据，一忙就是大半天。“整理这些数据，能够从趋势上指导我们的产品生产，判断工业化生产中可能出现什么问题以及研究工作进展如何……这是一项持续艰辛的工作，可对我来说这项工作就像是别人打扑克、下象棋一样。”的确，对银催化剂的痴情早已渗入金总的血液与灵魂，银催化剂事业就是这位老人一生的梦想与追寻。

寻梦

在国内银催化剂领域，没有人不知道金总，因为他的名字早已和银催化剂连在一起。1977 年，40 岁的金积铨调任北化院银催化剂课题组组长，开始了他的寻梦之旅。

那时候，银催化剂的研发在国外已有半个世纪的历史，而我国的银催化剂研究却一直是个空白，国内石化企业不得不在引进环氧乙烷生产装置的同时进口银催化剂，价格昂贵不说，生产上还处处受制于外国，这可着实让他着急。

为了加快研究进展，他每天和时间赛跑，奔走于载体制备、催化剂制备、微反评价、单管评价几个实验组，从理论到实践，每个环节他都潜心探索、细致分析。起早贪黑、加班加点早就成了他的家常便饭，不管是刮风下雨还是天寒地冻，他永远是第一个进入实验室，又是最后一个离开的。

经过两年多的艰苦奋斗，YS-1 型银催化剂终于试制成功！这项成果不仅荣获北京市科技成果二等奖，还被列为国家“六五”科技攻关项目，上级领导甚至决定在研究院建设 33 吨 / 年的银催化剂生产装置。这为他们将来再攀高峰奠定了坚实的基础。

追梦

金积铨没有停下奔跑的脚步，几年间，他和同事们解开了一道又一道难题，克服了一个又一个困难，先后成功研制出 YS-1、YS-2 和 YS-3 型银催化剂，银催化剂总体性能已经接近世界先进水平！然而，接下来的几年却到了国产银催化剂生死存亡的关头……

1985 年，为保证环氧乙烷 / 乙二醇装置生产的需要，中国石化决定引进技术生产美国联合碳化物（UCC）公司研制的 H-12 型银催化剂。但引进技术的条件非常苛刻：10 年之内，每生产 1 吨银催化剂需支付 1.33 万美元技术使用费，按国内的装填量计算，每年要支付 100 多万美元。尽管那时他们研制的 YS-3 型银催化剂选择性已经达到了 79%，但 UCC 公司的 H-12 型银

催化剂的选择性已达到 81.5%。这意味着我们的装置不仅从此再不能生产自己研制的银催化剂，每年还要向外国公司交纳巨额的技术使用费。

金总的心被深深刺痛了。"必须要改变这种被动的局面！"他召集同事们共同讨论对策，并与 UCC 公司商议：5 年之内，如果研制的银催化剂选择性比 H-12 型高 0.5 个百分点，我们就可以生产自己的产品，同时支付给外方的技术使用费减半；如果选择性高出 1 个百分点，则外方需免除技术使用费。"我们没有退路，只能前进，而且必须是大踏步地前进！"金积铨斩钉截铁地对同事说。1989 年初，YS-4 型银催化剂问世，选择性达到 83%！谈判桌上，在无可争辩的数据与事实面前，美方专家心服口服。

这标志着我国自行研制的银催化剂已经达到了世界先进水平。此后的十余年间，金积铨和同事们一路奋勇直上，他主持开发的 YS-5、YS-6、YS-7 等型号的银催化剂先后在国内 10 套环氧乙烷装置上应用 30 余次，一度占领了国内 85% 的市场，销售额达 3 亿多元，为环氧乙烷生产企业创造经济效益数十亿元。不仅实现了银催化剂的国产化，为国家节省了大量外汇，而且成为国外同行不敢轻视的对手。

筑梦

中国石化劳动模范、全国“五一劳动奖章”、全国劳动模范……接踵而至的荣誉，不曾丝毫改变金总的一颗赤子之心。“银催化剂项目的成功凝结着许多同志的心血，因此成绩属于党，荣誉应该让大家分享。”“我这一生，就想为国家作点贡献，就想报答国家、报答党。”

2000 年，金总从领导岗位上退了下来。十多年间，他仍然保持着早出晚归的工作习惯，每当年轻同志前来请教时，他都会不厌其烦地讲解，全力帮助年轻同志成长。

2011 年，金总因患直肠癌住进了医院，这是他平生第一次长时间离开工作岗位。手术后的第三天，他就忍着疼痛坐起来查看数据。住院那些天，他还让同事定期把评价数据带来，一边治疗一边研究最新的评价结果，整理实验数据，时常累得、痛得满头虚汗。“我这辈子就干了这一件事，看到数据心情就好了，病也能快点好。”

2012 年，金总正式退休了。他认真地整理多年来的研究结果，针对当今银催化剂发展趋势，就新型催化剂的研究方向、方法、注意事项等提出了自己的见解。他甚至还能清楚记得 40 年前的银催化剂配方和国外竞争对手的专利号。

金总总说：“如今在以习近平同志为核心的党中央领导下，发展形势一片大好，你们一定要有新的作为……一辈子能为国家作点贡献是件很自豪的事情，把银催化剂干好了，你们就是为国争光；干得不好，你们可就是‘卖国贼’啊……”

红衣为甲，海上坚守

胜利石油工程

三次请战

李恩朋，第六届感动石化人物，原中国石化胜利石油工程公司新胜利一号平台党支部书记、经理，平台服务于壳牌尼日利亚项目，远在西非几内亚湾海域施工。

2020年5月，国内新冠疫情形势好转，全国两会召开，中国石化集团公司“百日攻坚创效”行动如火如荼，正当他们准备大干一场的时候，疫情却在尼日利亚暴发。

6月1日晚7点，平台倒休员工回到项目基地哈克特，测量体温时发现2人异常，其中，1人抗体检测阳性。病毒来了！疫情就是命令。Ⅰ级响应迅速启动！一场疫情阻击战在西非海域打响！

一开始，恐慌、焦虑的情绪弥漫在整个平台。远离祖国、远离陆地、居住密集、共用卫生间、中央空调……处处危险，步步惊心！停工撤离的声音此伏彼起。上平台前，人员全部安排进行了2周的隔离，怎么还会出现感染？更严峻的是，井上正在钻进，高压油气层已经打开，根本没法停工。说不害怕，那是假话。想想家中父母、妻子和孩子……他要是感染了，他们可怎么办？一夜未眠，但脑子里一个念头越来越清晰："不能慌，更不能乱。这里远离祖国，我就是主心骨，一定得顶住！"

次日凌晨5点，看着朝阳从海平面上升起，他向公司党委、尼日利亚项目部请战："平台就是我的阵地，无论怎样，我都要留到最后！"

更可怕的消息还是来了。壳牌对平台及守护船147人进行核酸检测，结果80%为阳性！撤离的呼声更高了。当地政府要求：阴性下平台，阳性留在平台隔离、治疗。危急时刻，大家都看向他。他明白，疫情可怕，失去信心更可怕。他再次向公司党委请战，告诉员工："大家放心，我会留下！"

6月10日，他的检测报告出来了：阴性！按要求，他可以撤离。合上报告，整理好口罩和护目镜，打开邮箱，他向公司党委第三次请战："这里有国家几亿元的资产、有我的员工，我是党员、是党支部书记，我得留下来！"

全面实施隔离后，房间不够。"把我的房间腾出来，我打地铺就行。"党员们也站了出来，滕召军搬到了洗衣间，蔡成斌住进了小库房。就这样的条件，在等待检测结果的忐忑中，大家仍然坚持生产。队长张营带着班组，冒着海上的风雨整整干了一夜，硬是下完了150根套管；固井工李民连续作战15个小时，完成固井作业，达到甲方要求，平台全力转入抗疫。

43天解除疫情响应

一波刚平，一波又起。留在平台的94人中，除了他，其余都是阳性！其中，87名为当地员工。焦虑、恐慌，甚至绝望，有些人还持续低烧、咳嗽，紧张的氛围，随时都有可能"炸裂"。加上一条条不实的信息，更点燃了当地员工的不满——

"是你们将病毒带到了平台！""平台停工了，我们要失去饭碗了！"……失去理性的当地员工对平台实施断电，将灭火器堆在飞机坪，阻止直升机降落。面对愤怒的当地员工，他走上前，主动同他们对话。

“他们4月倒的班，现在都过去两个月了，你们想想，病毒怎么可能是他们带来的？”“大家不用担心饭碗问题，肯定会复工的。”“咱们是共同合作的好兄弟，有事儿大家一起扛。”……在李恩朋苦口婆心的劝说下，聚集在飞机坪的当地员工终于散了。

但问题并未解决，他就挨个房间挨个人谈。尤其是与工会成员查尔斯谈了足足两个小时，嗓子都哑了，也不敢打开口罩喝口水，直到当晚8点多，当地员工终于让步，供电恢复了，灭火器撤走了，危机顺利化解。

刚刚安抚完当地员工，中方员工家属的电话又打到平台：“老曹还好吧？这几天怎么没信儿了，让他给孩子爷爷回个电话吧。”最让他揪心的，还是平台的弟兄：有的不敢在餐厅吃饭，有的给空调出风口戴满了“口罩”，还有的把自己关起来一坐就是一天……就连平时最爱说、最爱笑的小张，也偷偷跑到资料室里抹眼泪，他看在眼里，疼在心头。

身在海外，面对疫情，在他们最无助的时刻，是强大的祖国，是各级党组织，给了他们面对困难的信心和勇气。在各级公司的关怀下，医疗物资从尼日利亚等地运送过来；协和医院、胜利中心医院远程问诊；“心福咨询”“海洋，他的家”连通互动……点滴的关爱汇聚成和煦的阳光，逐渐驱散大家心头的阴霾。

这时，登上他们的平台，你会看到，大家开始积极行动，对平台各个角落定时消毒；你会看到，大家轮班身穿防护服为患者测体温、送药送饭；你会看到，所有垃圾及时封存处理，不留一丝安全隐患。7月13日，93名阳性人员全部转阴，I级响应解除。43天，他们打了一场惊心动魄的阻击战，取得了“战疫”胜利！

70天实现复工复产

疫情防控形势逐步稳定后，早日复工成为他们的当务之急。此时，中方员工因疫情不能正常倒休，平台缺员成了常态，怎么办？

“办法总比困难多，党员干部顶起来！”跨界顶岗、平台短休、轮番顶班，解决了岗位缺员。连续奋战了89天的操船师杨杰和泥浆师曹志华，短暂休整一周后，就再次请求上平台；电气师兼起了报务员，水手长干起了固井工，工长顶替了泥浆师……保障平台高效运营，连续生产800天安全无事故。

8月9日，当轰鸣的钻机打破数日的沉寂，新胜利一号钻井平台正式复工！他们终于走出阴霾，迎来了胜利的曙光。在壳牌尼日利亚所有项目中，他们坚守平台、率先复工，感动了壳牌区域负责人史蒂夫·摩迪，他同意将新井组3口井也交给他们施工，平台因此顺利拿下了一年的续签合同。

43天解除Ⅰ级响应，70天实现复工复产，这双战双胜的背后，是各级组织的关怀，是石油精神、石化传统的传承，更是伟大抗疫精神的弘扬。

“身在海外、身处抗疫第一线、身穿‘中国石化红’，我们无比骄傲！”

一个人温暖一座城

安庆石化

阳春三月，“李记”走了……

而他生活的这座城市，却因“李记”奉献的爱与善再一次被点亮。

“敬佩！自己清贫一生！默默奉献一世！家风树人！‘李记’老先生走好！”“向许惠春老人致敬，平凡的人一直坚持做着伟大的事情，一路走好。”“安庆好人，非常感人。”……众多网友在“李记”的新闻链接下留言、点赞。

“李记”的三个儿子面对记者的采访仍然哽咽异常，悲痛难忍。当一切曲终人散，留给他们的是不舍与惆怅。

“施恩不求报，与人不追悔。”许惠春老人用自己的实际行动诠释的这句

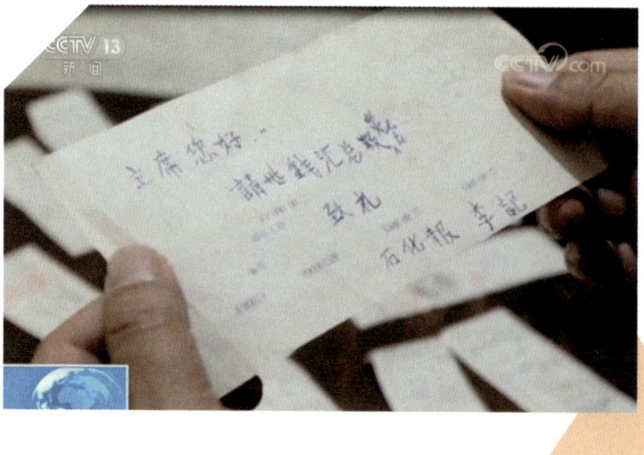

话既是中华民族流传千古的道德训诫，也是照亮我们未来的精神之光。

连日来，匿名捐赠善款的好人“李记”备受关注。从20世纪80年代到2016年，一张张普通的汇款单，见证了“李记”平凡而伟大的一生。

2019年3月20日下午，随着原安庆石化建安公司退休职工许惠春老人的去世，其儿子通过老人仅有的“遗产”——几沓厚厚的汇款单，发现原来许惠春就是“李记”。

几沓厚厚的汇款单揭开的不仅仅是三十多年匿名捐款的“李记谜团”，同时还唤醒了记者多年前的一段采访记忆。

1998年的采访“谜”，20多年后被揭开

“虽然了解到有关‘李记’许多感人的故事，但一直没有找到‘真人’。这个遗憾在我心里留有20多年。现在‘李记’之谜终于解开了，令人悲痛的是88岁的‘李记’已驾鹤西去，许惠春老人一路走好。”3月29日晚，记者在网上看见“李记”相关新闻后，在自己的微信朋友圈写下上述文字，同时配发了两张1998年刊发在原《安庆日报·皖江周末》上的新闻报道图片。

图片中的报纸早已泛黄。当年的新闻报道标题为“‘李记’：好事做一串，至今是个谜”。

“1998年安庆遭遇了百年不遇的洪涝灾害，当年9月初石化电视台一个通讯员给我提供了‘李记’这个线索。接到线索后，我连续多天在石化总厂了解情况，并深入车间寻找‘李记’。虽然采访到了许多‘李记’自20世纪80年代起向灾区和贫困地区及需要帮助的人的捐款事迹，但是一直找不到‘李记’这个人。没想到二十多年后，谜底竟然会以这样一种方式揭开。”

阳春三月，“李记”故事温暖一座城

从1998年到2019年，21年转瞬而过。当年没有采访到真相的记者现在已离开一线采访岗位；但是“李记”却一直没有停止过隐姓埋名的爱心奉献。

2019年4月1日，春光明媚，石化大湖生活区柳丝正长、桃花正艳。这个小区、这座城市皆因“李记”的大白天下更显温暖动人。

“我看了新闻才知道原来我们石化还有这样一位‘无名英雄’，虽然我跟许老没有共事过，也并不认识，但是他真的感动到了我。所以经过同事的引荐，我带着家人找到了许老的家，凭吊他老人家，聊表敬佩。”安庆石化热电厂员工郑生告诉记者。

不仅仅是郑生，也不仅仅是安庆石化，自“李记”谜底被揭开后，许惠春的同事们、大湖生活区的邻居们、素不相识的陌生人……一批又一批的悼念者来到许惠春家，瞻仰老人的遗辉。

在许老的家中，许海鑫和两个弟弟则继续处理老人的身后事，其中干得最多的就是整理物什。翻箱、倒柜、倾箧、折衾……他们不放过任何一个可能发现“宝藏”的角落。

十多天前，许海鑫的父亲过世，他怎么也没想到，节俭一辈子的父亲竟然在离世后，为兄弟三人留下了一大笔“遗产”。

许海鑫的父亲名叫许惠春，3月20日，许惠春在家人的陪伴下去世，享年88岁。许惠春是原安庆石化建安公司退休职工，生前与老伴生活在石化大湖生活区。

“父亲走前没有任何嘱托，走后，我跟我二弟、三弟回家整理他的遗物时，找到了父亲生前最珍重的小木箱，在箱子里发现了一些东西。”许海鑫说。

箱子里，不仅有许惠春年轻时获得的三等功奖章，还有一些信件和笔记本，笔记本里面用纸包着的是厚厚一沓汇款单。这些汇款单和杨宏伟当年刊发“李记”新闻报道的报纸一样早已泛黄，但上面的字迹却仍清晰可辨。

从 20 世纪 80 年代，到最近的 2016 年，一张张汇款单上，数目不等。20 元，300 元，3000 元，5000 元，10000 元……在已发现的汇款单中，最早的是 1981 年，金额为 20 元；最晚的是 2016 年，金额为 5000 元。

从安庆洪涝灾害，到汶川大地震，再到青海玉树地震，捐款不仅涉及祖国南北各类灾害事件，还汇向贫困学子、孤寡人群……目前，能找到的汇款单数额加起来，总额有 10 万元。虽然时间、去向不同，但这些捐款单有一个共同点——每次用虚拟地址，署名全是“李记”。

“李记”走了，大爱将一直延续

作为石化人的家属，许海鑫和弟弟们对“李记”早有耳闻，深知其就在自己身边。但许家兄弟们怎么也没想到，“在身边”的好人“李记”竟然就是自己的父亲。

“我父亲一辈子省吃俭用。买菜都是买最便宜的，很少买荤菜，连吃剩

下的菜汤都舍不得倒掉，还要留着泡米饭吃；穿衣更是一年到头就几件工装，不仅自己不买新衣服，我们给他买他也不要。你看我家里这些家具，都是用了十几二十年的东西，他根本不添新的。”许海鑫感慨道。

作为石化厂的退休职工，许惠春在经济上理应并不拮据。但老伴章美芳患有阿尔茨海默病长年卧床，小儿子许海石在 2014 年诊断出口腔癌，如此种种也确实让这个家庭的经济状况不乐观。

作为家人，许家兄弟们也曾纳闷他们的父亲工作这么多年，为何没有存款，钱都去哪了？可每次问及这些事，许惠春总是避而不谈。“我们为此没少埋怨过他。和他同岁的退休工人舍得吃喝，还有存款，可他却过着这么清贫的日子。他自己不难受，我们看着都心疼。”许海鑫说。

“以前打电话来寻找‘李记’的人有很多，厂里也曾安排人员寻找‘李记’，但‘李记’从没有露过面。”安庆石化的一位工作人员告诉记者，早在 20 世纪 80 年代，从安庆石化寄出、署名“李记”的汇款单就引起了广泛关注，然而谁都没想到，“李记”竟然就是许惠春。

现在，许惠春走了，但“李记”却会留下来。许海鑫说，他和两个弟弟商量好，要将许惠春留给他们的宝贵财产——每一张汇款单珍藏好，“这些汇款单是父亲品格的写照，是无比珍贵的，我们会将父亲的品质传承下去”。

扫码观看视频

守岛人的五味人生

浙江石油

守岛人的五味人生

有一种建在海岛上专门给轮船加油的加油站。浙江石油铜钿礁供应站就是这样一座加油站，它建在宁波象山一个千余平方米、名叫“小山”的小岛上。因为交通不便，条件艰辛，这里能留住的员工少之又少。然而，自1997年铜钿礁供应站建站以来，也有员工在这座小岛上坚守了24年，他就是洪小敏。辛、酸、苦、辣、甜，24年孤岛坚守为船只加油，他在寂寞中品味“五味”人生，在平凡中铸就不凡，用匠心诠释着守岛人的责任与担当。

（本视频获第五届中央企业优秀故事视频类优秀奖）

扫码观看视频

为梦想坚守

中原油田

为梦想坚守

视频主要以中原油田首席技师杨相杰为原型，他是中原油田一名普通又特殊的职工，普通是因为他在自己的岗位上做着本职工作，特殊则是他多了“中原油田首席技师”“中原油田创新成果孵化基地负责人”等头衔，讲述了他从一名普通员工一路成长为一名会创新、讲奉献的技术工人的故事。

父子“守船人”

江苏石油

“路不好走，底盘低的车陷进坑里出不来，我在村口接你，转电瓶车过来。”接到我的采访电话，小刘站长委婉地提醒我，别让车子陷入“死亡通道”。

小刘站长叫刘勇松，是江苏石油泰州通扬水上站的站长。通扬水上站，其实就是一条50米长的加油船，位于通扬河泰州森北段，1台加油机、2把加油枪，刘勇松和他的父亲，也是他管理的唯一的员工——刘阿根，吃住在船上。

坐上刘勇松的电瓶车，沿着村里的水泥路一路骑到村尽头，拐弯往北驶

入连接森北村和油站的唯一一条 5 米宽的土路，坑坑洼洼的路两边是一眼望不到边的银杏林和林间散落的大大小小的坟墓。行驶了大概 5 分钟，通过一条长约 30 米的水泥桥，被银杏树挤占的路面仅剩下了不到 3 米宽。继续颠簸骑行了 6 分钟，拐了好几个弯，视野一下子开阔了起来，郁郁葱葱的“小菜园”、干净整洁的水上加油船、100 来米宽的通扬河以及河上来来往往的货船映入眼帘。

以前他陪我，现在我陪他

“等一下呀，我帮我爸扛一下管线！”看到一艘大拖船停靠在船边，刘勇松连忙跑过去。刘阿根拿起大流量加油枪，刘勇松扛着粗重的管线，父子俩齐心合力拖动着管线将油枪放进了货船的油箱口。

“我爸是 2006 年到通扬水上站做站长的，那时这里的土路也就 1 米宽，送油靠水上油船，营业款也要自己缴到 3 公里外的银行。附近没有人居住，自来水管接不过来，生活用水全靠买桶装纯净水解决。荒郊野外的，又是 24 小时水上加油服务，我不放心，所以就辞职来陪他，给他打下手。”看到刘阿根在给货船加油，我便和刘勇松聊了起来。

刘勇松高中毕业后，去广州当了义务兵。2 年的当兵生涯，不仅锻炼了他的体魄，还培养了他良好的水性。退伍后，他在电信公司负责线路维修工作，拿着不菲的工资。2006 年，做了 26 年加油工的刘阿根，响应上级公司号召，成为条件最艰苦的通扬水上站的委托管理者，想着让这座月销量 40 吨的水上站，在自己手里做大做强。可是，因为油站的偏僻和条件的简陋，需要吃住在船上，没有人愿意做他的“跟随者”。儿子刘勇松的辞职、陪伴，解了父亲刘阿根的燃眉之急。刘阿根盘算着父子俩分工合作，提高销量，弥补儿子辞职造成的经济损失。

白天，刘阿根负责加油服务、开发和维护客户，刘勇松负责做账、接卸油、开垦荒地、洗衣做饭。晚上，父子俩一人半夜轮流为过往船只加油。

“我年纪大了，没法适应现代化办公需求了，所以我决定‘让位’。”加完油的刘阿根走进船舱，浑身已经湿透，刘勇松忙起身为客户开票。

2011 年，父子俩的岗位和分工发生了变化，儿子成了站长、负责扩大销量；父亲当了“兵”，负责后勤服务。

10 年间，刘阿根只请过 3 天假，晚上没有守在船上，1 天是儿子结婚、2 天是母亲去世。而刘勇松比父亲多请了 7 天假，6 天是结婚度蜜月，4 天是女儿出生陪护。每到周末，婆媳俩带着孩子到船上去和他们父子俩团聚。

“远离城市，没有休闲娱乐，不能和家人团聚。夏天太阳直射船板，加一次油就像洗一次澡；冬天站在风口里加油，风吹得脸疼。你们觉得苦吗？”我不由得问道。

“不苦，当兵的时候驻守孤岛，条件比这个差远了，我陪我爸，老婆孩子陪我妈，都放心了！”刘勇松看着父亲，笑着说。

“习惯了，以前他陪我，明年我就退休了，如果政策允许，我还想再陪他。”刘阿根慈爱地看着儿子，坚定地说。

父子同心，其利断金

“刘站长，船交给你了，我去买点牛肉。”无锡货01765的船主姚老板将船停稳后，跟站长刘勇松打了个招呼，骑上了油站的电瓶车到村里的农贸市场采购食材了。

“你们还义务提供电瓶车？服务太到位了！”看着逐渐骑远的姚老板，我不由得赞叹道。

通扬河森北段至迎江桥西侧2000公里的水路，除了通扬水上站外，大大小小还有7条私人加油船，竞争异常激烈。为了拓量增效，刘勇松父子想了不少招数，开路修桥通水管、加油送水和日用品、无偿提供电瓶车、开荒种地送蔬菜，一系列措施起到了实效，10年间，通扬水上站的月销量翻了十几倍，从当初的月均40吨增长到现在的570吨。

“我们根本不需要出去找客户，只要能留住过往的船只，就能做大量。”刘阿根告诉我，跑长途的货船，一次加油少则千升，多则上万升，对于扩量他们父子俩认识一致，也有信心。

受地理位置影响，通扬水上站一直采取的是水上送油方式，可是受航道和季节影响很容易脱销。为了彻底解决水上送油不及时、陆上罐车没路过的问题，刘阿根反复与当地村组协调扩路修桥，刘勇松积极为村里的农家乐项目出谋划策，协调自来水公司从附近砂石厂搭建水管。小桥加固改造、土路拓宽、卸油平台重筑、自来水管接通、油罐车正常送油、上门收款，前后花了2年时间，制约油站增量的客观因素，父子俩一个一个攻破了。

“硬件改善了，我们的服务水平也得相应提高，软硬兼施才能做大量！”刘勇松告诉我，他们为了提高服务水平，开展了专门的意见征集，发现船老板们最需要的就是：生活用水、日用品和新鲜的食材。于是他们向上级公司申请，开展了加油免费送2吨水、固定时段送手套和洗衣粉等日用品、扩大“小菜园”规模免费提供新鲜蔬菜等一系列服务措施，今年还买了一辆7成新的电瓶车，方便客户利用油船加油等待时间到菜场购置肉食、到五金店买配件。

加油送水，留住了拥有 10 条货船的海洋实业公司姚老板，月增销量 60 吨；固定时段开展油非互动、赠送时令蔬菜，吸引了阜宁钢厂的三十几条小船承包者，月增销量近 100 吨；电瓶车自助服务，缓解了客户等待的焦急情绪，提高了加满率。

25 分钟后，货 01765 加满了 5000 升油，姚老板也骑着电瓶车满载而归。

一家人，不说两家话

“爷爷，爷爷……”盐城货 74653 刚停稳，船舱里就跑出一个 3 岁左右的小女孩，奶声奶气地叫着。

“瑶瑶来了，今天爷爷给你备了鸡蛋和玉米，咱们去拿好不好？”刘阿根一步跨到货船上，抱起小女孩，又跨了回来，朝着“小农场”走去。

“你家亲戚？”我问正准备加油的刘勇松。

“是，也不是，他们救了我一命，从那时候起，我们就算结下亲戚关系了！”还没等刘勇松说话，瑶瑶的爸爸刘老板就抢着开口了。原来，刘老板的船专门给阜宁钢厂跑水上运输，一家三口常年吃住在船上。去年冬天的一个夜里，船行驶到通扬水上站附近时，发动机飞轮突然出现故障，刘老板的头被打中，昏倒在驾驶舱，瑶瑶母女俩睡着了，不知道情况。

顺水漂的货船，引起了刘勇松的注意，他用船篙将船拉到岸边，看到昏迷、满脸血的刘老板后，立即拨打了 120，把瑶瑶交给刘阿根照顾，自己陪着瑶瑶妈妈一起去了医院，里里外外帮忙照应着。

从那以后，两家就成了一家。刘阿根心疼瑶瑶小小年纪常年在水上生活，每次看到，都把“小农场”里最新鲜的蔬菜和鸡蛋留给瑶瑶。

“你们怎么不上报呀？这种好人好事多值得宣传呀！”我不解地问道。

“岸上的人把落水当事故，跑船的人管落水叫正常。习以为常的事情，我们真没当它是好人好事。”刘勇松说，通扬河河面宽 100 米、最大水深近 8 米，有浪的时候落水概率很高。10 年来，父子俩不知道救了或帮忙救了多少“落水人”，其中老人、妇女和小孩居多，与很多船主也是“不救不相识”。

因为熟悉，通扬水上站成了这些“水上漂”的家。为了这些辛苦的家人，刘阿根父子俩扩大了“农场”面积，养了鸡鸭鹅，菜园面积也扩大到 100 平方米。

“我们菜园四季常青，冬天还加了大棚，茄子、青椒、黄瓜、玉米、丝瓜、土豆等时令蔬菜敞开供应，每天都能送出去六七个蛋，逢年过节的杀个鸡宰个鹅能改善好几家的伙食。”抱着瑶瑶返回船舱的刘阿根开心地说，他的手上拎着两个塑料袋，一袋装着刚掰下来的玉米，一袋装着鸡蛋。

“每次都给我们准备好多吃的，真是挺过意不去的。”瑶瑶妈妈接过塑料袋。

“一家人，不说两家话，自己家的东西，随便拿。”刘阿根边说着，边跨过甲板把瑶瑶送回船上。

“啪……”感觉胳膊上痒，我随手一拍，竟然拍死两只花蚊子，“大中午的，蚊子还这么猖狂？”我问道。

“荒郊野外，花蚊子特别多，每年的 3 月到 11 月，它们不离不弃呀！”刘勇松开玩笑地说，晚上打开罩棚灯给船加油时，他们得把自己裹成粽子，否则无法招架扑面而来的“蚊子风”，他们父子已经习惯了蚊子的“陪伴”。

冰山上的来客

新疆石油

新疆面积广阔，很多驴友会选择喀纳斯、那拉提、天池、火焰山等知名景点，可我想给大家推荐一个绝对冷门但绝对值得一去的景点，那就是新疆的西大门——喀什塔什库尔干塔吉克自治县。

看美景之前，我们要做一些准备工作，首先就是高原反应，那里平均海拔 3000 多米，一路上还要翻过 5000 米的达坂。那里全年无夏，水的沸点只有 78℃左右，做饭要用高压锅，并且不能剧烈运动，甚至连说话都要放缓节奏，否则就会喘不上气。这都是正常的缺氧反应。

今天我要提到的这位中国石化加油站站长，他在塔吉克自治县缺氧的条件下一干就是 8 年。一身石化蓝工装，一米七八的个子，眼睛炯炯有神，走起路来背影坚挺，说话时带着一口浓重的山东味儿，与他交谈时扬在脸上的微笑和藏在心里的自信，总能让人感到亲切愉悦，感觉充满了一种坚定的信念，他就是中国石化新疆石油塔县一号站站长刘祥奇。刚来到这里时，他每天都会感到因氧气不足而导致的胸闷气短、头疼腿软等高原反应，整夜难以入眠，头发大把大把地掉，吃饭没有味觉，走路时就像踩在棉花上，整个人也恍恍惚惚的。可如今，他的心脏比普通人要大一圈，只要一下山就会醉氧，这位山东汉子已经把家迁到了那里。

“一次旅游，让刘祥奇与这里有了不解之缘。”

2014年冬天，刘祥奇开车来塔县旅游，路上遇到一个小男孩，小男孩刚放学，看到刘祥奇，想让刘祥奇带他回家，眼看天黑了刘祥奇不忍丢下小男孩一个人，就答应了下来。路上了解到，男孩家里是牧民，一般放学了能搭上顺风车了就回家，搭不上顺风车了就去找个牧民家睡一觉第二天再去上学。驱车几十公里到了男孩家，不富裕的牧民拿出了两大块羊肉来招待他，刘祥奇想分给小男孩吃，可是小男孩坚定地说："肉是给客人的，我不能吃。"简简单单的一句话让刘祥奇心中感慨万千。人活着，总得为了什么，而刘祥奇被这种精神打动了，边防战士驻守高原的奉献精神和当地淳朴的民风深深打动和感染了刘祥奇，正逢中国石化招聘，刘祥奇毅然来到中国石化塔县一号站工作。

渐渐地，在塔县，刘祥奇站长已经是个名人了。刘站长变成了刘大哥，变成了阿达西，也不知道什么时候开始，刘站长成了号码百事通。

"老刘，我老公的车在马尔洋乡抛锚了，能不能找找人过来修一修？""老刘，我有个朋友过来旅游有高反了，你那有没有红景天？""老刘，从喀什到了一批配件先放你们站。"……

有一次，在距离塔县县城168公里处的大同乡（"同"字在塔吉克语中意为狭窄），一个客户急需用油，刘祥奇二话不说，立即拉着油品向大同乡方向驶去。

从塔县到大同乡仅有一条简易的砂石公路，大部分路段还都在悬崖边上，最窄的地方仅能容一辆车通行，下面就是湍急的河流，一不留神就是车毁人亡，早上一大早从站上出发，到了送油的地方已是晚上。卸完油，在返回途中，车子突然抛了锚，没找到替换的零件，他只能打电话请人从县城带零件过来维修，可到了第二天下午人还没到。因为送油走得急，随行吃的东西带得少，途中已吃完，当晚他只能借宿在一户塔吉克族老乡家中，老乡用仅有的两个发霉的馕招待他，他硬是就着雪水吃了下去凑合了一晚上，等到维修完车辆回到县城已经是第三天下午。

几年来，这种救急的事情，加油站的员工都已然司空见惯。今天去达唔

提家送油，明天去色买提大叔家送米，还要随时准备救助那些因泥石流而困在山里的游客。刘详奇说："这里的农户真的很难，如果下不了山，明天吃啥呀，我是加油站站长，我不送油我干啥呀。"塔县一号加油站是边境小镇上唯一的一座加油站，每天有很多大巴来来往往，每当听到外国游客对中国夸赞时，刘祥奇总是涌起满满的自豪感，感觉自己身上的责任更重更大了。

"在塔县，我们要为乡村振兴加油。"

塔什库尔干塔吉克自治县是国家扶贫开发"三区三州"的重点县。自2014年以来，作为中央企业职工，刘祥奇身先士卒，一直参与当地脱贫攻坚工作，定点帮扶库克西鲁克乡吉勒给提村的两户少数民族贫困户。

在得知在同·买买肉扎的孙女马上要过九周岁生日时，刘祥奇赶忙去蛋糕店定了一个蛋糕，安排好站里面工作后开车经过五个小时山路的颠簸来到在同·买买肉扎家给他小孙女过九周岁生日。现在，在同·买买肉扎家的羊圈大了，房子也宽敞整洁了，几个孩子也求上进都有了稳定的工作和收入，家里面有牦牛、黄牛 7 头，羊 30 多只，一年的收入能达到十余万元，在同·买买肉扎的四儿子也被村民们选举为库克西鲁克乡吉勒给提村党支部书记，一家人的日子也越来越好。

在高原种活一棵树很难，乡村振兴战略提出后，面对加油站四周的不毛之地、荒漠戈壁，刘祥奇带领全站员工秉持“没有条件，创造条件也要上”的决心清理石块，整修田地，铺撒肥料，用铁锹一锹一锹在高原上种植树木一千余棵，为生态保护打造绿色家园贡献自己的一份力量。

“高原苦、高原累，但是秉承着‘艰苦不怕吃苦，缺氧不缺精神’的理想信念，七年来，我早已把自己融进了这片热土。”刘祥奇说。

新疆之大，新疆石油人的胸怀之大，故而传播的爱也是博大的，就像那些依然奋战在基层末梢的新疆石油“访惠聚”驻村队伍，在乡村振兴的最前线和当地村民结对子、认亲戚，同吃同住同劳动，为他们办养鸡场，打水井，修道路，建造安居富民房，现在每位村民都有了自己宽敞明亮的家，村级道路硬化率也达到了100%。他们的故事也许听着很平凡，但正是这平凡的工作支撑起了中国石化品牌形象。

丝绸之路绵延至今，石化理念薪火相传，一代又一代的中国石化人，驻扎新疆守护一代又一代的人生梦，援疆梦，中国梦。

风雪交加，高原沙漠，坚守保供是党和国家赋予我们的神圣职责使命。让我们共同扛起时代重任，燃烧青春“卡路里”、跑出青春“加速度”，与中国石化共成长、共命运，成为名副其实的“强国一代”！

“塔克拉玛干”记忆

华东石油局

朋友，你到过“塔克拉玛干”吗？你知道“塔克拉玛干”是什么意思吗？“塔克拉玛干”是维吾尔语，意思是“进去出不来的地方”，指的是新疆南部塔里木盆地中央的一片大沙漠。这片大沙漠东西宽1000多公里，南北长400多公里，是仅次于非洲撒哈拉的世界第二大沙漠。

她还有一个并不美妙的绰号，叫“死亡之海”。

然而，就在这个“死亡之海”腹地，2012年底，一群年轻的中国石化华东石油人在此战天斗地、艰苦鏖战，打成了一口投资上亿元的中国石化重点风险探井——玛北1井。喜讯传来，人心振奋。在完井作业期间，为了报道井队的事迹，作为一名已经退休又被组织返聘在岗工作的老同志，不顾“年事已高”，主动请缨，在第一时间，奔赴施工现场，用我擅长的笔和照相机，真实地记录下了为打成玛北1井作出贡献的新一代“华东石油人”的风采。

那是2012年初冬时节，我与专程来轮台基地接我的70205井队指导员一起，乘越野车从轮台出发，向西急驰800多公里，来到地处塔克拉玛干最西端的巴楚古城。稍做休整，第二天，又从巴楚径直地向东进发，约一个小时，便到了西北油田分公司为保障玛北1井施工车辆、人员进出大漠，而临时设立的“龙门客栈”，再换乘高大的沙漠运输车，沿临时修筑的沙漠之路，穿过两岸分布着的一片片胡杨林，进入令人敬畏的塔克拉玛干深处。

指导员宋志明告诉我，这里本来没有路，只是为了打玛北 1 井，西北油田分公司才投巨资临时修了一条通往施工地的简易砂石路。从“龙门客栈”到井队驻地有 168 公里路程，最少需要 5～6 个小时，要我做好吃大苦的准备。此时的我早已兴奋不已，坐在高高的沙漠车内四处眺望，眼前是我从未见过的奇异景象：车窗外面就是无边无际的沙漠，而我们前进的“路”却仍然顽强地向沙漠腹地延伸，一直通向那神秘而令人恐惧的远方。

进入塔克拉玛干腹地的“路”真是很不好走。在各种大型运输车的碾压下，几经修复的简易路面早已是坑坑洼洼，沟壑纵横。有的路段，沙漠车在剧烈的颠簸中以每小时 5 公里的速度缓慢爬行，车后边扬起的黄沙遮天蔽日，数十米外看不清任何物体。而我的身子在驾驶舱内犹如大海中的一叶小舟，时而高高跃起，头顶着天窗；时而坠入谷底，前仰后合、东倒西歪，就像骑在牛背上的西班牙斗牛士，时刻有人仰马翻之危险。我只有用双手紧紧地抓住安全把手，才能避免头部和身子不因剧烈的颠簸猛然撞击到坚固的车体。

经过 5 个多小时的艰难行程，我们终于到达了 70205 井队驻地。眼前就是“死亡之海”，但此时此刻，它给我的印象并不是“死亡”，而是“生机”。

看到我到来，刚刚进入而立之年、长着一副“娃娃脸”的杨德勇队长十分喜悦。通过指导员的介绍，我得知这位年轻的“少帅”已在井队工作了 10 年，先后在大漠深处参与组织了 20 多口开发井、盐下井和风险探井的施工任务。特别是刚刚完钻的这口玛北 1 井，设计井深 6930 米，投资 1 亿多元，技术要求高，施工难度大，钻进工艺过程非常复杂。70205 井队在这位“少帅”的带领下，精心组织，精心施工，经过 635 天的艰苦鏖战，胜利完钻，终于啃下了一个别人不敢承担任务和风险的硬骨头，为提升华东石油工程队伍在整个西部会战中的影响力、战斗力起到了标杆作用……

杨队长悉数介绍了一个个感人“故事”，我心潮澎湃，迫不及待地跑向井场，去向英雄的弟兄们致敬！

那天的天气真好啊！天空是透亮的蔚蓝蔚蓝，沙漠是耀眼的金黄金黄，无数巨大的沙丘连绵起伏，正如海中涌动的波涛，不知被什么神秘的力量施了“定身法”，呈现出一种仿佛永恒的静止状态。井场周围一丝儿风也没有，只有 70205 井队高耸的井架伴着钻机的轰鸣声，仿佛欢唱着“茫茫沙海立井架，亘古荒漠把井打，地下原油见青天，哪里有石油哪里就是我的家”。而井架四周凝固的沙海，向我们炫耀她无比的辉煌，却又故作高深地沉默着，仿佛沉醉在对宇宙洪荒的回忆之中。

我从无限震惊中醒悟过来，提着照相机开始艰难地向一座大沙丘攀登，在它身上，留下了我一生中最难忘的一串脚印。终于，我站到了沙丘顶上，怀着敬畏的心情，向塔克拉玛干的深处眺望，这无限伟大的自然力，在我心中激荡起《英雄交响曲》的声浪……

我不由自主地匍匐在沙丘上，五体投地，向神秘的天工造化顶礼膜拜。历史将为此做证，在浩瀚的塔克拉玛干腹地，有一群这样的年轻石油工作者：不事张扬，却难掩黄金之色；人人平凡，却又让人难以忘怀；没有多少豪言壮语，却将一个个困难踩在脚下，不断创造新的佳绩。他们就是参与中国石化西部油气会战的华东石油兄弟们。

于是，我站在沙丘上，选择以井架和连绵起伏的大沙漠为背景，架起了照相机，邀请所有参加玛北 1 井施工的弟兄们在镜头下留下永恒的记忆……

我赞美塔克拉玛干，因为她向我呈现出最美好的容颜。此时此刻，她使我想起唐代的边塞诗人岑参。他在 1200 多年前来到塔克拉玛干的时候，看到的却完全是另外一番景象。

你听，他吟唱着向我们走过来了：“君不见走马川，雪海边，平沙莽莽黄入天。轮台九月风夜吼，一川碎石大如斗，随风满地石乱走。匈奴草黄马正肥，金山西见烟尘飞，汉家大将西出师。将军金甲夜不脱，半夜军行戈相拨，风头如刀面如割……”

显然，岑参笔下沙漠的可怕景象，才是塔克拉玛干更加常见的狰狞面目。

光阴飞逝，如今我已经回到家中享受退休生活，但年轻的华东石油弟兄们在塔克拉玛干深处参与建设中国石化西部千万吨级油气田的音容笑貌与矫健身姿，还经常地在我脑海里涌现。新老两代石油工作者那种豁达、宽广的胸怀，那种“我为祖国献石油，哪里有石油哪里就是我的家”的战天斗地精神，那种喝令新老地层开路、敢叫地下油龙见天日的豪迈气概，是我一生的财富与荣耀。

龙兄虎弟

金陵石化

“打仗亲兄弟，上阵父子兵”。在中国石化公布的首批“特级技师”中，有一对来自金陵石化的张氏兄弟榜上有名，他们便是张思豪、张思祖兄弟俩。

一勤天下无难事

兄弟俩是土生土长的“油二代”，从小便在父辈老一代石化人的言传身教下，埋下了向往石化事业的种子，受到了“三老四严”“苦干实干”等石油石化优良传统的熏陶。

哥哥张思豪技校毕业后进入金陵石化工作，他一头扎进炼油装置操作的知识海洋中，通过自己锲而不舍的勤奋拼搏，从一名普通的操作工，一步步成长为班长、技师、高级技师，再到中国石化催化裂化装置技能大师，成为金陵石化高技能人才队伍中的佼佼者。

而这些都与他的“勤学”密不可分。入职不久，张思豪就根据日常工作需要，默默地进行业余学习，自学修完了东南大学自动化专业课程。他知道，要想把炼油装置生产的每个环节都搞清楚，除了工艺技术外，掌握这些基础知识和技能也必不可少。果不其然，在催化裂化、连续重整等装置改造和新建装置开工现场，他的仪表专业技能派上了大用场，更让“大师”的称号名副其实。

张大师的“勤”还远不止于此。每天清晨五点钟，他起床后的第一件事就是打开电脑，查看公司实时数采画面分析催化裂化装置夜班操作情况，只要发现异常他就会立即打电话到装置现场了解情况，并指导操作调整。对催化裂化装置上夜班的职工来说，早上六点钟接听张大师打来的电话如家常便饭一般。

龙兄有虎弟。作为张思豪的弟弟，张思祖从小就羡慕着父辈和长兄的“一套工作服”，毅然选择了当时的金陵石化技校并以前三名的成绩考进了金陵石化。工作中的他，尤其注重一点一滴的知识积累，凡是牵涉工艺、设备、仪表等方面的知识，他始终坚持不懂就问、勤跑现场，做一个口勤、脑勤、手勤的人，自己的理论水平和操作技能也在日积月累中有了质的飞跃。以哥哥为榜样的他，也先后获得了中国石化加氢技能竞赛金奖、“江苏省五一劳动奖章”以及中国石化技术能手、全国技术能手等称号。

攻坚克难勇争先

平日里见到的张思豪总是笑呵呵地，这是他的一个显著特点。和他接触久了，身边人都会受到他的感染——原来工作也可以让人变得如此快乐。聊起张大师，身边的人都非常庆幸工作中能有这样业务突出、责任心强的把关人，他总能以自己的方式带领大家解决一个又一个横亘在眼前的难题。

有了哥哥这样的榜样，张思祖也不甘落后。在装置检修期间，他除了完成本职工作外，还积极参与装置仪表改造、检查等工作。2017 年，金陵石化 2 号加氢裂化装置检修期间，罕见的高温天气造成仪表回装、校验迟滞，装置 DCS、SIS 系统升级改造工作进度缓慢，影响了检修的整体进度。面对酷暑挑战，他积极参与编写新波尔过滤器的使用程序，查出问题 320 多项，主动承担 DCS 仪表组态部分任务，优化整定 20 多个主要控制回路的 PID 参数，为抢回检修进度、实现装置按时开工作出了巨大贡献。

兄弟俩凭借扎实过硬的操作技能，得到了领导同事们的一致肯定。他们所在部门领导这样评价张氏兄弟：“他们兄弟俩是基层职工眼中的偶像，运行部领导眼中的放心人。他们投入了百分百的心血为装置的安全运行保驾护航，非常可敬。”

薪火相传育英才

在个人能力不断提升的同时，兄弟俩也不忘一名石化人的光荣使命——将所学所悟薪火相传。面对原油多样化、劣质化带来的操作难度提升和安全环保压力增加，他们充分发挥自己的技能优势，组织基层员工开展常态化专项培训，职工队伍的实操技能有了明显提高。

由张思豪主持的金陵石化大师工作室近三年开展关键主题活动 78 次，

难题攻关 31 次，其中总结的催化裂化装置的 7 项关键参数优化控制已累计增效近 2 亿元。经他指导的技术骨干也取得了全国炼油操作工大赛团体第一、个人 2 金的优异成绩，2 人同时获得全国技术能手称号，他的徒弟中已有多人走上管理、技术岗位，自己也多次受邀为中国石化催化裂化装置技术人才培训班授课。

对待工作和传道，张思豪又是出了名的严厉，他心里始终想着如何能让这些青年骨干少犯错误、快速成长，看到身边的同事犯一些重复性低级错误，他的心里比谁都担心、着急，他深知这一个个苗头性事件、不经意的坏习惯若不及时改正，就有可能造成难以估量的后果。刚开始很多人不理解，但是接触的时间久了，大家都明白大师骂谁最多就是对谁最好。

有哥哥这支路标指引，弟弟张思祖也从不吝啬分享自己的知识和经验，除了在班组带徒外，还积极参与工区的培训工作。装置检修期间，他不顾高温酷暑，带领新员工爬塔入罐，讲解设备的内部结构、类型、工作原理等知识，制订工区新入职员工的培训计划，每月参与培训授课等工作，积极参与导师带徒等活动，帮助新员工更快成长，让年轻的脚步踏得更稳更坚定。

“我们能做的就是默默地干活，用自己的技术和积累的操作经验为装置平稳运行保驾护航。”拥有非凡技能的“龙兄虎弟”总是说着最朴实的话。

忠孝两全真汉子

天津石油

“站长，你怎么还在忙？这都中午十一点半了，你快走吧，剩下这点货我整理就行了。”长江道站员工史淑君对一名身材健壮，正在整理便利店货物的男子说。

“没事，马上就完了。”那个健壮的背影连头都没抬，“你也累了一上午了，赶紧歇会吃饭吧。”

史淑君看到这名男子还在继续干活，一把拉住他的手臂，推搡着他回到办公室，督促着他抓紧穿上外套，嘴里还不停地念叨着：“你是没事，老爷子饿不饿是你说了算的吗？”

这名男子无奈地笑了笑，穿上外套说了句：“谢啦，你多受累。”转身就跑了出去。

史淑君看着那名男子驾车远去的背影，感慨地说：“这段时间啊，冯站长真的是太不容易了，家里和站里都离不开，他愣是顶下来了，真是条汉子！”

史淑君口中的这位真汉子名叫冯涛，是天津石油长江道站的站长，要说起他的不容易，还要从 2019 年 8 月 20 日说起。那天，冯涛和往常一样在站里工作，忽然接到家中电话，得知父亲突患急性脑梗，经过医院抢救虽然没有生命危险，但是影响了右半身的肢体、语言和吞咽能力，需要长期住院治

疗。从那天开始，冯涛就扛起照顾父亲的重任，白天在油站工作，下班到医院照顾父亲。祸不单行，腊月二十七那天，冯涛的母亲忽感身体不适，通过医院诊疗，确诊为头部血管出现堵塞，建议住院治疗。但是考虑到冯涛父亲仍然在住院的情况，他母亲只能每天到医院输液治疗。

就在此时，我国突然暴发新型冠状病毒肺炎疫情，加油站作为社会油品保供的重要窗口，在这个特殊时期毅然决然地迎难而上，冯涛作为一名站长，没有因为家庭的原因退缩，在抗击疫情中，坚持挺在了前面，挺在了加油站一线。

从抗击疫情的第一天开始，冯涛的睡眠时间急剧缩短，每天基本不超过 6 个小时。每天凌晨 5 点多他就要起床，为父母和家人准备好早饭；7 点半之前，他就要驾车将母亲送到天津市总医院输液治疗；安顿好母亲，他要立即来到南开医院住院部给父亲送早饭；然后马上到站安排工作；中午 11 点多，他要去总医院接回母亲；再去南开医院照顾父亲吃午饭；随后赶回加油站继续工作，直到深夜。就这样，冯涛每天在几地奔波往返，每日行程超过 60 公里。

“每个员工都和我说，如果有事就让我说，他们会帮忙的。”冯涛说，“但我是一名站长，深知自己的职责，在这种特殊时期，我不上谁上！”

冯涛是这么说的，也是如此做的。大年初一，站里一名员工忽然出现浑身乏力，发热 37.6 摄氏度，自行吃过退烧药后，体温仍不正常。这个时候，冯涛看到了大家强行镇定的眼神，也感受到了大家慌张的心态。“说不害怕都是假的。”冯涛回想起这件事坦然地说，“怕归怕，但我是站长，谁都可以躲开，我不能躲开。”

冯涛立即叮嘱在站员工做好防护，同时不许他们离站回家。随后亲自带着发热员工到南开医院发热门诊进行 CT 检查和验血检测。3 个小时的诊断，冯涛一直陪在这名员工身边，不断地安慰鼓励他，同时安排站里做好一切防控工作。最终检验结果让大家都松了一口气，员工只是普通的发热并没有感染新型冠状病毒。“说真的，那一刻我的心一下子就松了下来，甚至有一种想哭的冲动。”冯涛回忆道。

冯涛和加油站获得过中国石化集团公司、销售公司等数不清的荣誉。作为一名多次被采访的对象，他不是很喜欢接受采访，他总说：“说这么多没什么用，踏实干就完了。公司好了，加油站好了，员工赚钱了，就对得起自己的良心。”

疫情暴发以来，冯涛每天扎根在站里，采访他从来不用预约，因为你到了加油站，他就在那里。采访中，我提出想拍张他在疫情中坚守工作的照片，被他婉拒了，但是他提出了一个希望，希望可以在这篇稿件上配上长江道站员工坚守工作岗位的照片，他觉得最辛苦的人不是他自己，而是这些员工兄弟姐妹。

经过此事，冯涛对员工和客户的防疫工作更加精心，不仅严格按照公司的要求执行，每天还不停地叮嘱、叮嘱、再叮嘱，确保长江道站在保证正常经营的同时，保障好大家的身体健康。

“群主”站长

河南石油

河南平顶山汝州六站位于207国道旁边，毗邻平煤集团朝川煤矿，加油车辆以运煤半挂柴油车为主，油箱容积大，组队出行是南来北往半挂车的一大特点。百日攻坚创效行动以来，六站柴油等销量一路飙升，仅4月就销售柴油149吨，销售尾气处理液558桶。在竞争十分激烈的汝州成品油市场，六站是如何吸引客户、留住客户并结为“老铁”的，年仅32岁的站长李晓蒙掏出手机，向我们透露出一点点“秘诀”。

在李晓蒙的手机里面有两个司机群，一个是六站加油群，另外一个是大车、货车司机群，建群初期，他每天 4 次通报油品最新价格、道路状况、天气预报等情况，可是 2 天过去了，群里静悄悄的，气氛好尴尬！

第 3 天夜里 12 点多，一位司机师傅在群里问晓蒙："路上堵车吗？还能加油吗？"晓蒙赶忙回复："道路畅通，可以加油！"加完油后，司机说这么晚还让你起来加油真不好意思。晓蒙说："师傅不用客气，以后加油，您只用在群里吱一声，随到随加，不误出行。"这位司机晚上加了 400 升柴油、1 桶 20 公斤尾气处理液，还拎了 1 桶备用，买了 2 条香烟。夜里 1 点多，群里多了一张晓蒙加油的照片，远远地很模糊，是司机师傅在倒热水回来的路上偷拍的，他发到群里，就说了一句话："谢谢兄弟这么晚给我烧热水、加油！"从此以后这个群里问油价、道路情况和天气的越来越多，70 多人的大车司机群有十几位和晓蒙成了朋友。

李晓蒙说："我的很多顾客都是老顾客拉来的，我关系好的十几个司机师傅里面有位脾气不好的，刚来的时候看到我们站隔壁的配煤厂冒出的烟，他都不愿意下车沟通。我就试着在加油间隙，去跟他交流，通过提醒他行驶公里数够了，该加尾气处理液后，终于打开了他的话匣子，短短 15 分钟的加油时间，我用诚恳亲切的话语，一下子拉近了我们之间的距离，现在这个司机不仅是六站的'铁粉'，他又介绍了 5 位新顾客进站加油，并且成为新的微信群友。"

泥泞中追梦的“扶贫书记”

胜利石油工程

在窗明几净的办公室和山清水秀的田垄之间，他选择后者，脚踏泥泞，俯首躬行，在荆棘和贫穷中拓荒。他用人生中最珍贵最美好的两年时光，守着悉心耕耘的大地，静待收获的时节。他就是胜利石油工程公司渤海钻井总公司国际钻井协调部副经理、北非项目管理部党支部书记，也是滨州市无棣县西小王镇西陈村“第一书记”——巴涛。从国企转战乡村开展定点扶贫工作，这不仅是热爱乡土、返璞归真的行动，更是一场锤炼党性、实干兴邦的寻梦之旅。他说每个人的生命里都应该有乡土，田野里的事、农民的事关乎家国，作为铁军，就要铁肩担道义，建设是我们的使命！

作为一个2002年大学毕业参加工作，积累了丰富的一线和海外市场工作经验，至今已经在重要岗位工作了15个年头“根红苗正”的科级干部，38岁的巴涛选择去西小王镇西陈村挂职当“扶贫书记”时，理所当然地遇到了许多问题：首先是家人不支持，二胎宝宝不到半岁，老大马上要上初中，父母也垂垂老矣，面对未来两年时间的聚少离多，妻子的难处和不满，父母的思念和担忧可想而知；其次是朋友不理解，有人打趣他：“马上进入不惑之年了，还要来一段理想主义和家国情怀的鸡血故事，这是随心而动、让人生更自由？”还有人痛心道：“人家是转岗求生、转型升级，你明明是发展顺境，却要舍近求远地往村窝里钻，搞砸一手人生赢家的好牌！”更多的是那些不明就里的吃瓜群众，他们说："人家巴书记这是镀金，丰富自己的履历嘞！"尽管众说纷纭，但是不畏浮云遮望眼的巴涛，还是毅然决然地踏上了征程。出发的那天清晨，他静悄悄地打理好行囊，没有吵醒熟睡的妻子和两个孩子，临行前对送他离开的父母说："爸妈，咱们都是从农村走出来的，我就是想重新认识认识脚下这片土地！"于是听从自己心灵召唤的巴涛开启了自己的"泥泞之路"。

打着摩的，在土路上颠簸了一个钟头，巴涛独具特色的驻村扶贫工作拉开了序幕，意料之中的困难也如期而至。在热情的欢迎仪式后，推开宿舍门，巴涛有点蒙圈，八九平方米的房里，一口老木柜、一张行军床，正对面的墙斑驳泛黄，破败不堪的住宿条件有点超出预期。没空调，没热水，也还能忍受，可以用风扇，可以烧水。但是对于喝惯了桶装水的他而言，直接饮用自来水，着实让他水土不服了好一阵子，同时具有挑战性的，还有上厕所——那是最原始的旱厕，有着刺鼻的气味和难以入目的脏乱。尽管环境恶劣，但对巴涛这个曾经在钻井一线风雪鏖战多年的大老爷们来说，很快他就适应了，最难的还是人与人之间的磨合。

进家入户调研、交流时，村民们常说："以前来过一个家在本地的女大学生'村官'，偶尔跟着镇上领导或者村里干部在街上晃晃，然后就没影了。""你比她强，她都没跟我们打过交道，我叫不上她的名字。"巴涛逐渐意识到，村民们对于他这个外来的"国企领导干部"不怎么接受，他就是村民眼中的"过路人""花架子"，干不了什么实事。对于村干部们来说，他也只是个游离于圈子边缘的"外人"。如果一直这样下去，不被接受，那什么都做不了，他必须"无死角"地融入西陈村。巴涛脱下平日里常穿的休闲鞋，换上运动鞋，从衬衫改穿 T 恤，学着把裤脚挽到膝盖，过冬的时候，他只来回倒替着穿自己专门添置的两套黑色军大衣，"有这几身标配装束，大爷大妈认我认得准"。平时一有空他就在村头巷尾晃，听不太懂当地话，就扎进庄稼地里跟着边忙活农活边搭话，凑到乡亲堆里跟着开玩笑。村民递上烟，他学着接下后把烟夹在耳朵上。后来，但凡村民有摸烟的动作，巴涛会立马从裤兜里掏出打火机，给人家点上火，"这态度比当年我刚到井队时孝敬师傅都殷勤"。通过走乡串户，"民心"被渐渐打开。驻村头一个月，他连续走访了全村 147 户人家，掌握了村里的基本情况，协助村里做好贫困户识别和建档立卡，建立了电子扶贫台账，充分掌握了当地老百姓的基本生活诉求。

刚刚从石油企业跨界到乡村街道工作的那种隔行如隔山的感觉，在几个月后慢慢烟消云散，村干部们不再称呼他"巴书记"，每天总有人到他那破旧的宿舍前招呼他，让他跟着大伙一起学习新的农村政策和农业知识，然后再用他那张三寸不烂之舌去跟农民朋友讲解、宣传，尤其是那些大爷大娘们都说他普通话讲得好，声音好听，愿意听他多讲讲，于是现下他已经被改称"巴哥"啦！村党支部召开的民主生活会，他是逢开必到，每次都真诚地邀请村镇两级干部给他提意见、提建议，慢慢地干部们的"话匣子"都为他打开了，而巴涛一直在心中勾勒的几项重点工作也逐步走上了正轨。

他针对各村的具体情况，经与村干部分析商量，牵头制定了《驻村帮扶计划》《脱贫致富产业发展规划》等一系列文件。顺利组织党员干部与 8 户贫困户结对，定期开展走访帮扶，并送上慰问品；扎实推进危旧土坯房拆改任务，共拆除土坯房 8 栋 2000 多平方米；协助 6 名贫困户入住幸福苑老年之家；争取到单位帮扶物资 4 批次，折合现金 20 余万元；清理路障垃圾、沟渠，组织进行旱厕改造 30 余户。在严格兑现扶贫政策、落实保障扶贫的同时，他还积极带领干部因地制宜地想办法，谋思路，替老百姓排忧解难。今年 4 月，正值蒜薹、葱等农产品上市，产量高，本应该是件值得高兴的事，但农产品却卖不起价，而且需求量也不多，造成大量的农产品滞销，这可愁坏了农户们。他带着乡村干部通过实地推销、网络宣传等多种途径解决了好几千斤农产品的销售问题。巴涛和很多村镇干部们都认识到，一个地方要真正摆脱贫困，永远不能仅依靠外界的帮助，而应该发掘内生动力，实现从"输血"式扶贫到"造血"式扶贫转变。巴涛利用自己在单位多年来积攒的人脉和公司丰富的党建力量，邀请相关专家导师送党课下基层，成功鼓舞带动了更多的村民主动求变、脱贫致富。

村民们有事也习惯了敲巴涛的房门，“我家电视坏了，你能给修修不？他们说你以前在井队干，电工、焊工、维修啥的你都会？”巴涛笑了，敢情钻井工人都是十项全能呀，同时更感到了一种接纳感。从此往后，像是开了阀，村民提的要求什么样的都有：巴哥，我家丫头结婚，你给俺当司仪呗，我看你挺合适！我家屋顶漏雨，你给解决一下不？我儿子今年30了，还没对象，帮着介绍一个，行不？孙女这道题不会，你给辅导下吧？“那种感觉，我就是这个村的‘共享’女婿。”

不外出的时候，待在他的破旧小房里，巴涛还在思量着村上的家长里短。村里的明白人说，“巴哥”解决的是村里的事，添的是自己的“堵”。一次妻子带着大宝趁着周末去探望他，正碰上两户村民在街上吵得不可开交，那泼辣阵势也着实惊到了母女俩。巴涛很平静，“这是村民们表达心中想法和情绪的一种方式。他们没有恶意，没有针对性，也想解决问题”。他理解并尊重他们。久而久之，在“打磨”中与村民、村干部培养出来的感情日积月累地越来越深。谁家杀猪了，谁家老人膝盖疼，谁家种了啥地，谁家闺女今年高考，谁家学费还没着落，他都心知肚明，许多事即使处理不了，但他会试着去做，给村民一个态度和交代，随身带的工作日志里记下了村民的每一条需求，搞定一个就画掉一个。可是家中小宝感冒发烧，一岁抓周，大宝家长会、期末考、运动会他却无暇顾及，遗憾错过了。

夜深人静的时候，他也会想，这段高开低走的经历如果纯粹只是为了所谓的“镀金”，是不是有点太不值得了？但是每每想到一年多来，淳朴的乡土民情回馈给自己生命的丰盈，他又释然了。他把自己在西小王镇西陈村经历的点点滴滴都记录下来，分享给自己的老婆和大宝，他说即使不能天天在一起，也要让他们看到自己的感悟和成长。他把乡野的风光、成熟的瓜果蔬菜以及当地的土特产第一时间发布在朋友圈，“忽悠”着大家伙给他们村创收，每次配图后都是那句不变的台词：“欢迎亲朋好友到西陈村来，运用你的所学所长和支付宝，帮助村里的贫困户脱贫，与农民成为挚友，与乡村一起成长！”留言虽然吐槽声一片，但还是有许多朋友购买了当地的农副产品，解了许多农户的燃眉之急。同时还吸引来了一批“瓜娃子”——渤海钻井“星火”青年志愿者团队来开展“送温暖、送文化”下乡活动，那副与当地百姓一起绘制的具有浓厚乡土气息的“撸起袖子加油干”标语一直在村宣传墙上熠熠生辉。

有好友问巴涛你是来做精准扶贫的，可是你现在每天就是些家长里短、讲解宣传，不大对路啊？你怎么给这个贫困村带来改变？他立刻纠正对方“我从来没有想过改变。因为改变往往带着一种居高临下的心态，可是你我，我们都没有资格去定义，说当下的农村应该是什么样，百姓应该怎样生活。村民有村民自己生活的逻辑，这套逻辑我们应该学会尊重、认可和接受”。

口罩战“疫”

仪征化纤

扫码观看视频

口罩战“疫”

新冠病毒来袭！口罩难求！

熔喷布紧张，价格持续上涨！

关键时刻，以中国石化为代表的中央企业，迎难而上，上千名参建人员不舍昼夜、轮番上阵，中国石化76天建成16条生产线，跑出了中国制造加速度，体现了建设者的顽强作风和拼搏精神，涌现了许许多多拼尽全力的平凡英雄。

“土专家”的初心路

河南油田

扫码观看视频

“土专家”的初心路

郭亮，中共党员，河南油田井下作业工首席技师，中国石化集团公司井下作业工技能大师。先后完成国家级成果8项，省部级成果24项，国家发明专利9项、实用新型专利23项。被河南省授予“中原大工匠”“十大能工巧匠”“十大师带徒标兵”和“质量工匠”等称号，2020年享受国务院政府特殊津贴。参加工作20多年来，他始终坚守在艰苦的油田修井作业一线，发明研制的“管柱快速防顶装置”“抽油杆倒扣器”“抽油杆刮蜡洁净器”等60余项市场买不到、专家想不到、现场真需要的革新工具，有效减轻了作业劳动强度，提升了作业效率，被基层一线作业工亲切地称为接地气的“土专家”。

38 载磨砺成就一代“机王”

广州石化

刘立新，广州石化裂解装置压缩机班班长、中国石化特级技师。他扎根一线，深耕石油化工行业 38 年，带领裂解压缩团队攻坚克难，裂解三大机组（乙烯压缩机、丙烯压缩机、裂解气压缩机）连续安全平稳运行创行业长周期纪录。他是装置重大技术革新及解决生产难题的“行家里手”，尤其在裂解三大机组运行维护和故障排除方面有独到之处，被誉为“机王”。

近年来，刘立新围绕制约裂解机组长周期运行问题，先后完成 28 项技术攻关，解决了装置 59 项技术难题，确保了三大机组安稳长满优运行，创造了行业内采用四段压缩裂解装置连续运行 1672 天的纪录；8 次处理生产过程中出现的重大险情，为企业挽回经济损失 1500 万元。

发明创新有想法

装置的人都知道老刘“爱折腾”，但他从来不折腾人，而是折腾他认为在生产中不完美的事。刘立新始终认为：“办法总比困难多，是问题就一定会有解决的办法”“小改造也能创造大效益”“创新就是对细节的精益求精”。

“液位计导淋堵塞，压力表引压管堵塞……”在日常生产中，经常会出现一次阀或管线堵塞的现象。一般的疏通工具只有简单密封或无密封，不耐高压，处理过程存在一定的安全环保风险。

“爱折腾”的刘立新坐不住了，他决定研制一种一次阀门堵塞带压疏通器。通过查阅大量与密封填料、疏通器相关的文献和资料，他带领技术骨干设计制作了一种自带填料函密封结构的阀门，在使用过程中可以通过疏通器自带的阀门来判断堵塞部位是否通畅，解决了一次阀门堵塞带压疏通的难题，并成功申请专利。

针对现有分离装置不能很好地对排放出来的油水混合物进油水分离的问题，刘立新对化工区排水情况进行了详细的调研，对油水分离器进行了持续改进。通过两年的研究与实验，发明了一种新型的油水分离装置，经过多层分离，不仅彻底解决了油水分离问题，而且消除了安全环保隐患。

创新永无止境。刘立新发明的调节阀应急抢险工具，解决了裂解气透平 LP 阀杆弯曲卡涩问题；他发明的集管分配器，使裂解气系统在装置大修停工过程中实现高效吹扫，实现系统提前 8 小时交出检修。近年来，刘立新的创新成果先后 13 次荣获广州石化科技进步奖项，获得 3 项国家实用新型专利。

团队建设有办法

走进刘立新的办公室，书架上、桌子上最多的就是记着密密麻麻笔记的文献和专业书籍，不同颜色的记号标注着不同的重点。他不仅自身善于学习和积累，也乐于将自己的“绝活”与大家分享。

“裂解装置工艺复杂，光靠个人的力量是有限的，只有把大家都培养成优秀的技术人员，凝聚团队的智慧，才能真正为装置安全平稳生产保驾护航。”刘立新是这样说的，也是这样做的。

刘立新通过不断摸索，总结了一套行之有效的培训方法。对新学者，他将复杂问题简单化，帮助初学者理解及提高；对有一定基础的人，他将系统讲深讲透，要求掌握全面；对于基础扎实的骨干，他培养他们分析问题、解决问题的能力。在他的言传身教下，近年来，他带领的徒弟中有5人成为装置专业技术骨干，4人成为压缩机岗位班长，徒弟陈崇洁在2020年全国行业职业技能竞赛乙烯装置操作工竞赛中获得铜牌。从他班组出来的职工，成为装置各班组的“香饽饽”。

2018年，以他名字命名的“刘立新劳模创新工作室”成为解决生产难题和培养人才的新平台。刘立新认为，劳模创新工作室虽然以他的名字命名，但工作室不是个人的，而是带动整个职工群体共同为企业创新创效的平台。工作室成立后，刘立新带领劳模和工匠，发挥团队力量，解决生产难题，确保装置安全平稳生产。如通过并联换热器，投用丙烯机不凝气送至轻催装置回收流程，解决了丙烯机出口压力不稳定问题；通过改造真空减黏系统，解决现场异味大、管道易堵塞问题；提出“全凝开车法”并成功运用于裂解气压缩机透平单试与开车过程，解决了系统开车初期过程存在超高压蒸汽量不足的问题，保证了机组一次开车成功。

此外，刘立新带领劳模、工匠团队通过“技师讲授法”“典型案例分析法”“核心技术讨论法”“头脑风暴法”等不同形式的培训，为一线员工提供

了交流学习的平台，使团队迅速得到成长。3 年来，工作室累计培养出技术骨干 36 名，获得广州石化优秀 QC 成果奖和科技进步成果 20 项 / 次。

刘立新在中国石化集团内也是有名气的专家，连续多年被邀请担任燕山培训中心客座教师；两次被聘为中国石化集团公司业务竞赛、全国行业职业技能竞赛裁判员。

“干出成果，干出实绩，干出形象，才能无愧于高技能人才这一称号，才能无愧于公司对高技能人才的关爱。”刘立新说。

因为选择，所以坚持

北化院

“我所获得的成绩，和老一辈科研工作者的关心与帮助、同事们的协同配合密不可分。现在我年纪大了，不能再走进实验室做实验了，但是希望能尽自己的微薄之力，帮助现在的青年科研人员发展，为国家、为中国石化、为北化院的发展作出更大的贡献。”这是毛院士在2021年6月1日北化院举办的“毛炳权院士捐赠仪式”上说的话。

2000年，北化院以毛院士捐赠的500美元为启动资金，创立了“北化院毛炳权青年科技奖”，2004年更名为“毛炳权青年科技奖励基金”。2006年，毛院士再次捐赠52045.54元，尽一己之力助力青年科技人才成长。2021年，在北化院建院63周年之际，已经年近90岁高龄的毛炳权院士为“毛炳权青年科技奖励基金”捐赠25万元。至今为止，已经有88位同志获得过奖励基金，获奖者都已成长为研究院各专业领域的重要技术骨干和中坚力量。

能通过自己的努力推动祖国的石油化工事业发展，是毛院士一直以来的追求。

选择化工只因“化学能生产炸药”

1952年，毛炳权从部队来到大连工学院化学系就读，而之所以选择这个专业，只因曾听老师说过“化学能生产炸药”。

“当年，国家的口号是建设工业化的社会主义中国。当时，我对大学里怎么分科很不了解，只知道，既然要工业化，就应念工科。对工科里的专业也不知道，只是在中学时听老师讲过，化学能生产炸药、火药、肥料等产品，是不可缺少的行业，于是我就报名到大连工学院化学系就读了。”

在大连工学院就读了两年以后，由于成绩出色，毛炳权作为新中国最早的留学生，被选派到苏联莫斯科化工学院学习。在那里，他一面潜心钻研理论知识，一面一有机会就想方设法参观当时苏联先进的化工企业，去工厂实习。这位“有心”人年少时的这些求学经历，都为几十年以后在高分子领域显著成绩的取得，打下了坚实的理论与实践基础。

三个催化剂，三个国家发明奖

催化剂技术是聚丙烯工业的核心技术。20世纪50年代，意大利人Natta发明研制出第一代催化剂，而我国自70年代才开始研究工作。1978年，在老一辈高分子合成专家唐士培教授的带领下，毛炳权等科研人员开发出一种相当于国外第二代催化剂的络合Ⅱ型催化剂，该技术在世界上较早实现无脱灰、无脱无规物工艺，填补了国内空白，奠定了中国聚丙烯催化剂技术的基础。1982 年，此项科技成果获国家技术发明三等奖。

80 年代，面对因国外催化剂生产技术不转让造成的我国大量外汇支出的现状，毛炳权所带领的课题组承担了我国第四代聚丙烯催化剂的技术攻关任务，并毅然选择“自主创新”的道路。经过一年的刻苦攻关，他们以坚持赢得突破，1984 年底，N 催化剂研制成功。从此开创了全新的 N 催化剂体系，打破国际垄断，确立了我国世界聚丙烯催化剂强者地位。N 催化剂相继获得了中、美、日及欧洲等地多个国家的专利，并且成功地转让给美国某大型石油公司，成为包括欧美市场在内的国际市场上知名的聚丙烯催化剂品牌。1993 年，N 催化剂获国家技术发明二等奖。

由于 N 催化剂仅能应用于均聚物，在研制聚丙烯 N 催化剂的同时，毛炳权就已在探索应用于共聚物的球形催化剂。1990 年，毛炳权正式接受了国家计委和中国石化总公司下达的“聚丙烯球形催化剂”的“八五”攻关项目。在全体科研人员的努力下，1991 年，球形催化剂顺利通过实验室研究与中间试验的鉴定，并取得了中国专利，2003 年，获国家技术发明二等奖。

三个催化剂，3 个国家技术发明奖。在毛炳权办公室的壁柜里，还有厚厚一沓的各种省部级奖励证书，一个个鲜红的奖励证书印证了这位已至耄耋之年但依旧工作在科研一线老人的坚实足迹。

七十岁入党

1950年朝鲜战争爆发，毛炳权响应保家卫国的号召，投笔从戎。在部队，毛炳权首次向党组织表达要加入中国共产党的愿望。后来，根据需要，他被送进大学读书，很快又被派到苏联留学。在莫斯科，他作为留学生代表聆听了毛泽东主席的名言："世界是你们的，也是我们的，但是归根结底是你们的……希望寄托在你们身上。"年轻的毛炳权热血沸腾，更坚定了为新中国的科研事业奉献终生的信念。50年代中期，毛炳权正式向党组织递交入党申请书，至此，他将他的爱国爱党情怀深深地根植于他对化工事业的执着追求中。

"文革"中，毛炳权受到冲击和不公正待遇，虽然有过困惑和迷惘，但他爱祖国跟党走的信念始终没有改变。党的十六大结束后，毛炳权再次向党组织递交了入党申请书。

2003年"七一"前夕，70岁高龄的毛炳权实现了半个多世纪的夙愿，光荣加入了中国共产党。他在入党誓词中说："我将在党组织领导下，服从组织，用共产党员标准严格要求自己，在我有生之年，继续为中国化工事业尽力作出自己应有的贡献。"

如今的毛炳权已近90岁高龄，因为选择了化工行业，已在这一领域坚持奋斗了一生。虽然他现在不再亲自做实验，但育人的职责不敢有丝毫懈怠。让年轻人学有所成，为国家化工事业的发展贡献力量是老人最大的欣慰。

压裂“探路者”

石化机械

2023 年 1 月 28 日，石化机械自主研制的 8000 型电动压裂装置，在我国华东地区首次成功应用。其投用可有效提高作业效率、减少作业风险，为页岩油气开发提供安全、绿色、高效的保障。国内多家主流媒体纷纷报道、转载此事。

“这套压裂橇全电动，是全球目前最大功率的压裂设备，采用‘一拖二’结构变频控制系统、国产 6000 伏电机及电传系统，优化整机布置及润滑技术，其最大输出功率 8000 马力，一台可替代 3 台常规 2500 型油驱压裂车，综合性能世界领先。”石化机械压裂设备专家王云海解释说。

30 多年来，石化机械在压裂装备领域经历了从 0 到 1、从 1 到 N 的发展过程，在创新创造过程中，压裂装备研发团队聚焦“先进性”“适应性”“绿色低碳”，持续推进“首创”工作，自主研制出多项首台套压裂装备，实现重大技术突破，成为压裂领域的“探路者”。

追赶：从引进到自制

大型压裂装备属高端油气钻采装备，长期以来核心技术难以突破，设备长期依赖进口，严重制约了我国油气资源开发，也对国家能源安全造成一定威胁。

20 世纪 80 年代，石化机械把握改革开放机遇，通过技贸结合方式引进国外固压设备制造技术，吸收借鉴先进技术，契合我国油气资源开发特点，优化改进、自主创新，研发出国内首套 800 型、1000 型、1800 型、2000 型压裂机组等五大类数十个产品，国内压裂施工终于用上“中国造”压裂装备。此后，石化机械每推出一款压裂装备，国外同类产品价格便应声下跌。

超越：从能用到好用

在解决“用得上”问题后，研发团队面向工程需求，进一步着力解决“用得好”“功率够用”等问题，在研发具有自主知识产权的大型压裂装备上下功夫。

2008 年，石化机械自主研发制造的世界首套车载式 2500 型压裂机组亮相普光气田大型酸压现场，卓越的技术性能和稳定的工作性能，让国内外同行为之叹服。

“十二五”时期，石化机械牵头实施国家科技重大专项“3000 型成套压裂装备研制及应用示范工程”，研发团队决定以此为契机，搭建起具有国际领先水平的压裂装备自主创新研发平台，突破一批关键难点技术，形成一套技术标准规范。

2013 年，又一世界首创产品“3000 型压裂车”在石化机械成功问世，随即在涪陵国家级页岩气示范区建设中大展身手，成为开发的主力装备。

石化机械还提出采用工厂化模式，推出页岩气开发关键装备及工具一体化解决方案，实现小井场大排量条件下，压裂机组空间及数量的最小化集成和不间断连续作业。2014 年 8 月，在焦页 42 号平台“井工厂”交叉压裂施工中，3000 型压裂装备创下 7 项压裂施工新纪录。

突破：从柴驱到电驱

“20多台压裂车同时作业，像联合舰队，壮观但噪声也大。”2015年，在涪陵页岩气田压裂现场，常规压裂装备噪声大、作业成本高等难题凸显。通过工程现场的实际勘查，研发团队明确了电动化的创新方向。

“从工程来，到工程去”“欲得大成，必须俯身一线”，大家心往一处想、劲往一处使，争着前往涪陵页岩气田压裂施工现场，开展现场调研，倾听用户心声，跟着问题走、奔着问题去，逢山开路、遇水搭桥，一项一项把难题解决掉。

“心有热血，烧不死的鸟就是凤凰。”在打造大国重器、支撑油气发展的道路上，对研发团队来说，有风有雨是常态，风雨无阻是心态，风雨兼程是状态，困难和挫折从来都如影随形。

然而，每掌握一项关键核心技术，可能就迎来一片新天地。

在石化机械牵头承担国家“十三五”科技重大专项“深层页岩气开发关键装备及工具研制”任务过程中，研发团队相继推出油电混合、超大功率全电动、连续满载全电动压裂成套装备。

最新研发成果连续满载全电动压裂成套装备核心——电动压裂装置采用多相变频电驱动压裂泵系统，是基于中国高铁变速控制技术的自主创新，部件国产化率由50%提升至95%以上。

石化机械电动压裂装备广泛应用于国内油气田，带动区域压裂施工周期下降60.4%、单井燃料动力费降低36.2%，有效促进了页岩油气绿色、高效开发。

引领：从优秀到卓越

以压裂泵、混砂装置、高压管汇、控制系统等为核心，石化机械建成国际领先水平的成套压裂装备技术体系，超大功率连续满载全电动压裂成套装备成为页岩油大平台工厂化施工、连续满载作业的最优选择，已顺利完成江苏油田花 2 侧 HF 井、国家级页岩油示范区樊页 1 试验井组等压裂施工，创下多项优异指标。

石化机械电动压裂装备应用技术还入选国家绿色技术推广目录、央企科技创新成果推荐目录，装备分别亮相国家“十三五”科技创新成就展、庆祝改革开放 40 周年大型展览，接受党和国家领导人检阅，还被永久收藏于国家博物馆。

大漠之鸽

江汉石油工程

扫码观看视频

大漠之鸽

八年前，江汉石油工程钻井二公司70209JH钻井队来到新疆TP35-1井施工，有两只受伤的鸽子飞到了井场，落在井架上。钻工王存喜发现了它们，看到鸽子受了伤，担心它们飞不出荒无人烟的沙漠，他用自己吃饭的碗盛了些水给它们，再把它们喂饱。吃饱的鸽子不但没有飞走，而是跟着井队东奔西跑，从两只到现在的二十几只，鸽子和人类结下了深厚的感情，就像千千万万的石油工人，追随着江汉钻井的井架，从塔河塔中到顺南顺北、跃进，不管是戈壁还是胡杨林，哪怕是最艰苦的沙漠深处，都是紧紧相随、不离不弃，鸽子就是石油人的影子。

十年之约

金陵石化

扫码观看视频

十年之约

金陵石化炼油四部成立十周年，一对师徒从刚入职的懵懂，到经历困难的磨砺，到成为装置骨干，是人才的成长，也是公司的发展提升。

晓哥，真中！

河南石油

麦香时节满地金。蔚蓝的晴空下，金黄的麦田随着滚滚热风掀起一层层麦浪……河南洛阳石油偃师寨后站站长刘红晓，一手拎着油桶，一手拿着胶管，追着农机手的步伐，随时为收割机“补充能量”。

突然，一个焦急的声音在耳边响起：“孩子回不来，地里的麦子咋弄啊？”说话的是寨后村的李大娘。原来，寨后站是偃师首阳山镇的一个小山村，约有4个生产队70多户村民，新冠肺炎疫情让多数外出务工的年轻人无法回家收麦，李大娘家里老的老小的小，实在无法应对家里的4亩麦田。

了解到情况的刘红晓立即向所在党支部做了汇报，5月27日，党支部组织5名党团员骨干，联系好收割机，带着棚布、口袋等农具，连夜将李大娘家的小麦收仓入库。看着一袋袋整齐摆放的小麦，李大娘感动得热泪盈眶，连声说：“以前只知道中国石化是卖油的，真没想到还能帮俺们收麦子，晓儿，恁真中！”

这只是刘红晓站长帮助寨后村的一个缩影，每年三夏，他都会热情周到地服务农机手。2021年三夏期间，面对受新冠肺炎疫情影响寨后村大部分外出务工的年轻人无法回家收麦的情况，刘红晓便到寨后村挨家挨户询问，哪家老人行动不便需要送油到田间，遇到有实际困难无法收麦他就利用下班时间帮助农户收麦……就这样，寨后村百分之九十的农机用油都是找的他，村

民都笑称：“晓哥‘承包’了我们村！今年三夏全靠你了！”

不仅是寨后村，在加油站，“晓哥”也是鼎鼎有名，说起“晓哥”这个名字的由来，还要从2018年说起。

2018年麦收时，刘红晓还是偃师第二加油站的站长。有天，一名从陕西过来的农机手胡延斌的收割机皮带断了，看着丰产的小麦却无法收割，胡延斌心急火燎，抱着试试看的想法，他拨通了“中国石化三夏明白卡”上的热线电话，不到半个小时，刘红晓骑着三轮车就到了现场，三轮车上的物品琳琅满目，维修工具、收割机皮带、油料、矿泉水一应俱全，一阵忙活后，收割机恢复正常，“晓哥，谢谢你，用你们河南的话说，你真中！”两人的友谊就此开启。

后来，胡延斌带着陕西老乡的收割机队每年都在刘红晓的加油站歇脚，补充给养，收割机队其他司机也跟着胡延斌喊刘红晓“晓哥”，“晓哥，明天往府店去，离这里还有多远哪？”“晓哥，给我加满吧！”“晓哥，昨天嫂子做的油饼真好吃，今天还有吗？”……

就这样，“晓哥”凭着中国石化过硬的油品质量，凭着他正直真诚的人品，以及憨厚有亲和力的笑容，与很多农机手从陌生到熟悉，成为朋友。一到麦收时，“晓哥”都会准备好绿豆水，“晓嫂子”还会炸油饼、菜角款待这些四方来客。

“晓哥”已不记得自己服务过了多少位农机手，用心用情、做好垂范，刘红晓用自己的初心和行动，完成了自己的使命，也带动了越来越多的石化“晓哥”出现……

不一样的“战场”，不一样的“兵”

荆门石化

曾经，他们献身行伍、保家卫国，在铁血军营中奉献青春和热血；现在，他们投身企业、尽职尽责，在平凡的岗位上贡献力量。在荆门石化公司，奋斗着多名退伍军人，他们换岗不换志，始终保持着军人本色，钢枪变成生产工具，戎装变成职业工装，但不变的是军人骨子里那股凛然正气和钢铁意志！他们总是骄傲地说：我曾是个兵！

特别能战斗的消防员

王昌荣，44 岁，1992 年参军入伍，服役 3 年。服役期间，连年荣获优秀士兵、优秀代理排长、优秀共产党员等称号。

1995 年底，王昌荣退伍后被分配到荆门石化消防中心，由一名士兵转型为消防员。当消防员，就要当最好的消防员！他把在部队时养成的优良传统和顽强作风带到工作中，无论是业务训练、车辆设备维护、灭火抢险救援，还是内务卫生，他都严格要求自己做到最好。

2000 年，他因为过硬的业务素质和在领导同事们中的良好口碑，从同一批分来的同事中脱颖而出，迅速成长为一名战斗班长。

一个晚上，消防中心接到荆门119指挥中心打来的火警电话，称荆门掇刀区格林美公司西区库房发生火灾需进行灭火增援，王昌荣迅速带领班组人员赶往现场。到达现场后，库房已燃起熊熊大火，上空浓烟翻滚。火场情况瞬息万变，王昌荣按照火场指挥部的命令完成火情侦察后，火势越发猛烈了。

“这样下去不行，水射不到库房里，只能扑灭外围火。”消防中心主任张勇心急如焚。

“我们班请求担任突击队，带一台自摆炮从最近的库房西侧过去进行内攻。”王昌荣主动请缨，看着主任担心、犹豫的样子，他大声而坚定地说道，“我保证完成任务！”

说完，他就带领班组人员抬着一台自摆炮冲入了火场，那一刻，他仿佛又回到了当年部队里令人既紧张又兴奋的军事演练现场。离仓库越来越近，热浪炙人，皮肤如针扎般疼痛。他们迅速展开自摆炮出水，步步为营，这时，五层楼高的仓库，楼板已在大火中被烧得裸露出了钢筋，不时有碎砖因高温炸裂开而四下迸射。慢慢地，他们离仓库入口只有五六米远了，如果这时仓库因燃烧坍塌，王昌荣和他的班组人员将全部葬身火海。

“兄弟们，怕不怕？”王昌荣回头看向身后这帮生死与共的兄弟们。

“跟着你，不怕！”兄弟们大声回答。

这时，自摆炮由于其仰角不够射不到关键位置，王昌荣急中生智蹲下来用双手抬起炮管保持出水角度，水流强劲，炮身沉重，他和班员轮换抬炮，坚持了3个多小时直到火势被控制、扑灭。

当王昌荣带着兄弟们从火场出来时，张勇拍着他的肩膀，只说了句“好样的！”就再也说不下去了。格林美公司的负责人走过来握着王昌荣的手，激动地连声说道：“谢谢！如果没有你们的救援，公司的损失会更大！”

“部队生活对我影响很大，那种牺牲、奉献精神已经融入我的骨髓里，无法改变。”这是王昌荣经常挂在嘴边的一句话。无论在哪里，他依然还把自己当作一个兵，一直保持着部队的优良传统和作风！

从“空军蓝”到“石化蓝”的坚持

陶毅，44岁，1992年参军入伍，在南京空军地空导弹部队服役4年。服役期间，曾荣获集体二等功、优秀士兵等奖项和称号。

“刚才接到调度指令，柴油后路要改线，等会接了班，建国先和调度、罐区联系，确保安全，不能憋压，不能影响生产。杨珂一会儿跟我一起去现场，现在先开始交接班。”

早上8点的交接班会上，陶毅向同事们分配完当天的工作后，又马上跑到装置现场配合同事改流程。

2005年，刚刚31岁的陶毅已经是出入火场多次、参加过各种抢险救援的一线消防战斗员。那年的秋天，陶毅主动报名参加转岗培训，从消防队来到了加氢装置。战斗服换成了蓝色工作服，扳手取代了消防水枪，消防战斗员成为一名炼油操作工。

面对眼前复杂的装置工艺流程和一大堆从未见过的仪表设备符号，陶毅没有胆怯，秉承着在部队敢打硬仗、吃苦耐劳的精神，从认识阀门、管线开始，边学边记，边记边想。白天跑现场，晚上画流程，不懂就虚心请教，把每次设备改造和维修都当作一次“攻坚战”，刻苦钻研、精益求精。三四年的时间，陶毅已经从“生手”成为拥有柴油加氢、蜡油加氢和柴油加氢三套装置上岗证的全流程操作能手，从2006年开始，连续7年的消、气防比武竞赛，陶毅都是第一名。

2011年7月，蜡油加氢装置反应器高压部分差压阀出现故障，反应器内60多公斤压力直接从顶部喷向空中，装置现场充满了柴油和氢气混合的油气，随时有爆炸的危险。在大家还没有从震惊中清醒过来时，瘦瘦高高的陶毅第一个背起空气呼吸器冲入装置，熄炉、停泵、停压缩机、关闭一切可能产生火花的设备，现场浓密的油气让陶毅无法看到自己伸出来的手，直到有人拍他示意撤退，他才发现已经过去了一个多小时。“在部队训练的良好的心理素质、消防战斗员的专业抢险知识再加上早已烂熟于心的装置工艺流程，我觉得当时我是冲进去的最佳人选。”陶毅一脸自豪地说道。

由于陶毅反应迅速、抢险及时，成功避免了一起重大火灾爆炸事故，荆门石化授予陶毅个人二等功的荣誉，2015 年表现突出的陶毅被任命为加氢装置联合三车间一班副班长。

“陶毅虽然不是学炼油专业的，但他特别能吃苦，从来也没什么架子，谁业务强他就跟谁学，所以现在他的技术在我们班也是最过硬的。”班长陈会权向记者介绍。

陶毅现在每天上班，都会带着转岗来的徒弟跑现场、学流程，就像当初师傅带着他学习一样。针对新入厂人员和轮岗人员工艺流程不熟、技能水平不高的情况，陶毅带着他们深入现场，进行实战操作指导，将技能培训与实际工作紧密相连，真正提高同事的操作水平和应急处理能力，协助车间打造出一支敢打、能打、善打硬仗的基层队伍。

从班长到班长的“挑战”

杜建军，45 岁，1993 年参军入伍，在武警上海总队服役 3 年，服役期间曾获得优秀士兵、技术比武第一名等多个荣誉。

和善的面容、精干的身板、走路呼呼带风，常年一袭蓝工装，不停穿行奔波于塔罐、泵房、巡检点，这就是人们对杜建军的印象。杜建军现在是荆门石化储运部驻塔河炼化油槽班的班长。

“我到储运部都 5 年多了，时间过得真快，感觉从消防队转过来就是前两天才发生的事。”杜建军回想起自己的转岗经历不无感慨。

杜建军原是荆门石化消防中心一名特勤战斗员，2013 年工作调整转岗到储运部，成了一名新的油槽工。隔行如隔山，40岁转岗，对杜建军来讲挑战可不小。由于杜建军个人素质高，领会能力强，加上他勤学肯问爱钻研，到储运部两个多月，就熟练掌握了从装置到罐区所有管网系统每条管线的介质与走向，六七个平台，多达几百个阀门的性质和作用他都摸得清清楚楚，在技能考试中成绩优异，现在负责最重要的线路。

“我这几年的经历挺丰富的，变化也大，但我不畏惧，在部队第一年我就拿了支队技术比武个人项目的第一名，全连第一个入党，所以我觉得我能搞好，我真有这个自信。”

一向自信的杜建军2015年又做了一个让所有人都吃惊的决定，报名前往荆门石化驻新疆塔河炼化的储运车间工作。塔河炼化的工作跟荆门石化的差别很大，成品装车、油品调和、液化气球罐装车等都是之前杜建军没有接触过的，但有了在荆门石化储运部学习的底子，杜建军拥有了一套自己的学习方法，别人要花3个月，他用1个月的时间就能顺利顶岗。由于他肯付出、有担当，2017年被任命为储运二班班长，一年的时间，他用自己的勤恳、踏实、专业和热心将二班带成了队伍凝聚力强、组员技术过硬、班组和谐稳定、全车间最信得过的班集体。

“部队那几年的经历对我的性格和思想都产生了很大影响，在武警新兵连训练时吃太多苦了，下了连队当了班长又感觉身上多了份责任，所以后来不管是当消防员、干油槽工，还是现在带班组，我都抱着这种想法，不怕吃苦也不怕吃亏，我还有啥干不好的呢？”

甘甜可口的柑和橘，虽然同属于芸香科的果实，但却是不同品种的水果。文中这三位“老兵”，就如同这柑和橘，无论在哪个工作岗位，都能心向太阳，以顽强的生命力和适应能力，健康茁壮成长，直至结出香甜的累累硕果。

擦鞋匠

云南石油

“没想到我一个街边的擦鞋匠竟然能成为中国石化的一员！”回想起发生在18年前的事情，云南石油楚雄加油站加油员解开富仍然激动不已，“当片区经理将录用消息告诉我时，我简直不敢相信自己的耳朵……”

解开富出生在昭通市一个贫困的农民家庭，5岁那年不幸患小儿麻痹症，右脚留下终身残疾。一辈子务农的父母难以负担兄妹三人的学费，解开富高中没毕业就辍了学。辍学后，为了减轻家庭负担，解开富先后在昭通、昆明等地打工，最后辗转到楚雄做了一名擦鞋匠。一个偶然的机会，让解开富与石化企业结下了不解之缘。

永怀一颗感恩的心

2000年9月，加油站达标创星活动在楚雄开展得如火如荼，ME楚1片区（楚雄市公司）为完善加油站服务功能，在所属小河口加油站设立了为驾驶员擦皮鞋的服务项目。片区宋经理专门到街头考察，一下子选中了头脑活络、动作麻利的解开富。就这样，解开富跟着宋经理来到了加油站。

“那是我最幸福的一段擦鞋生涯！”回忆起那段经历，解开富感慨地说，

“每天在‘红帽子’下擦鞋，不用在外面风餐露宿，感觉就像找到了家一样！”看着那些朝阳下身着蓝色制服忙碌的身影，解开富心里羡慕极了，“要是能成为他们中的一员那该有多好啊！”但一想到自身条件，他只能将这份渴望深深地埋在心底。也因为这份渴望，激发了解开富勤奋学习、拼搏进取的意识。

除了干好擦鞋的老本行，他把时间和精力都投入在学习加油站业务上。一有空闲，他就跑去偷师学艺。对于每一个业务流程他都用心观察，不懂就问。大家对这个身残志坚的“编外人员”不吝赐教，都愿意把相关学习资料借给他阅读，指导他进行操练。一段时间下来，解开富已熟练掌握了加油、计量等业务技能。2002 年 6 月的一个上午，宋经理把解开富叫到办公室对他说：“公司经过对你的考察，认为你已具备了加油站员工的基础素质和技能，决定破格录用你。”梦寐以求的愿望终于实现了！解开富眼里溢出幸福的泪花：“是中国石化让我的人生迎来了曙光，我只有加倍努力地工作才能回报企业！”

学不厌求真知

成为石化企业的员工后，解开富更加如饥似渴地汲取新知识。他常说，我的起点比别人低，只有多付出，才能跟别人做得一样好。对于他来说，每天除了工作、吃饭、睡觉，最大的乐趣就是学习。他珍惜公司给予的每一次学习培训机会，以不服输的劲头啃下一个个硬骨头。

2006 年 8 月，解开富报考了加油操作工职业技能初级鉴定。别人轻轻松松拿下的课程，对于没参加过系统学习的解开富来说却不是件容易的事。一轮培训下来，他还是觉得心里没底。回到加油站后，他又利用下班时间去当“旁听生”。遇到理解不了的问题，他就记录下来请教老师和同事。每天，最后一个离开教室的人总是他。翻开他的复习资料，只见密密麻麻画满了记号。功夫不负有心人，解开富先后取得了加油操作工职业技能鉴定初级资格、电工岗位从业资格。

刚进站那会儿，站里懂维修的人才较缺乏。设备发生故障时，站长总喜欢把勤快的解开富叫上在一旁打下手。渐渐地解开富对修理产生了浓厚的兴趣。他暗自下决心："一定要把这门手艺学得像擦鞋一样精！"他自己到书店买来相关书籍自学，在日常工作中边学习边实践。楚雄市公司领导对这个肯学、肯钻研的小伙子也格外关照，经常把一些废旧闲置的加油机、水泵、发电机交给他拆解。解开富就这样拆了装、装了拆，一段时间下来，他已经把这些"宝贝儿"的脾气摸得一清二楚。随着维修技能水平的提高，解开富在市公司的名气也越来越大，其他加油站遇到设备故障问题总喜欢找他帮忙，甚至别的县公司也常来"借兵"。

工作中他善于摸索总结，开动脑筋搞一些实用小发明，解决了实际工作中的难题。在小河口加油站，站长王丽波指着加油机编码器上的一个小盖子说："解开富自创的这种成本低廉、专门用来防止利用加油机传感器作弊的铅封盖帽可管用了，既能有效保护铅封、防止作弊，又节约费用！"市公司经理助理胡朝海介绍说："油站的剪草机刀片坏了，他自己买来钢板打磨后制作成刀片；员工的热水器、摩托车出毛病了，他热心帮忙修好……那些机械设备一到他手里，就全都没了脾气，只要能拆开的设备，他就有办法组装并修理好。"

有一次，楚雄林运加油站3号加油机出了故障，当时正值加油高峰期，把女站长李花急坏了，连忙向市公司求援。市公司先后派出两组人前去维修，2个小时过去了，故障原因还是没有找到。"让小解来试试！"市公司领导想到了解开富。接到命令的解开富火速赶到了林运加油站，顾不上饥肠辘辘立即投入工作。经过仔细排查，终于发现故障原因是加油机刮片泵调节器出了问题。待加油机修复正常运转已是晚上10点钟，在场的人都对他竖起了大拇指，"小谢真是好样的！"

忘我工作彰显朴实本色

“小伙子工作踏实，特别能吃苦！”这是楚雄市公司领导和同事们对解开富的普遍评价。解开富身上有一股子韧劲，“今天能干完的工作绝不拖到明天。”在工作中他无时无刻不在践行着自己的诺言。2008 年 5 月，公司抽调解开富参加加油站油罐容积标定工作。为了不影响加油站正常营业，解开富和同事们昼夜兼程、连续作战，不论白天还是夜晚，加油站啥时候需要就啥时候干，不能按时吃饭、睡觉那是常有的事，但解开富毫无怨言，心里只想着要按时完成任务，他就像上足了发条的机器一样不知疲倦地连轴转。有一次在元谋、牟定片区标定油罐时，为了赶进度，解开富每晚仅能睡两三个小时，连续工作了 5 天的他终因体力不支晕倒在作业现场，等他醒来时才发现自己躺在医院里。他心里惦记着工作，拔掉针头又赶回加油站继续工作。

加油站作为经营易燃易爆商品的特殊场所，对设施设备的防静电接地装置工艺具有较高的专业性和技术性要求。2014 年，楚雄市公司根据《中国石化销售企业加油站接地标准手册》有关规范要求，对所属加油站的加油机、油罐附件、配电室、罩棚、站房等设施设备的静电接地装置进行全面升级整改。公司选取富新加油站作为试点，抽调解开富等人员组成技术力量进行改造工作。在没有任何现成经验可循的情况下，解开富和其他骨干人员攻坚克难，从配件加工到安装反反复复摸索，在经历了无数次失败后，最终完成改造。该站被云南石油公司确定为全省加油站接地标准示范站，为全省加油站接地改造树立了典范。接下来，解开富与公司另外一名骨干一道，陆续对 69 座加油站静电接地装置配件进行统一制作、安装，每年还承担公司新建、改造站静电接地安装任务。在操作过程中，解开富热心地对各县公司前来现场观摩的设备管理骨干进行技术培训指导，既锻炼了队伍，又有效降低了成本，为提升加油站设备精细化管理水平奠定了坚实的基础。

在解开富身上，始终保持着农家子弟那份朴实的情怀。他像千千万万的石化员工一样，在绚烂的朝阳下一点一滴成长进步，默默无闻地在平凡岗位上演绎着自己的精彩人生。

从不“留一手”的老班长

福建联合石化

“你不要命了，你的工作已经够出彩了！还这么拼命干吗？这么大人了，还不知道身体最重要啊！”对工作从不吝啬精力、从不“留一手”的张肇宏由于急性胆囊炎住院，爱人一边照顾一边心疼地埋怨着。

张肇宏，福建联合石化机械设备部仪表团队协调员、全国劳模、首届“八闽工匠”，享受国务院政府特殊津贴。2013 年，“创新”在中国石化成为关键词，福建联合石化成立了首个以职工名字命名的“张肇宏劳模创新工作室”。经过七年努力，他以一个工作室带动几个专业共同参与的“1+*N*”模式，把工作室打造成“动静电仪”综合创新实践平台。2020 年底，“张肇宏劳模创新工作室”被中华全国总工会命名为第三批“全国示范性劳模和工匠人才创新工作室”。

善于乘势而上

2019 年 3 月初，泉港区总工会找上门，希望创新工作室在 4 月下旬承办区仪表工技能比武，张肇宏当场就答应下来。只有 40 多天的准备时间，场地、设备、评委、试卷，一切都是零，怎么办？他找场地、借设备，带领同事们一起动手，接线组装、车拉肩扛，以“遇水搭桥、逢山开路”的拼搏精神克服各种困难，仅用一个半月的时间就建立起职工技能实训基地，并成功承办了全区仪表工技能比武活动。

承办了这次赛事后，他并没有停下前进的步伐。借着此次比赛的契机、思路和资源，他带领同事们继续奋斗，一鼓作气，用了不到1年的时间就把基地扩建成了具备动、静、电、仪四个模块功能的综合体，总占地2000平方米，集职工培训、比武竞赛、技能鉴定、创新创效和技术交流五位一体，并多次承办了福建省、泉州市、泉港区专业技能竞赛或活动，张肇宏劳模创新工作室因此被确定为闽西南劳模联盟石化领域劳模工作集群牵头单位。

闽南的气候一年中大半年都是夏季，烈日当空下，汗如雨下是常态。为了给实训基地找一台汽轮机作为教具，他顶着酷暑跑遍了全厂每个角落。“太好了，就是它了！”当终于在一片杂草丛中发现了一台准备报废的锈迹斑斑的旧压缩机时，他开心极了。“当时如孩子般欢呼雀跃，就差抱着这铁疙瘩啃两口！”张肇宏回忆起这段往事时，脸上还不知不觉露出幸福的笑容。

眼里全是工作

由于连续超负荷工作，张肇宏极度疲惫，腹部连续痛了3天。“感觉还能撑，就光想着找个好办法早点把这个‘宝贝’搬回去。”张肇宏因此进了医院，听着爱人的唠叨，他说：“我知道她为我好，作为一名普通的技工，公司给了我这么高的荣誉，不为公司做点什么，心里不安啊。”

“他眼里全是工作。”张肇宏的爱人吴老师说，“孩子小的时候，他经常加班，我是小学老师，双方父母都没办法帮忙带孩子，我经常抱着孩子去学校，上课的时候就托没课的老师帮忙看着。”

“因为工作忙的原因，母亲离开前没能在床前尽孝，是我人生最大的遗憾。”张肇宏说，“可能工作和孝道很难两全吧！”提起母亲，他哽咽沉默了很久。

强将带出强兵

对工作，他全力以赴、踏实肯干，毫无保留。对徒弟、对同事，张肇宏也从不“留一手”。

“感谢他当初没放弃我，我刚来的时候真的很差。”徒弟刘乾鸿发自内心地说。别看小刘现在是福建省青年岗位能手，在2014年入职时可是最差的一个，在“考徒弟比师父”的转正考试中排倒数第一名。

“那次转正考试我没考好，很让他丢脸，他却安慰我、鼓励我，让我沉下心来，不计较之前的得失，帮我查找分析原因，制订学习计划。”“我想，师父是全国劳模，我也不能太差。不蒸馒头也要争口气，不能给师傅丢脸。再后来，在师傅的指导下，我私下里下了很多功夫，在2018年青工竞赛中获得了第二名，又接连拿了区和省里竞赛的奖项。”小刘的语气虽然轻描淡写，但却透露出和他师父一样不甘人后的一股劲儿。

勇攀科技高峰

“因为学历不高，当年我在内心给自己设立了一个目标，今后要成为一名班长。”在公司“劳模对话青工”活动中，张肇宏说。

在这个目标的指引下，他凭借着干一行、爱一行的心态，三十年如一日，把全部身心都投入了对仪表工作的钻研中。在奋斗的征途中，他不仅实现了自己当初的小目标，还不断创新，勇攀科技高峰。

多年来，他带领创新工作室取得11个实用新型专利和212项创新创效成果，其中54个创新成果在省部级工会组织的创新大赛中获奖，他的“现场仪表设备位置先进查找法”荣获石油和化工自动化行业科学技术一等奖，便携式多功能扳手也获得实用新型专利。2021年底，他个人也取得了中国石化的特级技师职业技能等级。

“如果人人都像张肇宏一样，就没有办不成的事。”张肇宏劳模创新工作室动设备专业负责人张平说，“他就是停不下来，只要有了想法，即便不是他岗位职责内的事也会去做。”“他是一个非常有感染力的人，我们都愿意跟着他干。”仪表高工林镇杰说。

“撸起袖子加油干。”“功成不必在我，功成必定有我。”成立劳模工作室和职工技能实训基地后，张肇宏带出了一批劳模工匠、金牌工人、技能能手，他总是说：“我是公司培养出来的全国劳模，总要为公司实实在在做点事，把自己的技艺和感悟传承下去。”

哈萨克斯坦油田上的春节坚守

国勘公司

扫码观看视频

哈萨克斯坦油田上的春节坚守

对于中国人来说，春节是一年当中最重要的节日。本应万家团圆的日子里，远在哈萨克斯坦的中国建设者照常坚守在油田现场，1年365天，1天24小时，一刻也不能停歇。

王帅是中国石化国勘哈萨克斯坦公司的一名基层员工，今年是他在海外度过的第五个春节，也是他在哈萨克斯坦油田度过的第一个春节。这里位于哈萨克斯坦西部边陲，到里海的直线距离不足10公里。前往油田现场的路上，放眼望去，是一望无际的戈壁滩，在这里工作的人们不畏寒冷，常年坚守岗位，他们繁忙的生产景象为戈壁滩增添了生机。跟随我们的镜头，到哈萨克斯坦油田上感受这份里海之滨的春节坚守。

“管闲事”

销售华南

凌晨三点，销售华南茂名油库生产设备办副主任陈国锋躺在硬板床上，又一次失眠了。脑子里一遍一遍回放着白天发生的事情，陈国锋也开始怀疑自己：“我的态度是不是真的太强硬了？”

天气热得不像话，冷气柜好像也受不了茂名的燥热，空调水滴滴答答地回应着窗外机泵的声响。翻个身，骨骼和床板的碰撞让他的心情更加地焦躁，他索性关了空调，任由热气在值班室里弥漫着。

白天，油库里新罐区二期的项目进展得如火如荼。陈国锋每天都会提前一小时到油库做好准备工作，安排好监护人员，确保安全措施执行到位。时值九月，工人们早已习惯茂名天空中最火辣的太阳，只有脸上的汗珠和汗湿的工装还企图在高温中找到一丝释放的通道。走到新罐区附近，陈国锋总是习惯性地去看看施工进度，几乎每天他都要进去看个十来遍。工地里弥漫着各种不同的声音，但是只要陈国锋一走进去，工人们都尽量保持着沉默，只保留着基本的交流。是的，他们对这个老家伙“戒备得很”。陈国锋也不怎么说话，只专注于检查工人们各项防护工作有没有做到位，只有偶尔看见工人们劳保用品穿戴不标准的时候才会出声提醒他们。用工人们的话说，那时候的陈国锋，活像个专门挑刺的机器人。

中午，施工方把尼龙绳和动滑轮组安装在管线上，想借油库架空管道的方便把581罐一个阀门执行机构“吊装”到指定位置上。因为申请吊车对于施工单位来说真的太慢了，工期那么紧张，他们不情愿被那些烦琐的步骤耽误。正当工人们呼哧呼哧地准备大干一场的时候，陈国锋出现了。

“见鬼！他怎么又来了！”施工人员王明心里咯噔了一下，他拿这个软硬不吃的安全员完全没有办法。

“你们在干什么？马上把管线上的尼龙绳拆下来！”陈国锋一针见血，施工单位甚至没有想到他连铺垫都没有就直接戳穿了他们的“阴谋”。

工人们沉默了，因为大家都知道，他们企图要干的事儿，是违规操作，可能会对输油管道造成不可逆转的破坏，且难保有人不会受伤。但是工期那么紧，他们耽误不起，所以抱着侥幸的心理打下了这个如意算盘。

“陈工，别那么较真嘛，我们就是想行个方便。”王明心里有点发毛。

“安全的事没得商量，有规矩就得按规矩来。现在马上把葫芦拆下来，按规定施工。”陈国锋指着管线上的“作案工具”。

王明一听他不留情面的话，一股气就冲上头：“工期这样紧，我们行个方便都不行。你就是成心跟我们这些工人过不去，想我们干不完项目好让你们扣钱！”也不知道是不是太阳太燥热，气氛一下子就变得焦灼起来。

陈国锋不想与他争执，走到管线旁就要拆那些“方便”的玩意儿，王明脸上挂不住了：“拆了家伙，我们就不干了！”

见气氛不对，大伙儿都紧张了起来，面面相觑，谁都不知道怎么办才好。正在大家手足无措的时候，站长吴锦滨急忙跑了过来。

“干什么？你们违规操作还有理？万一发生事故你负责得起吗？”吴锦滨声色俱厉，“现在马上把工具拆下来，停工整顿！”

陈国锋盯着王明，愤愤地说：“在销售华南茂名油库，只要我陈国锋一天是安全员，就绝不能让你们违规操作，我问心无愧，哪怕你告到领导那里我也不怕。”

“好，你给我等着！”说完，王明转身就往外走去。

那天之后，油库组织施工单位对他们再次进行了安全教育，施工单位也再没出现过类似的违规操作。但也是从那天开始，陈国锋收到了好几次不知名人士送的“惊喜”——被划了两刀的单车坐垫，被扎破的轮胎，车篮里的烂泥巴……都是小把戏，却总让人感到困扰。

一连好几个晚上，陈国锋脑子里都乱糟糟的：“是我太严厉了吗，可事故的代价太大了，我不能让违规操作发生在茂名油库。”猛地，他从床上坐了起来，“不行！我得找王明谈谈！”

第2天，得知王明休假，陈国锋请了半天假，去市场买了两篮新鲜的水果，骑着他破旧的单车来到了王明家。

“叮咚……”门铃声唤来了王明，开门看到是陈国锋，王明马上就想关门：“你来干什么？”

“王明，我想和你聊聊，方便进去坐坐吗？”陈国锋脸上也紧张起来，他把其中一个果篮递给王明，“给你带了点水果。”

“进来吧。”王明也想看看陈国锋葫芦里卖的是什么药。

“王明，可能你觉得我总多管闲事，但请你同我去个地方，如果回来之后你还是觉得我不对，那你送我的那些‘惊喜’，我心甘情愿地接受。”

后来，陈国锋带王明去看望了一对夫妇，妇人推着轮椅跟坐在轮椅里的男人说着什么，见到陈国锋来了，便热情地招呼他们喝茶。

王明不解为什么陈国锋带他来看一个残疾人。

“五年前，我也四肢健全，可以靠自己的双手双脚挣一份体面的生活，可惜造化弄人，一次违规就让我坐上了这把椅子。”轮椅上的男人是陈国锋的中学同学，因为别人的一次违规，他承受了无法逆转的伤害……

王明突然就明白了为什么陈国锋对安全工作这么严格。回去的路上，王明惭愧地说：“锋哥，对不起，我知道该怎么做了。”

陈国锋松了一口气：“小王，我们都想工程顺利完成，你们只是觉得我‘管闲事’但在我心里呀，大伙儿的安全比啥都重要，为了大伙儿，这样的‘闲事’有多少我管多少。干一天我管一天！”

王明笑了：“锋哥，以前我们不理解，现在想想，这样的‘闲事’你管得对啊！有你这样爱‘管闲事’的人看着，以后我们干活才能更安心啊！”

匠心筑梦创佳绩

华东石油工程

郭俊平，深耕井场34年，始终坚持在技术攻关上下功夫，在解决生产难题上出实招，在带徒传艺上见成效，先后获得中国石化技术能手、石化油服铁军名匠等荣誉。他领衔的创新工作室荣获华东石油工程科技创新团队称号，2020年被江苏省授予“省部属企业系统示范性劳模（技能人才）创新工作室”。

从平凡的石油工人到“创新无止境、实践出真知”的“技能大师”，郭俊平究竟完成了怎样的蜕变？

生于油田、长于油田的郭俊平从小就对父亲工作的井场里那些轰隆隆运转不停歇的机器充满兴趣，1988年，刚毕业的他如愿进入井队工作。离家那天，父亲语重心长地说：“你是技校出身，读书少、底子薄，到了井队，就得付出比别人更多的努力，不懂就多问，不会就多学，脚踏实地好好干！”

“不懂就多问，不会就多学”，父亲的叮嘱深深刻在郭俊平的心中。

到了井场，郭俊平就像一块永远吸不满水的海绵，如饥似渴地吸收着知识。他每天跟在队上老师傅身后捧着笔记本，不停地写写画画，记录下设备的性能、特点以及工作中需要注意的事项。后来，当郭俊平不再捧着他的笔记本时，队上的同事反而有些不习惯了，打趣他道：“哎，小郭，你那笔记本呢？”郭俊平笑笑，指了指自己的脑袋：“以前懂得不多，得时时刻刻记下新东西，现在，全都记在这里面了。”

从默默无闻的“跟屁虫”到能独当一面的“井场百事通”，郭俊平勤学好问、苦干实干的工作作风得到了领导同事的一致认可。

一次外出学习，邻桌学员用电脑绘制设备设计草图的举动激起了郭俊平的好奇心，他发现，电脑制图比手绘制图更便捷、更精准，如果掌握了这门技术，对分析设备结构大有帮助。归队后，郭俊平立马购买了相关书籍自学，辅以网上的视频教学，慢慢尝试摸索，为后来创新发明打下了坚实的技术基础。

去海外工作，一直是郭俊平的梦想。当看到公司英语培训班的招生通知时，他毫不犹豫地报了名。培训期间，他总是第一个到，最后一个走，回到宿舍后，也毫不懈怠，认真复习巩固所学知识。功夫不负有心人，四个月的奋斗与坚持，为他赢来了一张通往新征程的机票。

从“绿金之国”加蓬到作为“阿拉伯古代文明摇篮之一”的也门，再到“万佛之国”泰国，多国的工作经历使他的知识和技能得到了极大提升，丰富的海外工作经验也让他在面对困难时显得更加从容不迫。

2009 年，郭俊平接到接手一部 70b 电动钻机的任务，检查中郭俊平突然发现，钻机盘刹上竟然有好几道裂纹，当即与北京厂家取得联系，及时更换了两块盘刹片，确保了钻机出国后的正常运行。到了泰国，同事小王看着井场内矗立的井架仍心有余悸：“还好郭工你心细，要是开工后发现就晚了。”郭俊平点点头：“钻井就是要做到粗中有细，任何一点小疏忽都可能造成严重后果，即使再小的细节，我们也要加以关注、仔细检查。”

“心有猛虎，细嗅蔷薇”，是同事们对于郭俊平的评价，他总是在不断地观察、反思、

总结，力求让成本降一点，再降一点；让速度快一点，再快一点……

“哎，又得换筛布了……”泥浆工对着振动筛直叹气，“这是这个月坏的第40块了吧。”由于钻井液出口与振动筛之间落差较大，导致筛布极易损坏，每月光更换筛布就是一大笔开支。为此郭俊平主动召集同事组成攻坚小组，研究该如何减少筛布的损坏。讨论、做方案、画草图、尝试、失败、再尝试……终于，“钻井液出口管缓冲装置”完工了，让月消耗筛布从82块下降至36块，每年节约了161万元的成本。

面对泰国市场“50钻机如何提高设备搬迁速度”的挑战，郭俊平依然是迎难而上，与团队没日没夜地研究，短短一个星期，梳理出352个能优化的环节，摸索出把设备“化零为整”的模块化搬迁方法，将搬迁周期从6天缩减到1.98天，一次搬迁可节约30余万元。2019年他所在的队伍年进尺突破9万米，一举打破中国石化50钻机年进尺最高纪录。

多年来，郭俊平立足生产现场，仔细观察，大胆探索，累计提出合理化建议273条，处理疑难问题85个，修旧利废节约成本400多万元，“钻井液低故障循环系统”等一批成果获实用新型专利20余项，先后在国家级刊物上发表论文十余篇。

2018年，公司首个以操作层面劳模命名的工作室——“郭俊平劳模工作室”正式挂牌。

一枝独秀不是春，百花齐放春满园。郭俊平始终记得自己年少时遇到的老师傅们，他们将自己的经验、技巧毫无保留地传授给年轻员工。为了让团队成员迅速成长起来，郭俊平日思夜想，创新提出了“典型案例示范法”“模拟仿真训练法”“岗位实地培训法”等培训方式，成果显著，培养出了主任技师2人，高级技师6人，技师12人，另有10人走上管理岗位。在技能大赛中，他更是不遗余力地传授技艺，他培训的选手在江苏省总工会的技能大赛中获得3金5银6铜的优异成绩，3人荣获江苏省“五一创新能手”称号。

为上海加油的人！

上海石油

“放心！我们加油站不会停，便利店也是正常营业的！”季付荣接起电话，话语坚定。他是上海石油香山加油站站长，曾获中国石化劳动模范、优秀共产党员、上海石油分公司销售业绩双冠王……此时的他，已经带头在站内连续驻守了一个多月，尽全力守护着这座城市，为上海“加油”！

加油站里的灯光，照亮他人的希望

2022 年 3 月 28 日 5 时起，上海以黄浦江为界分区分批实施封控核酸筛查。浦东及毗邻区域，率先实施封控管理。整个城市仿佛被按下了暂停键，原本热闹的商圈，一下子沉寂了下来，往日熙熙攘攘的街道，也少有路人经过，空气中弥漫着紧张的气氛。上海街头的商场、超市、小卖部都关门了，一些社会加油站也歇业了。然而，中国石化加油站正为各类防疫保障车辆加油，站内的易捷便利店亮起的灯光，为防疫工作者带来了温暖和希望。

3 月 30 日凌晨，一辆贴着“防疫采样”的轿车快速驶入香山加油站，车上下来 2 位“大白”：“有没有吃的？”声音无力但急促。原来，他们找遍了周边的大街小巷，都找不到还在营业的商店，想着到加油站来试试。“在这

么特殊的时期，站里加油和购物也不间断，真是太谢谢了！”此时加油站的员工早已没有了上下班的时间概念。因为加油站亮着的灯光，经常会有防疫工作人员半夜跑进店里买东西。为了节省他们挑选物品的时间，季付荣总是会把耐饥的方便食物摆在便利店最外侧的货架上，也会提前准备好热水，方便他们取用。

舍小家为大家，践行服务不打烊

“这个时候，这个城市需要我们，我们就在，别人能退我们不退！”这就是央企员工在特殊时期的责任担当。香山加油站每天 24 小时为数百辆防疫保障车辆提供服务，这份坚定的承诺赢得了无数人的认可。

说起自己的家庭，季付荣的眼角就会带着一丝湿润。他的妻子是医院护士，疫情期间，所在的团队要负责街道数万人次的核酸采样等工作。儿子则是居委会工作者，不仅要对两个小区开展一楼一户的核酸登记和检测，还要帮助居民买菜、配药。但是，再忙再累，他们一家三口，总会抽空视频连线，聊聊工作心得，互相鼓劲加油。

为了给驻站员工提供更加丰富的饮食保障，不擅长网购的季付荣也开始

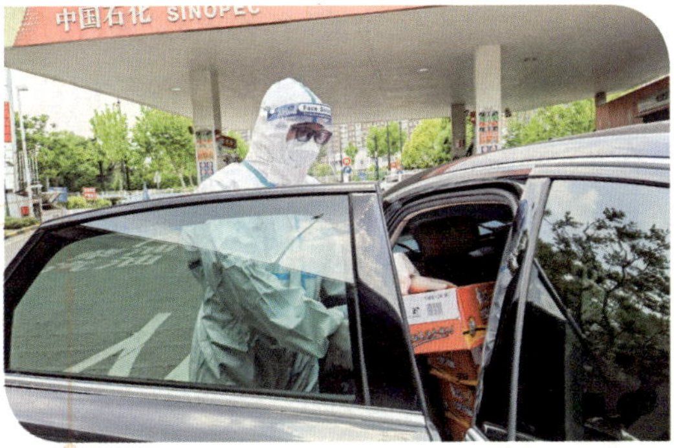

研究起网上抢菜攻略，对于被封控在小区里的员工，他也不忘送去关怀，经常问问大家近况、是否缺少物资等，将食物等必需品送到员工小区。为了让大家能安心住在站里，季付荣把公司增配的行军床和被褥都让给员工用，自己则睡在又窄又短的沙发上，身体不舒服但心里踏实。员工心疼他，劝他抽空多休息一下，季付荣总是说：“不累不累，你们更辛苦！”

后备厢里的“易捷小店”，成为最暖的“补给站”

香山加油站周边小区较多，平时找他购物的人就不少，遇到需要帮助的客户，他总能伸出援手，自己的私家车也变成了送货专车。

随着疫情防控管理升级，居民小区全部进入封控状态，小区里的独居老人就遇到了困难。一天中午，季付荣接到一通焦急的求助电话。“请问可以送货到我们小区吗？有位老人家里吃的喝的都快没了……”原来，附近小区有一名独居老人，因年事已高，也不会使用智能手机，更不懂如何网上买菜。隔离数日，家中的储备食物已然见底。老人的好心邻居得知这一情况后，辗转联系到季付荣。

他二话不说，确认了店内的商品库存后，立即和对方沟通商品清单。确认无误后，他身着防护服，将成箱的方便面、八宝粥等物资消毒、打包，开车送到小区门前，交给小区志愿者转送。此时，距接到求助电话还不到半个小时。周边封控小区居民、防疫志愿者在微信群内下单，季付荣就送货上门，他也会在车辆后备厢里备上些耐饥的方便食品，以备社区独居老人不时之需。他的私家车俨然成了社区居民温暖的民生“补给站”。

用心做事，多次斩获“双冠王”

“我们要做的就是在一线做实事，真正把油站转型的脚步迈开、迈稳、迈快。”这是季付荣经常提及的话。

季付荣带领凯隆创新技师工作室，实施“看、想、改”工作法，聚焦加油站现场管理，潜心研究、突破瓶颈，实现精管理、降费用、提质效。通过技改，为加油机配置流量转换接口，大幅度提升了大小流量油枪的适用范围，缩短加油车辆在站停留时间，提高加油机的使用率。通过“二二三”一线法，增设现场标志标牌、增加人员引车引客、让员工“开口勤、跑动勤、服务勤”，解决高峰期排队、通过率不高等问题，同比日均销量增幅达44%。凯隆创新技师工作室的系列工作法在上海石油公司内实施、复制、推广，成为技术创新和管理创新的实践载体。

季付荣对于便利店销售更有一番心得。在他管理的高速站门店内，“黄金通道”摆满了米面油、方便食品等畅销品，还有长途司机喜欢的功能性饮料以及肥皂、牙膏等日用品；在社区门店内，一进门映入眼帘的则是“巨划算”商品组合，还可为周边的老年客户提供免费送货上门的服务。他随身携带有客户资料，哪家客户偏好什么商品，哪家客户存货还有多少，都记得清清楚楚。

微笑中，他为车辆加满了油，为司机的水杯续满了水，又把矿泉水、大米等搬进后备厢……

钻井“状元”

中原石油工程

2022 年 2 月，到中国石化中原石油工程公司钻井三公司华北项目部各钻井队现场“跑冒滴漏”各类疑难杂症“诊疗”完毕的李元化一回到兰考基地，就被培训考核站“抢”去为一线倒休培训班、“三新”队伍培训班讲课，而等待他的还有《小井眼侧钻井井口装置的研制与应用》等 3 个亟待启动的创新研发项目。

被钻井队和一线员工看作“宝贝”的李元化，曾获全国技术能手、国务院特殊津贴专家、国家技能人才培育突出贡献个人等荣誉称号，中国石化集团公司技术能手、劳动模范，是集团公司首批聘任的技能大师。

30 年来，他从一名普通的石油钻井工成长为全国钻井状元，首创石油钻井工“技能大师工作室”和“技师工作站”，带出了一支“铁军工匠队伍”，成为全国石油钻井工的“领头雁”。他立足岗位，解难题，搞攻关，创效益，以实际行动诠释了新时代“大国工匠”精神，被誉为全国石油石化行业“金牌工人”和“创新潮人”。

初心似磐石，寒门子弟多才俊

1991年9月，李元化从钻井技校毕业，上班第二个月，正值吐哈油田会战，他主动请缨，远赴荒漠戈壁，扎根井队一干就是6年，随后又转战青海等国内各大钻井市场。工作中不怕苦不怕累，为了准确判断井下情况，他常常在站台上一站就是七八个小时，练就了“千里眼”的绝活，在钻台走一圈，就能将井下情况判断得八九不离十。他参与施工了大陆科探井、普光1井、涪陵页岩气井等一批国内外“1”号重点探井，为油气勘探开发作出了突出贡献，其中“涪陵大型海相页岩气田高效勘探开发”荣获国家科技进步奖一等奖。

工作之余，他最大的爱好就是看书学习，记录了100多万字的学习与心得笔记，撰写发表了专业技术论文25篇。先后取得高级技师、人力资源管理师、高级工程师、实训指导师等资格。2002年，他代表中国石化参加全国石油石化行业职业技能竞赛，以总分第一的成绩夺得石油钻井工第一名，成为名副其实的“全国钻井状元”，在石油行业引起巨大反响，为中国石化争得了荣誉，也为全国石油钻井工人树立了榜样，激励了一批又一批技能员工立足岗位、建功立业。

甘霖润无声，桃李又是一年春

工匠队伍的建设，技能人才队伍的发展壮大，是实现先进技术、工艺和操作的关键，是决定施工安全、质量和效率的关键，是实现高效管理、快速发展的关键。李元化深知这一点，在钻井施工中，制定的技术措施再完美，没有强有力的操作执行层，没有“能工巧匠”们精准操作、创新求变，就谈不上有效落实。技能操作员工的技术素质、操作水平是实现企业安全高效发展的基础和桥梁。

乘众人之智，则无不任；用众人之力，则无不胜。李元化始终以“打造高素质技能人才队伍”为己任，参与建立技能人才培养规划，创建仿真实训基地、开发“铁军E学堂”移动学习平台、开展“铁军名匠”线上大讲堂+“送知识进现场”线下驻井巡讲培训，每年授课300课时以上。担任过8届技术比赛教练，培养的选手在各类比赛中均取得优异成绩，特别是在2006年中央企业技术比赛中，6名选手夺得团体第一名，个人获1金、3银、1铜；在2018年全国比赛中，培养的选手又有4名获金、银、铜牌，为集团公司争得了荣誉。带出的150多名徒弟全部走上重点岗位，其中110人取得技师、高级技师资格，22人取得局级以上技术比赛名次，95人取得创新成果或国家专利541项。开发《钻井司钻》等教材10余部、课件210个、仿真实操项目24项、竞赛项目操作规程10多个，均广泛应用于培训和竞赛；开展《企业拔尖技能人才队伍建设》等课题研究7项，4项获中国职教科研奖，被国内外同行广泛借鉴应用。

名匠铸利器，剑拔沉埋显锋芒

石以砥焉，化钝为利。作为新时代的石油工人，李元化坚守初心，不忘使命，壮志在胸。近年来，李元化以“技能大师工作室”为平台，建立“技能大师领衔带动、首席技师分工负责、主任技师主力实施、在聘技师广泛参与”的技术攻关新模式，带动了大批技能人才立足岗位创新创效，解决现场难题660多项。他个人获得4项国家发明专利、57项实用新型专利、60多项局级以上创新成果，转化应用创效9000多万元，其中研制的《钻井泵两档链条变速箱》，解决了机械钻机钻井泵不能调速的技术瓶颈，填补了国内空白，成果获国家专利、全国职工技术创新成果一等奖及石油质协QC二等奖，在四川、新疆以及国外哈萨克斯坦等地应用24台套，创效2000多万元。

带领团队研制的《管具自动移送装置》，应用后作业时效提高 40%，成果获国家专利和局级科技进步奖一等奖，该装置作为石油企业科技创新产品，在全国石油装备展展出推广，推广 10 多套，应用创效 1000 多万元。

君心如磐石，磐石无转移。李元化多次拒绝国内外石油企业高薪聘请，始终扎根钻井一线，以爱岗敬业、勤于钻研的工作态度，勇于创新、甘于奉献的职业操守，践行着新时代“大国工匠”忠诚企业、矢志不渝的真纯初心，诠释着新时代赋予产业工人的神圣使命，谱写出精彩的人生华章，激励着一批又一批石油人岗位创新，敬业奉献、勇攀高峰。

POSTSCRIPT >> 后　记

值此全面贯彻落实党的二十大精神和学习贯彻习近平新时代中国特色社会主义思想主题教育之际，一部生动讲述石化人大力传承石油精神、弘扬石化传统，坚决扛稳“打造具有强大战略支撑力、强大民生保障力、强大精神感召力的中国石化”新使命，全面推进高质量发展，加快建设世界一流企业、走向世界领先，在栉风沐雨奋斗道路上披荆斩棘、踏梦前行的“中国石化优秀故事百篇”结集付梓了，这是中国石化举旗帜、聚民心、育新人、兴文化、展形象的又一丰硕成果，庆祝中国石化成立四十周年之际，也是献给中国石化成立40周年的一份厚礼。

40年来，石化人始终听党话、跟党走，坚定捍卫“两个确立”、坚决做到“两个维护”，以信心凝聚力量，以实干谱写华章，在奋力谱写中国式现代化石化新篇章的生动实践中，弹奏出一曲曲踔厉奋发、勇担使命的壮美乐章。集团党组高度重视讲好石化故事相关工作，把“讲好石化故事”作为“讲好中国故事”，以及“讲好央企故事”的重要抓手和渠道，系统安排，常抓不懈。近年来，一批石化好故事在国家级、中央企业级优秀故事展示活动中获奖。

特别需要提及的是，这本书得到各单位的大力支持和积极配合，每篇故事既有各单位层面的集体描绘，也有亲历者的提笔写就。在此，我们对各单位的积极参与和支持表示感谢。同时，各单位创作了大量优秀故事，限于篇幅，不能一一呈现，敬请谅解。

最后，我们向故事中的主人公们致敬，是他们的无私奉献和坚持坚守，才孕育了这本书的灵魂和生命，在此致以衷心感谢！

本书编委会

浙江文化名人传记精选修订丛书

原 主 编：万　斌

执行主编：卢敦基

拍案惊奇

凌濛初传

赵红娟 著

浙江人民出版社

图书在版编目（CIP）数据

拍案惊奇 ：凌濛初传 / 赵红娟著. -- 杭州 ：浙江人民出版社，2024. 12. -- ISBN 978-7-213-11530-1

Ⅰ. K825. 6

中国国家版本馆CIP数据核字第2024VM1360号

拍案惊奇：凌濛初传

PAIAN JINGQI LING MENGCHU ZHUAN

赵红娟 著

出版发行 浙江人民出版社（杭州市环城北路177号 邮编 310006）
市场部电话：(0571)85061682 85176516

责任编辑 潘海林

责任校对 杨 帆

责任印务 程 琳

封面设计 王 芸

电脑制版 杭州天一图文制作有限公司

印 刷 浙江新华数码印务有限公司

开 本 710毫米×1000毫米 1/16

印 张 14.5

字 数 220千字

插 页 6

版 次 2024年12月第1版

印 次 2024年12月第1次印刷

书 号 ISBN 978-7-213-11530-1

定 价 62.00元

“浙江文化研究工程成果文库”总序

有人将文化比作一条来自老祖宗而又流向未来的河，这是说文化的传统，通过纵向传承和横向传递，生生不息地影响和引领着人们的生存与发展；有人说文化是人类的思想、智慧、信仰、情感和生活的载体、方式和方法，这是将文化作为人们代代相传的生活方式的整体。我们说，文化为群体生活提供规范、方式与环境，文化通过传承为社会进步发挥基础作用，文化会促进或制约经济乃至整个社会的发展。文化的力量，已经深深熔铸在民族的生命力、创造力和凝聚力之中。

在人类文化演化的进程中，各种文化都在其内部生成众多的元素、层次与类型，由此决定了文化的多样性与复杂性。

中国文化的博大精深，来源于其内部生成的多姿多彩；中国文化的历久弥新，取决于其变迁过程中各种元素、层次、类型在内容和结构上通过碰撞、解构、融合而产生的革故鼎新的强大动力。

中国土地广袤、疆域辽阔，不同区域间因自然环境、经济环境、社会环境等诸多方面的差异，建构了不同的区域文化。区域文化如同百川归海，共同汇聚成中国文化的大传统，这种大传统如同春风化雨，渗透于各种区域文化之中。在这个过程中，区域文化如同清溪山泉潺潺不息，在中国文化的共同价值取向下，以自己的独特个性支撑着、引领着本地经济社会的发展。

从区域文化入手，对一地文化的历史与现状展开全面、系统、扎实、有序的研究，一方面可以借此梳理和弘扬当地的历史传统和文化资源，繁荣和丰富当代的先进文化建设活动，规划和指导未来的文化发展蓝图，增强文化软实力，为全面建设小康社会、加快推进社会主义现代化提供思想保证、精神动力、智力支持和舆论力量；另一方面，这也是深入了解中国文化、研究中国文化、发展中国文化、创新中国文化的重要途径之一。如今，区域文化研究日益受到各地重视，成为我国文化研究走向深入的一个重要标志。我们今天实施浙江文化研究工程，其目的和意义也在于此。

千百年来，浙江人民积淀和传承了一个底蕴深厚的文化传统。这种文化传统的独特性，正在于它令人惊叹的富于创造力的智慧和力量。

浙江文化中富于创造力的基因，早早地出现在其历史的源头。在浙江新石器时代最为著名的跨湖桥、河姆渡、马家浜和良渚的考古文化中，浙江先民们都以不同凡响的作为，在中华民族的文明之源留下了创造和进步的印记。

浙江人民在与时俱进的历史轨迹上一路走来，秉承富于创造力的文化传统，这深深地融汇在一代代浙江人民的血液中，体现在浙江人民的行为上，也在浙江历史上众多杰出人物身上得到充分展示。从大禹的因势利导、敬业治水，到勾践的卧薪尝胆、励精图治；从钱氏的保境安民、纳土归宋，到胡则的为官一任、造福一方；从岳飞、于谦的精忠报国、清白一生，到方孝孺、张苍水的刚正不阿、以身殉国；从沈括的博学多识、精研深究，到竺可桢的科学救国、求是一生；无论是陈亮、叶适的经世致用，还是黄宗羲的工商皆本；无论是王充、王阳明的批判、自觉，还是龚自珍、蔡元培的开明、开放，等等，都展示了浙江深厚的文化底蕴，凝聚了浙江人民求真务实的创造精神。

代代相传的文化创造的作为和精神，从观念、态度、行为方式和价值取向上，孕育、形成和发展了渊源有自的浙江地域文化传统和与时俱进的浙江文化精神，她滋育着浙江的生命力、催生着浙江的凝聚力、激发着浙江的创造力、培植着浙江的竞争力，激励着浙江人民永不自满、永不停息，在各个不同的历史时期不断地超越自我、创业奋进。

悠久深厚、意韵丰富的浙江文化传统，是历史赐予我们的宝贵财富，也是我们开拓未来的丰富资源和不竭动力。党的十六大以来推进浙江新发展的实践，使我们越来越深刻地认识到，与国家实施改革开放大政方针相伴随的浙江经济社会持续快速健康发展的深层原因，就在于浙江深厚的文化底蕴和文化传统与当今时代精神的有机结合，就在于发展先进生产力与发展先进文化的有机结合。今后一个时期浙江能否在全面建设小康社会、加快社会主义现代化建设进程中继续走在前列，很大程度上取决于我们对文化力量的深刻认识、对发展先进文化的高度自觉和对加快建设文化大省的工作力度。我们应该看到，文化的力量最终可以转化为物质的力量，文化的软实力最终可以转化为经济的硬实力。文化要素是综合竞争力的核心要素，文化资源是经济社会发展的重要资源，文化素质是领导者和劳动者的首要素质。因此，研究浙江文化的历史与现状，增强文化软实力，为浙江的现代化建设服务，是浙江人民的共同事业，也是浙江各级党委、政府的重要使命和责任。

2005年7月召开的中共浙江省委十一届八次全会，作出《关于加快建设文化大省的决定》，提出要从增强先进文化凝聚力、解放和发展生产力、增强社会公共服务能力入手，大力实施文明素质工程、文化精品工程、文化研究工程、文化保护工程、文化产业促进工程、文化阵地工程、文化传播工程、文化人才工程等“八项工程”，实施科教兴国和人才强国战略，加快建设教育、科技、卫生、体育等“四个强省”。作为文化建设“八项工程”之一的文化研究工程，其任务就是系统研究浙江文化的历史成就和当代发展，深入挖掘浙江文化底蕴、研究浙江现象、总结浙江经验、指导浙江未来的发展。

浙江文化研究工程将重点研究“今、古、人、文”四个方面，即围绕浙江当代发展问题研究、浙江历史文化专题研究、浙江名人研究、浙江历史文献整理四大板块，开展系统研究，出版系列丛书。在研究内容上，深入挖掘浙江文化底蕴，系统梳理和分析浙江历史文化的内部结构、变化规律和地域特色，坚持和发展浙江精神；研究浙江文化与其他地域文化的异同，厘清浙江文化在中国文化中的地位和相互影响的关系；围绕浙江生动的当代实践，深入解读浙江现象，总结浙江经验，指导浙江发展。在研究力量上，通过课题组织、出版资助、重点研究基地建设、加强省内外大院名校合作、整合各地各部门力量等途径，形成上下联动、学界互动的整体合力。在成果运用上，注重研究成果的学术价值和应用价值，充分发挥其认识世界、传承文明、创新理论、咨政育人、服务社会的重要作用。

我们希望通过实施浙江文化研究工程，努力用浙江历史教育浙江人民、用浙江文化熏陶浙江人民、用浙江精神鼓舞浙江人民、用浙江经验引领浙江人民，进一步激发浙江人民的无穷智慧和伟大创造能力，推动浙江实现又快又好发展。

今天，我们踏着来自历史的河流，受着一方百姓的期许，理应负起使命，至诚奉献，让我们的文化绵延不绝，让我们的创造生生不息。

2006年5月30日于杭州

目录

引 言

凌濛初（1580—1644），字玄房[①]，号初成，一名凌波，一字彼厈[②]，别号即空观主人，浙江湖州府乌程县晟舍（今湖州市吴兴区织里镇）人，是晚明著名的小说家、戏曲家和套版刻书家。《拍案惊奇》和《二刻拍案惊奇》（合称"两拍"）奠定了他在中国乃至世界文学史上的地位，使他成为一个有全国性乃至世界性影响的文化名人。他不仅进行了戏剧创作实践，共创作杂剧13种、传奇3种，得到汤显祖、祁彪佳、尤侗等人赞誉，而且有戏剧理论著作《谭曲杂札》以及对《西厢记》《琵琶记》等戏剧的评点著作，是明代著名的本色派戏曲理论批评家。他经营刻书业，所刊书籍达25种，其中套色本17种，与闵齐伋并称为中国出版史上最著名的套版刻书家。凌濛初还是晚明的一位能吏国士。满腹经纶的他，晚年以贡生入仕，担任过上海县丞和徐州通判，在治理盐场、办理漕运、治理黄河、招降陈小乙等事件中展示出杰出才能。李自成率农民起义军攻打房村时，他率众抵抗，但未保住房村，吐血而亡，以身殉国，临死前，

① 清代因避康熙玄烨讳，故一些方志"玄"作"元"。

② 叶德均根据凌濛初《红拂杂剧小引》后所钤印章，在1947年所作的《凌濛初事迹系年》中，谓凌濛初"一字波厈"，见叶德均《戏曲小说丛考》，中华书局2004年版，第577页。此后学术界一直沿用之。21世纪初，冯保善重新核查了这一印章，认为并非"波厈"，而是"遐厈"，见冯保善《凌濛初史实四考》，《东南大学学报》2001年第1期，第110页。对此，笔者再次进行了核查，认为应当作"彼厈"。"彼厈"与凌濛初自名"凌波"、自号"即空观主人"意思一致，寓意高洁脱俗、看破红尘，而凌濛初产生这一思想主要是因为屡试不第的打击。见赵红娟《凌濛初生平与交游五题》，《厦门广播电视大学学报》2014年第1期，第49页。

三呼“无伤吾百姓”[①]，是一位把百姓放在首位而不顾自身安危的勤政爱民的好官。凌濛初的身上，既有《儒林外史》中皓首穷经、痴迷于科举的范进、周进的影子，又有如柳永、关汉卿那样抑郁不得志，出入青楼，与下层女子为伍的风流才子的气质；既有眼光敏锐、脑子活络、善于谋利的商人性格，又有类似宗泽、于谦的为国尽忠、死而后已的国士品质。这是一个多重面目叠印在一起的丰富复杂的人物，在其身上典型地体现了晚明社会的时代特征。

---

① 〔清〕郑龙采：《别驾初成公墓志铭》（以下简称《墓志铭》），清光绪谱卷四《碑志》。

第一章　所籍之处　代有闻人

凌氏远祖

凌濛初出身在一个世代簪缨之家。凌姓出自姬姓，是周文王姬昌的后裔。文王第九子康叔封于卫，其庶子有在周朝担任掌冰室之官者，称为凌人，遂以官为姓。关于凌姓的这一来源，传主的先世在修谱时多有强调。清光绪甲辰（1904）重修《凌氏宗谱》（以下简称光绪谱）之《姓氏里居考》即曰："我凌氏受姓之始，实出自卫康叔，支子为周凌人，子孙遂以官为姓。"①郑龙采在给传主所作的墓志铭中亦曰："粤稽姓始，上古朱襄氏之苗裔，为周凌人，因以官为氏。"②清顺治《凌氏宗谱》（以下简称顺治谱）在《远祖世表》中以为，卫康叔传至凌操共四十三世，而从凌操传至唐高宗时歙州判凌安是十三世，再传至能二为十八世。但由于能二以下难以稽考，所以顺治谱仍依据传主之父凌迪知所修旧谱，《远祖世表》以中唐时凌准之父凌宫育为一世。这样传至元代凌时中是三十四世，传至凌濛初则是四十四世。凌准有四个儿子：南仲、夷仲、求仲、

① 该宗谱的详细情况可参见赵红娟、刘振华《新发现的〈凌氏宗谱〉光绪甲辰重修本（乙巳刊）》，《明清小说研究》1998年第3期，第175—178页。

② 〔清〕郑龙采：《墓志铭》，清光绪谱卷四《碑志》。

殷仲，湖州晟舍凌氏确信自己为南仲后裔①。

湖州凌氏在铺陈祖德之清芬时，会上溯到三国时凌操与凌统、唐代的凌准、宋代的凌景夏与凌哲、元代的凌时中与凌懋翁。郑龙采在给传主凌濛初作墓志铭时就说，凌氏"自三国至元季，代有闻人：仕吴者曰操、曰统，为车骑将军；仕唐者曰准，为度支尚书；仕宋者曰景夏，为平章；曰哲，为华文阁待制；仕元者曰时中，为秘书监少监；时中生懋翁，为翰林直学士"②。实际上，这里所提到的三国至元代的七个凌氏名人中，只有元代的凌时中与凌懋翁才真正与传主凌濛初有完全清晰的谱系可续。因此，传主之父凌迪知在修凌氏宗谱时，《近代世表》就奉元代凌时中为一世，认为只有这样，才本源可溯，昭穆易明。但由于这些名人是湖州凌氏反复提及的，所以简介他们的事迹如下。

凌操、凌统父子为三国时东吴骁将。凌操非常有胆气，作战时常奋勇当先，孙权封其为破贼校尉，后因从孙权讨江夏黄祖，中流矢而死。凌统，字公绩，更是为东吴立下赫赫战功。陈寿《三国志》卷五五《凌统传》所述凌统战功，其中最主要的有三件：一是作为前锋征讨江夏黄祖，斩黄祖将张硕，搏战登城，大获全胜，孙权遂封其为承烈都尉；二是与周瑜等攻曹仁于南郡，反败为胜，因功迁为校尉；三是率领亲近300人攻入敌围，救护孙权突走，左右战士尽死，自身亦受重伤，仍攻杀数十人，于是孙权拜其为偏将军。凌统深受士卒爱戴，陈寿说他："虽在军旅，亲贤接士，轻财重义，有国士之风。"③作为东吴之虎臣，凌统深受孙权厚待，其病卒后，孙权哀不能止，为之减膳数日。后每言及凌统，皆痛哭流涕。因此，《三国志》卷五六《朱然传》说："自创业功臣疾病，权意之所钟，吕蒙、凌统最重。"凌操、凌统父子战功卓著，顺治谱有据《三国志》所作的《吴将军凌公父子列传》。

凌准是因王叔文事件被贬的著名八司马之一，字宗一，浙江富阳人。其事

① 晟舍凌士麟、凌森美撰《唐度支尚书宗一公第四子殷仲公新城支系图说》："粤稽唐宗一公为富阳东山人，后分其地为新城，长子南仲生慈，慈生策，凡三十三世而生家相，家相生时中……则余之先世皆南仲裔也。"

② 〔清〕郑龙采：《墓志铭》，清光绪谱卷四《碑志》。

③ 〔三国〕陈寿：《三国志》卷五五《凌统传》，中华书局1959年版，第1296页。

迹《旧唐书》卷一三五、《新唐书》卷一六八均有其传。顺治谱卷六载有柳宗元所撰《唐度支尚书凌公列传》。凌准年轻时才华横溢，曾“以书干丞相，试其文，日万言”[①]，因擢为崇文馆校书郎，时年仅20岁。因平叛有功，累官大理评事、御史，御赐绯鱼袋。后转为浙东廉史，入为翰林学士。顺宗时为度支尚书，与柳宗元一起策划并参与了由王叔文、王伾领导的“永贞革新”，事败被贬。当时，柳宗元贬湖南永州，凌准被贬广东连州。被贬连州后，母亲在杭州富阳去世，紧接着两个弟弟又先后死去，凌准因此忧思成疾，双目失明，最后卒于桂阳佛市。可以说，凌准是八司马中最不幸的一个。作为密友，柳宗元为其写了《哭连州凌员外司马》一诗和《故连州员外司马凌君权厝志》一文，表示沉痛哀悼。在诗文中，柳宗元深情地回顾了他们昔日的友谊，盛赞凌准的气节与才学，并对他“有道而不明白于天下，离愍逢尤夭其生”的不幸遭遇和“盖棺未塞责，孤旐凝寒飔”的卒后萧索情景表示了最大的悲痛和同情。值得一提的是，柳宗元与凌家两代均有交往，凌准之父凌士燮曾任唐肃宗时国子监司业，为柳宗元学师，精于《春秋》，《柳河东集》收有《凌助教蓬屋题诗序》。很可能是受到父亲的影响，凌准不仅工文辞，而且专史学，著有《后汉春秋》二十万言，还著有《六经解围》《邠志》《仪礼注》等书。因此，凌氏后人若能溯上凌准这个祖先，确实是家族莫大的荣耀。明清时，湖州凌氏修宗谱，就多有以凌准或其父为始祖的[②]。只是顺治谱、光绪谱所言凌准之父皆为凌宫育，字殿阳，没有提到柳宗元言及的“士燮”这个字号[③]。而且宗谱在《远祖世表》中把凌准起家崇文馆校书郎一事，说成是顺宗朝，显然有误，因为凌准在顺宗未即位前已是显赫人物。可见，由于年代久远，宗谱所载远祖事迹并非很准确。

凌景夏则是一个谜。据顺治谱之《远祖世表》，他是凌准下第九世，字季文，号时正[④]，官至宝文阁学士，有翺之、翔之两个儿子，一为太学博士，一为

---

① 清顺治谱卷六，〔唐〕柳宗元：《唐度支尚书凌公列传》。

② 清光绪谱《凌氏宗谱序》：“吾姓赐自成周，旧谱皆推本卫康叔之后，然远不及追矣。先旧谱以唐司马宗一公为始祖，振湖公又推司马公父宫育公为一世祖。”

③ 〔唐〕柳宗元：《柳河东集》卷二五《凌助教蓬屋题诗序》：“河间凌士燮穷讨六籍，皆有著述，而尤邃《春秋》。”上海人民出版社1974年版，第413页。

④ 清顺治谱卷六《宝文阁学士凌公传》言：凌景夏字“时正”，而非字“季文”。

员外郎。其兄凌景阳为北宋真宗天禧间解元，景祐二年（1035）进士，仕至龙图阁直学士。据此，凌景夏亦当为北宋人。顺治谱卷六《宝文阁学士凌公传》言景夏试礼部第一，曾知台州、婺州，历著作郎、监察御史、殿中侍御史、工部郎中，最后以宝文阁学士致仕，年七十五卒。但传中并无任何纪年，只是强调凌景夏力主修内治，严边备；反对就鄂建阃，而主张建司齐安，分上流与淮西东为三帅，以江淮大帅总之；又说他在任工部侍郎兼给事中时，上疏皇帝“忧勤不可移于宴安，劘切不可消于便佞”。从这一切情形来看，凌景夏又似乎是处在南宋。而且此传署庆元二年（1196）西山蔡元定书，显然其写作年代也在南宋。而据《宋史》《建炎以来系年要录》、范成大《骖鸾录》、陆游《老学庵笔记》卷一、《浙江通志》卷一二五等，南宋确实有名凌景夏者。如果把这些凌景夏看成是同一个人，他的信息归纳起来大致是：字季文，余杭人。绍兴二年（1132）廷对第一，授绍兴府判官，擢秘书省正字，迁著作佐郎。因反对权相秦桧媾和，斥知外郡，闲居凡十余年。因恋会稽山水，遂定居于山阴。秦桧死后，复职任起居舍人。未几，擢龙图阁直学士、鼎州知州、吏部侍郎，最后官至尚书。在名字、籍贯、直言敢谏的性格等方面，此凌景夏与顺治谱所言之凌景夏均一致。由于南宋凌景夏是一个历史名人，因此很让人怀疑湖州凌氏是想托他的名，而有意无意地将自己的北宋祖先凌景夏与后来南宋同名的凌景夏相混淆。但不管怎样，这个被蔡元定说成是“以文学知名，修洁蕴藉，平居晏然，临事果敢，节操凛如”的凌景夏，既然是作为凌氏先世的闻人，被写入传主凌濛初的《墓志铭》中，肯定是传主引以为豪，并对传主有所影响的。

至于凌哲，奇怪的是，遍阅顺治谱之《远祖世表》都未发现有名“哲”的湖州凌氏先人。但据《建炎以来系年要录》卷一七五，宋高宗时却有台谏官曰凌哲，又据“中国家谱网论坛”之《绍兴凌氏名人的后人》一帖，南宋凌景夏的一从子亦名凌哲，这两个凌哲所处的时代相同，不知是否为同一人。尽管凌景夏与凌哲的身份与事迹颇有含糊之处，但凌氏因为这些祖上而拥有世代簪缨的自豪心理却是显而易见的。

迁居安吉

关于凌氏的里居情况，据光绪谱之《姓氏里居考》，凌操、凌统原为山东莒县人，因随孙策父子征战而迁居浙江余杭；唐代凌安为歙州判，遂家于歙，其孙秀兰一支迁浙江富阳；北宋太平兴国年间，凌策迁安徽宣城，其子国卿仍回余杭；大约11世纪，凌氏又先后播迁浙江浦江、安徽宁国；到了北宋末南宋初，又有一支由徽州迁至湖州安吉。其间宗族繁衍，大都以安徽、浙江两处为多。

安吉建县始于东汉灵帝中平二年（185），至今已有1800多年。在漫长的历史沿革中，安吉县基本分属湖州府。凌氏迁居安吉的始祖是谁，有两种说法：一是自宋代凌唐佐始自新安迁安吉。凌唐佐字公弼，居安徽休宁，为宋元符庚辰（1100）进士，官至徽猷阁待制，年四十三而卒[①]。据顺治谱之《远祖世表》、光绪谱之《凌氏世表》，凌唐佐为凌准第二十五世孙，正是他"宋高宗时自新安迁至安吉铜山乡北庄"。持这一说法的较多，如明正德十二年（1517）《凌氏谱系考》："迨至宋唐佐公自新安迁居安吉铜山乡。"又《凌氏谱序》："自唐佐公乔迁安吉，遂为居湖之祖。"又《喻家坞宗谱源流叙》："至待制公弼唐佐则二十六世矣，始自新安迁于吴之安邑铜山乡。"二是自宋代凌景夏始家安吉。明万历初《族谱警》说："吴兴之凌氏，自平章公景夏始。平章公（景夏）从宋高宗南渡，家安吉。"《二都支系考》："按凌氏自宋平章以来，世居安吉铜山乡。"《晟舍谱系考》也作如是说。

关于凌景夏，从我们前面的介绍中可知，他的身份是一个谜。在《凌氏宗谱》里，有时他是北宋人，有时似乎又成了南宋人。而明万历初《族谱警》说凌景夏迁居安吉是在高宗南渡时，这与凌唐佐迁居安吉的时间倒是一致。因此，

---

① 清顺治谱《远祖世表》所载凌唐佐中进士时间或去世年龄颇有问题。因为据顺治谱《徽猷阁待制知应天府事凌公传》，凌唐佐在高宗建炎初曾提点京畿刑狱，因除寇有功，三年后还，升任应天知府，最后因抗金而遇难，徽猷阁待制实际上是其卒后所赠。因此，凌唐佐去世不会早于建炎三年（1129）。而世表又说他去世时是43岁，那么1100年中进士时，他最多才14岁。如此年少，实在是不太可能。

尽管迁居安吉的始祖是谁已难以考证，但有一点基本可以明确，那就是凌氏迁居安吉的时间当为北宋末南宋初。故郑龙采《别驾初成公墓志铭》言凌氏“世居吴兴安吉”，刘麟《凌学博练溪公墓志》亦言练溪公凌震“其先安吉人”。

由于宋代安吉凌氏传续情形已经有些模糊不清，所以凌濛初之父凌迪知修宗谱时，奉元代凌时中为安吉凌氏一世。光绪谱《凌氏宗谱序》：“吾姓赐自成周，旧谱皆推本卫康叔之后，然远不及追矣。先旧谱以唐司马宗一公为始祖，振湖公又推司马公父宫育公为一世祖。绎泉公（凌迪知）谱祗奉吉川公为一世，盖以公抚安三邑，泽被吴兴，湖郡之凌实自公开大业也。”

湖州凌氏仕宦显达而且本源可溯，确实当从元代凌时中开始。时中（1260—1334），字德庸，号吉川，元代至元辛巳（1281）进士。时值南宋末，元将伯颜命其招抚安吉、武康、德清三县，三县之民赖以保全。曾任建昌路司狱，有重囚犯即将受刑，凌时中看出冤情，但上司不予理睬，时中就解印辞官。后来真正罪犯在他郡落网，真相才得以大白，时中因此升任福建廉访都水监丞。时河南王堰水转磨，百姓患之，然无人敢治。独时中不畏，下令毁之。特别令凌氏后人敬佩的是，凌时中对皇族人员亦敢言说是非。时大长公主南游，乘豪民巨舫，钲鼓而行。时中以为不合法度，请求公主换乘驿车。凌时中最后官至秘书监少监，赠集贤殿直学士、轻车都尉，封吴兴郡侯，年七十五卒。元代著名学者刘因为之作像赞曰，“倬哉正气，貌与言称。安全三邑，咸赖抚膺。解印释罪，不刑而矜。嗷嗷视事，待命监丞”，“服官食志，永祀吴兴”。湖州凌氏的显达兴盛就是由元初这位凌时中奠定的。

时中长子懋翁（1279—1354），字师德，号震峰，泰定乙丑（1325）进士。懋翁颇有军事才能和号召力，在任连州知府期间，平定广西苗民叛乱，使各洞苗民心悦诚服，因擢嘉兴路总管。至正甲申（1344）主试两浙乡试，号称得人。最后历官至翰林院直学士、通议大夫、秘书监正监。年七十六卒。他有16个儿子：泰、恒、益、谦、临、豫、涣、需、颐、履、蒙、贲、丰、咸、渐、随。时中的坟墓在安吉铜山乡鲁家溪，懋翁的坟墓则在安吉凤亭乡双溪口风火山，清末还有人祭扫。

时中次子懋老，字师郎，号隆峰，生有四子：说、诏、诰、谟。其中长子凌说，字孟博，号鄣南，最为杰出。他是至正九年（1349）进士，因见元政不纲而弃官归田，隐居著述，有《六经疏义》及诗歌《天目晴雪》等八咏。作为元代遗老，凌说后应明太祖朱元璋召，为卷帘使。朱元璋一开始对他十分器重，不称其名而称“老凌”，所以一直仕至都察院右佥都御史。但凌说性格峭直，敢于犯颜直谏，结果逐渐被皇帝疏远，最后在明洪武十八年（1385）还遭到抄家厄运，从此“衰微不振者垂二百年，人人负气安贫，不喜交游”[①]。凌说登进士是在元代，家被抄则是在明代。因此，从元代来看，安吉凌氏时中、懋翁、说三代可以说是连续显达，而且子孙繁多[②]。

再迁归安

归安是湖州府下属的一个县，凌氏由安吉迁居归安是在元末。据光绪谱之《晟舍谱系考》载，懋翁由连州知州克平蛮夷，转任嘉兴郡守，坐船回安吉老家时，途经归安练溪镇。他登上西成桥，放眼而望，觉得风土幽胜，“爰命一子家焉”。安吉宗人迎问之，懋翁曰：“元政不刚，乱将作矣。吾族太盛，其能免乎?”于是十六子均感悟，同时而迁，相约以寿为行，以卦为名，分散在归安之练溪、双林与苕濠，杭州之武林，以及嘉兴、崇德、德清、武康、吴江、苏州、通州等地。当时仍迁在安吉的有“寿十五渐，始迁居铜山乡蒲芦坞”；“第十四子讳咸者，承命择里于顺零旧宅，筑圩”，安吉凌圩由此得名；此后又有“兆元公讳文明，寿十二公贲之子也，少从父避乱，涉历险阻，不辞劳顿，后奉亲归里，卜宅横塘”。光绪谱即在安吉安城镇横塘村发现。

在元末的这次大迁徙中，定居归安练溪的是凌益和凌谦。《晟舍谱系考》曰：“寿三名益，居练溪之西成桥；寿四名谦，亦相继居练溪。”刘麟《凌学博练溪公墓志》：“逮寿四府君（谦），始迁归安，生均德。”[③]传主凌濛初即属凌谦一支。凌谦字慎卿，行寿四，邑庠生，国子博士。其生卒年失考，卒后即葬于

① 清光绪谱卷一《北庄小序》。

② 凌说也有二子：雷、云。

③ 郑龙采《墓志铭》言“懋翁之孙均德始自安吉迁归安”，误。

练溪之西成桥。谦子均德，字季美，本身无功名，各族谱及方志文献均不曾提到他的生平事迹。

练溪凌氏最为显达的是凌贤、凌晏如父子。贤为均德子，字彦能，子五：晏如、坦如、英如、裕如、定如。举洪武浙江乡试第四名，选玉山县教谕，升武冈州知州，转应天府治中，出知郑州，不久谪均州。宣德朝命为都察院右佥都御史，辞而不受，驰驿还乡，崇祀名宦乡贤。关于凌贤被贬、忽受隆恩和驰驿还乡之事，晏如好友吏部尚书华盖殿大学士杨士奇所作《赐老堂记》有详细描述。一日晏如奏事毕，宣宗皇帝很温和地问起其父凌贤的情况。晏如说自己父亲去乡四千里，现已七十岁了，希望皇帝能矜怜之。凌贤在京为官时名声很好，宣宗皇帝以前听说过他的名字，于是命吏部驰驿召还。这时候，正好隆平侯张信自湖北荆州回来，向皇帝推荐凌贤，说其可以当大任。皇帝异之，召见后，果然很满意，命晋兵部尚书，又命掌都察院事，均不受。于是皇帝嘉其高行，御书“赐老堂”三字，褒而遣之，命以其子之官，退休还乡。这在封建社会简直是莫大的恩宠，《赐老堂记》曰：“于是凌氏父子拜赐殿廷之下，公卿大夫之在列者亲见其遭逢之盛。既退，相与咨嗟歆羡，而求彦能甫之为人。”在凌贤致仕还乡离开京城之时，一时士大夫皆赋诗送之，场面十分壮观。著名者有曾鹤龄、吕文质、曾棨、王直等，他们的诗文或被收入顺治谱，或被载入《练溪文献》，成为一族或一地兴盛荣耀的象征。

凌贤能受如此之恩宠，并非偶然，而是与其才干、声望有关。他是一位儒者，持身爱民。在江西玉山县教谕任上，他一干就是三十年，当地学者皆服之。升武冈州知州、调知郑州期间，皆得民心。担任应天府治中时，亦得百姓爱戴，令声闻之于当时还是太子的宣宗皇帝。由于刚直不阿，故累谪均州十余年。宣宗皇帝上台后，征贤举能，振拔淹滞，所以得受荣遇。这对凌氏家族来说，当然是光耀门楣、值得大书特书的大事。我们在传主凌濛初及其曾祖凌震的墓志铭中均可见到对这一盛事的铺陈。[①]

赐老堂原本在归安练溪，清末朱霞甫《练溪文献》卷三《园第》即曰："赐老堂在中吉桥南，宣德间凌御史贤致仕归，御书以赐。"它是凌氏家族门第与声望的标志，所以凌氏迁居晟舍后，又曾把此堂移建于晟舍，中有听月楼、瑞杏楼[②]。凌氏后人对此多有吟咏。凌介禧诗曰："辞朝学疏广，赐老契宸衷。殊赐大司马，刚方老治中。连云开绿野，入室满清风。父子谟猷著，君臣感遇隆。"又："赐老堂前绿野开，重来晟水起楼台。风流王谢今何似，不道当时燕未回。"凌庚诗曰："我祖昔荣归，练水存老屋。赐老特题堂，宸章瞻肃穆。化鹤漫飞来，依然认松菊。"赐老堂所承载的君爱臣、臣尽忠的封建文化内涵影响了一代又一代的凌氏后人，凌濛初当然也是其中的一个。

晏如（1382—1434），字安然，号云溪，子五：敬、启、肇、敦、敷。永乐初征授中书舍人，与修《永乐大典》；仁宗时晋吏科给事中，升都给事中；宣宗时迁都察院右佥都御史，赐玺书，掌院事。晏如被辟荐为中书舍人是因为书法杰出，其小篆师法李斯，楷书学晋，尤为突出。曾书有小楷《洛神赋》，茅一相跋曰："魏公后一人而已，邱吉、张渊、顾应祥、刘麟、孙一元辈皆不如也。"[③]孙一元《题凌中丞小楷〈洛神赋〉后》亦赞美曰："常将铁石充逸少，合著萧诚笑李邕。会意直须书法外，临池真到古人中。"

晏如起家中书，最后累官至都察院右佥都御史，历事成祖、仁宗、宣宗三朝，声望颇高，时与都御史顾佐齐名。卒后翰林院侍读凤阳苗衷、王文端公直

---

① 郑龙采《墓志铭》："仕至应天府治中，以直言忤旨，谪居均州。宣庙时，以隆平侯张信荐，御制《招隐歌》，遣行人轩輗召还，命为大司马、都掌院，皆不受，上高其志，书'赐老堂'三字，褒而遣之，命如子晏如官，驰驿还乡。"刘麟《凌学博练溪公墓志》："升应天府治中，居官刚正不阿，改知郑州，寻又谪均州，有隆平侯者，自荆还，荐之曰：'可当大任。'宣宗作《招隐歌》以征之。入见，命阶司马，又命掌都察院事，并辞。上叹曰：'汝欲学疏广耶？遂汝高志。'御书'赐老堂'三字，褒而遣之。"

② 清同治《晟舍镇志》卷二《古迹》。

③〔清〕朱霞甫《练溪文献》之《艺文》（按：《练溪文献》目录标明十四卷，但正文中卷四后就不分卷）。

俱志其墓[①]。王直和晏如不仅同朝，而且相知，故其《都御史凌君墓表》叙述晏如的事迹极为详尽，主要强调了他的三个特点：一是有名臣风范，“平居接人，如坐春风”，“遇大事，毅然莫能夺”；二是直言敢谏，举劾不避，同僚皆惮之；三是清正廉明，虽官居高职而家无产业，常寄信到家，令卖产以供。因此，与其父凌贤一样，凌晏如也是凌震、凌濛初等晟舍凌氏墓志铭中所着力渲染的一个祖上[②]。

晏如因书法辟荐起家，贤也不过是一个举人，但两人在明初却能建功立业，青史留名，遭逢帝王的莫大恩宠，这对凌氏后人特别是凌濛初影响很大。屡试不第的凌濛初在《拍案惊奇》卷二九《通闺闼坚心灯火，闹囹圄捷报旗铃》中，对明末只重进士科甲而弃置真才的用人观表达了愤懑之情，而对明初举荐征辟、不求闻达科、科举考试三途并用的人才选拔制度十分赞美和向往。这种思想态度显然跟贤与晏如父子在明初的荣遇有密切关系。

著籍乌程

凌氏自凌谦因元末动乱迁居湖州府归安县练溪（今湖州市南浔区练市镇）后，历经均德、贤、晏如三世。晏如丧偶后，娶御史唐舟之爱女为继配[③]，生季子敷。唐舟《琼山唐氏姻书》曰：“余昔以事谪戍居庸，携家憩安定寓舍。时吴

---

① 据〔清〕朱霞甫《练溪文献》卷三《墓域》，凌贤、凌晏如父子的墓在练溪永亭村藏字圩，东西异域，康熙间被盗掘发，遂湮。

② 〔清〕郑龙采《墓志铭》：“晏如起家中书，为吏科给事，随驾北征，累官至都察院右佥都御史，历事三朝，所建明甚多。”刘麟《凌学博练溪公墓志》曰：“贤之子晏如，业儒，敦行，精六书之法，尤工李斯大篆（小篆）、二王小楷。召入中秘，与修《永乐大典》。书成，拜吏科给事中，升本科都给事中，寻升都察院右佥都御史，掌院事。举劾不避，寮寀惮之。时与都御史顾佐齐名。虽登显荣而橐无长物，以书抵家，令卖产以供。及卒，讣闻于上，悼甚，遣官谕祭，给驿归。”

③ 琼州唐氏是名门望族，自宋淳祐间唐震以台阁大臣身份贬琼州刺史而落籍琼山以来，名人辈出，代不乏人。其中明代就出了6名进士，他们是：唐舟、唐亮、唐绢、唐胄、唐胄、唐穆。唐夫人父兄唐舟、唐亮是父子进士。唐舟（1368—1449），字汝济，永乐甲申（1404）进士，官至浙江巡按。为官30余年，所至多有政绩。为人光明磊落，曾自题门联曰：“雪霜自染中年鬓，天地应知暮夜心。”唐亮，永乐戊戌（1418）进士，官至给事中。

兴凌氏安然，室家未庆，执柯者屡请求之。余次且未允者再。适男亮息从来，具道其共事黄门，素知其贤，且簪缨世裔。余感其言，慨然许以爱女妻之，聘仪绝无较焉。”又凌约言《简内台唐尧封》曰：“先是，曾祖讳晏如，以都台丧偶，而令高祖讳舟者，时为御史，因娶其女，遂为唐夫人。唐夫人举一子，讳敷，弟之祖也。”①

晏如于宣德九年（1434）卒时，凌敷才11岁。且晏如虽身任都察院右佥都御史，官居正四品，但因为官清廉，并无多大家产。因此，其子凌敷幼年极贫。后与晟舍闵珪相识于京师，两人颇为投合，闵珪因此把他介绍给了自己的伯父梅隐公闵复。《晟舍镇志》卷六《杂记》云：“凌怡云（敷），练市人，佥都御史晏如子，幼极贫。闵庄懿公相识于京师，甚器之，归而白于梅隐伯，赘为婿，为凌氏迁晟舍始祖。”闵庄懿公即闵珪，字朝瑛，明天顺八年（1464）进士，累官至刑部尚书、太子太保，因政绩卓著，被誉为弘治朝中“九老”之一。然闵珪生于宣德五年（1430），比凌敷还年幼7岁，若凌敷是30岁前入赘，那么闵珪此时还未中进士。

凌敷出赘晟舍闵氏，此为乌程晟舍凌氏始祖，亦即传主凌濛初之高祖。郑龙采《别驾初成公墓志铭》曰：“晏如生敷，出赘晟舍闵氏，遂为乌程人。”又刘麟《凌学博练溪公墓志》：“敷早失怙，赘于晟舍闵氏，遂籍乌程。”凌敷，字达夫，号怡云，生于永乐甲辰（1424），卒于正德辛未（1511）。由凌敷的生卒年可知其迁晟舍的时间为明中叶，《晟舍镇志》卷六《杂记》即云：“凌氏于明中叶后由练市迁来。”

凌、闵二氏从此互为姻戚，在晟舍这片土地上共同兴旺发达。凌氏后人凌介禧曾无限赞美凌、闵二氏的这段姻缘：“当年甥馆陇西开，练水晟溪远溯洄。赐第连云新画锦，缔姻闵氏始迁来。”据闵宝梁撰《晟舍镇志》卷五，曾有闵氏入赘同里黄姓，后来复姓归宗。但关于凌氏入赘，并无复姓之说。凌敷之父

---

① 唐舟十分看重此次缔姻，以为姻缘天赐，因赋诗两首以赠其婿。其一曰：“种玉蓝田岂偶然，检书月下系前缘。琼台毓秀尤贞淑，湖郡抡才亦俊贤。万里奇逢佳伉俪，百年亲爱永纯全。冰翁乐道姻缘事，留与儿孙世代传。”其二曰：“素位安行付自然，穷通用舍总天缘。家山淹滞嗟予老，馆阁修裁羡汝贤。圣代恩威覃四表，男儿忠孝贵双全。得时须展经纶志，要使香名远近传。”

晏如曾登显位，生母唐氏亦为广东琼山宦族，其父兄唐舟、唐亮均进士出身，而此时闵氏在仕宦方面并未显达。因此，凌氏虽言入赘，但很有可能并没有改姓。

凌敷生有三子：云、雯、震。其中云、雯并无功名，震即传主凌濛初之曾祖。凌震（1471—1535），字时东，正德间以廪贡谒选湖广黔阳县学训导。中丞黄铁桥和提学许少华重其学，到官月余，即命其提督宝山书院。凌震入书院后，“严立科条，劝能惩惰，日与讲劘，一时士类改观”[①]。在他的精心教育下，书院中不少学生科举及第，危岳就是其中之一。危岳，字继仲，为嘉靖八年（1529）进士，官江西省吉安府推官，吏治精敏。刘麟《凌学博练溪公墓志》曰：“若进士危君岳辈，实荷先生造就之力。”凌震选授训导是在晚年，不久即以年老力衰告归，杜门扫迹，清修自养。凌震辞官归老，大致是在嘉靖三年，11年后因脾胃之疾去世。

凌震博洽群籍，颇有文名。[②]《晟舍镇志·著述》引《董浔阳文集》曰：“练溪先生自厌其业，与刘司空（麟），施进士（侃），孙山人（一元）辈，日夜为古文，益高而弗第。晚得黔博，不旋踵弃去，遂坎壈终其身。湖郡当时士知浮薄，乃翩翩而起。有力追古作者风，则自先生与施先生始。”传主凌濛初先辈中以文学著述知名的当始于这位曾祖。他不仅善古文，而且长于诗歌。其文含蓄缜密，诗歌清高悲壮，刘麟《凌学博练溪公墓志》说“一时名士未识面，先已读其篇什”。凌震所作有《练溪集》，现仍存世，南京图书馆就有刻本，包括《文集》二卷、《诗集》二卷。《晟舍镇志》卷六《著述》引《吴兴诗话》郑芷畦云：“练溪诗清婉可诵，是集初刻于明嘉靖辛亥（1551），胡松、凌约言俱有序。重刻于今，嘉庆乙亥（1815）凌鸣喈序，与孙一元诗同梓，称《孙凌合刊》。”南京图书馆所藏即为清嘉庆乙亥刻本。

凌震不仅文才出众，而且重视人格修养。事亲至孝，“先意承志，甘旨之供，独任其劳”[③]，不让他的两个哥哥操心。为学务践履笃实，曾说：“学道不

① 清同治《湖州府志》卷七五。

② 清同治《晟舍镇志》卷五《凌震传》：“有修才，诗文缜密清壮，钩索富闻。”

③ 清同治《晟舍镇志》卷五。

在多言，只人伦日用之间尽我心焉。”又说：“君子、小人在实与不实之间而已。”[①]凌震与王阳明（1472—1529）是同时代人，此处所论与王氏心学强调知行合一，重视道德的实践性有一致之处。凌震“道在人伦日用间”的这种思想也与后来王艮（1483—1541）、李贽（1527—1602）的哲学有相通之处。王艮说：“圣人之道，无异于百姓日用”，“圣人经事是家常事”，“愚夫愚妇，与知能行便是道”[②]。李贽则认为：“穿衣吃饭，即是人伦物理，除却穿衣吃饭，无伦物矣。”[③]可以说，凌濛初能成为晚明文学思潮的代表人物，与他的这位曾祖的学道启示分不开。

由于重视学行，凌震当时名气颇大，人咸称练溪先生。与之交游者甚多，著名者有文徵明、孙一元、袁袠、严溪亭、陈良谟、施侃、邵康山、刘麟等。文徵明是明代吴中杰出的书画大家，凌震赴黔阳训导时，他有诗送行：“短棹沅湘路不迷，黔阳更在武陵西。平生事业经千里，晚岁文章到五溪。荏苒雪泥鸿雁迹，阴深云木鹧鸪啼。莫言游宦伤行役，剩有江山入品题。”[④]孙一元，字太初，号太白山人，是明中叶著名逸士。风神秀朗，踪迹奇幻，玄巾白袷，以铁笛鹤瓢自随。高风所至，士大夫皆为之倾倒。与刘麟、龙霓、陆崑、吴琉号“苕溪五隐”[⑤]。凌震曾与之游玩杭州西湖、虎跑等地，见《浙江通志》所载孙一元《中秋同凌时东、董予言、陈用明西湖玩月》《同凌时东、吴介夫、僧古心游虎跑寺泉诗》。孙氏还有《月夜过凌时东》一诗，载《练溪文献・艺文》。袁袠（1502—1547），字永之，号胥台，长洲人。七岁能作诗。嘉靖五年（1526）进士，选庶吉士，授刑部主事，改兵部，谪戍湖州。赦归后，荐补南京兵部主事，历员外郎，出为广西提学佥事。谢病归乡，隐逸读书，年四十六卒。生平著述不少，有《皇明献宝》《世纬》《袁永之集》《吴中先贤传》等。袁袠在谪戍湖州期间，与凌震诗词唱和。其《寄诗》云：“君家苕水东，余住岘山中。握手

① 〔明〕刘麟：《凌学博练溪公墓志》。

② 〔明〕王艮：《王心斋先生遗集》卷一《语录》，清宣统二年编印本。

③ 〔明〕李贽：《焚书》卷一《答邓石阳》，中华书局1975年版，第4页。

④ 〔明〕文徵明：《送凌震训导黔阳》，《湖广通志》卷八八《艺文》。

⑤ 《明史》卷二九八《孙一元传》。

经少年，论心隔地同。病抛人事懒，静晤世缘空。每见《南湖录》，悠悠忆戴公。”[①]凌震与严溪亭、陈良谟、施侃、邵康山等人的交游，则见于刘麟《凌学博练溪公墓志》。严溪亭为湖州归安人，曾经做过知州，以事兄至敬闻名于时，是古代中国敦伦尽分的样板。陈良谟（1482—1572），字中夫，号棟塘，湖州安吉人。明正德十二年（1517）进士。于朝廷工、礼、刑、兵四部郎署辗转达十年，后外调，历任湖广参议、福建按察副使等，为官清廉。湖州风俗奢靡，士大夫以财相高，但惟与良谟相处不敢言财，时人因誉其为“有志于圣人之徒”。其诗文温醇典雅，著作甚丰，存有《天目山房集》《见闻纪训》及《佩韦纂要》等数百卷。施侃，字邦直，号菁阳，为正德时举人，嘉靖时进士。在中进士之前，五试不第，于是构精舍读书，博览经史，勤于著述。所作古文雄浑深懋，诗歌意兴深远，有名于时。

要说与凌震关系最为密切的，那便是工部尚书刘麟。刘麟，字元瑞，明朝江西安仁人，弘治九年（1496）进士，与顾璘、徐祯卿有“江东三才子”之称。他为官清廉，刚正不阿，屡遭当权宦官刘瑾等中伤诽谤。罢官后，居湖州晟舍附近之南坦，赋诗自娱，与吴琬、施侃、孙一元、龙霓号称“湖南五隐”。[②]晚年喜楼居，却无力营楼，只好在平屋梁上悬挂一只大篮舆，曲身卧睡在里面，并美其名曰“神楼”，文徵明因画《神楼图》赠之。刘麟与凌震是知己密友，互相勉励，坦言规诫。且刘麟在湖州的交游活动，多始于凌震提供的机会。刘麟《凌学博练溪公墓志》曰：“麟始至吴兴，得先生一再聚，即开心引喻，由是麟藉以闻过。今末路尔尔，先生之益为多。严溪亭、陈栋塘良谟、孙太白一元、施菁阳、邵康山皆自先生而结知，求如先生之规益，则未也。”凌震临终遗言，就是要求诸子请刘麟为自己作墓志铭。

唐舟之孙唐胄（1471—1539），字平侯，号西洲。弘治十五年（1502）进士，官至山东巡抚。嘉靖时，因议礼而被削籍归乡。凌震与唐胄曾一会于京师，再会于黔阳。凌约言《简内台唐尧封》曰：

---

① 清同治《晟舍镇志》卷五《人物》。

② 《明史》卷一九四《刘麟传》。按：据孙利政《〈明史〉“湖南五隐”考误》，“吴琬”为“吴琉”之误，“施侃”当为“陆崑”，见《中国典籍与文化》2022年第3期，第69页。

嘉靖初，令祖西洲公与先君会于京师，款接极欢。嗣以督府过黔阳，再申前睠，且曰："吾两家亲远，非仕宦不能相通，幸各勉旃。"其情抑何厚也。

西洲公即唐胄，乃唐夫人之侄[①]，凌震之表叔，相识于凌震在京师候选时。后凌震选为黔阳训导，唐胄按察广西，路过黔阳，两人再次相会。凌震作有《送唐西洲表叔按察桂岭十五韵》，诗曰：

惟昔联姻好，于兹盖百年。祖孙情未远，中表世仍延。叔父声名起，儒林藉甚传。曾将书过岭，忽又雁回燕。瞻望音尘隔，倾依岁月迁。欻从京国见，复漫别离筵。士论新收价，人区旧有缘。官程虽夙夜，王事要劳贤。桂郡征骖解，霜台属吏虔。清风常洒匕，周道亦乎平。更喜乡山近，兼应土俗便。桄榔春叶暗，荜拨夏笛鲜。内外俱勋业，安攘间后先。望之辞魏阙，长孺卧淮壖。请借埋轮手，归来早秉铨。[②]

凌震卒后，其墓志铭由唐胄书丹，当时唐氏官衔是通议大夫、户部右侍郎[③]。因此，凌震仕途虽不显达，但由于其重视学行，广交名士，当时名气很大。晟舍凌氏第一位名人非他莫属。

濛初祖凌约言（1504—1571），字季然，号藻泉，又号空庵、多病道人[④]。为嘉靖庚子（1540）应天乡试举人，历南直隶全椒知县、湖广沔阳知州、南直庐州府同知等职，最后在南京刑部员外郎任上丁艰。服阕后，不再赴调，从此优游林泉。约言对儒释道兼收并蓄，弃官后好养生家言，日诵《老子》"专气致

① 清嘉庆乙丑刊《凌氏宗谱》（以下简称嘉庆谱）卷五《学博练溪公墓志》："夫人，广东琼台宦族，今户部侍郎唐公平侯之姑。"

② 清嘉庆谱卷三《艺文录》。

③ 唐胄之子唐穆、唐穆之子唐尧封，与凌约言父子亦多有往来。凌约言《简内台唐尧封》曰："尊翁礼部公亦两承翰寄，惜无由一面，以尽所怀。今儿辈得遇兄于南都，且辱缱绻。非天假之缘，其会合能至是哉！"礼部公即唐穆。凌、唐二氏的交往，由永乐间一直延续到了嘉靖万历间，几乎贯穿整个明代。

④ 见清同治《晟舍镇志》卷八《凌藻泉公自序传》。

柔”章。晚年又逃禅，自称净因居士。卒后，礼部尚书董份为之作墓志铭，王世贞之弟王世懋、文徵明次子文嘉为之作诔[①]。著名治黄专家潘季驯有挽诗，曰：“赐老先朝副相家，时名君独擅才华。卅年长抱文园病，一梦翻成国士嗟。英气化为华表鹤，精光散作赤城霞。敢云似舅郎君好，为喜绳绳寄五车。”[②]

凌约言为官清正，体恤民情。在任湖广沔阳知州期间，曾筑下流堤，以捍卫荆、湖、汉、沔诸水。大水暴涨时，庄稼丝毫不受损。百姓德之，呼为凌公堤。凌约言对明王朝忠心耿耿，且有治国用兵之才。据董份《比部藻泉公墓志铭》，约言任全椒令时，“贼” 师尚诏起窥南都，大郡皆作鸟兽散，而他却誓众死守，募勇操练，致使威名大震。在沔阳州时，又出奇计，轻取官府不敢兴兵征讨的“渠魁”胡廷璧。凌约言的才干与忠心，对传主凌濛初的影响不可估量。凌濛初治理黄河、献剿寇十策、单骑劝说陈小乙和誓死守卫房村，均有乃祖之风。

约言与父执孙一元交游，两人感情深厚。凌氏曾在晟舍盘渚漾东南为之建吹箫楼，孙氏啸咏其中数年。去世后，凌约言与名士吴琉等将其安葬在湖州道场山麓。父执施侃亦十分赏识约言，把家中的丰富藏书，“尽出陈示，引与其父所尝校论者，发难扬榷”[③]。由于“涉猎广博，网罗百家”，当时文名甚高，明礼部尚书董份说：“其文一出而海内称诵之。”[④]王世贞评其诗曰：“晚乃多病，不数为诗，其传者三百余章，皆有唐人风致。论诗十法，凿乎其言之也。”[⑤]这些虽是溢美之词，但约言著述丰厚、影响颇大却是事实。据《晟舍镇志》卷六《著述》，他著有《史记评钞》《风笙阁简钞》《椒沔集》《朱批选赋》《汉书评钞》《病稿偶录》等。凌鸣喈重刊《史记评钞》序云：“先藻泉公辑《史记评钞》，于司马迁之学，博综条贯，惟恐阙遗。”凌约言对《史记》确有独到研究，其评司马迁文章之风格曰：“子长之文豪如老将，用兵纵骋不可羁。”又评项羽之勇猛

---

① 清光绪谱卷四《碑志》。

② 清同治《晟舍镇志》卷五《人物》。

③〔明〕董份：《比部藻泉公墓志铭》，清光绪谱卷四《碑志》。

④〔明〕董份：《比部藻泉公墓志铭》，清光绪谱卷四《碑志》。

⑤〔明〕王世贞：《弇州四部稿》卷九四《南京刑部郎进朝列大夫藻泉凌君墓表》，《四库全书》影印文渊阁本，第1280册，上海古籍出版社1987年版，第521页。

曰："羽杀会稽守，则一府慑伏，莫敢起；羽杀宋义，诸侯皆慑伏，莫敢枝梧；羽救巨鹿，诸侯莫敢纵兵；已破秦军，诸侯膝行而前莫敢仰视，势愈张而人愈惧，下四'莫敢'字，而羽当时勇猛宛然可想见也。"[①]这些有关《史记》的评论精彩异常，学界至今仍乐于称引。凌约言开创了凌氏精研史学的家族传统，其子迪知、稚隆以及传主濛初均擅长史学。特别是迪知、稚隆兄弟，在父亲《史记评钞》的基础上广搜群籍，集其大成，共同刊刻了《史记评林》一书，被王世贞赞为"发简而了如指掌，又森然若列瑰宝于肆"[②]。《凤笙阁简钞》则是约言的书信集，由明代"后七子"之首王世贞作序，大力赞扬说："余友人济南李攀龙、歙县汪道昆、吴都俞允文皆以尺牍名，今并凌公四矣。凌氏尤精二氏学，俱见集中。"约言好佛、道二教，这在集中多有表现，故王世贞说他"尤精二氏学"。凌濛初在举业受挫时，也曾从佛、道二教中寻求解脱。他自称佛弟子，刻有许多佛教典籍；其"两拍"对寺院的藏污纳垢之处虽多有揭露，但对佛道学说持的是肯定赞同态度。这些均与其祖父的影响分不开。凤笙阁是约言的藏书处，有书数万卷，这也为凌氏后人治学提供了坚实的基础。

约言有四子：迪知、述知、遇知、遂知，长子迪知即传主之父。迪知（1529—1600），字稚哲，号绎泉，嘉靖丙辰（1556）进士，历工部郎中。当时朝廷举办斋醮，兴建十坛，共计需要琉璃瓦三百万张[③]。按常情，这需要一年才能办齐，但嘉靖帝只给了三个月的期限，而且嘉靖皇帝性严，令下立办，否则就要获罪。迪知访得大太监所储三殿副料若干，尽数报上，事情如期办成。当然，这也就得罪了太监，他们施计陷害，迪知因而被贬定州任同知，署开州。里甲苦一切供应，迪知请立一条鞭法，官计值，民计田，无得出入。此法后来被推广，御史庞尚鹏用之于浙，中丞海瑞用之于吴，"遂及天下，为国朝世世良法"[④]。于是迁大名府判，升常州府同知。在任期间，理枉辨冤，擒杀巨猾，铲除黠盗。最后因刚正而被僚友、上司切齿，罢官归家。迪知罢归时，年仅38

① 以上两条评论见〔明〕凌稚隆《史记评林》。

② 清同治《晟舍镇志》卷六《著述》。

③ 《晟舍镇志》卷五说是150万张，此据〔明〕朱国祯：《缮部绎泉公行状》，清光绪谱卷四。

④ 〔明〕朱国祯：《缮部绎泉公行状》，清光绪谱卷四《碑志》。

岁，时其父约言尚健在，迎之于途，笑曰："子失官固当，吾不能教汝谄，汝又信心落拓不反顾。吾向者令全椒，桑榆故人以巡江至，宛转待之，尚惧不免。汝以郎官谪州郡佐，数行己意。吾闻汝与某某交，与某某锋钜者绝，疑之必且被杀。今幸善归，家有田数十顷，书万卷，吾饰吾凤笙阁待也。"[①]

知子莫若父，约言的担忧实际上道出了迪知刚强正直的性格特点。关于此，有两件事值得一说。一是救护刑部主事董传策。董传策曾因偕同僚上疏弹劾奸相严嵩，引起世宗皇帝震怒，被拘入狱，施以酷刑，几次死而复苏。约言不仅事先吩咐施刑者毋杀直臣，而且在董氏谪戍南宁时，资其行装。但后来董氏汰败，官居高位，迪知"绝勿与通"。二是资助同年陈汲之子陈应芳。陈汲去世时，应芳年少，贫不能归葬。迪知尽力为之经营，后应芳为太仆少卿，又督浙江学政，迪知反避之。他人落难时相帮，显达时却远避，这与那些谄佞者有天壤之别。正如其父约言所说，如此性格罢官归家，那是意料中的事。

迪知罢归后，日奉父游于山水间，交游十分广泛。除父亲的一帮朋友外，还有吴门王穉登，太仓王世贞、王世懋兄弟，以及同郡朱国祯、茅坤等。王穉登是吴中著名文人，两人因偶发事件而相识。王穉登《祭凌常州文》曰：

> 公昔量移毗陵日，武进有鸷令，疑不肖匿亡人，破柱取之，不得，将甘心于我。是时，不肖就逮至毗陵，公与郡将李公元树犹未识不肖，相与下记，援而出之虎口，令耽耽，莫敢若何。不肖齿发之余，皆二公赐也。[②]

当时武进县令怀疑王氏藏匿犯人，于是将其逮捕。武进属于常州府，时迪知恰好在常州同知任上，虽素不识王，但慕其才名，遂替他巧妙说情，"援而出之虎口"。所用的方法，朱国祯《善部绎泉公行状》有记载：

> 某孝廉捕急，匿友王穉登所，王身当之。吏捕将诣县。先生素不识王，

① 〔明〕朱国祯：《缮部绎泉公行状》，清光绪谱卷四《碑志》。

② 〔清〕缪荃孙过录本《王百穀先生集外诗文》所收《祭凌常州文》。

遇诸途，戒迟一昔。召县令饮，示王扇诗，令亦称善。先生因曰："假士如平原君匿魏齐，谬曰：'在，固不出也！'将如何？"令嘿，未有以应。明日见王悟，遂得解。

凌迪知招县令饮酒，宴饮中展示王氏诗扇，宣扬王氏的诗歌和书法才华，意在赢得县令对王的赏识。然后以平原君藏匿魏齐的典故，说明王氏这样做乃讲朋友之义气。由于上司凌迪知的巧妙说情，原本铁面无私、对王氏藏匿行为颇为气愤的县令，最后妥善处理了此事。此后两人遂成知己，岁时节令，时相往来。王氏《祭凌常州文》曰：

岁时，尝得拜公床下，奏起居，为公祝鲠祝噎。公见不肖至，辄色喜，曰："有心哉，王生。"烹鱼沽酒留客，剪西窗烛，娓娓谈苍弁、清苕之胜；或出所著书，商略品骘；又或述司空郎与倅天雄贰守常州时事，漏不下二十五声，不听客寝。

王穉登《竹箭编》卷上有《凌使君且适园》《答凌使君》两诗，《谋野集》卷一又有书札《与凌使君》。且适园是迪知罢官归家后交游宴饮、著述编刊之所[①]，也是当时名园，"中有一石，名美人峰，又名一片云，玲珑高耸十数丈。以重大不可致，乃演戏，聚千人之力，藉以韮，曳之而上。其下有池，池畔有仙人桥，由桥而东有仙人洞，垒石为之"[②]。王穉登曾描写此园曰："隔河而园，奇石出云，清池满月。花池纷列，鱼鸟清人。高台可以远眺，曲房可以凝神。"[③]王氏《凌使君且适园》诗，不仅夸赞了凌迪知的为官政绩，而且写到迪知归隐后的著

① 清嘉庆谱卷三《著述录》之"绎泉公（凌迪知）"条曰："（公）归而斤舍傍为名园且适，房栊靓深，花竹互亚，客至必命酒击鲜，徜徉竟日；去则闭户著书，雅志春秋大业，梨人枣人，终岁满户下。"

② 且适园中太湖石美人峰现存，即杭州花圃中"美人照镜石"。且适园后归同里闵梦得，易名适园。闵梦得"致仕后，作归来堂，缭以周垣，佐以名花，为游息觞咏之所。登其石，则西北诸山环拱于石，俯瞰盘渚漾，波澜微动，荇藻交横，亦殊清旷幽雅"。见《晟舍镇志》卷二《古迹》。

③〔清〕缪荃孙过录本《王百穀先生集外诗文》所收《祭凌常州文》。

述情怀。迪知去世两年后，王氏重游此园，表达了物是人非的悲痛情感："水木清华池，重来迹已陈。楼空惟鸟毛，松老半龙鳞。把酒怀知己，看花无主人。西州门下路，但到即沾巾。"①

太仓王氏乃江南著名望族，族中人才辈出，王世贞就是其中最著名者。嘉靖二十六年（1547）进士，官至刑部尚书，与李攀龙同为"后七子"首领。他曾寓居晟舍②，与凌迪知家族往来频繁。凌迪知刊刻其父《凤笙阁简钞》，即请王世贞为序。其父卒后，请王世贞为之题墓，王世懋亦作有《比部藻泉公诔》。凌迪知所著《古今万姓统谱》、其长子湛初所著《赫蹄书》、次子润初所著《叹逝录》，均请王世贞为序③。凌迪知、湛初父子与王世贞、世懋兄弟书信往来频繁。《国朝名公翰藻》收有王世贞与凌迪知书信三通、与湛初书信四通，王世懋与凌迪知书信三通，这些尺牍不少涉及凌氏刻书求序之事，借以提高书籍编刊质量和知名度。太仓王氏对凌氏编刊事业确实贡献不小。王世懋是凌氏刻本中常见的评点者，凌瀛初曾得王世懋《世说新语》批点本而付之梓。凌氏《唐诗选》的刊刻也与王世贞有关。先是李攀龙选古今诗于历下，王世贞携之吴中，馆客某抄录之而付凌述知，凌氏择其唐诗而授诸梓，名曰《唐诗选》，时在万历三年（1575）。后世贞晤凌迪知，见到该墨刻本，谓馆客有抄漏，并告知徐中行别有校本，较此本稍全。后来凌氏昆仲凌瑞森、凌南荣据徐中行本再刻朱墨本，题为《唐诗广选》，而由凌濛初作序④。尽管王世贞万历十八年卒时凌濛初才11岁，但王世贞兄弟对凌濛初成年后的文化事业影响颇大。凌濛初所作《谭曲杂札》对王世贞的文学主张有许多深刻评价，在编刊方面他也很能利用王世贞的

---

①〔明〕王穉登：《清苕集》卷下《重游且适园怀故凌使君稚哲》，《四库禁毁书丛刊》集部第175册，北京出版社1997年版，第118页。

② 清同治《晟舍镇志·流寓》曰："（王世贞）解组后，与闵一鹤为至友，放棹来湖，勾留数月，杯酒论文无虚日，有忘归之乐云。"

③ 其中《叹逝录序》，为润初卒后，凌湛初托俞氏请王世贞所作。凌湛初《上王观察元美》："曩俞君之以《叹逝》序请也，谓先生当噤吟哦也，而先生乃许我也。"（《国朝名公翰藻》卷五二，《四库全书存目丛书》集部第314册，齐鲁书社1997年版，第606页。）又王世贞《与凌玄旻》曰："昨从匆匆中叙《叹逝》，乃足下加灾于木矣。今复欲序《薄蹄书》，何足下之偏嗜也。"（《国朝名公翰藻》卷三二，《四库全书存目丛书》集部第314册，齐鲁书社1997年版，第110页。）

④ 见〔明〕凌瑞森、凌南荣（楷）刻朱墨本《唐诗广选》之凌濛初序。

名气来抢抓商机，如《世说新语》的刊刻。

朱国祯为湖州南浔人，在天启朝曾拜礼部尚书兼东阁大学士，有《皇明史概》和《涌幢小品》等行世。迪知卒后，朱氏为之作行状。据行状来看，两人相识于万历丁丑（1577），时朱氏20岁，尚未显达，在家乡一面授馆，一面准备应试。万历十七年（1589）朱国祯中进士，访迪知于晟舍。《缮部绎泉公行状》曰："又十二年不佞成进士，访公里第，谈旧事历历。"南浔与晟舍相距不过30里，所以两人往来频繁。作为晚辈，朱国祯对迪知颇为敬重，迪知去世时，曾亲往祭奠，"又十年先生殒，往哭之"。茅坤为湖州花林人，嘉靖十七年（1538）进士，官至大名兵备副使，因编刊《唐宋八大家文抄》而名闻天下，是明代唐宋派代表文人。他曾为凌氏《史记评林》《汉书评林》作序推扬，《耄年录》卷八载有与凌迪知交游诗歌《柬凌绎泉》。凌迪知还参加了由湖州府学教授许孚远组织的逸老续社。该社始于万历三十年，当时湖属七县有40余位文人参与了这次盛大的结社，其中著名者有茅坤、董份、徐献忠、沈节甫、吴梦旸等，此后每年春秋均有社集。

迪知在交游结社之余，致力书史，著述甚丰。据《晟舍镇志》卷六《著述》，有《万姓统谱》一百五十卷、《历代帝王姓系统谱》六卷、《氏族博考》十四卷、《史汉评林》一百三十卷、《增定荆川史纂》十四卷、《大学衍义补英华》十八卷、《文林绮绣》五十九卷[①]、《名世类苑》四十六卷、《名公瀚（翰）藻》五十卷和《学海清澜》一千卷。《学海清澜》是迪知晚年辑录之书，书未竟而身先卒，最后由凌濛初续成之。

凌迪知不仅著述丰厚，而且是一位著名的刻书家。《晟舍镇志》卷六《著述》引郑芷畦《湖录》云："公致仕，闭户著书，梨人枣人，终岁满户下。"从38岁罢归还乡，到72岁去世，30余年间，其主要精力就是用于著述刻书。由于物质基础丰厚，两个儿子湛初、润初又十分颖异，再加上当时著名文人的切磋参与，凌氏所刻之书名满天下。朱国祯《缮部绎泉公行状》曰："长子湛初，次

① 包括五种书：《左国腴词》八卷、《太史华句》八卷、《楚辞绮语》六卷、《两汉隽言》十六卷和《文选锦字》二十一卷。

子润初颖甚，先生益发舒，与元美、子与两家，时议论校刻秦汉诸书，义例纲领，一经裁定，井井可观。于是凌氏书布天下，干旄所指多及其庐。”元美、子与就是明代后七子中的王世贞、徐中行，迪知与他们商讨刻书，很大地提高了书籍的质量和知名度。从一些书目的记载来看，迪知所刊刻的书籍主要有：《国朝名公翰藻》五十二卷、《古今万姓统谱》一百四十六卷附《氏族博考》十四卷（万历七年刊）、《国朝名世类苑》四十六卷（万历二十三年刊）和《文林绮绣》五种五十九卷（万历五年刊）[①]。

一个父亲对儿子的影响是难以估量的。迪知为人之正直、为官之干练以及丰富的著述和刻书，在凌濛初身上均可找到影子。凌濛初输粟入都，完成向来难以办好的漕运，与其父揭露巨珰舞弊，完成艰巨任务，是何其相似！凌濛初创立管理盐场的井字法，也让我们联想到其父设立的一条鞭法。另外，凌濛初“两拍”中一些小说的创作，如《初刻拍案惊奇》（以下简称《初刻》）卷一一《恶船家计赚假尸银》、《二刻拍案惊奇》（以下简称《二刻》）卷二七《伪汉裔夺妾山中》，也与迪知访知仇家以死丐陷害而辨明冤狱、遣壮士入盗薮诱饮而使盗就缚等生平事迹[②]，不无关系。

濛初叔稚隆，原名遇知，字以栋，号磊泉，官鸿胪寺序班，也是一个笃志好学、满腹经纶之士。《晟舍镇志》卷五《人物》引《湖录》曰：“（稚隆）无它嗜，独爱典籍，雌黄铅椠，未曾一日去手，晚年辑《三才统志》，呕血数升，不少辍。”他博学多才，尤精于史学。除《三才统志》外，还著有《春秋左传注评测义》七十卷、《史记评林》一百卷、《汉书评林》一百卷、《五车韵瑞》一百六十卷、《汉书纂》八卷、《史记纂》二十四卷、《皇朝名臣言行录》十卷、《春秋评林》等[③]。凌稚隆的雕版刻印也享誉一时，有《史记评林》一百三十卷（万历四年刊）、《史记纂》二十四卷（万历七年刊）、《汉书评林》一百卷（万历九年刊）、《五车韵瑞》一百六十卷、《春秋左传注评测义》七十卷（万历十五年

---

① 杜信孚：《明代版刻综录》卷四，江苏广陵古籍刻印社1983年版，第3页。

② 见〔明〕朱国祯：《缮部绎泉公行状》，清光绪谱卷四《碑志》。

③ 见清同治《晟舍镇志》卷六《著述》。

刊）和《吕氏春秋》二十六卷（万历十七年刊）[①]。其中《史记评林》《汉书评林》皆由著名文学家茅坤作序，镂版精良，盛行海内。茅氏《刻汉书评林序》曰："凌太学曩抱先大夫藻泉公所手次诸家读《史记》者之评，属序而梓之，已盛行于世矣。世之缙绅先生嘉其梓之工，与其所采诸家者之评，或稍稍概于心也，复促之《汉书》为一编。工既竣，复来属予序之。"[②]在《史记评林序》中，茅氏更是推崇备至，他说："兹编也，殆亦渡海之筏矣。而后之读其书，想见其至，当必有如古人所称'湘灵鼓瑟于秋江之上，曲终而人不见'者。"[③]茅氏之序，并非溢美。《史记评林》的明刊本现仍存于世，它是一部历代评论和阐发《史记》的集大成之作，辑集了中国历代名家对《史记》所载史事的见解，不仅网罗了评论《史记》的专著，如宋倪思《班马异同》、明杨慎《史记题评》、柯维骐《史记考要》、茅坤《史记钞》、王维桢《史记评钞》等，而且对历代名家单篇之作也广泛采录。不仅如此，凌稚隆对《史记》援引史书记事简略处，还依据原书进行了增补；又引征百家之书对《史记》记事进行印证和阐发，另外对《史记》文义、段义、字义等也进行了注释。其刊刻形式是每页下部刊刻《史记》原文和裴骃、司马贞、张守节三家注，上部刊刻编者文字，上下对应，极便阅读。由于该书对学习和研究《史记》作用巨大，所以至今仍有出版社影印出版[④]。《五车韵瑞》则是凌稚隆编纂刊刻的大型辞书，它与濛初父编纂刊刻的《古今万姓统谱》在当时都广为流传，清康熙间刊刻的影响颇大的《佩文韵府》，就是在《五车韵瑞》的基础上增补而成。可见，凌稚隆对中国文化贡献之大。《晟舍镇志》卷八《艺文》载有明范应期作的《凌磊泉传》。

综上所述，凌氏大约在南宋初年由安徽迁至湖州安吉，元末时因避战乱又散居四方，其中凌益、凌谦两支相继居湖州归安练溪。凌谦的玄孙凌敷出赘晟舍闵氏，遂占籍湖州乌程。正如凌震《先兄春洲君行状》所言："按《谱》，自

---

① 杜信孚：《明代版刻综录》卷四，江苏广陵古籍刻印社1983年版，第3—4页。

② 见《茅鹿门先生文集》卷一四，见茅坤：《茅坤集》（第2册），张梦新、张大芝点校，浙江古籍出版社2012年版，第486—487页。

③ 见《茅鹿门先生文集》卷一四，见茅坤：《茅坤集》（第2册），张梦新、张大芝点校，浙江古籍出版社2012年版，第471页。

④ 天津古籍出版社1998年出版有凌稚隆《史记评林》。

寿四下至先君六世，历安吉、归安、乌程三县，三著籍焉。”[1]凌氏为世代簪缨之家，所籍之处，皆有闻人。他们才华卓异，交游名宦，为官清廉，政绩显著。书香门第，官宦世家，决定了凌濛初读书应试、学优而仕、一展宏图的人生抱负。祖辈的忠臣循吏形象，则影响了凌濛初忠君报国、致君尧舜的儒家正统思想。加上凌濛初曾祖、祖、父三代，著述丰厚，特别是祖、父两辈崇尚史学，可以想象他自幼就受到良好的传统文化熏陶。在未来的人生道路上，以史学为著的家学渊源和雕版刻印的家庭传统对他的影响也极大。

① 〔明〕凌震：《练溪集》卷四。

第二章　读书科举　交游名士

生长水乡

万历八年庚辰（1580）五月初七日，湖州府乌程县晟舍铺的凌家大院内还到处洋溢着端午节的喜庆气氛。正是在这种喜庆的气氛中，下午约两三点，我们的传主诞生了。生母蒋氏，为鹤庆知府同郡菱湖蒋子岳女。她是凌迪知续娶之妻，迪知元配包氏已于六年前去世。包氏生湛初、润初、涵初三子，其中湛初、润初虽颖异多才，但年寿无多，在此之前也皆去世①。因此，凌濛初的到来无疑为这个家族增添了希望和喜庆。

凌濛初的家乡晟舍在湖州城东30里，“相传唐李晟舍此，故名”②。在唐代，这里还是人烟稀少、芦苇遍野之地。唐以后始有钦、黄、顾、叶、李诸姓居住。宋室南渡时，闵氏从北方山东迁此定居。明中叶后，又有马氏与凌濛初先世等从湖州归安练市迁来，于是人气大旺。特别是凌、闵二氏，在晟舍科第连绵，簪缨绳继。因此，到了明中叶，晟舍已一跃而为湖州城东第一大镇。

据清同治闵宝梁撰《晟舍镇志》卷一《界域》记载，晟舍镇东西广11里，南北为12里，周围33里。地处太湖之滨，西北近当时南方政治文化中心南京，

① 湛初卒于万历甲戌（1574），润初卒于隆庆庚午（1570）。

② 清同治《晟舍镇志》卷一《舆图》。

东北与经济人文渊薮苏州隔湖相望，东面是江南富庶之地松江、嘉兴，南临浙江省会杭州，是交通方便、与时俱进之地，便于凌濛初日后走出家门，开阔眼界。苏州是他一生常游玩的地方，坐船便到；南京后来成了他经商之地，长期寓居；屡赴杭州乡试；为宦上海数年。这四个城市，均留下了凌濛初的踪迹和身影。

晟舍境内外河港纵横，是一个典型的“家家临水，处处瞰波”的江南水乡。荻塘河在镇南，又有晟溪穿镇而过，镇内其他大小河港、兜漾更是多不胜数。通渎大溪一望无际，支河汊港四路皆通。由于古河古漾众多，晟舍风光极其优美。如盘渚漾，在晟溪西北，风光旖旎，凌氏宗祠、凌约言之凤笙阁、吹箫楼均建筑在漾边。凌氏后人清乾隆进士凌鸣喈曾画有《盘溪归钓图》，以彰显其先人的隐逸之趣。尤其是凤笙阁，建在漾东伸入水中央的一条火鱼埂上，水阁相映，飞檐流丹，凭栏挹翠，风光无限。阁内藏书数万卷，为士人饮酒赋诗之所。据凌约言自叙，凤笙阁“右偏有薜荔园、翠芬亭、丛桂山房、夫容别墅，植竹护垣，栽花绕阑。亭背又叠石为山，虚其中为云石洞。洞门逶迤而入，题曰‘曲径通幽’；罄折而出，题曰‘排云出岫’”①。可惜明末被毁，凌氏后人清代凌介禧有诗回忆说：“西溪三亩宅，南面百城书。凤管留遗韵，嫏嬛境宛如。”②但凌濛初生活的年代，凤笙阁仍在，可以想象他坐拥书城、埋首苦读的情形。“涨春水兮三篙，画船傍宅；鼓秋风于一棹，烟浦藏家”③，晟舍如此旖旎的风光，连同飞檐流丹的凤笙阁，肯定会进入才华横溢的传主的诗文中，只可惜凌濛初的《鸡讲斋诗文》和《国门集》均佚失难寻。

晟舍虽然只是一弹丸之地，但由于交通十分便利，晚明时经济已是非同一般的繁荣。蚕桑、丝织、造船、刻书、贩书等业均以兴旺著称。如丝绸业，据《晟舍镇志》卷二：“乡间妇女自育蚕毕后，比户终日打线，至八九月间，咸织成绸，鬻于郡城、南浔、双林等处。其绸阔，准尺在二尺以外，长四五丈至十余丈不等。”由于所产绵绸门幅宽，又有长度，所以畅销湖州各地。又如刻书

---

① 〔明〕凌约言：《空庵多病道人自叙》，清嘉庆谱卷三《艺文录》。

② 清同治《晟舍镇志》卷二《古迹》。

③ 清同治《晟舍镇志》卷一《河渠》。

业，晟舍是当时全国刻书中心之一。凌、闵二氏，除了读书仕进，大都参与到刻书事业当中。由于学问深厚和技术先进，加上凌、闵二氏中仕途显达者名气与财力的支撑，凌、闵二氏所刻之书在当时名闻天下。晟舍镇这个小小的地方因而成了全国著名的书籍集散地。在晟舍附近的织里一带，书铺林立。凌家在织里就设有书坊，雇用了许多刻工、写工。濛初父迪知万历三年（1575）刻印的《国朝名世类苑》，就动用了刻工15人。濛初叔稚隆万历五年刻《史记评林》一百三十卷，所雇刻工78人，苏州等地写工5人；万历十一年刊《汉书评林》一百卷则雇刻工39人，苏州等地写工3人[①]。由于货物流通与人员往来的频繁，晟舍街巷繁多，有资政坊、石路、晓珠街、五道前、八间楼、狮子弄、西前门、槐树下等。像资政坊，据《晟舍镇志》卷一《衢巷》载，“明季此处大厦连云，中有大路”，是个非常热闹的街区。许多街区繁华且长，如观音桥“明季桥北成市，接至笋店桥”[②]，可惜后被剧盗郑九所毁。清人凌介禧有诗曰：“桥北昔闻市肆饶，可怜一炬土全焦。”[③]

明清以来，晟舍亦是人文渊薮。据清同治《晟舍镇志》统计，小小晟舍居然出了31名进士、76名举人（包括武举4人），以及上百名贡生。这些进士与举人多是凌、闵二氏的。如进士，闵姓为21人，凌姓为8人；举人闵姓为53人，凌姓为15人。可见，明清时期晟舍读书仕宦风气之浓厚，特别是闵、凌二氏，当时晟舍几乎就是他们两家的天下。明中叶后至明亡前是这两个家族最鼎盛的时期，共出现了五位尚书，他们是闵珪、闵如霖、闵洪学、闵梦得与凌义渠。闵珪字朝瑛，是潘季驯的外祖父。明天顺八年（1464）进士，官至刑部尚书，太子太保。因政绩卓著，被誉为弘治朝中“九老”之一。正是这位闵珪，赏识凌濛初高祖凌敷，让其入赘伯父闵复家。闵如霖字师望，号午塘，是闵珪从孙。于嘉靖三十年（1551）任国子监祭酒，最后官至礼部尚书。闵洪学字周先，号曾泉，是闵如霖曾孙，与凌濛初父迪知同辈。他曾任云南巡抚，天启七

① 赵红娟《晚明望族的编刊活动、编刊者身份心态及其人员聘雇》，《古典文献研究》第21辑上卷，凤凰出版社2018年版，第13页。

② 清同治《晟舍镇志》卷一《桥梁》。

③ 清同治《晟舍镇志》卷一《桥梁》。

年（1627）因平贼有功，官至吏部尚书。闵梦得字翁次，号昭余，是闵洪学从弟。登万历二十六年（1598）进士，三十七年时任漳州知府，以宽为政，士民爱之。后迁偏沅巡抚都御史、云贵总督，最后累官至兵部右侍郎戎政尚书。而凌义渠是凌遂知之孙，濛初从子，字骏甫，号茗柯，张廷玉《明史》卷二六五有传。为天启五年进士，崇祯三年（1630）授礼科给事中。因直言敢谏，最后官至大理寺卿。他与凌濛初一样是明王朝的效忠者，闻得崇祯帝吊死的消息后，自缢而死，以身殉主。南明王朝追赠其为刑部尚书，谥曰忠清。晟舍就是这样一个举人进士、名宦显爵层出不穷之地。凌濛初读书仕进、匡济天下的抱负显然与晟舍的这种科第连绵、簪缨绳继的氛围分不开。尽管日后久困场屋，连连败北，但凌濛初始终不愿放弃科举应试，一直存有奋发上进终能成功的想法。

晟舍的佛教氛围也非常浓厚，其最大丛林是利济寺。该寺始建于南朝宋元嘉年间（424—453），初名慧明寺，开山祖是高僧法瑶。后来的住持者有梁天监时慧集、唐大历时道祥、贞元时维宽、宋建中靖国时慈觉等，他们对慧明寺均有增修。元末时毁于兵燹，明宣德六年（1431）僧南轩重建，才易名利济寺。明代，晟舍闵、凌两望族中不乏崇佛者。刑部尚书闵珪致仕归田后就是一位崇佛居士。他在《与幽谷上人结社唱和诗》中说："利济拈提八百年，晟溪檀越世相传。禅房幽雅松篁茂，天气晴和花柳妍。"又说："遣去革囊知戒行，磨成砖镜司禅机。薰风入座尘襟净，半日闲谈玉麈挥。"闵珪写诗时，利济寺禅僧衣钵相传已有八百年历史，而当地崇佛居士也是世代相传。名门望族对利济寺的支持吸引了当时佛教界的众多高僧，藕益大师就曾为该寺书"利济禅寺"额。闵宗德妻臧氏和闵洪学妻臧氏是共祖姊妹，他们为求子捐资合建了供奉送子观音的古性庵，最后果真子孙众多，一生有八子，一生有三子，且多有中进士、举人者。晟舍人以为是崇佛之报，因此信佛之风越加浓厚，寺庙禅林的兴建此起彼伏。就连晟舍附近一带村落，也有始建于宋代的宝山观，始建于五代吴越国时的法忍寺、布金寺等。凌濛初日后自称佛弟子，"两拍"中亦有众多篇章描写佛教寺庙，这一切与其家乡浓厚的信佛风气均不无关系。而且后来晟舍还成了一个佛经刻印基地，不仅凌濛初刊刻有朱墨两色印本《维摩诘所说经》《释迦如来成道记》等，其他刻书家亦多有佛经的印本，如其侄凌毓枏就刻印有朱墨两色《楞严经》《金刚般若波罗蜜经》等。

无论是从科举仕进，还是从著述刻书方面看，晟舍都是凌、闵二氏的天下。闵氏在宋室南渡时就迁来晟舍居住，而凌氏在明中叶时始从归安练溪迁居乌程晟舍，其原因是凌濛初之高祖凌敷入赘闵氏。凌氏经过一段时间后，亦子孙兴旺绵延，到晚明万历时已成为一个基本上可与闵氏抗衡的地方望族。两姓子孙，互相联姻。凌敷之孙凌绅续娶之妻为闵氏，濛初之祖约言有一女适闵宜贺，濛初叔遂知有一女适闵振彦。濛初弟浚初有女适本里闵毕成，兄涵初不仅娶的是本里闵氏，而且其女嫁的亦是本里闵洪德。与濛初同辈的凌允仁、凌沐初、凌浣初、凌洽初等娶的均是本里闵氏[①]，且沐初、浣初、涵初之女又分别适闵氏之遴德、缙延、洪德。这种情况在濛初子侄辈中更是普遍，如若冲、怀德、相臣、森发、义征、义果等均娶闵氏[②]，楷、棐、琛、璪、栻、启康、义渠、义康、义远、汝亨、汝樑、翘椿、森生、森发等均有女适闵氏[③]。可以说，自凌敷入赘闵氏后，凌闵二氏世为姻戚，有着千丝万缕的关系。据《晟舍镇志》卷六《杂记》，每到新年，两姓互相至宗祠团拜。阳年，凌氏先谒闵祠，四拜曰恭贺，闵陪拜答曰岂敢。拜毕，闵氏先出，肃立两旁，以伺候凌氏出大门。然后随至凌氏祠堂，亦四拜曰奉答，凌氏亦陪拜曰返劳。拜毕，亦先出肃立两旁，以伺候闵氏出大门而散。等到阴年，则闵氏先至凌祠，其他一切礼仪相同。闵氏后人闵鐄因有诗曰："随班趋步路迟迟，文物衣冠聚一时。小郲归来盘渚去，从容团拜两祠堂。"凌氏后人凌介禧亦有诗曰："两家仪物礼相齐，不让朱陈是晟溪。婚媾云礽十数世，凌南北与闵东西。岁朝家庙肃雍将，合族衣冠迎送忙。拜罢先人更拜贺，往来凌闵两祠堂。"[④]可见两姓关系之密切。

然而，两姓同居一地，自然也不免互相仇妒。传主凌濛初的亲家冯梦祯就

---

① 除允仁岳父未知外，其他三人岳父依次是：举人闵道鸣、布政司经历闵允庆、进士邵武知府闵世翔。

② 其岳父名字依次是：闵大纲、闵世文、闵振胄、闵晋德、闵完生、闵宗圣。

③ 其女婿名字可考的是：楷-闵寅生、琛-闵臯、启康-闵廓正、义渠-闵南仲、义康-闵昶、义远-闵士瑛、汝亨-闵允锡、汝樑-闵元赏、翘椿-闵象泰、森生-闵完孟、森发-闵中琛。

④ 两诗均见清同治《晟舍镇志》卷六《杂记》。

说："（晟舍）凌闵二姓所居，世为姻戚而不免仇妒。"[①]尽管历史并没有给我们留下凌闵两姓互相仇妒的具体资料，但从大的方面来讲，不外乎是因功名高低不一，形成悬殊地位、财势差异，从而导致各种猜疑、嫉妒和怨恨。从前面提到的凌、闵两姓尚书、进士和举人的情况来看，有一个事实无法回避，那就是闵姓占了绝对优势。在这种情形下，凌氏作为入赘来晟舍的家族，与闵氏在科考场上的竞争，以及双方在财产方面的各种纠葛，均可想象。特别是晚明两姓从事编刊活动时，商场上的竞争与仇妒更加难免。

屡中副车

晟舍凌氏，从凌敷起，经凌震、凌约言、凌迪知而至传主凌濛初，已经整整五代了。凌濛初出生时，尽管祖父约言已经去世，迪知也是罢官闲居，但由于良田众多[②]，加上从事蚕桑业，家族经济状况良好。嘉庆谱卷三《著述录》曰："（迪知）家乌程晟舍，去城三十里。以蚕桑稼穑为务，又席累世簪裾，赀故饶。"迪知晚年曾输粟千石，赈济灾民。湖州豪富之家，在万历二十二年（1594）发生的董、范民变事件中，均受到巨大冲击。有些家族，刹那间身槁产落、灰飞烟灭。凌氏"居产颇饶"，虽亦有"群小环视"，叫嚣喧哗，但最终并未卷入诉讼、遭到哄抢，"卒未闻哄于室、讼于官者"[③]。因此，迪知在日，凌氏的经济基础无疑是雄厚的。

书香门第、世宦之家以及晟舍的人文氛围决定了凌濛初的人生道路，那就是读书科举，学优而仕。物质条件的充裕，也为凌濛初早年读书科举提供了良好条件。而迪知是在连续遭受丧子之痛后，晚年得子，因此对凌濛初十分钟爱，期望很高，培养不遗余力。加上凌濛初本人天资聪颖，万历十九年（1591）年

① 〔明〕冯梦祯：《快雪堂集》卷二八《乙巳十月出行记》，《四库全书存目丛书》集部第164册，齐鲁书社1997年版，第419页。

② 有一个数据可以参照，就是凌迪知中年罢官归来时，其父约言庆幸说："（汝）今幸善归。家有田数十顷，书万卷，吾饰吾凤笙阁待也。"见〔明〕朱国祯：《缮部绎泉公行状》，清光绪谱卷四《碑志》。

③ 〔明〕朱国祯：《缮部绎泉公行状》，清光绪谱卷四《碑志》。

仅12岁的他就进学成了秀才。六年后，又成了由国家供给膳食的廪膳生员，从而取得了参加乡试的资格。因此，在读书科举的初始阶段，凌濛初可以说是相当顺利。而且在此之前，凌濛初已被著名理学家、文学家耿定向目为天下士。郑龙采《别驾初成公墓志铭》曰："上书于刘大司成，刘甚奇之，以其书示少司马定力耿公。耿公曰：'此予年家子也，先孟恭简公尝目为天下士，君未识之耶？'一时公卿无不知有凌十九者。"耿定向，字在抡，湖北黄安人，与凌濛初父迪知为同年进士，官至户部尚书，卒后即谥恭简。他卒于万历二十四年丙申（1596），而此时凌濛初才17岁。

传主才气横溢，再加上名宦的推许，真是前途似锦，功名似乎唾手可得。然而造化弄人，凌濛初自此时乖运蹇，试辄不售，一直未能通过乡试一关。《别驾初成公墓志铭》："公试于浙，再中副车，改试南雍，又中副车，改试北雍，复中副车。"嘉庆乙丑《凌氏宗谱》卷二："卒以数奇，四中副贡。"范锴《〈湖录〉记事诗》："胸罗经济为国用，乃击副车竟五中。"[①]据此，凌濛初曾四次或五次以备榜落选。可以肯定，其参加乡试的次数当远远超过四次或五次。明代乡试在子、卯、午、酉年举行，万历丁酉（1597），即凌濛初18岁获得乡试资格的这一年，当是其往杭州第一次参加乡试的时间。如果没有什么意外，接下来的万历庚子（1600）、万历癸卯（1603），也应是凌濛初在杭州参加乡试的时间。在杭州参加了数次考试，中了两次副榜后，凌濛初才先后进入南、北国子监以寻求希望。

濛初父迪知为约言长子，属晟舍凌氏南大房支，但万历庚辰（1580）凌濛初诞生时，其祖约言，嫡母包氏，兄湛初、润初均已卒，三兄涵初在万历癸卯凌濛初24岁时也离开了人世，读书仕宦、重振门庭的重担显然就落在了凌濛初身上。加上中国仕宦制度向来重视科名，尤其是明中叶以来，"惟以此为华美"，"不是科甲的人，不得当权。当权所用的，不是科甲的人，不与他好衙门、好地方"[②]。科贡出身的，即使是英雄豪杰，也往往不受重视。因此，许多人"只为

---

① 转引自《晟舍镇志》卷五《人物》。

② 《初刻》卷二九《通闺闼坚心灯火》。

不得一第，情愿老死京华”[①]。从凌濛初后来的经历来看，他对此非但不能免俗，而且典型有加。尽管乡试屡次败北，但为追求一第，从青年到白头，他从未放弃努力。据《二刻拍案奇小引》，凌濛初在天启丁卯（1627）48岁时，仍前往北京国子监参加乡试。又据《晟舍镇志》卷三《贡生》，凌濛初在崇祯己卯（1639）60岁时，第五次以备榜落选。可见凌濛初大半生的时间都花在了科举考试上，功名心理简直是根深蒂固。

屡试而不第，这对有志仕途而又自视甚高的凌濛初来说是巨大打击。面对打击，凌濛初的低沉郁闷、愤激不平可以想见。其诗文集《国门集》一卷、《国门乙集》一卷，即为屡踬场屋时所作，里面颇多抑郁愤激之言[②]。凌濛初甚至一度萌生了放弃科举入仕之念，想于乡间构一精舍以归隐终老，并作《绝交举子书》《戴山记》《戴山诗》以见志[③]。尽管这些真切表达凌濛初久困场屋感受的诗文现在均难以见到，但透过其话本小说“两拍”，我们完全可以感受到他的痛苦、愤懑。“两拍”实际上就是凌濛初科举失败后抒写郁闷之作，《二刻拍案奇小引》曰：“丁卯之秋事，附肤落毛，失诸正鹄，迟回白门，偶戏取古今所闻一二奇局可纪者，演而成说，聊抒胸中磊块。”由于乡试败北，心中愤懑，故创作小说以自娱。

由于多次参加科举考试，凌濛初对科考中的黑暗现象有真切的了解，认为天下科第一事最为黑暗。其中最主要的原因是考试官私通关节、受贿徇私。凌濛初对此十分痛恨，在小说中借剑侠韦十一娘之口，把这些考官置于术家所必诛的几类人中：“世间有做试官，私通关节，贿赂徇私，黑白混淆，使不才侥幸，才士屈抑的，此皆吾术所必诛者也。”[④]由于试官腐败，加上怀挟作弊、模拟抄袭等种种黑暗现象的存在，致使科第没有定准，真才屡挫。凌濛初对此牢骚满腹，感慨颇多。《初刻》开篇即曰：“试看往来古今一部十七史中，多少英雄豪杰，该富的不富，该贵的不贵。能文的倚马千言，用不着时，几张纸盖不

---

① 《初刻》卷二九《通闺闼坚心灯火》。

② 〔清〕永瑢等撰：《四库全书总目》卷一八〇，中华书局1965年版，第1628页。

③ 〔清〕郑龙采：《墓志铭》，清光绪谱卷四《碑志》。

④ 《初刻》卷四《程元玉店肆代偿钱》。

完酱瓿；能武的穿杨百步，用不着时，几竿箭煮不熟饭锅。极至那痴呆懵懂，生来有福的，随他文学低浅，也会发科发甲；随他武艺庸常，也会大请大受。真所谓时也，运也，命也!”《二刻》开篇亦曰：“至于后世以诗文取士，凭着暗中朱衣神，不论好歹，只看点头。他肯点点头的，便差池些，也会发高科，做高官；不肯点的，遮莫你怎样高才，没处叫撞天的屈。”在《初刻》末篇中，他又说：“人生只有科第一事，最是黑暗，没有甚定准的。自古道：‘文齐福不齐。’随你胸中锦绣，笔下龙蛇，若是命运不到，倒不如乳臭小儿、卖菜佣早登科甲去了！就如唐时以诗取士，那李、杜、王、孟不是万世推尊的祖？却是李、杜俱不得成进士，孟浩然连官多没有，止有王摩诘一人有科第，又还亏得岐王帮衬，把郁轮袍打了九公主关节，才夺得解头。若不会夤缘钻刺，也是不稳的。只这四家尚如此，何况他人？及至诗不成诗，而今世上不传一首的，当时登第的元不少。”为此他连连感叹：“文章自古无凭据，惟愿朱衣一点头”；“功名定数，毫不可强”；“窗下莫言命，场中不论文”；“世间人总在这定数内被他哄得昏头昏脑”。很明显，屡试屡败的凌濛初满腹辛酸，对科举考试的黑暗现象强烈不满。

凌濛初对科举黑暗尽管有揭露和批判，有不满和牢骚，但作为一名受儒家思想侵蚀很深的封建知识分子，他自始至终没有否定科举制。前面谈到，凌濛初对科举考试一直都没放弃努力。在创作“两拍”前后，他仍在参加科举考试，甚至是在60岁的白头之时，仍以备榜落选。在“两拍”中，我们也可明显感觉到，他对科举仕进抱有幻想。在《转运汉遇巧洞庭红》的议论中，他否定天上掉下前程，认为如果懒惰不思进取，那就是命中该贱。这表明凌濛初失望中仍有一丝希望。在《华阴道独逢异客》中，凌濛初发了一大通牢骚后，转而也说：“说话的，依你这样说起来，人多不消得读书勤学，只靠着命中福分罢了。看官，不是这话。又道是尽其在我，听其在天。只这些福分又赶着兴头走的，那奋发不过的人终究容易得些，也是常理。故此说：‘皇天不负有心人。’毕竟水到渠成，应得的多。”他在《韩秀才趁乱聘娇妻》中说：“毕竟不如嫁了个读书人，到底不是个没望头的。”在小说中，凌濛初借点绣女的讹闻，令韩生有了婚约，又安排怜才的吴太守主婚事，举荐他使其联登甲第。这一切都体现了凌濛初的科举幻想。可以说，凌濛初一生最大的目标就是读书中举，这个愿望直到白头也未曾动摇。如果不是有逍遥艳冶场、广交名士、套版刻书以及后来的以贡出仕经历，凌濛初的形象与《儒林外史》中的皓首穷经、献身科第的老童生范进、周进形象是何其相似!

广交名士

在读书应试的同时，凌濛初广交海内名士。晟舍凌氏是乌程望族，与同郡朱国祯、潘季驯、茅坤、董份、吴允兆、臧懋循、徐中行、太仓王世贞、秀水冯梦祯家均为世交。加上凌濛初自己，为人“豪爽俊逸，倜傥风流”[1]，这些都给其交游提供了良好基础。

早在17岁之前，凌濛初就已被著名理学家户部尚书耿定向“目为天下士”。万历二十八年（1600）十二月，父亲凌迪知去世。作为一方名士，前来吊唁的有名望的父执肯定不少，后来成为大学士的朱国祯就是其中一个[2]。而此时凌濛初已经21岁，在以主人的身份接待宾客的过程中，开始了与父辈名人的交往。23岁时，凌濛初与著名文人冯梦祯交游。冯梦祯字开之，自号真实居士，浙江嘉兴人。进士出身，曾任翰林院编修，因违抗首辅张居正，被贬广德州判，后官至南京国子监祭酒。三年后，被劾罢官，遂不复出，与沈懋学、屠隆等以气节相尚。万历三十年十一月八日，凌濛初以主人身份，设酒置戏，热情隆重地款待了前来晟舍拜会的冯梦祯。《快雪堂集》卷五九《快雪堂日记》云：“既至，具吉服登门，主人兄弟迎于门外。兄名濛初，字玄房，弟名浚初，字玄静。登堂纳贽，致谢允之仪。主人邀吴允兆相陪。主人母氏蒋尚书之后，允兆之内侄女也。是日有前筵正席，前筵席散，乃拜二太学，同居次泉之子，拜次君。玄静主人相陪正筵，就座已迫暮色，吕三班作戏，演《香囊记》。席散，夜且半

---

① 〔清〕郑龙采：《墓志铭》，清光绪谱卷四《碑志》。

② 〔明〕朱国祯：《缮部绎泉公行状》，清光绪谱卷四《碑志》。

矣。”[1]“登堂纳贽，致谢允之仪”，就是订婚时男方向女方赠送礼物，并表达允婚的谢意，可见冯氏是为亲事而来。在隔天的日记中，冯梦祯写到了女方的回礼，“是日回盘”。从光绪谱及《快雪堂日记》其他的一些记载来看，这门亲事是凌濛初把自己年幼的女儿许配给了冯梦祯第二个孙子冯延生[2]。冯梦祯后来在《元板传灯录跋》中就直接称凌濛初为“姻家”[3]。

在这次与冯氏的联姻中，凌濛初请了名士吴允兆来作陪。据上海图书馆所藏凌濛初写给吴允兆的尺牍真迹[4]，凌濛初与吴允兆乃表甥舅关系，然冯氏日记却说吴允兆是凌濛初生母蒋氏的姑丈，大概是误记[5]。吴允兆，名梦旸，号北海，著有《射堂诗抄》十四卷，在当时江南文人圈中有重要地位与影响。钱谦益《列朝诗集小传・丁集下》有其传记，朱彝尊《静志居诗话》卷一八、陈田《明诗纪事》卷二六评录其诗，新安闵景贤辑明布衣诗，推他为中兴之冠。他不仅工诗，而且通晓音律，擅长词曲，《湖州府志》卷七五说他“雄长词坛”。晚年征歌顾曲，齿牙已落，犹呜呜按拍。他的交游也很广泛，不仅与同郡茅维、臧懋循、吴稼竳并称四子，而且与潘之恒、曹学佺、屠隆、朱长春等著名文人往来密切。表舅吴允兆的名气和影响，对凌濛初后来在文人圈的活动无疑产生了重要影响，像潘之恒、茅维、屠隆等人后来与凌濛初均有交往。

结为姻亲后，凌、冯两人见面频繁，仅第二年就有三次聚游。第一次是冯梦祯行旅之中，凌氏闻讯，乘船前去湖州德清拜见，时间是在正月二十五，一起聚饮的人物还有宋宗献、张髯君。四人在冯氏舟中一直聊至二更。第二天，四人又一起游玩了湖州佛教圣地菁山。在菁山，四人邂逅守庵上人。守庵上人（1534—1606），法名性专，俗姓张，江苏昆山人。释传灯《天台山方外志》卷

① 〔明〕冯梦祯：《快雪堂集》卷五九，《四库全书存目丛书》集部第165册，齐鲁书社1997年版，第62页。

② 据光绪谱卷八，凌濛初有一女嫁仁和冯延生；而据《快雪堂集》卷二八，冯梦祯曾在凌濛初府上见到“其女字次孙者”，见《四库全书存目丛书》集部第164册，齐鲁书社1997年版，第419页。

③ 〔明〕冯梦祯：《快雪堂集》卷三〇《元板传灯录跋》，《四库全书存目丛书》集部第164册，齐鲁书社1997年版，第440页。

④《上海图书馆藏明代尺牍》第七册，上海科学技术文献出版社2002年版，第35页。

⑤ 潘建国《明凌濛初尺牍真迹考释》，《文学遗产》2001年第5期，第133—136页。

二四有其传。为妙峰大师弟子，净土宗高僧，在当时浙江佛教界颇有影响。浙江温岭千佛塔、临海大佛像等，均赖其力，庄严一新。守庵上人赠冯梦祯等石佛图十数纸。是日下午，冯氏一行到达湖州城，凌濛初始别去。这次相聚前后共两天。由于受到家乡家族藏书刻书风气的影响，此时的凌濛初大概已着手经营父辈的刻书之业。所以这次拜见冯氏，一大目的是请冯氏跋《景德传灯录》。据冯氏日记，凌濛初别后，冯氏继续前行，在南浔曾与张仲立一起为凌濛初筹划刻书之事。[①]第二次是在二月，凌濛初与冯梦祯游苏州，同行者还有复元上人、宋宗献。冯梦祯《快雪堂集》卷六四有《舟过平望数里，遇宋宗献、凌玄房、复元上人，时先有吴阊之约，同舟夜至吴江，喜而赋此》诗。复元上人，名行忞，同治《湖州府志》卷九一、《静志居诗话》卷二三、《明诗综》卷九一均有传。他是紫柏法师弟子，与冯梦祯、朱国祯、董斯张等结方外社。董斯张评其“口不谈贵介，笔不流凡近”[②]，有《且止庵诗集》。四人联舟以行，舟中煮茗相对，各有诗作。又清夜论文，雅兴浓厚，冯氏兴奋地说：“名流欣接坐，清夜恣论文。”[③]据凌濛初朱墨套印本《东坡禅喜集》跋语，在这次游玩中凌濛初携《东坡禅喜集》与《山谷禅喜集》于舟中，冯梦祯为之点阅，“时举妙义相证，随笔其上方”。等游完苏州归来，两集的评点工作均告完成。《东坡禅喜集》后被《四库全书总目》卷一七四《集部·别集类存目》著录。[④]第三次是同年八月初五，凌濛初前往杭州拜访冯氏，恰好复元上人亦在。[⑤]尽管日记没有明说何

---

① 《快雪堂集》卷六〇《快雪堂日记》，《四库全书存目丛书》集部第165册，齐鲁书社1997年版，第67页。

② 〔明〕董斯张：《静啸斋遗文》卷一《题忞公诗》，《续修四库全书》集部第1381册，上海古籍出版社2002年版，第590页。

③ 〔明〕冯梦祯：《快雪堂集》卷六四《舟过平望数里，遇宋宗献、凌玄房、复元上人，时先有吴阊之约，同舟夜至吴江，喜而赋此》，《四库全书存目丛书》集部第165册，齐鲁书社1997年版，第117页。

④ 〔清〕永瑢等撰：《四库全书总目》卷一七四《集部·别集类存目一》著录《东坡禅喜集》曰：“万历癸卯，凌濛初、冯梦祯游吴阊，携是书舟中，各加评语于上方。”据此可知，凌濛初自己也参与了批点。《四库全书总目》卷一七四，中华书局1965年版，第1537页。

⑤ 〔明〕冯梦祯：《快雪堂集》卷六〇《快雪堂日记》：“初五，晴。复元上人来……凌玄房来，同复元先后别去。”《四库全书存目丛书》集部第165册，第117页。

事，但据此年前两次的聚游来推测，很可能也是书籍点校与序跋之类的事请冯氏帮忙。

冯梦祯为凌濛初所获元刻本《景德传灯录》作跋，并为之评点《东坡禅喜集》与《山谷禅喜集》，这对凌濛初未来发展刻书业是很大的支持。《东坡禅喜集》与《山谷禅喜集》这两种书后来由凌濛初刊于天启辛酉（1621），冯氏所作《景德传灯录跋》也附于书后。有了像冯梦祯这样的名人的题跋与评点，销路想来不错。冯梦祯后来还曾贡献出自己秘藏的宋刘辰翁、刘应登两家的《世说新语》批注本，交给凌濛初梓行。凌氏四色套印本《世说新语》凌瀛初跋云："嗣后家弟初成，得冯开之先生所秘辰翁、应登两家批注本，刻之为鼓吹。"

在与冯梦祯等同游苏州的这一年，24岁的凌濛初还与吴中著名文人王穉登有了交往。王穉登（1535—1612），字伯穀、百穀，《明史》卷二八八、《列朝诗集小传・丁集中》等有传。诗文秀逸清新、不事雕凿。袁道宏认为他的诗文"上比摩诘（王维），下亦不失储（光羲）、刘（长卿）"。王穉登不仅以其诗文、戏剧名扬江南，而且也以他的高风亮节闻名吴郡。万历间，朝廷许多大臣推荐他修撰国史，王穉登却拒召未应。吴中文坛领袖文徵明逝世后，王穉登因诗文声华煊赫继之，主掌吴门文坛30余年。如前家世章所述，王穉登与凌家的过从实始于濛初父迪知。嘉靖乙丑（1565），迪知在常州同知任上因慕王氏才名，主动帮其脱祸，后两人成为知己密友。王氏一生曾多次游历湖州[①]，其中至少有两次与凌氏有关。第一次是在万历二十四年（1596），拜见迪知于且适园，此时濛初17岁。第二次是万历三十一年，此时迪知已经谢世，凌濛初兄弟三人前往拜见。王氏《清苕集》卷下《凌玄渤、玄房、玄静携酒问病》赞美凌氏三兄弟说："公子气翩翩，才华总少年。凤元非一薛，荆可比三田。"[②]在凌濛初三兄弟的盛情邀请下，王氏扶病重游凌家且适园，写下了情真意切的怀念之作[③]。后来凌濛

① 〔明〕王穉登：《清苕集》卷上《湖州三度对雪》一诗，《四库禁毁书丛刊》集部第175册，北京出版社1997年版，第115页。

② 〔明〕王穉登：《清苕集》卷下，《四库禁毁书丛刊》集部第175册，北京出版社1997年版，第118页。按：渤，清光绪谱卷八作"勃"。

③ 〔明〕王穉登：《清苕集》卷下《重游且适园怀故凌使君稚哲》，《四库禁毁书丛刊》集部第175册，北京出版社1997年版，第118页。

初的学术著作《后汉书纂评》在南京印行，为抬高身价、打造影响，就请了王穉登这位名人兼父执作序。由于是世交，凌、王两人关系密切，相互之间颇为了解。凌濛初编《南音三籁》，收无名氏散曲小令《月云高》二首，作按语云：“《吴骚》注以王百穀，非也。百穀与余交，生平未尝为曲。”凌濛初对《吴骚集》注语的纠正，正是建立在这种相交与了解之上。

凌濛初丁父忧三年，万历三十一年（1603）岁末服阕。次年，他来到南京，上书时任国子监祭酒的刘曰宁①。刘曰宁，字幼安，江西南昌人。《明史》卷二一六、黄佐《南雍志》卷五等有传。万历十七年进士，改庶吉士，授编修，进右中允，为皇长子老师。万历皇帝为满足自己的穷奢极欲，派矿监、税监、盐监、珠监等，到全国各地去搜刮钱财，因此当时税监横行。刘曰宁上书指责税监李道、王朝的不法行为，皇帝却把奏疏留中不发，刘曰宁遂以母病辞归，气节名声大著。万历三十二年，刘曰宁被重新启用，掌管南京翰林院，迁国子监祭酒。凌濛初这次上书刘曰宁，使他声名鹊起。《墓志铭》曰：

> 服阕，上书刘大司成。刘甚奇之，以其书示少司马定力耿公。耿曰：“此予年家子也，先孟恭简公尝目为天下士，君未之识耶？”一时公卿无不知有凌十九者。

刘曰宁非常佩服凌濛初的才华，把凌濛初的文章又推荐给了耿定力。耿定力字子健，湖北黄安人，是濛初父同年、著名思想家和文学家耿定向的弟弟。当时耿定力担任的官职是少司马，它是兵部侍郎的别称，是辅佐兵部尚书执政的重要官员，在社会上较有名望。他也十分青睐凌濛初一手精湛的时文，多次向人赞赏说：“这是我哥同年之子，我哥曾夸他为‘天下士’，你难道不知道吗？”此语一出，凌濛初声名大震。

---

① 《墓志铭》曰：“服阕，上书刘大司成。”叶德均先生《凌濛初事迹系年》据此认为上书时间为万历三十一年（1603）。因为凌濛初父卒于万历二十八年十二月，服阕当为万历三十一年十二月。然考《南雍志》卷五《职官年表上》“祭酒”，万历间国子监共有祭酒二十三名，刘姓仅刘曰宁一人，且注明“三十二年任”。因此凌濛初上书国子监祭酒刘曰宁为万历三十二年（1604）。

正当凌濛初准备展翅飞腾之时，他又遭到新的打击。万历三十三年（1605）九月初六，生母蒋氏在南京寓所离世。十月，凌濛初扶母柩回湖州。是月十六日，冯梦祯前来晟舍凌府吊唁。凌濛初留请冯梦祯吃饭，并安排女儿见了这位亲家。《快雪堂集》卷二八《乙巳十月出行记》："苕溪凌玄房母蒋宜人，自白下奉柩还，闻讣，谊当赴吊"；十五日，至晟舍，"十六日，如凌氏，吊蒋宜人之丧于别宅。玄房留饭，见其女字次孙者"。也许是凌氏与同里闵氏因仇妒而产生了矛盾纷争，凌濛初不愿意卷入这类旋涡，因此在匆匆安葬母亲后，很快返回了南京。

久寓南京

南京是六朝古都、金粉繁华之地，是明代南方的政治、经济、文化中心，比起湖州来，更能谛听到时代的足音。这里聚集着众多皇亲宗室、各级文武官吏和前来应试游玩的士子文人。特别是作为南都，它有一整套与北京一样的官僚机构，许多名流在此任职，这为凌濛初的交游提供了广阔天地。前所述及的上书国子监祭酒刘曰宁，就是一个很好的例证。自从母亲去世后，凌濛初长期寓居南京珍珠桥，这使他与外界有了更广泛的接触与交往。

万历三十四年（1606），27岁的凌濛初，与时任南京国子监司业的朱国祯订交[①]。此时凌濛初正处于乡试困顿之期，主动拜见这位父执当然也不无功利目的。朱国祯后来官拜礼部尚书兼东阁大学士，进京赴任时就招凌濛初同舟，聊谈经国济民之术。也就是在这一年，凌濛初的第一部学术著作《后汉书纂》由南京周氏刊刻行世。是书一二卷一六册，现仍存于世[②]。凌濛初著此书的目的是对《后汉书》进行删削，以排沙拣金，这在该书的《凡例》中说得很明确。凌濛初删削得最多的是《后汉书》的"志"部分，由原来的三十卷删到一卷；其次为"纪"，再次为"传"。每《传》标题之下，均注明保留的内容，如卷二

① 〔明〕朱国祯：《缮部绎泉公行状》，清光绪谱卷四《碑志》。

② 北京师范大学图书馆及浙江图书馆均藏，半页8行，行20字，单黑色鱼尾，四边单栏。

《马皇后纪》注“入宫册立始末”；卷四《刘盆子传》注“盆子让位一段、归降始末”；卷五《卓茂传》注“解马及亭长受遗一段”；卷六《苏章传》注“附兄曾孙不韦报仇始末一段”，等等。从这些文字，不难窥见凌濛初编撰的兴趣和取舍标准，那就是情节性和生动性。这是一种鲜明的小说家倾向，事实上《后汉书纂》的某些章节，已与当时的历史演义小说颇为接近。[①]

为了使《后汉书纂》能见重于世人，凌濛初特请友人王穉登作序。王氏对此书大加赞赏，说：“《后汉书》无纂，纂之自余友凌玄房始”；“纂而出于玄房手，犹丹萤化于腐草，紫磨炼于顽铁，况非腐非顽者乎？讵起六朝之衰，成一家之论哉！”又说：“玄房此编，若挹彼注兹，截长补短。芜词秽义去之，如扫败箨；锦字绣句采之，若撷朝英。凫非鹤续，既不两伤；鱼以熊捐，遂称独美。”王穉登说，删削编撰班固《后汉书》从凌濛初开始，而凌濛初的这种删削是截长补短，化腐朽为神奇，可以成一家之言。得到王穉登如此赞扬，凌濛初兴奋不已，他写信给表舅吴允兆说：“蔚宗书纂，亦得雄文，俾足金口木舌，要当有买椟而还珠者，然不可谓非卖珠者用心也。”凌濛初已经预料到，《后汉书纂》有了王穉登如此吹扬，将会受世人所重。他用买椟而还珠的故事来说明王穉登这篇序的价值，而且说这是自己这个“卖珠人”有意为之。可见，在学术和文学生涯中，凌濛初不但不故作清高，而且还主动追求社会效应。

凌濛初之所以写信给表舅吴允兆，主要目的也是借机求讨序言：“拙词聊寄牢骚，恐非金石宫商中声，徒供覆瓿。不经高名之士，何以重于世？请得一言弁其端。已蒙俞允，不识曾一挥毫否？”此前吴允兆曾答应给凌濛初的戏剧撰序，凌濛初因此写信询问是否挥毫完成。以吴允兆当时的身份与名声，若给凌濛初的戏曲撰序，盛情吹赏一通，那肯定会在当时曲坛产生良好的广告效应。“不经高名之士，何以重于世”的反问，说明凌濛初对这种广告效应有着明确的认识。因此，无论是力请吴允兆作序，还是得到王穉登序的兴奋，甚至包括删削《后汉书》所体现出的小说家倾向，一切都让我们感受到了凌濛初身上所散发出的晚明社会的那股浓浓的商业气息。

---

① 潘建国：《明凌濛初尺牍真迹考释》，《文学遗产》2001年第5期，第133—136页。

凌濛初南京珍珠桥的寓所，成了湖州文人游玩南京时的一个落脚点。就在写信的数月前，吴允兆曾来南京，与凌濛初促膝长谈，赏玩图书。信中说："日者把臂深谭，漏尽不倦，更出图书，鉴赏玩索，此境界大与俗殊。征桡去急，令人想郭有道坐处犹有余香耳。"郭有道就是东汉太学生领袖郭泰，他性甘恬退，淡于仕途，视利禄如浮云。桓帝建和中，太常赵典推举他为有道，郭泰坚决辞免。凌濛初以郭有道比吴允兆，赞扬他淡泊名利。凌家富藏书，单是凌濛初祖约言所建凤笙阁就藏书数万卷。[①]凌濛初受到家族藏书、刻书风气的熏陶，长大成人后也致力于访求善本。与冯梦祯游历苏州时携带元板《景德传灯录》，就足以说明他的这种风雅态度。凌濛初在珍珠桥寓所的书斋名玉光斋[②]，可以想见其图书插架之富。凌濛初与允兆赏玩图书，自觉与世俗大异其趣，反映了晚明文人对闲适生活情趣的追求。正是在这次晤面深谈中，凌濛初请求吴允兆为自己的戏曲撰写序言。而凌濛初现在写这封书信，是因为又有湖州友人来访。他就是曾与凌濛初同游苏州的复元上人行�，"悫上人飞锡造门，道经荒斋，聊作八行却寄，语殊不庄"。吴允兆、复元上人先后来访，凌濛初又请复元上人带信给吴允兆，这些都可看出当时湖州文人圈交游活动的频繁。

万历三十七年（1609）三月至七月间，袁中道游历金陵，也前往珍珠桥探访凌濛初。《游居柿录》卷三记金陵事云："珍珠桥晤湖州凌初成，见壁间挂刘松年画，两人对弈，作深思状，相叹以为人物之工如此。近世自文衡山以后，人物不可观矣。"[③]袁中道，字小修，是晚明著名的"公安三袁"之一。《明史》卷二八八有传，陈田《明诗纪事》卷五评录其诗。袁中道比凌濛初大10岁。他万历四十五年始举进士，此时的身份虽是举人，但因从两兄宗道、宏道宦游京师，结交四方名士，所以名声已不小。尽管两人相识的经过我们已无从知晓，但袁中道的这次主动拜访给凌濛初带来的喜悦却是可以想见。袁中道在凌家欣赏到了刘松年所画的两人对弈图，对所画人物之工巧十分赞叹。刘松年是著名

① 见《晟舍镇志》卷二《古迹》。

② 〔明〕凌濛初《二刻拍案惊奇小引》后题"崇祯壬申即空观主人题于玉光斋中"，此时凌濛初在南京。

③ 陈文新译注：《日记四种》，湖北辞书出版社1997年版，第198页。

画家，与李唐、马远、夏圭合称为“南宋四家”。他擅长人物、山水，神气精妙，名气胜过其师张敦礼。凌濛初家墙壁上挂有如此名画，不仅可以说明凌氏图画书籍收藏之富，而且足以看出凌濛初在南京的物质和精神生活还是十分充足的。天启间袁中道曾在南京为宦，与寓居南京的凌濛初当仍有往来，可惜目前还找不到这方面的资料。

万历三十七年（1609）秋冬之间，凌濛初与朱无瑕、钟惺、林古度、韩上桂、潘之恒等人在秦淮河畔结社吟诗。潘之恒《亘史・外纪》卷六《朱无瑕传》：“己酉（万历三十七年），与泰玉结吟社者凡五，所集皆天下名流，粤之韩、楚之钟、吴之蒋若陈若俞、越之吴若凌、闽之二林。”[①] 其中“越之吴若凌”中的“凌”即指凌濛初。朱无瑕是南京桃叶渡青楼女子。一名馥，字泰玉。幼学歌舞，长而淹通文史，工诗善画，尤善画兰。她和陈圆圆、柳如是、李香君、顾眉、赵令燕、马湘兰等，都是当时举世艳称的名妓。钱谦益《列朝诗集小传・闰集》所收《朱无瑕传》也提到万历三十七年由朱无瑕参加的这次结社：“万历己酉，秦淮有社，会集天下名士。泰玉诗出，人皆自废。”此次诗会确实会集了不少名士。钟惺（1574—1624），字伯敬，号退谷，是竟陵派的创始人。论文重性灵，反对摹古，倡导幽深孤峭的风格。他又是著名评点家，与谭元春评选唐人诗为《唐诗归》，隋以前诗为《古诗归》，流布天下。此次结社时，钟惺仕途尚未显达，但他次年就成了进士，不久任职南京礼部，与凌濛初同处一地。凌濛初后来不仅喜欢以钟惺的观点评论诗歌，而且两次刊刻《诗经》均采用钟惺的评点本，可见受钟惺的影响之大。林古度（1580—1666），字茂之，福建福清人。寓居于江宁。工诗，诗歌清绮婉丽，与屠隆、曹学佺友善。与钟惺、谭元春交游后，诗格遂为一变。韩上桂，字孟郁，号月峰，广东番禺人。明万历中举于乡，授国子监丞，后转任永平通判。崇祯末闻京师陷，愤而得疾卒。著有《韩节愍公遗稿》。潘之恒，字景升，号冰华生、鸾啸生，因须髯如戟，故人又称髯翁。安徽歙县人，曾侨寓金陵。明季徽州多巨富，南京为其挥霍薮，在风雅之中，潘之恒是代表。他擅长诗歌，初受知于汪道昆、王世贞，后又从

---

① 〔明〕潘之恒：《亘史抄》，《四库全书存目丛书》子部第193册，齐鲁书社1997年版，第559页。

公安袁宏道兄弟交游，与钟惺、屠隆等亦是好友。潘之恒比凌濛初大24岁，是凌濛初的忘年交。他在《亘史外纪》卷七《刘润玉传》中说“余友凌初成最喜新词”[①]，却难以赓和名妓刘润玉《惆怅词》，自己亦为之搁笔。凌濛初后来刻朱墨本《孟浩然集》曾得潘家所刊刘须溪批校本。[②]潘氏卒后，凌濛初与陈元素一起选评了潘之恒《鸾啸小品》。在卷首序言中，陈元素说：“余与吴兴凌初成氏皆髯所弟畜”[③]，可见三人交谊之深。在潘之恒等人的影响下，凌濛初在南京的社交圈越来越大。

从一些文献资料来看，凌濛初寓居南京期间，还曾与汤显祖、张琦、陈继儒、李维桢、何湛之、方应祥等文人名士往来。大致是在万历末年，凌濛初把自己的五种剧作寄给了著名戏曲家临川派领袖汤显祖，汤显祖在回信中对其大加赞赏：“缓隐浓淡，大合家门。至于才情，烂漫陆离，叹时道古，可笑可悲，定时名手。”[④]凌濛初赠散曲给著名曲家骚隐居士张琦，张氏对这些散曲评价甚高，曰：“调谐吕律，字洽阴阳，用韵尤严，写情欲溢。”[⑤]凌濛初与名重一时的陈继儒也有交往，陈氏曾劝他把杂剧旧作《桃花庄》改编为《颠倒姻缘》。[⑥]凌濛初还拜见在南京任礼部侍郎的李维桢，并向他呈递林逋诗集。李维桢对凌濛初的搜集整理工作大加肯定，说濛初“大为孤山吐气，乡里后生，表章先进，厚道当如是矣”[⑦]。凌濛初在南京见到何湛之，何向凌展示所刊《陶韦合集》。[⑧]何湛之，字公露，号矩所，江苏南京人，万历十七年（1589）进士，官

① 〔明〕潘之恒：《亘史抄》，《四库全书存目丛书》子部第193册，齐鲁书社1997年版，第575页。

② 凌濛初刊本《孟浩然集》跋：“《襄阳诗集》，刘须溪先生批校本乃其全者，近更得友人潘景升家所梓行。”

③ 〔明〕潘之恒：《鸾啸小品》卷首，上海图书馆藏崇祯二年（1629）刻本。

④ 〔明〕汤显祖：《答凌初成》，《汤显祖集》，上海人民出版社1973年版，第1344—1345页。

⑤ 〔明〕张楚叔、张旭初编：《吴骚合编》卷四，《续修四库全书》集部第1743册，上海古籍出版社2002年版，第759页。

⑥ 〔明〕祁彪佳：《远山堂剧品·妙品》，《中国古典戏曲论著集成》第6册，中国戏剧出版社1959年版，第145页。

⑦ 〔明〕李维桢：《大泌山房集》卷一三二《林和靖先生诗题词》，《四库全书存目丛书》集部第153册，齐鲁书社1997年版，第694页。

⑧ 见凌濛初套印本《陶靖节集》跋。

四川参议，草书绘事并臻绝妙。其事迹明顾起元《客座赘语》卷九、明周晖《金陵琐事》卷一、清李放《画家知希录》卷三等有载。凌濛初与南京兵部职方司主事方应祥的交游则见于《方孟旋先生合集》卷一一《与凌初成》尺牍一札。方氏（1560—1628），字孟旋，号青峒，浙江衢州人。万历甲午选贡，入南国学。万历三十四年（1606）举于南京，万历四十四年成进士，除南京兵部职方司主事。方氏学问渊博，名重一时，在南京国子监时，“祭酒冯公（梦祯）避席以诏六馆”[①]。

凌濛初豪爽俊逸，倜傥风流，郑龙采《别驾初成公墓志铭》说“一时名公硕士，千里投契，文章满天下，交与遍寰区”。这虽然有夸大之嫌[②]，但从上面所述来看，凌濛初与众多名人有过交往却是事实[③]。

① 〔清〕钱谦益：《有学集》卷二九《方孟旋先生墓志铭》，《四库禁毁书丛刊》集部第116册，第142页。

② 冯保善先生认为“文章满天下，交与遍寰区”是谀墓之辞，见《凌濛初史实四考》，《东南大学学报》2001年第1期，第112页。

③ 关于凌濛初的交游，据学界研究统计，双方确有交往的有28人：冯梦祯、李维桢、吴梦旸、复元上人、刘曰宁、耿定力、耿定向、王穉登、汤显祖、袁中道、陈继儒、朱国祯、潘曾纮、潘湛、李瑞和、宋宗献、路振飞、何腾蛟、董斯张、孙起都、丘荩明、曹学佺、潘之恒、茅维、张琦、何公露、马云、沈璟；共同参与某次雅集，或源于某个名人的邂逅，以及因某人而求得其序跋的有19人：钟惺、谭元春、朱无瑕、韩上桂、林椕、林古度、葛一龙、于鼒先、王家彦、周永年、程道寿、张尔葆、沈定之、沈不倾、茅培、郝月娟、何万化、守庵上人、张髯君。参见冯保善《凌濛初交游考》，《明清小说研究》1999年第1期；冯保善《凌濛初史实四考》，《东南大学学报》2001年第1期；冯保善《“三言”“二拍”编者的朋友——董斯张》，《文史知识》2002年第4期；冯保善《曹学佺与冯梦龙及凌濛初交游考》，《明清小说研究》2010年第1期；郑志良《凌濛初佚作及交游补考》，《明清小说研究》2001年第2期；徐永斌《凌濛初考证》第五节《凌濛初交游考》，江苏人民出版社2010年版；赵红娟《凌濛初交游新探》，《文教资料》2001年第1期。根据笔者最近发现的材料，前一群体可增加方应祥、王士昌、陈函辉、曾异撰4人；后一群体可增加卓仲昌、方子振、徐桢生、孙子长、沈彦方、张道羽6人，另外亦有材料表明钟惺与凌濛初确有交往，如凌杜若朱墨刊本《诗经》四卷有凌濛初序，曰：“吾友钟伯敬以《诗》起家，在长安邸中示余以所评本。”这样双方确有交往者达33人，其他为24人。参见赵红娟《晚明望族编刊活动研究》，中国社会科学出版社2021年版，第243—245页。

第三章　出入青楼　倜傥风流

别离苏州妓

明中叶以来，由于商品经济的发展及其他种种原因，娼妓业畸形繁荣。特别是南京，作为六朝古都，历来被视作金粉之地。秦淮河畔，画舫穿梭，笙歌沸天。凌濛初风流倜傥，以多情自许。骚隐居士张琦在南京结识凌濛初，凌濛初给他的第一个印象就是："眉宇恬快，自负情多。"[①]由于功名无成而又以多情自许，更加上晚明狎妓风尚的影响，凌濛初常出入青楼以求慰藉，在万历三十五至三十八年（1607—1610）数年间，留下了许多风流佳话。

明朝前期，程朱理学占统治地位，政府对娼妓屡有申饬，妓业的发展受到抑制。明中叶后，由于商业重镇的大量出现，各地的商人或由水道，或经陆路聚集到这些通都大邑进行贸易。在正常买卖购销活动之余，征歌狎妓成了这些行商坐贾最重要的消遣方式。[②]因此，各地的青楼业越来越兴盛，到了万历年间，形成了娼妓布满天下的局面。谢肇淛《五杂组》："今时娼妓布满天下，其大都会之地，动以千百计，其他穷州僻邑，在在有之，终日倚门献笑，卖淫为

① 〔明〕张楚叔、张旭初编：《吴骚合编》卷四凌濛初《夜窗话旧》套曲按语，《续修四库全书》集部第1743册，第759页。

② 陶慕宁：《青楼文学与中国文化》，东方出版社1993年版，第133页。

活。”[①]不仅有土妓，俗谓之私窠子，而且有官妓，多不胜数。官妓中隶属两京教坊的，官收其税，谓之脂粉钱；隶属各郡县的，则为乐户，随时听候地方政府使唤。

当时娼妓之盛，首推南北两京。明朝中后期燕云号称有四种人多，其中之一便是“娼妓多于良家”。[②]《梅圃余谈》上说：“近世风俗淫靡，男女无耻，皇城外娼肆林立，笙歌杂沓，外城小民度日难者，往往勾引丐女数人，私设娼窝，谓之窑子。室中天窗洞开，择向路边屋壁作小洞二三。丐女修容貌，裸体居其中，口吟小词，并作种种淫秽之态。”[③]特别是万历二十五年至二十八年（1597—1600）间，文人学士捧妓成风，有状元、榜眼、探花、传胪、进士、会元、解元等名目。其中有名薛素素者，姿态艳雅，言动可爱，诗文书画俱精，“一时倾动公卿，都人士见之咸避席，自觉气夺”，以至有“夺我燕支山，使我妇女无颜色”的说法[④]。较之南京，北京的娼妓业还算小巫，“金陵都会之地，南曲靡丽之乡，纨茵浪子，潇洒词人，往来游戏，马如游龙，车相接也。其间风月楼台，尊罍丝管，以及娈童狎客，杂妓名优，献媚争妍，络绎奔赴”[⑤]。尤其秦淮河一带，夹岸楼阁，中流箫鼓，日夜不绝，名妓如尹春、李湘真、葛嫩、马娇、范珏、柳如是、顾横波、卞玉京、李香君、董小宛等，皆此时之翘楚，于秦淮河边各领风骚。

明中叶后，由于程朱理学的衰弱，人性解放思潮的兴起，不仅商人与市民纵情声色，文人狎妓更是蔚然成风。闽人林景清，游金陵，与院妓杨玉香狎，饮于瑶华馆，因题诗曰：“门巷深沉隔市喧，湘帘影里篆浮烟。人间自有瑶华馆，何必还寻弱水船？”[⑥]吴中四才子之祝允明，好酒色歌舞，时人捧重金登门

① 〔明〕谢肇淛：《五杂组》卷八，上海古籍出版社2012年版，第144页。

② 〔明〕谢肇淛：《五杂组》卷三，上海古籍出版社2012年版，第40页。

③ 转自王书奴《中国娼妓史》，岳麓书社1998年版，第138页。

④ 〔明〕冰华梅史：《燕都妓品》，《续修四库全书》子部第1192册，上海古籍出版社2002年版，第303页。

⑤ 〔清〕余怀：《板桥杂记》卷下，江苏文艺出版社1987年版，第20页。

⑥ 〔明〕冯梦龙：《情史》卷一〇《情灵类》，岳麓书社2003年版，第204页。

求其书，却躲避不见，只好“伺其狎游，使女伎掩之，皆捆载以去”。[①]康海以声妓自娱，过生日时，“邀名妓百人，为百年会”。[②]在这批倚红偎翠的郎君中，不乏凌濛初的同乡与友人，如王穉登、潘之恒、吴允兆、臧晋叔等。特别是王穉登，风流倜傥，与名妓薛素素交游颇厚，曾在其脂砚上题五言绝句一首：“调研浮清影，咀毫玉露滋。芳心在一点，余润拂兰芝。”落款作“素卿脂砚，王穉登题”[③]。王穉登还将名妓作为社交的一个手段，公诸同好。万历间，山东聊城傅金沙任吴县令，以文采风流著称，时过王穉登斋中小饮，“王因匿名妓于曲室，酒酣出以荐枕”[④]。由于狎妓经验丰富，体验特别深刻，王穉登曾向同邑后学冯梦龙概述“金陵十二钗”的盛况：“嘉靖间，海宇清谧。金陵最称富饶，而平康亦极盛。诸姬著名者，前则刘、董、罗、葛、段、赵，后则何、蒋、王、杨、马、褚，青楼所称‘十二钗’也。”[⑤]其中的“马”即秦淮名妓马湘兰，善画兰草，慕名求访者甚多。她与王穉登有吴门烟月之期，几三十载未偿。直到万历三十二年（1604），王穉登已是70岁的老人了，马湘兰也五旬有七，方才重续前约。马氏专程赴苏州祝寿，“四座填满，歌舞达旦，残脂剩粉，香溢锦帆”，“吴儿啧啧夸盛事，倾动一时”[⑥]。文人与妓女的这种交游，在表面放浪形骸的冶游背后，含有个性的张扬、自我的舒放。冶游使他们把宦海的沉浮、人生的蹉跎、世态的炎凉、人心的险恶、统统抛到了九霄云外，激发了他们强烈的创作冲动。[⑦]凌濛初饱读诗书，生性风流，加上屡试不第的打击，也加入到了这支文人狎妓的大军中。

大致在万历三十五年（1607）前后，凌濛初寓居南京不久，就与一位苏州妓有了情感纠葛。这个故事记载于凌濛初套曲《南吕·梁州新郎·惜别》及曲

---

① 〔明〕钱谦益：《列朝诗集小传·丙集》，上海古籍出版社2008年版，第299页。

② 〔明〕钱谦益：《列朝诗集小传·丙集》，上海古籍出版社2008年版，第313页。

③ 周汝昌：《红楼梦新证》，人民文学出版社1976年版，第795页。

④ 〔明〕沈德符：《万历野获编》卷二八，文化艺术出版社1998年版，第765页。

⑤ 〔明〕冯梦龙：《情史》卷七《情痴类》，岳麓书社2003年版，第126页。

⑥ 〔明〕冯梦龙：《情史》卷七《情痴类》，岳麓书社2003年版，第126页。

⑦ 以上参见滕新才《明朝中后期狎妓之风与文学创作》，《西南师范大学学报》2003年第5期，第159—164页。

前小序中，大致如下：凌濛初早先在苏州结识了这位女子，两人情投意合，以“故人”相称。后来凌濛初寓居南京，十分想念她。在一个炎炎夏日里，她终于来到了南京与濛初相会。两人月下抚琴，相依相偎，情意绵绵。然而这只是一次“乍会”[①]，她马上被迫离开南京，给凌濛初留下了无尽的痛苦和思念。

凌濛初的这个套曲收录于冯梦龙《太霞新奏》卷六[②]，主要抒写自己与苏州妓被迫离别时的缠绵之情。套曲前小序说：“余身作秣陵之旅客，心系吴门之故人。正苦孤踪，忽来仙旆，两情俱畅，一意为欢。猛传突起之獍枭，竟致顿归之狼狈。徒使青衫湿泪，反看绿鬓蒙尘。不禁寂寥，谩形歌咏。”“秣陵”是指南京，“吴门”是指苏州。客居南京的凌濛初十分孤苦寂寥，心中想念“吴门之故人”，也就是套曲中所写的苏州妓。[③]也许是心有灵犀，这个青楼女子忽然来到了南京。于是，“两情俱畅，一意为欢”。然而她并不自由，不久就被“獍枭”所逼迫，而狼狈归吴。“獍枭”是传说中食父、食母的恶兽，这里用来代指恶人。这位恶人已无名姓可考，正是由于他的棒打，不仅害得这位仙旆佳人绿鬓蒙尘，而且使得凌濛初青衫泪湿，再度陷入寂寞愁苦的心境中，于是挥毫写下了这首由六支曲子组成的哀怨的套曲。

第一支曲先写自己旅居南京的寂寥情形，“担囊京国，闲吟空院”。在百无聊赖中，想起了苏州的这位青楼知己，“追忆芳尘凄怨”。正想得柔肠寸断时，她翩翩然来了，“柔肠断处，从天降下辎軿”。她美丽依旧，“依旧自腰欺弱柳，步蹴金莲”。她风情万种，“相逢先一笑，态嫣然”。两人你弹我唱，情投意合，“歌罢桃花扇”，“夜月轻弹廿五弦”。大概是久别相聚，因此欢会异常。然而正当欢会谐愿之时，平地起风波，把眼前这美好的一切横扫得干干净净，“被罡风吹得朝云变，消沮事陡然见”。这阵“罡风”就是指序中所说的“獍枭”，他拆

① 不仅此套曲有《乍会惜别》之名，而且第六支曲有“懵腾一会心惊战”之词，可见此次相聚之短暂。

② 该套曲亦收入凌濛初自己所编《南音三籁》，题为《乍会惜别》，但无小序。

③ 徐定宝先生把小序中“心系吴门之故人”之“系”，误作“作”，并由此判定“吴门之故人”为凌濛初自称，与凌濛初交往的这位女子是金陵妓。见《凌濛初研究》，黄山书社1999年版，第220—221页。笔者以为，从上下文来看，“吴门之故人”当指后面所说的“仙旆”，凌濛初心里系念她，没想到她真的来了，她是一位苏州妓。

散了这对欢会中的情侣，两人不得不执手泪别。第二支曲就写别后的惆怅失落：

> 祆祠烟烈，蓝桥波溅，衣带从今宽展。搴帏伫望，残膏剩馥依然。镇自把灯前絮语，枕畔盟言，梦里空敷演。高山流水调，有谁怜？闲尽相如绿绮弦。

“祆祠”是拜祭火祆神的地方，“蓝桥”相传是唐裴航遇仙女云英处。“祆祠烟烈，蓝桥波溅”指这场感情遭到挫折。自从此女别后，凌濛初日夜思念，憔悴不堪，“衣带从今宽展”。脂粉的香气尚残留在衣被间，灯前的甜言蜜语、枕畔的千盟万誓，也依然萦绕在耳边，但心爱的人儿已不见踪影，只好在梦里空自敷演那些欢乐时光。因为知音不在，也无心弹琴，“闲尽相如绿绮弦”。

这位女子之所以能赢得凌濛初如此思念，是因为她不仅姿色出众，而且才技兼善。第三支曲就写到了她的才华，能“启朱唇频诵新编”，能“露纤手时镌秦篆”，能“谱新声被管弦”。如此风流旖旎，当然值得留恋。更让凌濛初难以忘怀的是酒酣脸红、相依相偎、宛转歌唱的情形，“还记得，呼名低应，偎脸微酡，拍板喉轻啭”。如今挥毫落笔，满纸云烟，却无人被之管弦，无人转喉歌唱，抑郁苦闷可想而知。第四支曲子因写以酒买醉，孤枕难眠，“拚沉醉有酒如泉，哈欠伸残灯空颤，剩罗帏绣幕竹奴为眷”。在夜深人静时，牵挂被迫离别的她，想象她烈日中旅途的劳顿，“还念他，长途炎日，旅舍凄风，暗损花面”。由于感情受挫，凌濛初毫无意绪，所有的事情都捐弃，“一任蛛缠锦瑟弦”。

接下来的第五支曲《节节高》抒写佳人离去后百无聊赖的情绪，“熏笼懒自燃，静无烟。和衣乱倒孤衾寒，涎空咽。枕遁迁，颐支遍，颠来倒去浑难便，挑灯索候催银箭。未审相逢是何时，不觉腹中车轮转。”熏笼自燃，无心料理，最后无烟飘出，整个房子静悄悄的。被窝也是冷的，和衣乱倒床上，空自呜咽。颠来倒去无法入睡，只盼望天色快明。想到相逢不知在何时，连肚中饥饿也浑然不晓。最后一支曲子，写凌濛初在迷迷糊糊中入梦，梦中与佳人相会：“闻声啭，恍并肩，欢相见。原来是梦魂闯入蓬莱院，虚无缥缈和卿面。”香肩相并，歌声曼妙，梦是如此美好，梦醒后的惆怅难挨也就可想而知。套曲的尾声说：

“从来好事多更变，最苦是蚊雷成阵打盘旋，又凑个不做美的迢迢未曙天。”尾声写到了“蚊雷成阵”，第四支曲又提到了“炎日”，可见这个凄怨动人的故事是发生在炎热的夏天。这位苏州妓后来的结局不得而知。

哀悼秦淮妓

大致在万历三十六年（1608）前后，凌濛初与一名秦淮妓有一段欢歌调笑、诗酒风流的生活。但由于此妓暴病而亡，带给了凌濛初无尽的思念。这个伤感的故事见于凌濛初《南吕·香遍满·伤逝》套曲和友人董斯张《叹逝曲为凌初成赋》一诗中。

董斯张，字然明，号遐周，又号借庵，是礼部尚书兼翰林学士董份之孙，工科给事中董道醇之子，礼部主客司郎中董嗣成之弟，唐宋派领袖茅坤之外孙。他清羸善病，独行孤啸，在万历末、天启间以文章气节著称，与当时许多文化名流都有交往，如吴郡范长倩、云间董其昌、同郡潘曾纮等。他特别喜好论诗，与曹能始、王亦房、韩人谷、范东生、孙孟朴等结社联吟，力扶诗教。曹溶《明人小传》卷四，朱彝尊《静志居诗话》卷一八，朱彝尊、王昶《明词综》卷五等均有传。他是乌程南浔人，南浔离晟舍不过30里左右。两家祖上有交往，凌濛初的父执朱国祯是董斯张的老师，吴允兆与复元上人也是他们共同的友人。在湖州时，两人就有来往。董斯张诗文集《绪言》载《凌初成载酒至》一诗：“经旬病未了，抱影北村阿。稍得故人忆，兼携名酒过。衔杯写灵绪，入夜助悲歌。共子酣溪月，归船系竹坡。”诗歌写凌濛初在斯张病时，自携名酒相访，两人情谊浓厚，泛舟月下，共醉溪边。

《叹逝曲为凌初成赋》一诗收入董斯张《静啸斋存草》卷四《留箧稿》。《静啸斋存草》中的诗基本上是编年的，《叹逝曲为凌初成赋》前有《戊申冬仲望四夕卧疾作》一诗，因此它很可能作于万历三十七年（1609）前后。在这首诗中，董斯张生动地描绘了凌濛初在南京的狎妓生活：

白袷少年才如虹，存毫未腐千秋空。

相交酒人古风气，两两调笑城日红。
乘船小妹杨柳下，拂面留卿手轻把。
玉儿掩泪骄齐王，西陵油壁连骢马。
秦淮桥边醉芰荷，笑言半合还复歌。
双魂缠绵奈何许，南山有石青嵯峨。
黑风折云鱼鳞碎，绣凤楼空洞箫死。
营陵道人来不来，梦草含烟泣春水。①

据祁彪佳《远山堂剧品·雅品》，凌濛初自号酒人，与魏晋时以喝酒出名的刘伶神交，“醒眼醉眼俱横绝千古”。这既是一种性格，也是抑郁不得志的一种表现。董诗一开始就展示了凌濛初才气横溢、气概不凡、纵酒狂放的形象。接下来写他在秦淮桥边、荷花丛中，与自己心爱的青楼女子，日日纵情欢歌，缠绵不已。而从诗歌结尾来看，这位秦淮歌妓后来忽然去世了，“黑风折云鱼鳞碎，绣凤楼空洞箫死”，此诗因此名《叹逝曲》。欢歌笑语、山盟海誓刹那间烟消云散，这使多情的凌濛初陷入深深的悲痛之中。友人董斯张赋此诗既是安慰凌濛初，也表明了这场轰轰烈烈的恋情成了当时文人圈流传的佳话。这一类的佳话在当时晚明文坛上其实不少，如董斯张的友人冯梦龙与妓女侯慧卿，董斯张自己与男妓薛彦，董、冯两人互相记载了对方的情事。斯张评冯梦龙散曲《怨离词》曰：“子犹自失慧卿，遂绝青楼之好。”②冯梦龙《太霞新奏》卷七《为董遐周赠薛彦生》记载斯张与薛生的恋情：“苕溪董遐周来游吴下，偶于歌筵爱薛生，密与订晤。舟次夜半，而薛生冒雪赴约，情可知矣。一别三载，遐周念之不释，物色良久。忽相遇于武陵，突而弁矣，丰姿不减。余目击其嘘唏之状，因为词述之。”文人间的互相传扬，使这些故事迅速流传开来。

凌濛初的套曲《南吕·香遍满·伤逝》挽悼了一个正与自己“蕙帐鸾床”共同生活却忽然间去世的青楼女子。这套散曲由八支曲子组成，不仅被凌濛初

① 董斯张：《静啸斋存草》卷四《留篋稿》，《续修四库全书》集部第1381册，上海古籍出版社2002年版，第492页。

② 〔明〕冯梦龙：《太霞新奏》卷七，《冯梦龙全集》本，凤凰出版社2007年版，第118页。

自己选入《南音三籁》散曲卷中，也见载于张楚叔、张旭初所编《吴骚合编》卷二，但均无序言。从套曲内容来看，两人是在艳冶场中一见钟情，“也是无端撞入桃源路。一笑相逢，便自情意孚，乘槎巧向银河渡”。这个女子也是才艺兼善，能“理旧弦，酬新曲”，可与卓文君媲美，“傲杀他卓女当垆”。凌濛初被她深深吸引，从此花前月下，良宵共度，留恋不已，“月夕花朝，镇把琴心厮诉”，“灯前看绣鸾青谱，席上同倾绿蚁壶”。然而也是好景不长，该女子忽然花钿委地，魂赴黄泉，“西风一夜娇花扑，美前程到此嚣虚。夜台前犹试他金莲步，冥使符生板障阳台路”。是什么一夜之间生生阻断了两人的欢会？从“天公独解将人妒，只拣心疼的便下手毒”两句来看，这位青楼女子大概是暴病而亡。[①]在曲中，凌濛初不仅责备自己没有好好珍惜在一起的美好时光，“芳时轻度，流光自来如辘轳，把皓齿明眸容易误”，而且充分抒写了该女子逝后，自己的愁苦心情，“可憎人已无，风流分已孤，英雄泪欲枯，这冤苦凭谁诉”。独自一人无比凄凉，不忍看绣被上成双成对的野鸭，不忍听暮色中乌鸦的聒噪。无心理熏笼，独自拥衾绸，拳曲而卧，“肠断一春余”。妄想有还丹道士，能助“玉人儿体苏”。在月明之夜闲步空庭，凌濛初竟把自己的影子误以为是她，“月明徙倚空庭步，影随身还疑伴侣”。然而“刬地回头一个无”。那种无尽的思念与凄凉宛然可见。

笔者以为凌濛初套曲《伤逝》挽悼的青楼女子就是董斯张《叹逝曲》中的秦淮歌妓。一是因为这两个女子都是忽然间去世。二是去世的原因大致相同，《伤逝》是说“天公独解将人妒，只拣心疼的便下手毒”，看来是暴病而亡；《叹逝曲》是说“黑风折云鱼鳞碎，绣凤楼空洞箫死”，这并非特指有什么恶势力摧残[②]，而是一般意义上的“天有不测风云，人有旦夕祸福”，仅说明这位女子是忽然间去世，那么最有可能的也是病逝。另外，《叹逝曲》重点写了凌濛初与此

---

① 徐定宝：《凌濛初研究》，黄山书社1999年版，第223页。

② 徐永斌将此诗视作是为凌濛初与河阳姬的情变而作，大概就是根据这两句诗。见徐永斌著《凌濛初考证》，江苏人民出版社2010年版，第61—62页。其实从后文的分析来看，凌濛初与河阳姬的结识是在北方，此后有过一段离别生活，但最终他们还是走到了一起，并不存在什么情变问题，更谈不上“黑风折云鱼鳞碎，绣凤楼空洞箫死”的悲剧结局。

妓的诗酒风流生活，与凌濛初套曲《伤逝》所表达的“芳时轻度”的意思一致。特别是，诗歌与套曲均表达了企盼道士出现使女子还魂的意思。诗歌与套曲的互相印证，使我们较清晰地看到了这个故事的基本面目。

重逢河阳姬

凌濛初在落魄不得意时，曾漫游古都洛阳一带，结识了河阳姬。这是一位人人争挥买笑之金的名妓，但她偏偏钟情于落魄文士凌濛初。凌濛初走后，她放弃了青楼的热闹生活，承受着巨大压力苦苦等候凌氏。后因生活实在难以维持，才来南京找寻凌濛初。经过了许多波折，两人再度团圆，此时是万历三十八年（1610）。

这个故事来自于张楚叔、张旭初《吴骚合编》卷四所收凌濛初散曲《南北合套·新水令·夜窗话旧》。张氏所收这套散曲前面有序言[①]，清楚地叙述了凌濛初逍遥艳冶场时与河阳姬的这段情感生活。序曰：

余飘蓬浪迹，落魄余生。灭灶重燃，殊愧梁鸿负气；著裙卖赋，敢言司马多才。心未用于挑琴，眉岂期于举案。河阳氏者，标侠骨于芳丛，蕴文心于绮阁。扬声云遏，争挥买笑之金；敛袂风回，沓至缠头之锦。夷然如不屑意，黯矣而欲销魂。长颦西子之眉，虑入沙奴之手。绸缪屡束，薄幸时遭。忽于四壁之家，独成满堂之目。漫因一诺，纵千金而不移；遂结三生，矢百折而靡悔。影伴屋梁之落月，梦离巫峡之行云。茸居以待征人，于茅索绹不言苦；阖阁而逢暴客，探囊胠箧俱云空。无非热兴怜才，竟尔息心皈命。但知盛名之下无虚士，不嫌天壤之中有王郎。因故园之欠西成，

---

① 〔明〕潘之恒《亘史·外纪》卷二亦收入此套曲，但无序，题为《夜窗对话词》，内容上亦有所不同，特别是第九支曲子【北沽美酒带太平令】，差异较大。《亘史》的成书时间比张楚叔、张旭初《吴骚合编》要早，其所收套曲内容上可能更接近凌濛初原作，可惜无序。今人谢伯阳编《全明散曲》，收入此套曲，依据的是《吴骚合编》本。此处所引序及曲词，除第九支曲依据《亘史》外，其余均依《吴骚合编》。

> 乃轻装而届南服。始营新垒，娇莺燕之双飞；时抚旧弦，绝螳螂之后捕。垆头旧热，窗下灯明。倾数斗以谈心，对三星而叙旧。谐之律吕，惭非白雪之章；传诸管弦，冀作丹衷之证云尔。

序写了与河阳姬的交往。河阳是古县名，在河南孟县附近，南临黄河，是洛阳外围重镇。从序言来看，大概凌濛初在落魄不得意时，曾漫游古都洛阳一带，结识了这位河阳姬。她能歌善舞，虽身处青楼花丛，却文心蕴藉，侠骨铮铮，当时名扬天下。人人争挥买笑之金，歌罢、舞罢一曲，缠头纷至沓来。然而她清醒理智，深知这一切都不过是逢场作戏，不仅对眼前的虚名夷然不屑，而且还黯然销魂，为自己的这种声名处境担忧，害怕哪一天会落入“沙奴”之手。“绸缪屡束，薄幸时遭”的经历处境，使她的择人之志更加坚定，择人标准更加明确。于是在“满堂之目”中，竟钟情于不名一文的落魄文士凌濛初，置家徒四壁于不顾，结三生之盟于无悔。凌濛初南归后，她放弃了青楼的热闹生活，“息心皈命”，“葺居以待”。她承受了巨大的痛苦和压力，不仅寂寞孤苦，“影伴屋梁之落月，梦离巫峡之行云”，而且还横遭恶势力摧残，“阖阓而逢暴客，探囊胠箧俱云空”。但她信守诺言，深恋多才而又多情的凌濛初。在生活实在难以维持的情况下，南下来找寻凌濛初，“因故园之欠西成，乃轻装而届南服”。于是两人才莺燕双飞，真正走到一起生活。抚旧弦，谱新曲，窗下叙谈，旧梦重温。

套曲《夜窗话旧》由十支曲子组成，就是描写这次重聚话旧的情形。首曲【新水令】以灯下相对，回忆往事开头，“夜窗相对一灯微，把从前悄然思忆。是情缘都落后，任侠骨总休提。待说因依，业身躯蚤扑拢憁地”。第二支曲【步步娇】写两人当初在洛阳的曲折相恋，情意难离，并定下三生之约。“想当日无端间遭际，正值风波起。因缘在此期，一度追随一番迢递。即渐的意难离，莽思量许下谐姻契。”第三支曲【折桂令】写河阳姬把众多追逐自己的豪门贵族、官帽乌纱视作莺花罗网、风月藩篱，偏偏看中运阻鹏抟、计同鸠拙的凌濛初。两人柔情蜜意、话语投机，但凌濛初说自己当时并不曾奢望如此盛名的河阳姬，能“嫁逐鸡飞”，追随自己。没想到河阳姬侠骨柔情，一诺千金，真的“一念皈依，更不支离”，不用媒妁通言，便嫁给了凌濛初，“一霎里之子于归”。

第四支曲【江儿水】以河阳姬的口吻写自己在青楼屡遭薄幸，曾被多人误。原来的那些都是逢场作戏，“趄脸的闲趁些风流趣，村沙的硬搅了温柔会，负心的白赖着牙疼誓，一抹地无根无蒂”，现在才找到真正归宿。感叹自己为了情缘，险些堕落一生。

第五支曲【雁儿落带得胜令】可补充序中所言，凌濛初南归后，河阳姬为凌濛初清修自持、苦苦守候的情形：“你为我被无端苦禁持，你为我受无干闲谈议，你为我把巧机关脱着身，你为我把亲骨肉拼的离，你为我含着泪数归期，你为我担着怕掩双扉，你为我将闷弓儿实丕丕心头系，你为我将画饼儿眼睁睁待疗饥。情痴，为寒酸图什么名和利；心机，镇朝昏自支撑饭共虀。”从河阳姬为凌濛初“担着怕掩双扉”，并结合【步步娇】曲中“想当日无端间遭际，正值风波起”等句来看，凌濛初离开河阳肯定是迫不得已。很有可能是有人为了河阳姬，与他争风吃醋，横加陷害。序中还谈到，凌濛初离开河阳后，河阳姬受到恶势力摧残，“阖阇而逢暴客，探囊胠箧俱云空”，这也可以佐证以上猜测。而第六支曲【侥侥令】则可补充河阳姬“逢暴客”的情况，“君愁无两翼，妾恨有双眉，又被强徒生恶意。把衣装尽作灰，妾惊惶君未知。”暴客强徒为泄私愤，劫掠焚毁了她的衣物箱笼。第七支曲【收江南】是凌濛初得知河阳姬这一遭遇后的悲愤与自责：“呀，蚤知道恁般样遭际呵，谁待要暂抛离。当不得东涂西抹自支持，南来北往费驱驰。更没些暇期，更没些暇期，险摧残一块望夫石。”这里有为生计四处奔波，不得空闲的意思。尽管好事多磨，但只要心坚似铁，定能脱却藩篱，莺燕双飞，第八支曲【园林好】就表达了盼团圆的这一信心。

第九支曲是【北沽美酒带太平令】①：“故园芜无可依，办彩鹢却南飞，看两两双飞定止栖。任馋口自涎垂，还笑他费缠头的三心两意，用红定的万转千回，强盟誓的七高八低，乔说合的十拿九离。谁似俺不媒自随，谁似恁莫催竟归。这事儿似钝锤作锥，那意儿似利铍切泥；这事儿似彩灰昼奇，那意儿似紫

① 此支曲子《吴骚合编》中所收内容为：“故园芜无可依，办彩鹢却南飞，看两两双飞定止栖。任馋口自涎垂，还堪笑浪游的，费缠头三心二意，强盟誓千方百计，乔说合十拿九离。俺呵，更相持举杯酹垒，消多少拂须解颐。呀，除非是鹔鹴裘，俏当垆，那人无愧。”

衣夜离。美前程绣围锦堆，热心肠解衣赠绨。休论他手荑领蛴，休夸他黛眉玉肌。则相对举杯酌罍，消多少拂须解颐。呀，除非是鹔鹴裘，俏当垆，那人无愧。”套曲序中曾言及河阳姬“因故园之欠西成，乃轻装而届南服”，这与此曲开头“故园芜无可依，办彩鹢却南飞”一致，都说明是河阳姬自己南下来找寻凌濛初，前面【收江南】曲中凌濛初说自己南归后“没些暇期”也侧面说明了这一点。【北沽美酒带太平令】曲以自豪的口气、热烈的情感，描述了这场轰动一时的恋情。开头用比喻，言男女双飞双宿，“看两两双双定止栖”。次言，别人巧取利诱都不成，而与我却两情相洽，“不媒自随”“莫催竟归”，轻松顺利而得。最后，盛赞此女，“手荑领蛴”“黛眉玉肌”，无愧于“鹔鹴裘，俏当垆”的卓文君。这真是一个大团圆的喜庆结局，因此最后一支曲子【清江引】说：“而今总是姻缘矣，莫说恩和义，但作帐中音，常记灯前誓。惟愿取永团圆恁是喜。”

潘之恒《亘史·外纪》卷二亦收入这一套曲，后附有潘氏这样一段话：“黄玄龙庚戌闰月报札云：河阳姬踌躇百折，始委身凌生，才调相怜，即一犊鼻胜乌纱多多许。河阳能于此不动情，则凌生未肯甘落第二义也。”[①]黄玄龙，名奂，安徽歙县人，与凌濛初、潘之恒等同为南京冶游客。黄玄龙的这一信札不仅给凌濛初与河阳姬的爱情故事提供了时间背景，即万历三十八年（1610）三月[②]，而且说明了两人之恋情在当时士大夫间所引起的关注和轰动。郑志良先生曾据此札推断：“凌濛初曾和一官员同争河阳姬。”[③]其实仅凭这段文字，好像还看不出有这层意思，只能说明此姬目无纱帽者，只看中凌濛初；而凌濛初亦重情，未肯相负。但如前所述，河阳姬是位名妓，有众多追逐者，其间有人争风吃醋，横加干涉摧残肯定是有的。【雁儿落带得胜令】曲中“你为我担着怕掩双扉”、【步步娇】曲中“想当日无端间遭际，正值风波起”，以及序中言河阳姬“阖阓而逢暴客，探囊胠箧俱云空”等，均可证明这一点。

凌濛初的忘年交潘之恒狎妓好曲，所著《亘史·外纪》卷二收录有凌濛初

① 〔明〕潘之恒：《亘史抄》，《四库全书存目丛书》子部第193册，齐鲁书社1997年版，第521页。
② 是年三月为闰月。
③ 郑志良：《凌濛初佚作及交游补考》，《明清小说研究》2001年第2期，第118页。

的一篇《惑溺供》。“供”是受审时陈述案情，“惑”指惑于女色，“溺”指溺于儿女私情。文章以自供为名，实系自赞。全文如下：

或责即空观主人曰：“豪举之夫不靡，旷观之士不染。人亦有言，蟹行索妃，旁行求偶。以若所为，何惑溺之甚也?”主人曰：“主臣有之。盖闻惑渺者以天下为多目，惑喑者以天下为多声，况于宋玉之邻、司马之主?两情自喻，何能已已！己不能解，人不能议。方之登徒，又疥又痔。薄乎云尔，何能无罪?”曰：“然则子试为供之。”

供曰：“菰芦男子，肮脏其身。芒屦为侣，蠹鱼为朋。研田无岁，酒国无春。坎壈落魄，我生不辰。瑰姿玮态，非意所亲。何忽有遇，乃横自陈。敛袂回风，流盼生春。满堂若何，独予目成。其罪一。彼姝者子，伊谁之裔?河水洋洋，可从远去。翻飞维鸟，羽毛斯离。瞻彼须娄，星彩偕丽。醴泉无源，斯言实异。汩没淤泥，慷慨负气。动值负心，将恐将惧。士二其行，累丸数坠。择木难栖，宁失披剃。世道自尔，一吷可譬。我则何居，每为发竖。其罪二。感士不遇，壹郁谁语?慷慨伤怀，涕零如雨。同病相恤，惟予及女。枕畔酒边，擗肌分理。温言絮谭，谊薄朋侣。生世不谐，取怜儿女。其罪三。疏篁微风，澹月自沉。科头促膝，把酒行吟。雅谑互发，解颐会心。目可成语，靥可代音。机如禅喝，赏同牙琴。佻兮达兮，青青子衿。其罪四。酒后耳热，忧思难忘。挥毫落纸，写愤宫商。红牙成拍，余音绕梁。或歌或按，流水汤汤。何不充耳，视同折杨。其罪五。壮士垂橐，腹笥何益。死灰不然，举世耳食。牝骊牡黄，谁具神识?彼独伊何，如不我得。且以喜乐，且以永日。巾帼有情，须眉无色。其罪六。貂蝉弗屑，愿言卜居。犊鼻可念，夜归相如。岂不四壁，所慕子虚。诛茅索绹，卒瘏拮据。倦游之子，日居月诸。孤灯凄雨，搔首踟躇。支离憔悴，看碧成朱。绿林睥睨，胠箧伤庐。靡怨独旦，引命自娱。鹔鹴脱尽，苜蓿满盂。躬执爨具，弥久不渝。安取措大，乐此不疲。荡子空房，非我权舆。大德不报，食言可肥。何不弃捐，为是栖栖。其罪七。此数者，吕刑所不能详，皋陶所不能治，但当征例于纨扇之篇，成案于白头之句。李益具爱书，严武为狱吏，阿难坐棘庭而讯之，约法抵罪。若乃尤物移人，入宫来妒，或垂其涎，或裂其眦。贫子缘深，五陵分薄，我意独怜，世人欲杀。此又伯益所不能纪，而隶首所不能度。”

语未终，而客目注不瞬，口张不得合，听然曰：“止止！信若斯语，虽刀锯在前，鼎镬在后，染指一脔，甘任其咎。斯须乖睽，眼当决溜。仅仅献酬，子未识窦。”①

这是一篇七体赋。“七”作为一种文体，起源很早，在《楚辞•七谏》中已见端倪。其后，西汉枚乘著文，假设吴客说七件事，来启发病中的楚太子，因此题作《七发》。《七发》诞生后，引起后代许多作者的模仿，在赋中形成了一种定型的主客问答形式的文体，号为“七体”，如傅毅的《七激》、张衡的《七辩》、曹植的《七启》等，但都不及枚乘的《七发》。此文也是模仿枚乘《七发》而作，属七体，故潘之恒收录时根据其形式更名为《七供》。

在这篇惑于女色、溺于儿女私情的自供状中，凌濛初说自己太美了，与丑恶的登徒子相比，罪状多多。罪之一：落拓不偶，生不逢时，不过一介草民，一个书生，却偏偏能博得美女欢心。罪之二：该美女来历身世不凡，却被负心人遗弃，自己为之抱不平，以致怒发冲冠。罪之三：自己与该美女同病相怜，友谊相处，比对朋辈还要看中。罪之四：与该美女促膝谈心，把酒吟诗，赏景听曲，心意相通。罪之五：把两人之情事，付之笔墨，传之歌吟。罪之六：佳人独具慧眼，对我情有独钟。罪之七：佳人之待我，一如卓文君之对司马相如，不弃贫贱，矢志不渝。凌濛初所供七罪，似贬实褒。客人最终反被说服，承认就算因这种罪而受了重罚，也非常值得。

明中叶后，由于程朱理学的衰弱，阳明心学风行一时，以李贽为首的一批思想家鼓吹人性自由，崇尚个性解放，肯定世俗的享乐生活，掀起了一股人文主义思潮。文人士大夫逐渐摆脱了封建礼教和传统观念的束缚，纵情恣肆地追

① 〔明〕潘之恒：《亘史抄》，《四库全书存目丛书》子部193册，齐鲁书社1997年版，第520页。按：此赋郑志良《凌濛初佚作及交游补考》一文曾引录，但误字较多，见《明清小说研究》2001年第2期，第115—117页。

求声色之乐。凌濛初就是其中很典型的文人，他不仅与青楼女子心意相通，为之流连忘返，而且还把自己与她们的风流韵事付之笔墨，传之歌吟。七罪实为一事，文章用反讽手法生动地展现了凌濛初生活和思想的另一方面，那就是放诞自任、蔑视礼法，自甘陶醉在一种酒色生涯之中。

与套曲《夜窗话旧》及曲前小序相对照，《惑溺供》中所提到的美女其实就是河阳姬。一是两者均引用《九歌・少司命》中“满堂兮美人，忽独与余兮目成”的典故，来说明追逐美女的人很多，但自己独得美女倾心。如《惑溺供》曰：“满堂若何，独子目成”；套曲序曰：“忽于四壁之家，独成满堂之目”。二是两者均言美女曾屡遭薄幸。其中《惑溺供》曰：“十二其行，累丸数坠”；套曲序曰：“绸缪屡束，薄幸时遭”。三是均写到凌濛初走后，美女为之苦苦守候，如《惑溺供》曰：“倦游之子，日居月诸。孤灯凄雨，搔首踟蹰。支离憔悴，看碧成朱”；套曲序曰：“影伴屋梁之落月，梦离巫峡之行云，葺居以待征人，于茅索绹不言苦”。四是均写及女子遭逢暴客，如《惑溺供》曰：“绿林睥睨，胠箧伤庐”；套曲序曰：“阖阓而逢暴客，探囊胠箧俱云空”。因此，《惑溺供》中所写的这位名妓女就是套曲《夜窗话旧》中的河阳姬。从这篇文章可知，不仅河阳姬对凌濛初有情有义，凌濛初对这段感情也非常投入。他不仅承认自己沉溺于儿女私情，而且公开宣扬以这种沉溺为自豪。为了这份私情，即使受到惩罚，也在所不惜。

他所作的三个套曲《南吕・香遍满・伤逝》《南吕・梁州新郎・惜别》《南北合套・新水令・夜窗话旧》与一篇赋《惑溺供》，涉及与三位青楼女子的亲密交往。这些风流韵事共同展示了凌濛初的个性形象，那就是倜傥风流、自负多情，是一个颇类似柳永、关汉卿的人物。

“妓女也有好的”

晚明娼妓业的兴盛与文人的狎妓风尚，不仅为凌濛初自身游戏烟花里提供了现实基础，而且为其小说戏曲创作提供了丰富素材。在戏剧《北红拂》《闹元宵》，小说《赵司户千里遗音》《姚滴珠避羞惹羞》《青楼市探人踪》《甘受刑侠女著芳名》等作品中，凌濛初不仅描述了当时妓风之盛，而且由于受自身狎妓经历的影响，深切表达了“妓女也有好的”这一朴实而情真的观点。

《二刻》卷四《青楼市探人踪》描写了当时娼业之盛和张贡生的一段嫖妓生活。他走到成都青楼市上，只见：“艳抹浓妆，倚市门而献笑；穿红着绿，搴帘箔以迎欢。或联袖，或凭肩，多是些凑将来的姊妹；或用嘲，或共语，总不过造作出的风情。心中无事自惊惶，日日恐遭他假母怒；眼里有人难撮合，时时任换□□[①]生来。”这一切看得张贡生眼花缭乱，但由于人地生疏，没一个同来的人，一时间却不知走哪一家为好。于是就有名叫游好闲的混混来引路，小说生动地描写了这个帮闲人物：

> 只见前面一个人摇摆将来，见张贡生带了一伙家人东张西觑，料他是个要嫖的勤儿，没个帮的人，所以迟疑。便上前问道：“老先生定是贵足，如何踹此贱地？”张贡生拱手道：“学生客邸无聊，闲步适兴。”那人笑道：“只是眼嫖，怕适不得甚么兴。”张贡生也笑道：“怎便晓得学生不倒身？”那人笑容可掬道：“若果有兴，小子当为引路。”张贡生正投着机，问道：“老兄高姓贵表？”那人道：“小子姓游，名守，号好闲，此间路数最熟。敢问老先生仙乡上姓？”张贡生道：“学生是滇中。”游好闲道：“是云南了。”后边张兴撺出来道：“我相公是今年贡元，上京廷试的。”游好闲道：“失敬，失敬，小子幸会。奉陪乐地一游，吃个尽兴，作做主人之礼，何如？”张贡生道：“最好。不知此间那个妓者为最？”游好闲把手指一掐二掐的道：“刘金、张赛、郭师师、王丢儿，都是少年行时的姊妹。”张贡生道：“谁在行些？”游好闲道：“若是在行，论这些雏儿多不及一个汤兴哥，最是帮衬软款，有情亲热。也是行时过来的人，只是年纪多了两年，将及三十岁边了，却是着实有趣的。”张贡生道：“我每自家年纪不小，倒不喜欢那孩子心性的，是老成些的好。”游好闲道：“这等不消说，兴哥那里去就是。”于是陪着张贡生，一直望汤家进来。

---

① 原文如此。

这个游好闲非常善于捉摸嫖客的心思，他不仅一眼看出张贡生是个好色之徒，眼前正缺人帮衬，而且根据张贡生的年纪和心理特点，给他介绍了一个阅历丰富、老成在行的妓女汤兴哥。张贡生果然是一见心欢，非常满意。不仅次日就叫家人把店中行李尽情搬来，寄放在兴哥家，而且急于去新都讨取银子来花费，结果被杨佥宪谋害致死。小说的这种描写极富现实生活气息，特别是张贡生与游好闲的这番文绉绉的对话着实生动有趣，若作者不曾踏足过烟花地，实不能道之。

《初刻》卷二五《赵司户千里遗音》也写到妓风之盛，鸨儿只以钱为事，愚弄嫖客；妓女也只合着鸨儿，设局骗人过日："争奈'酒不醉人人自醉，色不迷人人自迷'。才有欢爱之事，便有迷恋之人；才有迷恋之人，便有坑陷之局。做姊妹的，飞絮飘花，原无定主；做子弟的，失魂落魄，不惜余生。怎当得做鸨儿龟子的，吮血磨牙，不管天理。又且转眼无情，回头是计。所以弄得人倾家荡产，败名失德，丧躯殒命，尽道这娼妓一家是陷人无底之坑，填雪不满之井了。总由子弟少年浮浪，没主意的多，有主意的少；娼家习惯风尘，有圈套的多，没圈套的少。至于那雏儿们，一发随波逐浪，那晓得叶落归根？所以百十个姊妹里头，讨不出几个要立妇名、从良到底的。就是从了良，非男负女，即女负男，有结果的也少。"小说接下来要讲的这个故事虽然发生在宋代，但故事之前的作者的这番议论显然是针对当时的妓风而言的。

正是在这篇小说中，凌濛初表达了"妓女也有好的"这一出于自身体验的观点。在凌濛初看来，妓女中原有真心的，一意绸缪，生死不变；原有肯立志的，脱籍从良，时刻不忘。小说中塑造的宋时钱塘名妓苏盼奴就是这样一位妓女。她非常多情，与才思敏捷、风流之中又带些志诚的穷书生赵不敏真心相好，"不见了他，连饭也吃不下"。不但不嫌他贫穷，而且资助他读书，"凡是他一应灯火酒食之资，多是盼奴周济"。盼奴恐怕他因贫废学，还常鼓励他说："妾看君决非庸下之人，妾也不甘久处风尘。但得君一举成名，提掇了妾身出去，相随终身，虽布素亦所甘心。切须专心读书，不可懈怠，又不可分心他务。衣食之需，只在妾的身上，管你不缺便了。"后来，赵不敏高捷南宫，选了襄阳司户，离开钱塘赴任。盼奴自赵司户去后，足不出门，一客不见，只等襄阳来音。如此三年，最后因相思过度，一病而亡。苏盼奴不仅帮助赵氏成名，而且为赵氏而死，不愧是妓女中的多情者。小说赞扬她“多情世所稀”“不好黄金只好书”，结尾诗又曰：“血躯总属有情伦，宁有章台独异人？试看死生心似石，反令交道愧沉沦。”这些皆非泛泛之议，而是凌濛初逍遥艳冶场的切身体会。与其交往的河阳姬当时也是名满一时，但她偏偏看中穷书生凌濛初，并信守诺言，为等候他遭受了各种闲议，甚至是暴力摧残。因此，小说对苏盼奴的议论赞扬，实际上代表了凌濛初对现实中青楼妓女的真实看法。

凌濛初结交的河阳姬不仅多情，而且“标侠骨于芳丛”。《二刻》卷一二《甘受刑侠女著芳名》也刻画了一个侠骨柔情的名妓严蕊。严蕊，字幼芳，是南宋时浙江天台的营妓。她聪明美丽，才思敏捷，色艺冠绝一时。琴棋书画、歌舞管弦之类，无所不通；诗词歌赋，多自家新造句子。台州太守唐仲友，少年高才，风流倜傥，见“严蕊如此十全可喜，尽有眷顾之意”，每当良辰佳节，或宾客席上，必定召她来侑酒。按当时宋朝法度，官府有酒宴，可以召歌妓应承，但歌妓只是站着歌唱送酒，不允许私自侍寝。宋代大儒朱熹当时在浙东任提举，与唐仲友不和，于是便诬赖他与严蕊有染，着人将严蕊捉去严刑拷打，硬逼着她承认。但严蕊非常讲义气，经受了两次杖脊，被打得血肉横飞，也宁死不认。她说：“身为贱妓，纵是与太守有奸，料然不到得死罪。招认了有何大害？但天下真则是真，假则是假，岂可自惜微躯，信口妄言，以污士大夫？今日宁可置我死地，要我诬人，断然不成的。”后因朱熹改调，才被放出监牢。时人赞扬她“堪比古来义侠之伦”，连皇帝也赞扬他是“有义气的女子”。凌濛初在尾诗中更是盛赞说：“君不见贯高当时白赵王，身无完肤犹自强。今日蛾眉亦能尔，千载同闻侠骨香。” 严蕊后来有了个美满的结局。因为接替朱熹继任的岳商卿叹其艰辛，替她除了妓籍，判与从良。严蕊自己也善于择人，拒绝了众多“千金币聘”者，而毅然委身于一个有情之人，“一意随他，遂成了终身结果”。这也表达了凌濛初好人有好报、有情人终成眷属的观点。

妓女们有不同的身世经历，她们的倚楼卖笑多是迫不得已，而且她们之中很可能有出身名门宦裔者。《二刻》卷七《吴太守义配儒门女》中的薛倩就是这样一位不得已而流入娼门的儒门之女。其祖为汉州太守，父亲是竹山县令。父亲临安赴选病亡后，品行不端的吕使君将其继母连同一切家私一起霸占。后吕使君坏官回家，郁郁不快，一病而亡。继母无所倚靠，便将薛倩卖入妓家。薛倩虽身处烟花之中，但“那些浮浪子弟，未尝倾心交往”，唯独看中了一个年方弱冠、尚未娶妻、家在乡间的姓史的穷秀才。史秀才也因薛倩出身良家，深加悯恤。两人彼此相爱，感情日深。史秀才只要入城，必来薛倩处相叙。父母知道后，把他痛打一顿，锁禁在书房中。两人因无缘再会，心中怏怏，都撇放不开。后来薛倩得到亲戚的帮助，除去妓籍，与史秀才终成眷属。在这个故事中，亦有河阳姬的影子。凌濛初《惑溺供》有对河阳姬身世的隐微描写：“彼姝者子，伊谁之裔？河水洋洋，可从远去。翻飞维鸟，羽毛斯离。瞻彼须婺，星彩偕丽。醴泉无源，斯言实异。汩没淤泥，慷慨负气。”可知河阳姬的身世颇不平凡，很可能正似薛倩，“虽落娼地，实非娼流，乃名门宦裔”。史秀才曾评述自己对薛倩的这场情感：“小生偶得邂逅，见其标格，有似良人。问得其详，不胜义愤。自惜身微力薄，不能拔之风尘，所以怜而与游。虽系儿女子之私，实亦士君子之念。”当太守问他是否愿意以此女为室家时，史秀才又坚定地说：“淤泥青莲，亦愿加以拂拭。”从史秀才的这些言行中，我们颇可窥知凌濛初与河阳姬、苏州妓交往时的心态。

妓女之中不仅有多情者、重义者，而且有善识人者，这在凌濛初妓女题材的戏剧创作中表现得最为明显。凌濛初在杂剧《北红拂》中竭力塑造的就是一个能识人的妓女形象。剧中以越公杨素来对比衬托妓女红拂的识人眼光。当满腹文章又会十八般武艺的李靖前往拜见杨素时，得到的却是傲慢无礼坐受其拜的待遇。与此相反，红拂一见李靖，便有敏锐而深刻的判断，“俺执拂豪家历数年，偷阅游宾整万千，多是行尸走肉一般”，而此人却是“天下的人，没有再如他的了”。于是果断私奔李靖，甘与他共患难。剧本还通过李靖对虬髯客的态度来衬托红拂的慧眼识人。当虬髯客卧看红拂女时，李靖勃然大怒，欲与争斗，但红拂却以手止之，因为她一眼看出虬髯客有豹略龙韬，是盖世英豪。于是连忙敛衣拜倒，与他结拜为兄妹。剧本通过红拂的道白以及李靖和虬髯客之口，多次赞美红拂之识人。红拂道白说：“俺家香闺女侠，眼识英雄”，“自见李秀才英雄慷慨”，“俺不耐去侍臣寮，则待要配俊豪”。李靖介绍红拂时说：“只因俺越公府中献策，他识得俺是个好汉子，径假作男妆，赚出侯门，奔俺寓所。”虬髯客赞美红拂之识李靖，说：“一妹绝代姿容，李郎贫士，力不能得，还是一妹识人哩!”又说：“非一妹不能识李郎。”另外，在杂剧《宋公明闹元宵》中，能识才学之士周邦彦的，也不是高高在上的天子，而是身份卑微的妓女李师师。凌濛初在《红拂杂剧小引》中曾说：“余居恒言，觅有心人，丈夫不若女子，人定以为诞。今观越公、卫公皆命世人豪，乃越公不识卫公，卫公不识髯客，而红拂一伎，遂于仓卒中两识之，且玩弄三人股掌上有余，谁谓其智乃出丈夫下哉！嗟乎！世有具眼，毋致有血气者，徒索钟期于此辈，令明眸皓齿宜登赏鉴之堂，却笑须眉男子不得其门而入也。”凌濛初对识人妓女的如此赞颂显然与其落魄之时却能得到不少妓女的青睐有密切关系。

第四章　主持家政　经营刻书

刻书背景

凌濛初是一个因科举失意而走向商业编刊活动的晚明文人典型。作为晚明著名刻书家，他一生刊刻了众多书籍。遗憾的是，凌氏刻本往往不署刊刻时间。据王重民先生《套版印刷法起源于徽州说》一文考证，湖州套版印刷始于万历四十四年（1616）闵齐伋刻《春秋左传》十五卷，而凌濛初的套版印刷业则还要在此之后。凌濛初套版书籍中现在能知道刊刻时间的只有两种。其中《东坡禅喜集》和《山谷禅喜集》刊行于天启元年（1621），《四库全书总目》卷一七四《集部·别集类存目一》"《东坡禅喜集》"条曰："万历癸卯（1603），凌濛初、冯梦祯游吴阊，携是书舟中，各加评语于上方。至天启辛酉（1621），与《山谷禅喜集》并付之梓。"

凌濛初刻印墨本在套版之先。也就是说，当早于万历四十四年（1616），但大致也是在万历末年。据王重民先生推测，凌濛初刻本《世说新语》的刊刻时间就是在万历末，"濛初从冯开之得秘本而付之梓，则应在万历末矣"[①]，而该书正是凌濛初早期墨刻本。凌濛初所刻的墨本中可以考知年代的只是凌濛初自己的三种学术著作：一是《诗逆》不分卷附《诗经人物考》一卷，由凌瑞森等

---

① 王重民：《中国善本书提要》，上海古籍出版社1983年版，第388页。

参订、凌濛初自序，刊行于天启二年（1622）；二是《孔门两弟子言诗翼》七卷，由凌瀛初等校阅、凌濛初自序，刊行于崇祯三年（1630）；三是《圣门传诗嫡冢》十六卷附《申公诗说》一卷，凌濛初自序，刊行于崇祯四年（1631）。凌濛初的这三本书均被《四库全书总目》卷一七著录，现已收入《四库全书存目丛书》行世。

由于发展了技术先进的套版，凌濛初刻印的墨本实际上较少，现在所知的仅以上数种。而凌濛初崇祯七年（1634）入潘曾纮幕后，套版刻书业就基本上转交子侄经营，自己很少直接参与。因此，凌濛初的刻书活动主要是在万历四十四年（1616）至崇祯七年（1634）约20年间，至于整个凌氏家族的刻书事业则延续到了明亡前。刻书活动不仅占据了凌濛初近三分之一的人生，而且展示了凌濛初的儒商形象，因此很有必要论述一下凌濛初刻书的家庭与时代背景。

凌濛初有三位兄长：湛初、润初、涵初，他们由迪知元配包氏所出，包氏是同郡兵马指挥使包大厦女。湛初（1550—1574），字玄旻，号洞湖，郡廪生。润初（1551—1570），字玄雨，号岘石，邑庠生。涵初（1559—1603），字玄勃，号屺瞻，太学生，授承务郎、布政司经历。其中湛初、润初才华颖异，可惜均早卒。湛初去世时年仅25岁，而润初则才弱冠。然据《晟舍镇志》卷六《著述》，两人均有著作行世。湛初有《敝帚集》四卷和《赫蹄书》。《赫蹄书》由太仓王世贞作序，说："按班史《赵后传》，篋有裹药二枚、赫蹄书。应劭译曰：'薄小纸也。'元旻之为书，大者数百千言矣，称'赫蹄'，示抑也。"润初有《病言》四卷和《叹逝录》，后者由其兄湛初作序。①

在凌濛初出生前，其祖约言、嫡母包氏，以及兄湛初、润初均已卒，凌濛初由迪知续娶之妻蒋氏所生。朱国祯《缮部绎泉公行状》："久之，比部公卒，哀毁，几不胜丧。无何，长子没，次子又没，包宜人相继没。先生忽忽，既失内助，又重兰玉之感，遂继蒋宜人……举二子濛初、浚初。"凌濛初生于万历

① 凌湛初序曰："《叹逝录》，志哀往也。今元雨在布衣之位，又往早夭，生无可遂之势，没无可唊之利，而一时叹逝者，皆齿危黄发之老，怀德瑰行之士。夫何故贤之也？斯以义起者也，斯天下之情必非有为而然者也。"按：《晟舍镇志》卷六将《叹逝录》系于润初名下，但据其所引凌湛初序，该书似为时人叹润初早逝的诗文集。

八年（1580）五月初七，生母蒋氏为鹤庆知府蒋子岳女，时年仅21岁。而其父迪知则已是50余岁的老人了，但精神健旺，所以次年又有了浚初（1581—1634）。浚初后改名取俊，字玄静，号自雄，由庠入太学，任五城兵马司，卒于凌濛初之前。

凌濛初21岁时，其父迪知去世；24岁时，三兄涵初去世；26岁时，生母蒋氏亦卒。因此，从濛初26岁始，晟舍凌氏之南大房支就是由濛初当家，已无祖父兄等可依傍的长者。濛初有一妻一妾。妻为湖州竹墩人，是贵州兵备副使进士沈子来女。竹墩沈氏是湖州著名望族，凌濛初与沈氏结亲在26岁前。因为在蒋氏去世时，冯梦祯前去吊唁，就已见到凌濛初的女儿。凌濛初一生举业无成，结婚后又连续有了五子五女，家庭负担逐步加重。

凌濛初26岁时，长子琛出生。琛（1605—1655），字献之，号遗献，庠生。有一子二女，子曰传灯。凌琛后来成为凌濛初经营刻书业的重要帮手。凌濛初刻《圣门传诗嫡冢》，凌琛就参加了校订工作。[①]37岁时，次子葆出生。葆（1616—1687），字元之，号遗元，庠生。有七子二女。40岁时，三子楚出生。楚（1619—1644），字薪之，与濛初同年去世。无子，以次兄子传火为后。49岁时，四子爨出生。爨（1628—1703），字受之，号云剑，有五子二女。53岁时，五子桀出生。桀（1632—1693），字五之，一字午沚，号讱庵，庠生，有二子一女。

濛初的五个儿子虽然有三个入了学，但包括其15个孙子在内，都无仕途经历。与濛初一起居住的还有南二房叔父凌述知一家。述知，字雅明，号次泉，官光禄寺丞，有《盟鸥馆集》《野语贯虱录》《金谷钞诗集》等著作。述知有隐逸之思，他在盘渚漾旁建盟鸥馆，馆外有水云居、乐鱼矶，淡翠浅绿，一望无际。其《盟鸥馆》诗曰："冉冉寒鸥下，悠然有会心。相亲知近处，如友好招寻。眠白依轻浪，来青列远岑。轻波寻浩荡，静听风笙音。"述知在凌濛初19岁时去世，有三子曰莅初、渐初、瀛初。莅初、瀛初为太学生，一为通州别驾，一为卫经历，与濛初一样有过任地方低级官吏的经历。但濛初这三位堂兄的子

① 王重民：《中国善本书提要》，上海古籍出版社1983年版，第14页。

孙也与濛初的后代一样，没有任何仕途经历。人口众多，又无仕宦作强劲后盾，因此理家治生成了凌家南大房与二房最为迫切的事情。而自从21岁时父亲迪知去世后，这个沉重的担子就落在了凌濛初身上。

凌濛初生活的晚明时代，社会生产力已达到一个新的水平。手工业已从农业中大量分离出来，在一部分手工业工场和作坊中，雇佣关系代替了封建工役制和行会制。商品经济有了进一步的发展，商品种类繁多，流通广泛，商业资本非常活跃。随着手工业和商品流通的发展，大批工商业城镇在全国兴起，30万以上人口的城市全国有二三十个，在这些工商业比较发达的城市里出现了资本主义萌芽。如苏州城内，有很多以织绢为生的机户，在这些机户中已有明显分化，有的人已成为拥有织机20余张或40余张、雇佣数十人的手工业作坊主或手工工场主了。他们有的已“富至数万金”①，甚至到“百万金”。②随着工商业生产和城市经济的繁荣，人们的生活方式和思想观念也发生了巨大变化。由于商业获利丰厚，适应人们急切追求财富的心理，当时社会产生了一股重商风气。“民生十七八即挟资出商，楚卫齐鲁，靡远不到。”③不少地主也热衷于工商业，形成“富者缩资而趋末”④“商贾既多，土田不重”“末富居多，本富尽少”⑤的局面。

从区域特点来看，凌濛初的家乡杭嘉湖一带，由于得风气之先，商业经济的发展尤为迅速。杭州“为水陆之要冲，盖中外之走集，而百货所辏会”，“阛巷绵亘数十里”，“车毂击，人肩摩”⑥，商业十分繁荣。嘉兴“近镇村坊”都以“丝绸为业”，“机杼轧轧相闻，日出锦帛千计”⑦；湖州“隆、万以来，机杼之

① 〔明〕张瀚：《松窗梦语》卷六《异闻纪》，中华书局1985年版，第119页。

② 〔明〕沈德符：《万历野获编》卷二八《守土吏狎妓》，文化艺术出版社1998年版，第765页。

③ 清康熙《苏州府志》卷三。

④ 《世宗实录》卷五四五。

⑤ 〔清〕顾炎武：《天下郡国利病书》卷三二，《续修四库全书》史部第595册，上海古籍出版社2002年版，第130页。

⑥ 明万历《杭州府志》卷三四。

⑦ 清乾隆《杭州府志》卷五三引万历《临安县志》。

家，相沿以业，巧变百出”[①]，民间丝织业都很发达。湖州的桑农不仅“多自栽桑”，还预租别姓之桑，俗曰“秒叶”，这类似于今天的商品期货，“秒者，先期约用银四钱，既收而偿者，约用五钱，再加杂费五分”。如果本地桑叶不足，他们“又贩于桐乡、洞庭，价随时高下，倏忽县绝”[②]。这种“秒叶”和桑叶市场的出现，说明湖州植桑业的商品化程度已很高了。当时湖州丝和丝织品的交换也很频繁，出产的绢“各直省客商云集贸贩，里人贾鬻他方，四时往来不绝”[③]。张瀚《松窗梦语》卷四描写杭嘉湖一带的情形：“嘉禾边海，东有鱼盐之饶；吴兴边湖，西有五湖之利；杭州其都会也，山川秀丽，人慧俗奢，米资于北，薪资于南，其地实啬而文侈。然而桑麻遍野，茧丝棉苎之所出，四方咸取给焉。虽秦晋燕周大贾，不远数千里而求罗绮缯币者，必走浙之东也。”可见当时凌濛初的家乡及附近一带，经商已是蔚然成风。

在这种经商风气的带动下，杭嘉湖一带的儒士们逐渐认同商业意识。他们在追求科场功名的同时，也力求获得商业利润，这一带也形成了儒商并重的文化氛围。虽然“学而优则仕”的信条仍在他们的理念中占绝对优势，但因仕途的需求量有限，许多困于寒窗苦读窘境的儒生，为了避免科场失利的痛楚，增加生存所需的经济收入，而把眼光投向了商界。尽管全身心地投入商品流通领域的经销对大部分饱受儒学熏陶的士子来说还会觉得有失体面，但把文化才华纳入商品流通领域进行文化产品的生产，则很符合他们的心理，使他们既能保持典雅的风度，又能得到实利。因此有相当数量的儒生发挥自身文化素养的长处，接受私人请托，撰文作诗，题写匾额，写真绘画；或参加书籍的编撰、评点、刻印、校对等工作，来获取相应的报酬。有些有刻书经济实力和技术条件的，甚至自己当老板，开设书铺和刻印工场，以获取利润。如比凌濛初稍早的臧懋循就在长兴设有刻印工场，编选、校点、刊印了《元曲选》《古诗所》《唐诗所》《元史纪事本末》等许多著作。《元曲选》《古诗所》等刻成后，臧氏不仅马上派仆人去都门销售，而且立即写信给有名望的友人，恳请他们“于长安贵

---

① 清乾隆《湖州府志》卷四一引《双林志》。

②〔明〕朱国祯：《涌幢小品》卷二，上海古籍出版社2012年版，第39页。

③ 清乾隆《湖州府志》卷四一《物产》。

人及计吏间多方借之吹”[①]“吹嘘交游间”[②]，可知这些著作的刊印主要是为了获取商业利润。而与凌氏同里的闵齐伋经营的套版印刷业，不仅限于本地，在南京也开有分所。著名的闵版《会真六幻》十二卷和《绘孟》七卷就是他在南京所刻。[③]

另外湖州地区还具有河网地带所特有的湖州书船。它们集贩运、销售于一体，凡是船只可到达的太湖周围城镇，都有它们的身影。经营书船业的多为靠近太湖的织里及附近郑港、谈港等地村民。他们船中载书，浮家泛宅，南至钱塘，东抵松江，北达京口，出入于士大夫之门。所到之处常得主人礼遇，客之末座，号称书客、书友。他们袖笼书籍，按顾客需求和书的质量讨价还价，售书图利。路工《访书见闻录》中说到湖州一带贩书商人，一船一船满载古籍送到常熟七里桥毛晋的家门口。明嘉靖、万历后，随着书船业的兴旺，据清戴璐《吴兴诗话》及别的笔记小说提到，除书船能直接抵达的城镇外，远至金陵、北京都出现了湖州人开设的书铺。他们结成销售网络，参与当地书籍出版、销售的竞争，并极大地促进了湖州地区编纂刻书业的繁荣，出现了花林茅氏、雉城臧氏、汇沮潘氏和晟舍闵氏、凌氏等著名刻书世家。

凌濛初正是诞生在湖州著名的刻书之乡——晟舍。晟舍凌、闵两家原本就有刻书的浓厚风气。据周越然《书谈·套印书》，晟舍凌、闵“两家当日，席丰履厚，其贤者伏居乡里，不问世事。诵诗读书之余，专以刻书相竞”[④]。如前所述，凌濛初父迪知曾“与元美（王世贞）、子与（徐中行）两家，时议论校刻秦汉诸书”，义例纲领，一经裁定，井井可观。于是，“凌氏书布天下，干旄所指多及其庐”[⑤]。凌濛初父迪知、叔稚隆曾经编纂刻印过《万姓统谱》一百四十六卷、《史记评林》一百三十卷等众多大部头著作。为了刻印书籍，凌家还雇用了许多刻工，仅明万历三年（1575）凌迪知刻的《国朝名世类苑》下书口记载的

① 〔明〕臧懋循：《寄姚通参书》，赵红娟点校《臧懋循集》，浙江古籍出版社2012年版，第147页。
② 〔明〕臧懋循：《寄黄贞父书》，赵红娟点校《臧懋循集》，浙江古籍出版社2012年版，第144页。
③ 王重民：《中国善本书提要》，上海古籍出版社1983年版，第40页、第688页。
④ 见《小说月报》1931年第22卷第7期。
⑤ 〔明〕朱国祯：《缮部绎泉公行状》，清光绪谱卷四《碑志》。

刻工，就有张璈、章右之、沈玄易、夏邦彦、王伯才、仇明、彭天恩、赵应其、计万言、计万镗、顾汝加、顾成、郭昌时、钱世英、顾植等15人。这些卷帙浩繁的书籍的刻印，充分显示了凌家雄厚的刻书基础。正是在这种家族传统下，在家乡浙江及南北国子监先后数次考试仅中副榜的凌濛初，迫于家中生计，继承与发展了祖辈的刻书业，在科举的同时，也走上了刻书鬻书的经商之路。

刻书活动

凌濛初的早期刻本是万历末年所刊墨本《世说新语》，该书至今影响深远。据《中国古籍善本书目》著录，《世说新语》凌刻本现在北京大学图书馆、中国社科院文学所、上海图书馆、天津师范大学图书馆、吉林省图书馆、山东省图书馆、南京图书馆及四川省图书馆等七家均有藏本。凌濛初很能把握商机，其刊刻《世说新语》是有针对性的。在此之前，明何良俊仿《世说新语》为《语林》，后王世贞又删编《世说新语》及《语林》为《世说新语补》。由于王世贞久负盛名，该书万历十三年（1585）由张文柱刊行后，迅速流传开来，对刘义庆《世说新语》原本的流传产生了巨大冲击，出现了“临川本流传已少，独《补》盛行于世，一再传，而后海内不复知有临川”的现象[①]。凌濛初刊刻《世说新语》目的就是要恢复宋本原貌，他把张本所录王世贞删补《语林》部分，单列为《世说新语补》，附于《世说新语》后，从而实现了所谓“合而两伤，离而并美”的刊刻目的。据《凡例》末条“《明世说》脱稿未易，而前《世说》阳九已极，故先为刊布之”诸语，凌氏是先行刊刻《世说新语》六卷，然后再补刻了《世说新语补》四卷。据王重民推测，凌刻本的具体刊刻时间是在万历末年，“濛初从冯开之得秘本而付之梓，则应在万历末矣”。[②]凌刻本的刊行，对于恢复、保存宋本《世说新语》的原貌，具有非常积极的意义，因此颇得时人重视，明末张懋辰、清初沈荃皆曾翻刻该书。沈荃《重刻世说新语鼓吹序》

---

① 〔明〕凌濛初：《世说新语鼓吹序》。

② 王重民：《中国善本书提要》，上海古籍出版社1983年版，第388页。

（1672）称："迨何元朗《语林》一出，王弇州先生兄弟又为之删定，曰《世说新语补》，奈坊刻稠杂，舛讹殆甚。惟吴兴凌初成先生原刻，遵古本分为六卷，附以弇州所续，另为一帙，名曰《鼓吹》，使后人重见本来面目，洵乎骚坛之鼓吹也。"此语正道出了凌刻本的价值与影响所在。值得一提的是，凌濛初不仅刊刻《世说新语》，还对其进行了评点。据潘建国研究统计，凌本《世说新语》书眉刊有凌濛初评点文字540条，这些文字按其形式，可分成两大类：一是以"按"的形式出现的校注文字385条。这些按语不仅标明了王世贞删改之处，而且依据刘辰翁、刘应登本，对《世说新语》正文进行了校勘，还引用《续晋阳秋》《搜神后记》《冈南因话录》等文献资料，对《世说新语》进行补注。二是评语155条，每条之前均署有"凌初成曰"四字。这些评语是明代小说评点文献的重要组成部分，对于小说评点研究意义重大。主要是：其一，凌氏使用"凌初成曰""按"两个标记性语词，将小说评语与校注文字加以明确区分，表现出颇为鲜明的小说批评意识；其二，凌氏评语，虽多着眼于道德评价，但也涉及小说理论层面，反映出凌氏的若干小说创作观念，包括对欲扬先抑、曲折多姿的小说叙事艺术的赞赏，对小说虚实尺度的理解，对《世说新语》小说人物塑造的评价，以及对《世说新语》一书据传成文、含蓄隽永的文体特征的准确把握等。①

凌濛初的父辈虽然编纂刻印了不少书籍，但凌氏经营套版印刷则始于凌濛初。套版印刷法是印刷术发展过程中的新成就。欧洲18世纪才知道套版印刷，后来铅印、石印、胶印虽然发展得很快，但它们的基本原理和方法，都是从我们的套版印刷法演变而来。因此可以说，套版印刷的发明是我国继活字印刷后对世界印刷史作出的第二次大贡献。尽管套版印刷不是由吴兴凌、闵二氏首创②，但两家在普及、提高及灵活运用套印这一独特的印刷方法上确是作出了重

---

① 潘建国：《凌濛初刊刻、评点〈世说新语〉考述》，《上海师范大学学报》2004年第5期，第40—45页。

② 据王重民判定，最早发明套版印刷法的是徽州人，时间是1602年左右。几年后这种印刷法才传到湖州，发展为闵版、凌版。见王重民：《套版印刷法起源于徽州说》，原载《安徽历史学报》创刊号，收入《版本学研究论文选集》，书目文献出版社1995年版，第40—57页。

大贡献。他们是印刷史上公认的最有名的套版印刷家族。关于两家所刻套印本数量，闵于忱曰："晟水朱评，绚烂宇内，诗史子集，不下百种。"[①]据陶湘《明吴兴闵板书目》（以下简称《书目》）统计，明亡前的二十多年中，晟舍闵、凌二家套印本有117部145种。台湾李清志《古书版本鉴定研究》则认为不下300种[②]。现存的闵、凌二氏套印本，蒋文仙认为仍有84种，加上疑似的闵、凌刻本8种，则达92种，占我国现存147种套色印本的三分之二强[③]。若将闵、凌二氏所刊套印本丛书析开来统计，则两家所刊套印本达133种[④]，几乎是明代192种套色印本的70%[⑤]。

凌濛初不仅是凌氏套色印刷的首创者，也是凌氏家族印刷事业的最大经营者。目前能确定是凌濛初所刻的书有25种，其中套色书籍有17种140余卷，它们是：《西厢记》五卷（附《解证》一卷、《会真记》一卷、《附录》一卷）、《北红拂》一卷、《李长吉歌诗》四卷（《外集》一卷）、《孟东野诗集》十卷、《王摩诘诗集》七卷、《孟浩然集》二卷、《韦苏州集》十卷（《拾遗》一卷、《总论》一卷）、《李诗选》五卷、《杜诗选》六卷、《选诗》七卷、《陶靖节集》八卷（《附录》一卷）、《东坡先生书传》二十卷、《东坡先生禅喜集》十四卷、《苏长公表启》五卷、《苏老泉集》十三卷、《维摩诘所说经》十四卷（附《释迦如来成道记》一卷）、《南音三籁》四卷等。其他8种，有4种是墨本，即《孔门两弟子言诗翼》（不分卷）、《圣门传诗嫡冢》十六卷（附录一卷）、《诗逆》不分卷（附《诗经人物考》一卷）、《世说新语》六卷与《世说新语补》四卷；另外4种，有资料表明他曾刊刻过，但刊本不存，即《景德传灯录》《山谷禅喜集》《李卫公蓦忽姻缘》《虬髯翁正本扶余国》，它们很可能是朱墨本。

就内容而言，凌濛初所刊书籍以集部文学类为主。所刊25种书籍中，属集部的有18种，占70%以上，这与其文学家身份一致。另外，经部《诗经》3种，

---

① 〔明〕闵于忱刻本《枕函小史・凡例》。

② 李清志：《古书版本鉴定研究》，台北文史出版社1986年版，第249页。

③ 蒋文仙：《明代套色印本研究》，华东师范大学2005年博士论文，第54页。

④ 其中闵齐伋21种，其他闵氏37种，凌濛初17种，其他凌氏37种，茅氏21种。

⑤ 赵红娟：《晚明望族编刊活动研究》，中国社会科学出版社2021年版，第423页。

子部《世说新语》1种，亦可归入文学类书籍。剩下的3种《东坡书传》《维摩诘所说经》《景德传灯录》，与凌氏家族对三苏和佛教典籍的刊刻兴趣一致[①]。值得注意的是，凌濛初所刊书籍没有史部，其所编撰的《后汉书纂》由金陵周氏刊行，其他史部著作则不存。凌濛初编刊的书籍多有凡例，如《世说新语》《南音三籁》《圣门传诗嫡冢》《言诗翼》《诗逆》《选诗》《李诗选》《苏老泉集》《西厢记》等；但就刊刻时间而言，其所编刊的书籍中，只有《言诗翼》《诗逆》《东坡禅喜集》3种，在自序或自跋中署有时间。就刊刻颜色而言，其所刊书籍少墨本，而多朱墨本，但无三色及以上刊本，而同里闵齐伋所刊之书三色套印本多达9种。现存21种凌濛初刊本中，朱墨本为17种，墨本为4种。墨本中有3种是凌濛初自己研究《诗经》之作，其刊刻时间在天启、崇祯间，此时颜色套印早已盛行，而凌濛初却未采用，这主要是因为他首先考虑的不是商业利益，而是学术流传。至于墨本《世说新语》六卷《世说新语补》四卷的刊刻则是因为凌氏彼时还未开始使用颜色套印技术。[②]

凌濛初的套色印本中有不少对后世产生深远影响，尤其是《西厢记》，至今受到学人高度重视。明清两代《西厢记》刻本有180多种，但时至今日成为众目聚焦的典范之本的却是凌濛初的套印本《西厢记》。当代几部著名的《西厢记》印本，如王季思的校注本、吴晓铃的校注本、张燕瑾的注释本，均采用凌濛初的刻本为底本。凌版《西厢记》受到如此关注，首先取决于其完善的体例。王实甫《西厢记》不见元刊本，现存的众多明刊本的体例不同程度地呈现出传奇化倾向。杂剧的名称一般是从剧本末尾的题目正名而来，现存最早的全本《西厢记》弘治本，每卷（相当于本）之名均为四字，如第一卷为《焚香拜月》、第二卷为《冰弦写恨》，与每卷的题目正名均无关。杂剧一般一本四折，每折没有题目，而王骥德、闵齐伋、张深之刊本，均为每折拟定了一个类似传奇中

---

① 除了《东坡书传》，凌氏家族还刊有三苏作品7种：凌启康《苏长公合作》《苏长公小品》、凌云《苏文嗜》、凌濛初《苏长公表启》《苏老泉集》《东坡禅喜集》、凌汝亨《苏文忠公策论选》。而除了《维摩诘所说经》《景德传灯录》，凌氏家族还刊有佛教典籍5种：凌弘宪《楞严经证疏》、凌毓枏《楞严经》《圆觉经》《金刚经》《心经》。

② 赵红娟：《凌濛初的编撰、刊刻活动及其刻书特点》，《古典文献研究》第19辑上卷，凤凰出版社2016年版，第36—55页。

“出”的题目，或四字如《佛殿奇逢》《僧房假寓》，或两字如《遇艳》《投禅》等。由于传奇在明代日趋兴盛，有的甚至完全将《西厢记》的杂剧体例改为传奇，不分本和折，而是径分为二十出，并为每出立一题目，如徐士范本、《六十种曲》本等。凌濛初则将全剧分为五本，每本四折，自行起止，共二十折，每折无目。每本末尾均有题目正名四句，末句分别为各本之名，这就是我们所共知的第一本《张君瑞闹道场》、第二本《崔莺莺夜听琴》、第三本《张君瑞害相思》、第四本《草桥店梦莺莺》、第五本《张君瑞庆团圆》。因此黄季鸿评价凌版《西厢记》“是现今唯一未受传奇体制影响，体例保存完好、改动较小，与元杂剧最相契合的相当妥善的刊本”[①]。当然凌版《西厢记》的深远影响，还与其精良的校勘和独到的评点密切相关。

在凌濛初的带动下，凌氏参与套版印刷的有20余人。其中与凌濛初关系最为密切的，首推凌瀛初和凌毓枬。凌瀛初是濛初所经营的套版印刷业的早期参与者和共同承担人。晟舍凌氏南大房支始于凌濛初父迪知，南二房始于凌濛初叔述知，两房共居。述知字稚明，号次泉，嘉靖恩贡生，万历三年（1575）曾刊有墨本《唐诗选》[②]。瀛初为叔述知季子，字玄洲，号凭虚，由庠入太学，曾任卫经历。他生于嘉靖壬戌（1562），比凌濛初大18岁，所刻之书有四色套印本《世说新语》六卷、《世说新语》八卷[③]，朱墨印本《韩子》二十卷、《红拂记》四卷等。其中四色套印本《世说新语》六卷是根据凌濛初墨刻本刊印的，王重民《中国善本书提要》（以下简称《提要》）、《美国哈佛大学哈佛燕京图书馆中文善本书志》均予著录，书前有凌瀛初蓝色“识语”，交代了该书与凌濛初

① 黄季鸿：《论凌濛初刻本〈西厢记〉》，《古籍整理研究学刊》2003年第3期，第54—60页。

② 据凌瑞森、凌南荣（楷）刊朱墨本《唐诗广选》凌濛初序。序曰：“他日，客复馆先君子所，出其本相示，家仲叔（凌述知）欣然授诸梓，而《选》始传。”

③ 按：八卷本据六卷本改刻而成。

墨刻本的关系以及墨刻本的底本使用情况[①]。他还是凌濛初《言诗翼》的校阅者之一，可见两人在刻书事业中的合作关系。凌毓枬也是凌濛初印刷事业的共同经营者。他是濛初兄湛初继子，字殿卿，号觉宇（一作觉于），郡庠生，生于万历戊寅（1578），比濛初大两岁。[②]他参与许多评点刊刻活动，《晟舍镇志·著述》载有其朱批《楚辞》、朱批《文选》两书，所刻套色书籍有《吕氏春秋》二十六卷（万历四十八年刊）、《楞严经》十卷（天启四年刊）、《圆觉经》二卷、《金刚经》一卷（《解》一卷）、《唐骆先生集》八卷（《附录》一卷）、《楚辞注评》十七卷等。凌濛初刊刻套印本《孟浩然集》《李长吉歌诗》《孟东野集》《王摩诘诗集》等，校对工作主要由毓枬这个侄子负责。

濛初叔述知一支，除季子瀛初外，其长子菦初，孙瑞森、汝亨等也都参与了套版印刷活动。菦初，一名起祥，字玄观，号浮玉，由庠入太学，任通州别驾。他曾为凌瀛初刊朱墨本《红拂记》插图题词，计七绝12首。瑞森是菦初之子，字延喜，号三珠生、椒雨斋主人，礼部儒士。以子焜贵，赠文林郎，安庆府推官。生于万历乙未（1595），比凌濛初小17岁，卒于崇祯戊寅（1638），时年44岁。瑞森与堂伯父凌濛初曾多次共事，校点刊刻书籍。他刊有朱墨印本《幽闺记》四卷，涉园陶湘1927年曾影印是书，现藏于上海图书馆。据书中凌瑞森跋语，其底本是凌濛初从沈璟处获得的手抄本，而且据王立承判断："是书虽延喜所编刻，然评语实多出于初成之手。"[③]凌瑞森刊行《琵琶记》，所请的校

---

① 王重民《中国善本书提要·子部·小说类》载凌瀛初四色套印本《世说新语》六卷，八行十八字。凌瀛初跋语云："余弱冠时幸睹王次公批点《世说》一书，发明详备，可称巨观，以刻自豫章藩司，不能家传户诵为恨。壬午秋，尝命之梓，杀青无机，惜板忽星失，余惟是有志而未逮也。嗣后家弟初成得冯开之先生所秘辰翁、应登两家批注本，刻之为鼓吹。欣然曰：'向年蠹简残编，已成煨烬，今获捃摭其全，良为快事。'行之已久，独失载圈点，未免有遗珠之叹。余复合三先生手泽，耘庐缀以黄，须溪缀以蓝，敬美缀以朱，分次井然，庶览者便于识别云。"

② 王重民在其《套版印刷法起源于徽州说》一文中云："凌毓枬是凌湛初的儿子，凌濛初的侄子。湛初死于1574年，年二十五。则凌毓枬当还比凌濛初大十来岁，所以凌氏套版最初应该是由凌濛初、凌毓枬共同经营的。"按：王先生因不知毓枬是湛初继子，而断定其比凌濛初大十来岁，误。

③ 见王立承《幽闺记题记》。笔者也赞同王氏的判定，见赵红娟《凌濛初评点〈幽闺记〉及与沈璟交游考》，《浙江社会科学》2004年第6期，第185—187页。

阅、评点者也是凌濛初。[1]凌瑞森还与凌南荣刻有朱墨印本《李于鳞唐诗广选》七卷[2]，为之作序的也是凌濛初。凌濛初编选评定《南音三籁》，戏曲部分由“椒雨斋主人”即凌瑞森点参。他还是凌濛初墨本《诗逆》的参校者之一。汝亨则是述知之孙、渐初之子，字文起，邑庠生。生于万历乙酉（1585），比凌濛初小5岁，卒于顺治甲午（1654），年70岁。《书目》《提要》以及杜信孚《明代版刻综录》（以下简称《综录》）均载汝亨所刻朱墨印本《管子》二十四卷，书中有凌汝亨所辑赵用贤、朱大复、张宾王三家评点，刻于万历庚申（1620）。他还刻有朱墨本《道德经》二卷、《韩子》二十卷以及三色本《苏文忠公策论选》十二卷。

濛初伯曾祖凌雯生有两子，即绅和维；绅又生集和雅；雅又生嗣音、嗣彰。其中嗣音次子凌启康与第三子凌弘宪、嗣彰之子凌性德均是套版刻书参与者，他们是濛初侄辈。启康原名恒德，字安国，号天印、茹芝居士，又号旦庵主人，由廪贡生入太学，授中书舍人。生于万历戊寅（1578），比濛初大两岁。不仅辑评、刊刻有朱墨本《苏长公小品》四卷（天启间刻）、三色本和五色本《苏长公合作》八卷《补》二卷，还是朱墨本《四书参》十九卷的参订人之一。其中《苏长公小品》载有凌启康序，谈到该书的辑评刊刻经过：“是乃圣俞之所以评，而古生章氏镌之。予读而好，好而再镌，镌而裒所评而加之丹铅也。”弘宪原名慎德，字叔度，号天池，郡庠生。他校点刊刻有三色本《楞严经》十卷、朱墨本《会稽三赋》四卷，辑评刊刻有朱墨本《李于鳞唐诗广选》七卷。先是，李攀龙撰《唐诗删》，王世贞序之，后有人割裂其中所录唐诗刊行，别题曰《唐诗选》，已非李攀龙之旧。凌弘宪病其无评点，于是广采唐宋以来诸名家评点，以朱墨版印之，并改题为《唐诗广选》[3]。性德，字成之，号朗庵子。生于万历壬

---

① 凌濛初评点本《琵琶记》有凌延喜《西吴三珠生跋》，叙及《琵琶记》被改窜之事，曰：“余向为愤懑，没由正之。会即空观主人度《乔合衫襟记》，更悉此道之详。旋复见考核《西厢记》为北曲，一洗尘魔，因请并致力于《琵琶》为双绝。遂相与参订，殚精几年许，始得竣业。”

② 查清光绪谱《凌氏宗谱》卷八，并无凌南荣，盖其非晟舍支。当时归安县双林、练市等处均有凌氏分布。

③ 见《四库全书总目》卷一九三所录凌弘宪朱墨印本《李于鳞唐诗广选》七卷，中华书局1965年版，第1766页。

辰（1592），比濛初小12岁。他不仅刊刻了由袁宏道评点的朱墨本《虞初志》七卷、由李攀龙评点的朱墨本《曹子建集》十卷，还刊刻了自己亲自批点的传奇《红梨记》四卷《附》一卷。该书由著名版刻画家王文衡绘图，精美异常。

凌濛初侄孙辈凌云亦参加了套版刻书活动。凌云原名元煊，字宣之，号竹门、云秋山人，郡庠生。其父是嗣音长子凌怀德，凌启康、凌弘宪是他的叔叔。凌弘宪刊《楞严经》，他是阅正者之一。据《书目》和《提要》著录，凌云刻有《唐诗绝句类选》四卷附《总评》一卷《人物》一卷，共六卷，为三色套印本，敖英评点用朱色，顾东桥、章泉涧评点用蓝色，正文墨色。他曾从友人斋头得唐顺之抄本《苏文嗜》，因合诸名家评点，先行刊刻朱墨本，后又得李恒斋评本，遂刊朱墨蓝三色本，其中新增的蓝色即李氏评点[①]。凌云还与闵绳初校刻有五色印本《文心雕龙》二卷[②]，是书正确地反映了杨慎批点的五色，体现了套印法的独特价值。因此，凌云在《凡例》中自豪地说："杨用修批点，元用五色，刻本一以墨别，则阅之易溷，宁能味其旨趣？今复存五色，非曰炫华，实有益于观者。"该书有施扆宾序，王重民在《提要》中说："施扆宾原业医，后为凌氏塾师，是书即为扆宾用以课凌云之读本，观于此，可知凌、闵二家刻书之来源，唯其如此，方能适合于学举子业者，此又适成其所以能畅销之主要原因也。"

如前所述，濛初叔稚隆曾刊刻过不少卷帙浩繁的书籍，其季子凌澄初、孙凌森美后来亦参与了日益红火的套版刻书事业。据光绪谱卷八，澄初字元（玄）清，号御侯[③]，副贡生。以第三子森发贵，诰赠承德郎、广东廉州府通判。他生于万历甲戌（1574），比凌濛初大6岁，早濛初一年去世，年七十。凌澄初曾刻朱墨印本《晏子春秋》六卷，《提要》、周越然《书谈·套印本》均载。凌澄初

---

① 凌云三色刊本《苏文嗜》跋："始余从友人斋头得唐荆川先生《苏文嗜》抄本……因为合诸名家评，行其全集，是为庚申夏五也。近又得李恒斋评本，颇多发明……因复仍唐本行之，而缀李以黛。"

② 是书《综录》《书目》《提要》所载均为五色印本，但所载卷数不同，《综录》作二卷，《书目》作四卷，《提要》作"《文心雕龙》四卷《注》四卷"。《注》亦有著录为二卷的。按：是书正文与注均分为卷上、卷下，卷上、卷下各自又分为上、下，如卷上之上、卷上之下、卷下之上、卷下之下，故正文与注均有二卷、四卷的不同著录。

③ 清同治《晟舍镇志》卷四《封赠》作"征侯"，盖因两字繁体形近而讹。

跋云："吾族《道德》《南华》点校，俱得善本；《管子》亦得朱大复、赵定宇两先生评，行于世。独《晏子春秋》尚自缺然。先君以栋甫（即稚隆），端心邺架，既汇《史》《汉》两《评林》，辑《五车韵瑞》诸书，而于《晏子春秋》复手加丹铅，实有会心。不肖童习之，诚不忍秘，随付剞劂，以公先人志。"从这番话可以看出当时凌氏家族点校刻书的盛况。凌森美（1596—1638）为澄初长子，字君实，号橘隐，邑庠生，所著有《皇明识余录》。《提要》载凌氏朱墨本《选赋》六卷，末有凤笙阁主人跋，跋文署名下钤"森美私印"。可见，凤笙阁主人即凌森美，是书由他所印。被《综录》等书误认为是凌稚隆万历七年（1579）所刻的凌版朱墨印本《史记纂》，实际上也是凌森美所刻。因为凌稚隆卒于万历庚子（1600），套版印刷万历四十四年在吴兴开始时，他已去世。而且《提要》亦载是书，前有王世贞万历七年序，并有自序，末题"凌森美重校并书"。万历七年，凌森美还未出生，可见此书不可能刻于万历七年，而应是凌森美成人后所刻。杜信孚所录是书大概无森美自序，因而把编辑者稚隆误作刊刻人，把王世贞作序的时间误认为套印本的刊刻时间。

随着凌氏套版刻书业的兴盛，其他晟舍支系的凌氏也参与到有丰厚商业利润的套版刻书事业中来，主要有凌南荣、凌杜若两人。凌南荣（1597—1664），一名楷，字明卿，太学生，不仅与凌瑞森辑评刊刻了朱墨印本《李于鳞唐诗广选》七卷，而且还参与凌濛初套印本《陶靖节集》八卷附《总论》一卷的校勘工作，该书濛初跋后即刻有"凌南荣校"一行。凌版刻书家中凌杜若的名字较常见。《综录》即载有其天启间所刻朱墨印本《诗经》四卷，小传云："字若衡，吴兴县人。"后来凌杜若得到凌濛初漫游北京时所得钟惺评点本《诗经》，于是又刊了朱墨蓝三色本[①]。《提要》与《书目》则载杜若刊朱墨印本《周礼》二十卷，有凌杜若序，云："吾乡潜斋先生最嗜古，其所辑《训笺》条分缕析，字栉句比，殊便后学，因梓之以为尚古者一助。"该书的校勘工作亦由凌杜若自己承担。

---

① 凌杜若刊三色本《诗经》识语："仲父初成自燕中归，示余以钟伯敬先生所评点《诗经》本，受而卒业。……因寿诸梨枣，以公之知《诗》者。"该书凌濛初序亦曰："吾友钟伯敬以《诗》起家，在长安邸中示余以所评本。"按：据凌杜若识语称濛初为"仲父"，可知他是濛初侄辈。

值得一提的是，不仅凌氏子侄，而且凌氏姻亲也参与了这场刻书活动。《提要》载明凌氏四色印本《南华经》十六卷，有沈汝绅序，云：“余始有事于《南华》，而汇集诸家评点，择其最以从。偶语友人凌君实氏，渠鼓掌谓余曰：‘《庄子》一书，久尔沉锢，如果一新，诚为快举。然窃怪批点世都滥觞，堪为识者鄙。先祖以栋家藏有刘须溪批本，此亦海内罕购者，当出箧以示。’余因得是集。郭解刘评，而《庄》之微既阐也。自两家而下，更有吴郡王元美，其评骘《南华》犹未行世，故并著之。而诸家评释，标为某曰某曰，附之首云。”可见，沈汝绅参与是书的辑评工作。据光绪谱，凌澄初有一女适双林沈汝绅，则沈汝绅为凌澄初之婿。而森美为澄初之子，则沈汝绅所谓的友人凌君实（即凌森美）实际上就是妻兄或妻弟。王重民说：“汝绅字荐卿，吴兴人”，但未言明其与凌氏的这种姻亲关系。

从以上列举的来看，凌濛初及其家族在明万历、泰昌、天启、崇祯年间刊印了大量套色书籍，其内容遍及经、史、子、集四部。在凌濛初的带动下，经同族兄弟凌瀛初、凌澄初、凌菬初，子侄辈凌琛、凌延喜、凌汝亨、凌毓枏、凌森美、凌启康、凌弘宪、凌杜若，孙辈凌云，以及凌南荣和亲戚沈汝绅等人的共同努力，凌氏套版刻书业在17世纪上半叶趋于繁荣。

商业特征

凌濛初家族刻书的特点是“精”。谢肇淛《五杂组》卷一三称：“宋时刻本以杭州为上，蜀本次之，福建最下。今杭州不足称矣，金陵、新安、吴兴三地剞劂之精者，不下宋板。”[①]胡应麟《少室山房笔丛》卷四亦云：“余所见当今刻本，苏常为上，金陵次之，杭又次之。近湖刻、歙刻骤精，遂与苏常争价。”所谓“吴兴剞劂之精者”和“湖刻骤精”主要就是指明万历、天启间湖州晟舍闵、凌两家的套印本。说它们“精”，主要是因为两家刻书具有以下特点：

一是所用纸墨俱善，书香扑鼻。凌氏所刻之书大都用上等洁白的绵纸和宣

① 〔明〕谢肇淛：《五杂组》，上海古籍出版社2012年版，第241页。

纸印成，偶尔用竹纸的，其质地也坚韧耐久。彼时人们将各种草木之皮，如桑皮、苎麻、葛藤等皮在水中浸烂，抽取其中的细筋为绵料。用这种绵料制成的纸即为绵纸，又称皮纸。安徽泾县所产的宣纸为绵纸中的上乘，有“纸寿千年”之美誉。它主要以青檀树皮为原料，品质优良，所谓“至薄能坚，至厚能腻，笺色古光，文藻精细”[①]，很适合印刷书籍。凌氏刻书所用之墨也是上等好墨，印成的书籍字体清晰，黑而有光，而且一开卷便有一股书香扑面而来。由于纸墨方面用料讲究，套版印刷物的质量有了极大提高。

二是刻印精美，讲究观览效果。凌氏所刻套印本把正文和评点分开，不须注明，读者一览而知。由于评点者往往不止一家，所以又产生了多色套印，一色代表一家批注或评点。如凌瀛初刊刻的《世说新语》，正文为墨色，刘辰翁所批用蓝色，王世懋所批用朱色，刘应登所批用黄色，连同正文共是四色套印。凌云等刻的《文心雕龙》二卷和凌启康刻的《苏长公合作》八卷则是精美的五色套印本[②]。有时候同一人对同一本书亦会有前后多次或不同类型的评点，并使用不同的颜色来区分，这样的评点本也非套印本不能表现其旨趣。如凌杜若所刊《诗经》先有朱墨本，后有朱墨蓝三色本，其中三色本中的蓝色评语即为钟惺第二次所评。套印本的评语、批注多在书眉或行间。为了在书眉套印文字，所以其天头很宽。为了便于在行格间套印文字，凌氏套印本一般没有行线，印成后行疏幅宽，正文评点眉目清楚，加之纸白笺细、色彩斑斓，展卷阅读，有一番引人入胜的情趣。套印本的技术要求显然很高，然而在凌刻传本中却少有诸色交错重叠和套版用错的现象，所以称之为“精”，绝非溢美之词。

凌氏套版刻印的精美还体现在所刻的小说、戏曲和佛经都附有精致的插图。凌濛初刻的《西厢记》有插图20幅，且由著名画家王文衡绘图，著名徽派版刻家新安黄一彬雕刻。点笔工致，刀法精妙入微，是凌刻绘图本之冠。凌氏所刻《琵琶记》《幽闺记》《红拂传》《北红拂》《红梨记》《南音三籁》《楞严经》《金刚经》等，也都有精美的插图。这些插图大都有较高的艺术造诣和独特的时代

---

①〔清〕吴景旭：《历代诗话》卷七九，中华书局1958年版。

② 是书既有朱墨黛三色本，亦有朱墨黛黄绿五色本，上海图书馆均藏。其中编号为834181—834192的12册本为三色本，编号为95394—95413的20册本乃五色本。

风格，很能吸引读者，一如闵暎璧所说："使观者目眩心飞，足称一时之大快云。"[①]

凌氏所刊书籍的视觉冲击效果，不仅体现在彩色批点、精美插图上，而且还体现在序跋、题辞等漂亮书法上。如凌濛初所刊《维摩诘所说经》，不仅于卷端绘精美的释迦像，而且题苏台弟子王文衡敬写，上用行楷刻沈约《释迦文佛像铭》，又附草书谢康乐《维摩诘十譬赞》4页，题"佛弟子凌濛初书"，然后才是有朱色眉批和圈点的《维摩诘所说经》正文，把一本经书刻得美不胜收。又如凌性德所刊《红梨记》18幅插图的曲文题词，行书、楷书、篆书、草书、隶书等各种字体兼具，十分美观。又沈汝绅、凌森美刊四色印本《南华经》十六卷，特意标明："晋子玄郭象注（墨色，淡、细）；辑诸名家评释：杨慎、焦竑、韩非（墨色、浓）；宋林斋口义（紫色）；明王凤洲评点（朱色）；刘须溪点校（黛色）；附陈明卿批注（朱色）"，而且以上这些文字就对应各自颜色，以突出视觉效果。另外，该书《杨升庵题刘须溪小引》黛印，武进徐常吉撰《刘须溪点校庄子口义序》为行草书，也都强调视觉效果。重视视觉效果，以便读者观览，是当时湖州望族刻书的一种明确意识，这在他们所刊书的凡例中有明确表达。如凌云刊五色本《刘子文心雕龙》之《凡例》曰："今复存五色，非曰炫华，实有益于观者"；"独黄者太多，易以紫；白者乏采，易以古色。改之，特便观览耳。"又如闵光瑜刊《邯郸梦》之《凡例》曰："兹择采其精要者，与刘评共用朱印，惟作字差大以别之，若臧评则梓在墨板，以便看也。"

三是慎选底本，重视名家批点。凌氏所刻基本上是名家之著和名人所选之书，而且十分注重选择好的底本和名人的批点本来刻印。凌濛初刻《琵琶记》用的是旧藏臞仙本，且"毫发毕遵，有疑必阙"[②]，以显示自己恪守原本的态度。凌濛初之所以不用时本，是因为时本对元本《琵琶记》大加增减。他非常痛恨妄庸之人，"强做解事，大加改窜"[③]，致使世人不复睹元本之真面目。他认为《琵琶记》被篡改而蒙尘莫辨大约起于昆本，此后盛行的徽本就是袭用昆

①〔明〕闵暎璧刊本《艳异十二图说跋》。

②〔明〕凌濛初刊本《琵琶记凡例》。

③〔明〕凌濛初刊本《琵琶记凡例》。

本，而一些地方又以意更改，致使颠倒讹谬更深。为了改变面貌，凌濛初一直想得一善本而正之。他在《琵琶记·凡例》中表达了得臞仙本后的喜悦心情，“大为东嘉幸，亟以公诸人”。凌濛初刻《世说新语》，先是得到“发明详备，可称巨观”的刻自豫章藩司的王世懋的批点本，后又得到冯梦祯秘藏的刘辰翁、刘应登两家的批注本，于是才“刻之为鼓吹”。[①]再如凌濛初刻《选诗》是用“高视阔步，得其大端”的郭正域的批点本[②]。

不仅凌濛初对刻印底本的选择非常慎重，凌氏家族其他人对此也同样持有谨慎态度。如凌云刻《苏文嗜》用的是唐顺之的抄本，且缀以李恒斋的评点；凌森美刻《选赋》正文以李善本为主，又校以五臣本，评点则采用郭正域和杨用修；凌澄初跋《晏子春秋》云：“吾族《道德》《南华》点校，俱得善本；《管子》亦得朱大复、赵定宇两先生评，行于世。”其中《南华》点校得善本，就是指刘须溪的评点本，也是凌义渠认为的“海内罕购者”。凌澄初自己所刻的《晏子春秋》则由凌稚隆得于国学，并“手加丹铅，实有会心”[③]，也是善本。另外，像高启、茅坤、杨慎、李梦阳、王世贞、李攀龙、钟惺、谭元春、汤显祖等的批点本，也是凌刻的首选对象。由于凌氏刻书慎选底本、刻印精美、所用纸墨俱善，故“凌刻”在明末风靡一时，盛享名气。

湖州雕版印刷在中国印刷史上占有很重要的地位，北宋末《思溪圆觉藏》的印造就充分说明湖州刻书的悠久历史和雄厚基础。南宋、元、明三代，湖州的雕版印刷也是长盛不衰。嘉靖以后，由于书船业的推动，湖州的雕版印刷进入极盛时期，而且这一时期的雕版印刷具有很明显的商业性质。胡应麟所言“近湖刻、歙刻骤精，遂与苏常争价”[④]，就说明这一时期湖州刻书的商业性质。当时湖州晟舍附近的织里一带书铺林立，凌濛初家在织里就设有书坊，并曾被太湖巨盗郑九烧毁过。六卷本《世说新语》凌瀛初跋就隐约记载了刻板被烧之事。凌瀛初说：“余弱冠时幸睹王次公批点《世说》一书，发明详备，可称巨

---

① 〔明〕凌瀛初刊本《世说新语跋》。
② 〔明〕凌濛初刊本《选诗序》。
③ 〔明〕凌澄初刊本《晏子春秋跋》。
④ 〔明〕胡应麟：《少室山房笔丛》卷四，上海书店出版社2009年版，第44页。

观，以刻自豫章藩司，不能家传户诵为恨。壬午秋，尝命之梓，杀青无机，惜板忽星失，余惟是有志而未逮也。嗣后家弟初成得冯开之先生所秘辰翁、应登两家批注本，刻之为鼓吹。欣然曰：‘向年蠹简残编，已成煨烬，今获捃摭其全，良为快事。’”凌濛初27岁后常住南京，而南京是当时文化生产中心，三山街一带，书铺林立，各地客商云集，因此很可能像闵齐伋一样也在南京开有刻书销售分所。

由于资料匮乏，凌氏所刻之书的具体销售情况我们已无从得知，但从他们的刻书活动来看，商业特征还是非常明显。凌氏刻书讲究“精”，主要目的就是为了提高产品在市场上的竞争力，赢得广泛的读者和收藏者，以获取商业利润。首先，套色印刷本身就是迎合明代流行的评点经史诗文的著作风气。用套色法来刻批点本，不仅醒目，便于读者阅读，而且美观，有收藏价值。正如凌云在其所刻的《文心雕龙·凡例》中说：“杨用修批点，元用五色，刻本一以墨别，则阅之易溷，宁能味其旨趣？今复存五色，非曰炫华，实有益于观者。”又说：“五色，今红绿青依旧，独黄者太多，易以紫；白者乏采，易以古黄。改之，特便观览耳。若用修下笔，每色各有意，幸味原旨可也。”在这般对比下，极其明显地反映出：非有套印法，不能在书本上表现批点的精神和旨趣。读者购买批点本当然会首选套印本了。其次，小说戏曲和佛经中所附的精致插图，极大地增加了书本的通俗性和趣味性，也是提高读者阅读兴趣的有效方法。另外，善本和名人批点本的选用、请名人题词作序、刻印所用纸墨的讲究，也很大程度上激发了购书和藏书者的兴趣。据明代著名文学评论家陈继儒说：“吴兴朱评书籍出，无问贫富，垂涎购之。”①可见套色印本在当时的热销程度。

凌氏不仅通过提高产品质量以打开产品销路的正常渠道盈利，而且有时也运用一些较低劣的手段牟利。如同一版本的改头换面问题。凌版《世说新语》有六卷本和八卷本之分，其中八卷本就是用六卷本的刻板改刻而成。八卷本比六卷本多两卷，凡增出的卷数必须空出书题一行，类目标题一行。如八卷本卷一凡34页，即用六卷本前34板，而为了增出书题“世说新语卷二”一行和类目

① 〔明〕闵刻《史记钞序》。

“言语下”一行，凌氏就改刻了第36页全板，增入书题及类目，而删减注文，使空出两行（“晋武帝始登祚”条，删去注内“咸熙二年”四字及条末全注；“诸葛靓在吴”条，删去注文10余字，将原板四行改三行），这样一来就成了一新本。也有改动序、跋、识语的。凌氏所刻朱墨本《李于鳞唐诗广选》七卷有初印本和后印本之分。初印本有凌濛初序，释明了“广选”之义，谓“较今所称者稍广也”。初印本还有凌瑞森、凌南荣识语，云：“余辈既谋刻子与先生所评《唐诗选》矣，已而思寥寥数语，恐未足尽诗之变，因广采唐宋以及国朝诸名家议论裒益之，以烂焉成帙。”凌弘宪的后印本则把它们全删了，而加了自己撰写的序，云：“余故裒集名家，而缀以朱，寿诸木，颜之以《广选》，所以别《拾遗》也。”凌弘宪的意思在初印本的序和识语中已表达得很清楚，他之所以要删去它们而添上自己的这番话，并非是兄弟子侄之间有什么版权之争，而是故为变化，以畅销路，是坊刻常用之技。从凌氏刻本有些书名相同，但卷数、序、跋、识语、编辑人、参订人等的不同来看，凌刻本改头换面的情况还是较多的。凌氏还在一些书籍里附上一些笑料以迎合购买者心理，这比起附精致插图来提高书籍商业竞争力，很明显属低劣手段。在《琵琶记·凡例》中，凌濛初说：“弘治间有白云散仙者，以东嘉见梦，谓蔡伯喈乃慕容喈之误，改之行世，以为东嘉洗垢，亦一奇也。兹附载其序，以发好事者一笑。”这里凌濛初明知其事为子虚乌有，但他为了迎合购买者兴趣，仍欣然把这一荒诞之序附于其后，可见凌氏刻书的盈利目的。

凌濛初刻书的商业性还体现在追赶流行趋势。明末评点风气盛行，评点本非常畅销。凌濛初喜欢辑录前人评点，加以刊刻，原因正是在此。像《苏长公表启》，他辑录了钱士鳌、李贽、钟惺等9家评点；《东坡书传》辑录了袁了凡、姚舜牧、杨慎等12家评点。凌濛初喜欢刊刻名人评点本，但他刻的最多的是刘辰翁的评点本。像《世说新语》《李长吉歌诗》《陶韦合集》《孟东野诗集》《王摩诘诗集》《孟浩然集》《韦苏州集》《李诗选》等刊本，采用的均是刘辰翁的批点本。在刊刻《世说新语》时，凌濛初还在《凡例》中特别强调此书增加了刘辰翁的批注：“《世说》为补删者，遂无须溪批。今考须溪本，增入上方。”他在出版了刘氏的一些唐诗评点本后，坚信孟郊诗集也会有刘氏批注本，就到处访求，最后终于在湖州武康一衰落的大户人家找到了宋版的刘氏评点本。①凌濛初之所以如此有意识地访求刘氏评点本来出版，是因为刘氏是宋末元初最有代表性的评点家，其评点言简意切，士人咸服。凌濛初在《李长吉歌诗跋》中就指出了刘氏评点的这种独特价值："先辈称，善言诗者咸服膺宋须溪先生。李文正公（李东阳）《麓堂诗话》称其语简意切，别自一机轴，诸人评诗者皆不及。良然。"因此，刘氏评点本的销路非常好，当时的刻书商均抢着刊刻。叶德辉《书林清话》卷二就说："刘辰翁，字会孟，一生评点之书甚多，同时方虚谷回亦好评点唐宋人说部诗集，坊估刻以射利，士林靡然向风。"可见，刘氏评点本在当时受欢迎的程度，再加上能以颜色区分正文与评点的套印技术，凌濛初刊刻这些书所获得的巨额利润也就可想而知。凌濛初《世说新语》的刊刻也抓住了类似的商机。当时由于王世贞久负盛名，他根据刘义庆《世说新语》和何良俊《语林》删编而成的《世说新语补》由张文柱刊行后，非常畅销。由于该书的盛行，《世说新语》原书反而湮没不闻。凌濛初所刊《世说新语》则把属于《语林》的部分作为附录放入，这样不仅新增了一个卖点，可以对外宣传此书恢复了宋本《世说新语》的原貌，而且也保留了《世说新语补》的流行效应。相信凌濛初在出版策划时，对后面的这个效应是很看重的。

凌濛初非常注重取悦消费者，处处为读者着想，迎合他们的好恶。如《南音三籁》所收戏曲《红拂记·渡江》有凌濛初尾批，认为《锦缠道》一曲非常堆砌，不是旧曲，"然时所喜唱，不得不留以备一种耳"。又《南音三籁》所收《拜月亭·拜月》有《商调·二郎神》曲，凌濛初眉批认为此曲是引子，但因"今人强唱作过曲"，遂将之纳入过曲，并曰："今恐惊俗眼，姑从时板。"有时甚至只是为了讨个吉利。如《南音三籁》所收陈大声散曲《驻云飞·集古曲句》，凌濛初把原句"金榜无名誓不归"改成"金榜题名及早归"，其理由即是"今人取谶，故改之"。这纯粹是迎合读者心理，而非出于校勘考虑。凌濛初非常注意读者的阅读反应，其所刊《世说新语补》之《凡例》曰："观者非所经

① 凌濛初《孟东野诗集跋》："须溪先生评诗为最广，而唐诸选中亦时见有评其数首者，意必有其本如诸家，而无从见也。遍索之，偶获一宋雕本于武康故家，上有评点，以为必须溪无疑。"

见，则哑然惊，反疑所从来者有之”，所以“留注而删《补》，仍于注上标明，恐不觉者翻谓有所挂漏于《补》也”。关于《西厢记》绘刻插图之用意，凌濛初《西厢记凡例》第九条云：“世人重脂粉，恐反有嫌无像之为缺事者，故以每本题目正名四句，句绘一幅，亦猎较之意云尔。”不难看出，凌濛初为重视读者口味、尊重读者阅读习惯做出的诸种努力，主要是从争取最大量的读者这一商业角度考虑。

凌濛初编撰《后汉书纂》，通过对《后汉书》的删削，使其向情节性和生动性靠近，以吸引读者，也体现了其编刊的商业特征。凌濛初在《言诗翼》之《凡例》中说：“中有无名氏，乃在长安所得抄本，不知出何人笔，止有《国风》，失去《雅》《颂》，不忍埋没，亦采录之。”凌氏书中《国风》部分屡引的“无名氏曰”，实际上皆出自戴君恩《读风臆评》，而戴氏该书闵齐伋刊刻过，“海内人士竞相传诵”[①]。凌、闵同居晟舍，多有姻亲关系，怎会不知戴氏该书？显然，这也是一种商业考量，以长安所得抄本之无名氏评点，来制造书籍卖点。凌濛初急于刊刻《言诗翼》，主要是考虑到日后如果再变化，则又为一新本，其后来所刊篇次从《诗传》的《圣门传诗嫡冢》就是证据。凌濛初所刊的这些《诗经》研究著作，在编辑上均从便于经生学习的角度来考虑，面向的是考生市场，应该是畅销的。凌濛初编刊《东坡禅喜集》，不仅以苏轼文名作号召，而且内容是读者感兴趣的苏轼与佛教，再加上相比于苏轼文集之卷帙浩繁，此书篇幅短小而又有评点，便于读者阅览和理解，其畅销程度也可想而知。

还有一些细节也颇能说明凌氏刻书的商业性。凌濛初天启元年（1621）刊行《东坡禅喜集》时，在书后附录了冯梦祯所作《景德传灯录跋》。此跋鉴定凌濛初所藏《传灯录》为珍贵的元版，大力赞扬了凌濛初努力搜求善本的态度。它与《东坡禅喜集》其实并无多大干系，只是在成文时有点瓜葛。当初两人同游苏州时，凌濛初把《景德传灯录》与《东坡禅喜集》等一起出示给冯氏看，冯氏大为欣赏《景德传灯录》的版本，遂为之跋，同时还为《东坡禅喜集》加了评点。很显然，凌濛初附录此跋，是想借冯梦祯的名气以自重，提高该书的

① 〔明〕闵齐伋刊本《绘孟》之龚惟敬跋。

价值。值得关注的是，此跋亦收入冯氏《快雪堂集》卷三〇，两相比照，可发现凌濛初在收录时，把“今春遇苕姻家凌玄房”一句中的“姻家”两字删去了，这也不能不说是一种出版策略，因为“姻家”两字容易让人对跋文赞语产生恭维的嫌疑。[①]这在凌版中还有他例为证，那就是凌澄初之婿辑评刊刻《南华经》，序言提到该书底本由凌君实提供，而凌君实就是澄初之子凌森美（字君实），但序中却不以姻戚关系相称，而是称作“友人凌君实氏”。又如凌瀛初刊《红拂记》，十二幅图的题词其实由凌起祥一人所题，然6次署名“起祥”，4次署字“玄观”，两次署号“浮玉”，搞得好像是许多人所题，显然是故弄玄虚，以招徕读者。

明确了凌氏刻书的商业特征后，我们就不难理解世人对凌刻本“校刻精良”与“时有讹脱”这两种截然不同的看法。据与凌濛初大致同时代的谢肇淛说：“吴兴凌氏诸刻，急于成书射利，又悭于倩人编摩，其间亥豕相望，何怪其然！”[②]由于谢肇淛的这一评价，凌氏套印本虽举世皆称其刻印精美，但历来又以其校雠不精而贬之。然而，著名戏曲史专家蒋星煜经过仔细研究考订《西厢记》的各种明刊本后发现，凌、闵刻本“都是校刻精良的善本”。[③]这两种看似对立的评价，其实正好体现凌氏家族在刻书活动中追逐利润的特征。凌氏书坊为了速刻牟利，有时刻印较为粗糙，“亥豕相望”，但它为了生存，必须赢得一定的声誉，所以大多数刻本其校对还是精良的，凌刻《西厢记》就是这样的善本。

最后还要说明的是，凌氏的商业活动很明显带有儒士气息。凌氏是读书仕宦之家，自三国以来，代有闻人。作为一个世代簪缨的官宦之家，其所从事的刻书经商活动，自然与一般民间刻书业很不一样。首先，在所刻书的内容上，凌氏并非什么都刻，而是有所选择，主要是前贤的著作，且经名人所评或评选，以供读书人诵读。人民群众喜闻乐见的佛经、戏曲也有一些，但能真正满足广

① 日本学者表野和江已认识到这一点，见（日）表野和江：《明末吴兴凌氏刻书活动考——凌濛初和出版》，《中国典籍与文化》2003年第3期，第66页。

② 〔明〕谢肇淛：《五杂组》卷一三，上海古籍出版社2012年版，第241页。

③ 蒋星煜：《明刊本〈西厢记〉研究》，中国戏剧出版社1982年版，第197页。

大群众生活实际需要的一般书坊常刻的医书、历书等却极少见。其次，凌刻大部分校对精良，也非一般坊刻能比。凌稚隆点校《晏子春秋》“凡有意义重复，另为细字，即附着各章下”，“其不合经术者，另以细字分外篇”。[①]另外，凌刻恪守原本的态度，也是正直读书人的作风。当时改窜风气非常盛行，许多书籍被改动得失去了原来的真面目。为了遏制这种不良风气，凌氏较注重选择底本，一遇到好的本子，马上付之梨枣，公之于众。总之，凌氏刻书活动有很明显的商业特征，然而由于其仕宦读书的特定身份，这种刻书经商活动又明显带有儒士气息。

“经商亦是善业”

凌氏刻书对历史文化的保存和传播，尤其是普及文化满足群众需要以及促进印刷术发展方面都作出了重要贡献。特别是对凌濛初来说，刻书经商的实践活动，使他对商人的艰辛、商业的价值观与道德观等均有了全新的认识。由于其诗文集的荡然无存，凌濛初的这种全新的商业思想主要体现在他的小说创作“两拍”中。比起晚明许多有成就的通俗文学作品，“两拍”更充分、更集中地描写了商人及商业活动，而且尤为深刻地表现了新的商业价值观、道德观。

“两拍”非常注意描写商人及其商业活动。据初步统计，在“两拍”78篇小说中，有37篇涉及商人或商业行为的描写，共出现了80余个有姓名或称号的商人。这是为“三言”、《型世言》等晚明同类文学作品所不及的。在“三言”中，没有以描写商业活动为中心的话本，其描写商人及商业活动较突出的篇章《蒋兴哥重会珍珠衫》（《喻世恒言》卷一）主要写的是商人蒋兴哥的婚姻坎坷。《醒世明言》卷一八《施润泽滩阙遇友》虽然也较多地描写了当时市镇手工业和商业活动情况，但它的中心是反映两个小手工业者之间的互助友爱。以描写商业活动为中心的，“两拍”中则有《转运汉遇巧洞庭红》《叠居奇程客得助》两篇。前者写文若虚出海经商获暴利的幸遇，后者写商人程宰在海神帮助下摆脱

---

① 〔明〕凌刻《晏子春秋·凡例》。

困境，买卖顺利的故事。“三言”多在描写以商人为主人公的旧有题材时，刻入明人的观念。如《喻世明言》卷一〇《杨八老越国奇逢》写的是元朝商人杨八老的兵乱遇险，然在行文中，作者对商人的疾苦进行了呼吁，从而表现了明代社会生活中人们对商人及商业活动的看法。“两拍”对商业活动的描写多集中在苏州、杭州、南京、徽州等商业经济发达的东南地区，而且描写的基本上是明人的商业活动，直接反映了当时的商业思想。

中国数千年封建社会传统价值观的基本内涵是：重农抑商，尊士轻贾。古代四民“士农工商”的排列次序就是这种社会价值观的充分体现。在传统的社会价值体系中，商人所从事的商业活动，被视为最末等的“贱业”“小道”，位于诸业之后，从而使商人长期处于遭压抑、受鄙视的社会最底层。明中叶后，城市工商业的发展，逐步动摇了这种思想观念。王阳明对传统的“荣宦游，耻工贾”的人生观念就提出质疑，以为“四民异业而道同”，皆“有益于生人之道”，“工商以其尽心于利器通货者，而修治具养，犹其士与农也”[①]，反对在人生意识上给“四民”划出贵贱与高下的差异。徽州儒商李大祈云：“丈夫志四方，何者非吾所当为？即不能拾朱紫以显父母，创家立业亦足以垂裕后昆。”[②]以为在自我价值的实现上，行商坐贾亦可跻身理想人生，不必以“拾朱紫”为唯一的人生奋斗目标。正是在这种新的时代思潮影响下，有过经商实践经历的凌濛初在“两拍”中描写了一大批弃儒经商者。有因家世败落而弃儒经商的。《姚滴珠避羞惹羞》中的潘甲，本是旧姓人家子弟，因家道艰难，“已自弃儒为商”。成亲才两月，就与妻子挥泪而别，外出经商去了。《许察院感梦擒僧》中的王禄则是因学业不成而从商。其祖曾做过知县，他和兄王爵幼年俱读诗书，后来其兄进学为生员，但他却精于商贾榷算之事而不善于读书。于是其父就带他去山东相帮种盐，最后成了一个很老练的盐商。更有弃儒经商者是因为他们把经商看得比科举还高。“世代儒门”的程宷、程寀兄弟，“少时多曾习读诗书”，但徽州当地风俗，“以商贾为第一等生业，科第反在次着”，所以兄弟俩就

---

①〔明〕王阳明：《阳明全书》卷二五《节庵方公墓表》，《四部备要》本。

② 张海鹏、王廷元主编：《明清徽商资料选编》，黄山书社1985年版，第470页。

带了数千金前往辽阳做生意。[1]除了潘甲、王禄、程氏兄弟外，《程元玉店肆代偿钱》中的徽商程元玉和《转运汉遇巧洞庭红》中的主人公文若虚也很明显是儒商子弟。程元玉模样“修雅”，“从小颇看史鉴”。文若虚“琴棋书画，吹弹歌舞，件件精通”，祖上遗有千金家事，被他坐吃一空，看见别人经商获大利，他才思量去试试。另外，还值得一提的是《刘东山夸技顺城门》中一个缉补军校的头儿，是官场上的人物，而且弓马娴熟，弹无虚发，有一身好本事，在仕途上应该很有发展前途。然而不知为什么，他“觉得心里不耐烦做此道路”，就告脱了衙门的任职，“去别寻生理”，赶着驴马10余头到京师做起买卖的行当。这种弃官为商的现象，颇令人思考。

在凌濛初看来，弃儒经商并非不是好事，文若虚、程宰就因经商实现了富贵人生，弃官为商的刘东山亦手头从容，得以善终。那么弃商入仕又会如何呢?《钱多处白丁横带》中的郭七郎原是富商之子，家“有鸦飞不过的田宅，贼扛不动的金银山”。在京都，他得知只要“私下买嘱了主爵的官人”，便有官可做，心底为官的欲望就膨胀起来，感到“博得个腰金衣紫，也是人生一世，草生一秋”。于是他花5000银子换了张刺史告身，但是弃商入仕并未给郭七郎带来什么利益。在他衣锦荣归之时，也是其厄运临头之日，几次天灾人祸，弄得他“生资都尽”，只剩孤身一人，最后靠出卖苦力，落个“当梢拿舵”的结局，遭周围之人讪笑。凌濛初把郭七郎的落魄隐约归咎于他的弃商为官，归咎于他根深蒂固的“腰金衣紫”的人生观。这就从另一个侧面告诉人们，勉强去做官为宦并不值得，安于经商立业才有美好前程。

商贾在历代统治者眼中都不过是“不务耕种，专事末作”[2]的游民，在明初还有过许多歧视性的规定，“商贾、技艺家器皿不许用银”[3]，“商贩之家只许着绢布”[4]，农民之家只要有一人为商贾者“亦不许着细纱”[5]。在这样的规定之

---

① 《二刻》卷三七《叠居奇程客得助》。

② 〔明〕朱元璋《明太祖宝训》卷四。

③ 《明史》卷六八。

④⑤ 〔明〕田艺衡:《留青日札摘抄》卷二，《丛书集成初编》本，商务印书馆1936年版，第116—117页。

下，不但经商家族不可能大量涌现，为商之人也不会很多。明中叶后，随着城市经济的繁荣，这种情况出现了根本的变化，越来越多的人甚至家庭为满足日益增长的物质需求和欲望，冲破重重阻力而奔向经商之路。据天启《衢州府志》载："（人们）多向天涯海角，远行商贾，几空县之半，而居家耕种者，仅当县之半。"在文学作品中，集中描写许多经商家族和成批商人的当首推"两拍"。豫章商人谢翁，家有巨产，他把女儿也许给了江湖上做大贾的段姓，"于是两姓合为一家，同舟载货，往来吴、楚间。两家兄弟、子侄、童仆等约有数十余人，皆在船内"，"贸易顺济，辎重充盈"，耀人眼目，"江湖上多晓得是谢家船"①。《乌将军一饭必酬》中苏州府吴江县商民欧阳公在门前开一片杂货铺，其子和女婿陈大郎也都参与管理往来交易。"两拍"中描写父子两代为商的就更多了。如《初刻》卷八中以"商贾营生"的王生与父王三郎，卷二二中的江湖大商郭七郎父子，卷三〇中贩湖羊的父子三人及《二刻》卷二一中的盐商王禄父子等。由于受家庭经商的影响，甚至女子亦干起了小买卖。《二刻》卷六中大商王八郎的妻子与丈夫分手后，马上与女儿开起了店铺。"两拍"还有数处描写了成批的商人。《转运汉遇巧洞庭红》中写到合伙走海泛货的有张大、李二、赵甲、钱乙、褚中颖等40余人。《姚滴珠避羞惹羞》中提到光徽州荪田乡在衢州做生意的就有十来个人，而且大家相互之间都较熟悉。《迟取券毛烈赖原钱》中写明州夏主簿与富民林氏共出本钱，买扑官酒坊地店做沽拍生意，其中那林家在店管账的就有八人之多。《赠芝麻识破假形》中与蒋生一起做生意的，则有夏良策等一批人。像这种对成批的商人或经商团体的描写，"三言"中是不多见的，它反映了经商在当时极为普遍这一事实。

由于受传统价值观的影响，文学作品中商贾形象多是豪猾之徒与见利忘义的小人，但"两拍"却刻画了许多正面的成功的商人形象。这些正面的商人形象有两个特点。第一个特点是忠厚老实，买卖公道。《程元玉店肆代偿钱》中的徽商程元玉"秉性简默、端重、不妄言笑，忠厚老成，专一走川、陕做客贩货，大得利息"。一次在饭店中，恰遇一美貌女子进店，别人都"颠头耸脑，看她说

---

① 《初刻》卷一九《李公佐巧解梦中言》。

她，胡猜乱语，只有程元玉端坐不瞧”。当大家看见这女子无钱付饭费时，都嘲笑她，而程元玉却掏出钱来替她付了饭费。当女子拜谢，要他道出姓名，以便“加倍偿还”时，程元玉却说：“些些小事，何足挂齿。还也不消还得，姓名也不消问得。”也正是由于他的存心忠厚，所以能在遇劫时被此女子救助而化险为夷。作者在笔墨间充满了对程商品格的钦佩之意。《青楼市探人踪》写掌管红花场庄子的纪老三，“生性梗直，交易公道，故此客人多来投他，买卖做得去。每年与家主挣下千来金利息，全亏他一个，若论家主这样贪暴，鬼也不敢上门了”。《转运汉遇巧洞庭红》中的文若虚，因出海贸易成为巨富之商，书中借众人之口称赞他“存心忠厚，所以该有此富贵”。又如《韩侍郎婢作夫人》中的徽商看见一妇女抱着小孩要投水自尽，就挺身而出加以搭救，并资助银子，解了其夫的困厄。后来其夫生疑，逼着妻子来试他，他不但不求答谢，而且忠厚老成，“煞有正经”，毫无趁人之危的邪念，终于有了好报。正文中的卖饼江溶，也因“老实忠厚”而“生意尽好”。第二个特点是坚忍不拔，有冒险精神。文若虚在国内经商，“百做百不着”。贩扇子进京，又因天气不好，弄得本钱一空。然而在濒临绝境中，他并不气馁，又冒险去海外经商，结果一本万利，带去仅值一两银子的洞庭红却卖得了八百多两银子。在回国的艰难途中，他又捡到了一个内有许多珍珠的鼍龙壳，于是顷刻之间由破落户而跃为大富商。虽是遇巧，却都是冒着生命危险得来的，正如他自己所说：“想我如此聪明，一生命蹇。家业消亡，剩得只身，直到海外。虽然侥幸，有得千来个银钱在囊中，知他命里是我的不是我的？今在绝岛中间，未到实地，性命也还是与海龙王合着的哩！”在《乌将军一饭必酬》中，王生外出经商屡屡遭劫，但在其婶母杨氏的频频鼓动下，他仍大胆前往，终于平白获得了一注横财，而且“自此以后，出去营运，遭遭顺利。不上数年，遂成大家”。第一次遭劫，王生惊恐却步，杨氏劝导说：“男子汉千里经商，怎说此话？”第二次遭劫后，她仍鼓励胆怯的王生说：“我的儿！大胆天下去得，小心寸步难行。”杨氏鼓动的话，是冒险经商思想的生动吐露。这种执着、顽强的经商冒险精神在以前的文学作品中是很少见到的。对这些老实敦厚、坚忍不拔、富有冒险精神的商人，凌濛初给予了充分的肯定和赞扬，反映了新兴的市民意识对传统观念的重大突破。

“两拍”对商人从商活动的艰辛也有具体形象的描写。转运汉文若虚听说北京扇子好卖，就置办了货物。没想到那年北京自入夏以来，“日日淋雨不晴，并无一毫暑气，发市甚迟”。他费一番辛苦置办的扇子也因此受了雨湿之气坏了一大半，最后只好“将就卖了做盘费回家，本钱一空”[①]。《二刻》卷三七《叠居奇程客得助》中的程氏兄弟也是因为经商没看准行情，“失了便宜，耗了资本”，最后只好投靠到一个在辽阳开大铺的老板手下打杂。两人就住客店，“布衾草褥”，处境十分荒凉，一日“坐在床里浩叹数声，自想如此情状，不如早死了干净”。经商的残酷不仅来自生意行情的多变，而且来自旅途上人为的险恶。王生置办了一船货物打算上南京出售，船到京口，“忽然芦苇里一声锣响，划出三四只小船来。船上各有七八个人，一拥的跳过船来”，“只把船中所有金银货物，尽数卷掳过船”，吓得“满船人魂去魄散，目瞪口呆”，使原想正经做些买卖的王生“不觉的大哭起来”。[②]到普陀进香顺便做些买卖的陈大郎，在归家途中船被大风吹到一个岛边，于是岛上使枪弄棒的数百喽罗“便一伙的都下船来，将一船人身边的银两、行李尽数搜出”，甚至“提起刀来吓他要杀”[③]。《刘东山夸技顺城门》中的刘东山在买卖收场，携银归家的途中亦遇上了“敌他不过”的强人，于是“只得跳下鞍来，解了腰间所系银袋”，膝行奉上，才侥幸保住了性命。收了货钱高兴而归的程元玉，被强人设圈套骗到荒山乱岗，搜走了银两，这时候又天色将黑，四无人烟，只能凄凉地呼一声“我命休矣”。小说的这种描绘，不仅反映了凌濛初对商业活动艰巨性的认识，而且反映了凌濛初对经商者的同情和理解。

凌濛初商业思想的最大亮色是把经商作为正大光明的事业来看待。在小说《乌将军一饭必酬》中，杨氏对侄子王生说：“你到江湖上做些买卖，也是正经。”而王生也高兴地答应道：“这个正是我们本等。”王生两次遭劫，灰了经商的念头，杨氏就鼓励他说：“不可因此两番，堕了家传行业。”可见他们都把经商看成正道。《赠芝麻识破假形》中的马少卿对商人蒋生说：“经商亦是善业，

---

① 《初刻》卷一《转运汉遇巧洞庭红》。

② 《初刻》卷八《乌将军一饭必酬》。

③ 《初刻》卷八《乌将军一饭必酬》。

不是贱流”，并把自己的女儿嫁给了蒋生。在这里，历来被视为“贱业”“末富”的商业和商人受到了前所未有的重视。凌濛初“两拍”甚至公开宣传经商高于科举的思想。《叠居奇程客得助》写徽州风俗，“以商贾为第一等生业，科第反在次着”。徽人因专重那做商的，所以“凡是商人归来，外而宗族朋友，内而妻妾家属，只看你所得归来利息多少为重轻。得利多的，尽皆爱敬趋奉；得利少的，尽皆轻薄鄙笑，犹如读书中与不中归来的光景一般”。在《转运汉遇巧洞庭红》中行商成就的大小同样成了价值评判的标准。福建地方波斯胡宴请商人，座次排名十分讲究，“只看货单上有奇珍异宝值得上万者，就送在先席；余者看货物轻重，不论年纪，不论尊卑，一向做下的规矩”。先时波斯胡未知文若虚有宝货，屈他在末席坐了，而一旦知晓文若虚拥有价值连城的鼍龙壳时，就立即为自己的怠慢而谢罪，并重新整治酒席。“为首一桌，比先更齐整，把盏向文若虚一揖，就对众人道：‘此公正该坐头席，你每枉自一船的货，也还赶他不来。先前失敬，失敬！’”可见，商业活动的价值在社会意识中已经有了确定的地位。

综上所述，明代中叶后，随着商品经济的高度繁荣，经商蔚然成风。科举受挫的凌濛初因而走上了刻书鬻书的经商之路。由于自身的经商实践活动，凌濛初对商人和商业价值观有了全新的看法。在他的小说创作中，比前人更充分、更集中地描写了商人及商业活动，出现了众多大胆肯定经商的文字。

第五章　写作戏剧　评点剧坛

出绪余为传奇

在天启七年（1627）写作《拍案惊奇》之前，凌濛初创作了不少杂剧与传奇。睡乡居士《二刻拍案惊奇小引》说："即空观主人者，其人奇，其文奇，其遇亦奇。因取其抑塞磊落之才，出绪余以为传奇，又降而为演义，此《拍案惊奇》之所以两刻也。"可见凌濛初写作戏曲在前，丁卯（1627）之秋创作《拍案惊奇》在后。成书于是年前的《南音三籁》，收入凌濛初传奇《乔合衫襟记》曲词五出。凌濛初《虬髯翁》杂剧也见载于崇祯二年（1629）刊刻的《盛明杂剧二集》，且编者在眉批中提到，"初成诸剧"，"余搜之数载始得"，可见包括《虬髯翁》在内的数个剧本写于此前数年。以上三个证据说明凌濛初大部分或全部戏剧的创作完成不会迟于天启七年。

那么剧本最早大致写于何时呢？凌濛初曾将自己的五种戏剧寄给著名戏曲家汤显祖，汤显祖在回信中提到了自己《牡丹亭》被吕玉绳改窜之事，这是戏曲史上万历期间沈汤之争的开始。据徐朔方先生的推断，这封回信大约作于万历三十六年（1608）。[①]凌濛初曾提到《红拂》杂剧创作于自己"薄游南都时"，《红拂杂剧小引》曰：

① 〔明〕汤显祖：《汤显祖全集》（二），徐朔方笺校，北京古籍出版社1998年版，第1443页。

余夙有意以北调易之，卒卒未得。顷者薄游南都，偶举此事，余友丘苳明大称快，督促如索逋。南中友孙子京每过逆旅，必征观。间日一至问，更得几行出视，即抚掌绝倒。因命酒相与饮，酒后耳热，狂呼叫啸。复得一二语，又拍案浮一大白相劳。此中多酬对，颇少暇息，则于肩舆中、蹇卫背，俱时有所得，逾旬乃成。

徐永斌先生认为“薄游南都”是指在南京短暂游历，非长期寓居。而凌濛初万历三十七年之后长期寓居南京，这就说明剧本写于此前。此前的万历三十二年凌濛初曾上书南京国子监祭酒刘曰宁，万历三十三年十月因母亲病逝从南京扶柩归里，因此《红拂》杂剧创作于万历三十二至三十三年间。这只能作为一个参考。因为，在笔者看来，“薄游”并非一定指短暂游历，很可能是一种谦恭的说法，仅表明自己客居南京。另外，凌濛初扶柩回湖后，实际上并没有一直在家守孝，次年（1606）仍旧回到南京，不仅拜见了在南京任职的朱国祯，而且在南京寓所先后接待了吴允兆和复元上人。因此《红拂杂剧》的创作时间只能大致确定为万历三十二年凌濛初客居南京以来。但至迟在万历三十四年，凌濛初已经有了戏曲创作，因为此年他曾写信给表舅吴允兆，询问吴氏数月前所答应的给自己戏曲撰序的事是否已经完成。

由上可知，凌濛初的戏曲创作活动是在万历三十二年（1604）至天启七年（1627）的20余年间。凌濛初的戏曲创作在当时就受到了高度评价。汤显祖称其为“定时名手”，赞扬他的戏曲作品“缓隐浓淡，大合家门”[①]。沈泰把凌濛初与明初戏曲大家周宪王并举，说：“初成诸剧，真堪伯仲周藩，非复近时词家可比。”他“搜之数载”，得到了凌濛初的一些剧本。尽管当时《盛明杂剧二集》的编纂工作已接近尾声，但他还是迫不及待地先刊出了《虬髯翁》一剧，其余的则打算在第三集中“奉为冠冕”。在该剧第四折的眉批中，有汪標的评价，以为“置之胜国诸剧中，不让关、马”。明人祁彪佳赞扬凌濛初有“妙才”，说他

① 〔明〕汤显祖：《答凌初成》，见《汤显祖集》，上海人民出版社1973年版，第1344—1345页。

熟读元曲，所作戏曲“信口所出，遒劲不群”，并将他的杂剧《蓦忽姻缘》收入《远山堂剧品》之《妙品》中，认为该剧比剧坛推重的著名戏曲家张凤翼的《红拂记》还要杰出，“向日词坛争推伯起《红拂》之作，自有此剧，《红拂》恐不免小巫矣”①。清初戏曲名家尤侗也赞扬凌濛初的《北红拂》“笔墨排奡，颇欲睥睨前人”②。凌濛初的传奇也受时人关注，冯梦龙说他“天资高朗，下笔便俊”，赞扬他改《玉簪记》为《衫襟记》才气纵横，“一字不仍其旧”③。

从各种书目文献的记载来看，凌濛初一生共创作有杂剧13种、传奇3种。其中杂剧是《识英雄红拂莽择配》《李卫公蓦忽姻缘》《虬髯翁正本扶余国》（以上三种合称《北红拂三传》）、《宋公明闹元宵》《苏不韦凿地报仇》《祢正平怀刺莫投》《刘伯伦指神断酒》《崔殷功村庄桃花》《颠倒姻缘》（《桃花庄》的改写本）、《石季伦春游金谷》《王逸少写经换鹅》《王子猷乘兴看竹》《张园叟天坛庄记》，传奇3种是《雪荷记》《合剑记》《乔合衫襟记》④。这些戏剧作品现存的有：《宋公明闹元宵》，它因附于《二刻拍案惊奇》后，而得以较广泛地流传；《虬髯翁正本扶余国》，收入《盛明杂剧二集》，因此也容易见到；《识英雄红拂莽择配》，有凌濛初朱墨套印本，上海图书馆藏，简称《北红拂》。目前学界尚未关注到，凌濛初还有未完成杂剧《吴保安》一种，其体制类似《西厢记》，以多本叙写一事⑤。冯梦龙《古今小说》卷八有《吴保安弃家赎友》，赞扬吴氏义气，凌濛初应是据此改编创作。

传奇《乔合衫襟记》是《玉簪记》的改写本，全剧虽已亡佚，但其主体故事当与《玉簪记》同，即写道姑陈妙常与书生潘必正冲破封建礼教和道法清规约束而相恋结合的故事。现存曲词五套，即《商调·二郎神·题词》《中吕·泣颜回·得词》《仙侣入双调·步步娇·心许》《商调·水红花·佳期》《商调·二

① 〔明〕祁彪佳：《远山堂剧品·妙品》，《中国古典戏曲论著集成》第6册，中国戏剧出版社1959年版，第144页。

② 〔明〕尤侗：《艮斋倦稿》卷九，《北红拂题记》，清康熙刻本。

③ 〔明〕冯梦龙：《太霞新奏》卷六，《冯梦龙全集》，凤凰出版社2007年版，第88页。

④ 许建中：《凌濛初戏曲存目考补》，《扬州师院学报》1991年第2期，第48—51页。

⑤ 凌濛初《会真说》：“有数本而共衍一事者，则情联而本分，如《西厢》之类，余所未脱稿《吴保安》亦然。”见国图藏闵齐伋刊《会真六幻》本。

郎神·趋会》，均收入凌濛初自己所编《南音三籁》，前三套归为“天籁”，后两套则为“地籁”。凌濛初自评曰：“此即空观所度传奇，即陈妙常事也。缘《玉簪记》失其本情，舛陋可厌，故为重翻而更新之，聊选数曲，以见一班。”其中《题词》写陈妙常凡心炽然，难以入睡，遂题词抒写春情芳心，心理刻画细微深入[①]；《得词》写潘必正得词后揣摩陈妙常的心理，感觉似许若拒，但最终料定这是一道“会亲符”，人物心理刻画细腻；《心许》写陈妙常在潘必正的追求下，终于以心相许，主要刻画陈妙常冲破礼教和佛门清规时复杂的思想斗争；《佳期》写潘必正赴约及与陈妙常欢会时的喜悦心情；《趋会》写潘必正京城应试回来，陈妙常前去相见的复杂心理。

尽管凌濛初的戏剧作品完整保留下来的只有三部，但由于明清以来的许多书籍对凌濛初的戏剧均予著录，如明祁彪佳《远山堂剧品》著录凌濛初杂剧7种、清钱曾《钱遵王述古堂藏书目录》著录凌濛初杂剧11种，其他如清姚燮《今乐考证》、焦循《剧说》等也予著录，因此我们还是能据以窥知凌濛初戏曲作品的大致思想与内容。与其小说“两拍”一样，它们在题材上大都有所依傍。《北红拂三传》取材于唐杜光庭传奇小说《虬髯客传》，在凌濛初之前写相同题材的已有张凤翼《红拂记》、张太和《红拂传》、近斋外翰《红拂记》，但凌濛初不满意他们南曲形式的改编，因以北曲形式易之。《宋公明闹元宵》既取材于《贵耳集》《瓮天脞语》，也受到《水浒传》的影响。《苏不韦凿地报仇》是敷演后汉时苏不韦复仇的故事，事见《后汉书》卷三一《苏不韦传》。《张园叟天坛庄记》中的张园叟即张果老，事出《太平广记》卷一六，亦见《类说》卷一一《韦女嫁张老》、《情史》卷一九《张果老》等。其他像《祢正平怀刺莫投》《刘伯伦指神断酒》《崔殷功村庄桃花》《石季伦春游金谷》《王逸少写经换鹅》《王子猷乘兴看竹》，本事分别出自《后汉书·祢衡传》、《世说新语·任诞门》“刘伶病酒”则、唐孟棨《本事诗·情感》、《晋书·石崇传》《晋书·王羲之传》《晋书·王徽之传》。尽管这些剧本在题材上均有所依傍，但凌濛初的创新性却

---

① 《题词》不仅被归于“天籁”，还有凌濛初自评，曰：“此其《题词》折也，知音者试以较之《玉簪》之词何如？置之于此，亦以位置自难诬耳。”

不容置疑[1]，它们是对凌濛初思想及其所生活的时代的生动折射。

凌濛初经历了万历、泰昌、天启、崇祯四朝，这四朝就是学术界所谓的晚明时期。皇帝怠政、党争激烈、政局失控、贪污腐化现象严重是这个时期政治的特点。万历皇帝宠爱郑贵妃，打算立其子朱常洵为太子，但大臣们根据嫡长子继承制的宗法观念竭力反对。万历皇帝最后虽然屈服于舆论压力，但心有不甘，于是便作出怠政的消极抵抗。他不郊祭天地，不亲祭太庙，不上朝理政，不接见大臣，不参加讲筵，不批答奏章。然而由于宰相一职已经在明初废除，事无大小，都要由皇帝裁决，因此万历帝怠政的后果是极其严重的。首先是国家机器不能正常运作，紧急情况得不到处理。如万历四十七年（1619）："大清兵连克开原、铁岭，廷臣于文华门拜疏，立请批发，又候旨思善门，皆不报。从哲乃叩首于仁德门，跪俟谕旨，帝终不报。俄请帝出御文华殿，召见群臣，面商战守方略，亦不报。请补阁臣疏十上，情极哀，始命廷推，及推上，又不用。"[2]情况如此危急，万历皇帝却无动于衷，这就破坏了朝廷的日常运作。万历怠政的第二个严重后果是，朝廷出现了"人滞于官""官曹空虚"等不良情况。按明朝的规定，官员的任命或升迁都必须前往宫中陛见，经皇帝钦准才算生效。由于神宗久不视朝，使官员的任免处于半停顿的状态。万历十七年，大学士申时行建议，将升官面见皇帝谢恩的制度，改为如免朝三次就不必等候，具疏奏知即可。如有官员请辞，皇帝也不援例慰留，任由他离去，所缺的官位亦不予补给。"人滞于官""官曹空虚"的这种情况，越到后来越严重。怠政的第三个严重后果是渐开党派门户之争。自从发生争国本事件以后，朝中的文官集团分成若干派别，常有激烈的争论。万历帝放弃了自己的职责，对文官的争论不加理睬，不予裁决，结果百官之间派系林立，党同伐异。这种风气使忠于职守者缺乏信心，贪污腐败者有机可乘，明朝的统治从而陷于崩溃的边缘。因此，中国史学界向来有明代不亡于崇祯而亡于万历之说。

万历皇帝在位48年，直到1620年才去世，此时的凌濛初已经是41岁的中

---

① 冯梦龙在《太霞新奏》卷六中认为凌濛初据高濂《玉簪记》改写的《乔合衫襟记》"一字不仍其旧"，《冯梦龙全集》，凤凰出版社2007年版，第88页。

② 《明史》卷一二八《方从哲传》。

年人了。即位的泰昌皇帝，因沉湎酒色，仅一月便一命呜呼。他在位虽然仅一个月，但影响晚明政局的三大案均与其有关。还是在万历四十三年（1615）他为太子的时候，宫中就发生了“梃击案”，有人怀疑是郑贵妃为了要让其子登上太子之位而欲谋害他。他死之前，服用了李可灼进献的“红丸”，有人怀疑是郑贵妃因请封皇太后不许而指使李可灼下的毒。他死后，在太子朱由校的即位过程中，又发生了“移宫案”。对立的各党派，围绕这三大案，进行了长时间的激烈争论，把晚明政局推向了更恶劣的边缘。即位的天启帝朱由校也是一个不成器的皇帝，他幼年丧母，由奶妈客氏抚养，长大以后也离不开她，当上皇帝后不到一个月就封客氏为“奉圣夫人”，同时提拔与客氏有暧昧关系的太监魏忠贤为司礼监秉笔太监。由于魏忠贤阉党集团的权势越来越大，所以不断遭到东林党的痛斥和弹劾，东林党也就成了魏忠贤阉党集团的死敌。他们对东林党进行了极其残酷的镇压。天启五年（1625），首先逮捕东林党著名领袖杨涟、左光斗、魏大中等六人，诬以受贿。杨涟等五人被折磨死于狱中，顾大章自杀。天启六年，魏忠贤又捕杀东林党首领高攀龙、周起元、周顺昌等七人。历史上称这两次大狱受难的东林党人为“前六君子”“后七君子”，这段时间也就成了明朝历史上最黑暗的一个阶段。天启七年八月，朱由校病死，其弟朱由检入继帝位，这就是崇祯。尽管他很想有所作为，但因矛盾丛集、积弊深重，明朝的灭亡局势已经不可挽回。

凌濛初就是在这么一个朝政废弛、江河日下的时代，苦苦求仕，留下了四中或五中副车的可悲的失败记录。因此，与其小说“两拍”一样，凌濛初的戏曲创作主要也是抒发自己怀才不遇的苦闷。如杂剧《祢正平怀刺莫投》就借怀才不遇的祢衡形象来宣泄自己心中郁结的苦闷。祢衡，字正平，汉末人，少有辩才，文采出众，而尚气刚傲，矫时慢物。据《后汉书》卷八〇，祢衡24岁时游许都，欲求有所用，“始达颍川，乃阴怀一刺，既而无所之适，至于刺字漫灭”。凌濛初的杂剧就取材于这一才士不遇的历史故事。祁彪佳《远山堂剧品》之《雅品》在著录这部杂剧时说：“《渔阳弄》之传正平也以怒骂，此剧之传正平也以嘻笑，盖正平所处之地、之时不同耳。”祁氏说此剧并非如徐渭《渔阳弄》写祢衡击鼓骂曹事，而是写祢衡嘻笑事。这个嘻笑，据《三国志》卷一〇，当是指祢衡怀刺莫投时，对许都群雄的鄙视奚落：

> 或问之曰："何不从陈长文、司马伯达乎？"衡曰："卿欲使我从屠沽儿辈也！"又问曰："当今许中，谁最可者？"衡曰："大儿有孔文举，小儿有杨德祖。"又问："曹公、荀令君、赵荡寇皆足盖世乎？"衡称曹公不甚多；又见荀有仪容，赵有腹尺，因答曰："文若可借面吊丧，稚长可使监厨请客。"其意以为荀但有貌，赵健啖肉也。

很显然，该剧是通过塑造怀刺莫投而嘻笑怒骂的祢衡形象来抒写自己心中的不平。据题名，凌濛初《刘伯伦指神断酒》杂剧，写的是《世说新语》中刘伶病酒的故事。刘伶，字伯伦，身处魏晋易代的黑暗之际，故玩世不恭，买酒自醉。有一次，他因喝酒太多，都生病了，但还是向妻子讨酒喝。其妻一怒之下，摔碎了酒坛，劝其不要再喝了。刘伶就佯装戒酒，哄骗妻子备齐酒肉，说只有在鬼神面前发誓，自己才有意志断酒。他的戒酒誓言最后成了喝酒宣言："天生刘伶，以酒得名，一饮一斗，五斗解酲，妇人之言，决不可听。"于是又喝得不省人事。祁彪佳《远山堂剧品·雅品》记载此剧时说："初成自号酒人，欲与伯伦为尔汝交，醒眼、醉眼，俱横绝千古，故能作如是语。"可见，凌濛初是以刘伶自比，"在刘伯伦的玩世自弃中所寄寓的也正是凌濛初对当权者不能重用人才，使天下人才废置田野的谴责"①。

凌濛初怀才不遇的苦闷还体现在对君昏臣庸的批判和对识才者的赞颂上。在《虬髯翁》一剧中，作者通过虬髯翁之口，谴责了隋炀帝的胡作非为，不是励精图治，而是处处添乱："到今日江山坐享，竟不念文祖裁划，一意儿七差八拗，尽情儿数黑量白。造迷楼分明是高筑起是非堆，开汴河分明的生掘兵戈海。弄得个人人思乱，处处生灾。"（第一折）这实际上是借古讽今，表达了自己对明末帝王腐化奢侈、迷恋声色、不思国事的不满和忧虑。杂剧《北红拂》写杨素身为权臣，却只知寻欢作乐，丝毫不关心国事："俺朝驱猛将，夜接词人。绣

---

① 冯保善：《论凌濛初的戏曲创作》，《贵州文史丛刊》1991年第1期，第86页。

户贮娇姿，玉人充舞队。权重望崇，群臣中无出我右。朝欢暮乐，百事不关我心。”现实是如此黑暗，当道者中根本不可能有伯乐，因此在戏曲创作中凌濛初明确地把识人慧眼归于女子。他在《红拂杂剧小引》中说：“余居恒言，觅有心人，丈夫不若女子，人定以为诞。今观越公、卫公皆命世人豪，乃越公不识卫公，卫公不识髯客；而红拂一伎，遂于仓卒中两识之。且玩弄三人股掌上有余，谁谓其智乃出丈夫下哉！嗟乎！世有具眼，毋致有血气者，徒索钟期于此辈，令明眸皓齿宜登赏鉴之堂，却笑须眉男子不得其门而入也。”《北红拂》通过对红拂这一独具识人慧眼的形象的塑造，反衬了才士不得所用的黑暗现实。由于此剧更多地寄寓了作者怀才不遇的愤慨，因而气势逼人，遒劲不群，成了凌濛初最为出色的几个戏剧作品之一。

除了抒发自己怀才不遇的苦闷，凌濛初戏剧的第二个重要内容就是反对礼法，肯定人的正当情欲。这与当时文学界因阳明心学的流行而出现的重情思潮有关，汤显祖《牡丹亭》就是以“情”抗“礼”的经典之作。冯梦龙“三言”与凌濛初“两拍”也是通俗文学领域竖起的张扬个性、肯定人欲的两面旗帜。在戏剧创作中，凌濛初自然也实践了这一主张。《北红拂》中的红拂原本是隋末杨素侍妾，她厌倦了司空府中纸醉金迷的生活，“征歌选伎，听得唤一声承应也，瘦了香肌”，“多半是倦腰肢，生扭道舞余衣带缓。分明是长吁气，乔说是歌绕画梁飞”；她希望能冲破这一封建牢笼，去过正常人的生活，“那个开笼能放雪衣飞，俺鸳鸯自有鸳鸯对，鸾凰自有鸾凰配”（第一折）。在识得李靖为英雄后，她星夜主动与其私奔，结为夫妻。因此，红拂的这一形象不仅是慧眼独具，而且也是不拘礼法。第二折《滚绣球》写红拂毅然决定私奔于李靖时，唱道：“俺不待侍巨僚，则待要配俊豪，随他评论煞娶而不告，那里管讲道学的律有明条。”这里显然包含有晚明个性解放的意识。凌濛初的传奇《乔合衫襟记》写了尼姑陈妙常与书生潘必正的爱情故事。陈妙常身为尼姑，却心落红尘，与《牡丹亭》中杜丽娘一样伤春自怜，“从来此，叹花容付空中枉自，闪去青春缘底事？凄凉境里，无端误了芳姿”[①]。剧本写她孤枕难眠，寂寞难支，“无绪把

① 〔明〕凌濛初：《南音三籁》戏曲卷下《衫襟记·题词》【商调·二郎神】。

颐支，向孤衾懒睡时，几番收顿闲情思。奈青年怎支，奈芳心怎支，早难道西风消了黄花事”[①]；写她忧思怨戚，躁动不安，凡心如火，“无情暮雨灯上时，更钟声迟速参差。分去凄凉相共尔，两心中多少嗟咨。闲愁正始，又早耐黄昏来至。空扣齿，这凡念愈然难死”[②]。剧本反复渲染了尼姑陈妙常炽烈的凡心情欲，肯定了她对爱情的正当追求。它与《牡丹亭》一样有着特殊的文化意义，那就是：以情反理，肯定和提倡人的自由权利和情感价值；突破禁欲主义，肯定青春的美好和爱情的纯洁高尚。

在艺术方面，凌濛初的戏剧作品也颇有成就，其中最大的特色是情节结构的设置。如《宋公明闹元宵》杂剧，采用的是双线贯穿、交错并进的结构。一条线围绕李师师和宋徽宗、周邦彦三人间的感情纠葛展开，依次描写了周邦彦与李师师情话，宋徽宗携橙来访，周邦彦躲避床下，李师师手破新橙，周邦彦赋词纪事；宋徽宗二度来访，李师师呈献周词，周邦彦词忤宋徽宗，宋徽宗谪贬周邦彦，李师师折柳送行，周邦彦再赋新词；宋徽宗三度来访，李师师再献周词，周邦彦因词受赏；另一条线则围绕宋江与李逵等梁山好汉之间讨招安和反招安的矛盾展开，依次描写了宋江讯灯抚民，李逵争游京师，燕青计赚班直，柴进闯禁挖字，燕青巧哄老鸨、智对徽宗、约会李师师，宋江狎游妓院、赋词抒怀，李逵痛打杨太尉、大闹元宵会。这两条线索一开始是交叉进行，如第二折是《破橙》，第三折是《讯灯》，第四折是《词忤》，第五折是《闯禁》，第六折是《折柳》；到第七折《赐环》两线开始融合，燕青与宋徽宗同场出现；最后在第九折《闹灯》中完全融合，整个戏剧也达到了高潮。这种双线交错并进的结构，不仅使剧本展示了较广阔的社会场景，而且使全剧情节起伏，引人入胜。《北红拂三传》的情节设置也极具创新意识。据凌濛初《红拂杂剧小引》，这三本杂剧是凌濛初受张凤翼传奇《红拂记》感发而作。张氏《红拂记》凡43出，剧中有十数个人物登场，主要人物红拂、李靖、乐昌公主、徐德言、虬髯翁，各自引领一条线索，最后复归于一。由于人物众多，线索繁杂，显然不适合于

---

① 〔明〕凌濛初：《南音三籁》戏曲卷下《衫襟记·题词》【黄莺儿】。

② 〔明〕凌濛初：《南音三籁》戏曲卷下《衫襟记·题词》【前腔】。

舞台演出。凌濛初《北红拂三传》则精减了情节线索，去掉了无关大局的一些人物，每剧由一人主唱，着重表现一个中心人物。《北红拂》以红拂为中心，剧中的其他人物和事件均围绕她来设置，没有杨素府邸，红拂无缘识李靖；没有李靖携之逃奔，红拂无缘遇虬髯翁；而没有杨素不识李靖、李靖不识虬髯翁的对比衬托，更无由显得红拂之识人。由于红拂在剧中统率作用的发挥，使得整个剧本情节单纯集中，毫无枝蔓。《虬髯翁》则以虬髯翁为中心，剧本围绕他与“真命天子”李世民争夺天下的斗争而展开。第一出写莽道人望气太原郡，得知真命天子出世，于是约有志图王的虬髯翁在太原相见，虬髯翁在赴约途中遇见李靖夫妇；第二出写在太原，因李靖的帮助，虬髯翁等得以目睹李世民，果然是真命天子，于是放弃了在中原图王之志；第三出写虬髯翁把丰厚家私尽赠于李靖，希望他们扶助李世民建立功业，自己则往海外谋求发展；第四出写十年后虬髯翁在海外扶余国成就霸业，协助大唐元帅李靖征高丽，与唐结成了友好国家。一本四出中均有虬髯翁的戏，虬髯翁贯穿全剧始终，结构也是要而不繁，不枝不蔓。

另外，在人物刻画方面，凌濛初的戏剧也有独到之处。凌濛初十分注意揭示人物的心理活动。《虬髯翁》写虬髯翁有志图王，“屯集粮草，招纳贤豪，光景已有八九分了”，但这时他却闻说有真命天子李世民出世，剧本写出了他急于见李世民以印证传闻是否属实的急切心理：“咳！李郎李郎！恁看俺怎生不要见也！”见了李世民之后，他的美梦一下子被击碎了，剧本又通过【耍孩儿】曲来展示他的心理：

> 太平车载不起冲天怨，一霎儿把刚肠闷软。锦江山，眼盼盼，难留恋！似这般退后趋前。非是俺肯输心，臂鹰手轻藏弹。都则因怕失手，钓鳌钩别上牵。为此深筹算。又不是有家难奔，怎弄个有命难全？（第三出）

天意难违，却又不甘放弃，剧本把虬髯翁的这种欲罢不甘的内心煎熬刻画得很逼真。凌濛初善于采用比较和映衬的手法来刻画人物的性格，其中最典型的是《北红拂》一剧。作者先写杨素冷遇才士李靖，又写李靖不能识虬髯翁，而红拂却能于仓促中两识之。几番对比映照，红拂善于识人的性格特点跃然纸上。这与《水浒传》“要衬石秀尖利，不觉写作杨雄糊涂”的高明手法一致[①]，而又颇有超越之处。凌濛初还善于通过人物在不同环境中的言语来刻画人物的性格。在《闹元宵》剧中，李师师接待周邦彦、宋徽宗、宋江三人就使用了不同的语言。当自己钟爱的才士周邦彦到来时，她显得喜出望外，情绪激动，“呀，元来是周官人。甚风吹得到此?”当宋徽宗到来时，由于身份地位的悬殊，她言行显得格外恭敬谨慎，“圣驾光临，龙体劳顿，臣妾敢奉卮酒上寿”。而当她会见宋江等人时，因是陌生人，言语就显得冷淡客套，“多是贵客，夙世有缘，得遇二君，草草杯盘，以奉长者”。通过不同场合不同语言的使用，凌濛初生动细腻地刻画了李师师作为东京名妓，有着阅历丰富、熟谙世情、聪明乖巧、爱才怜才等性格特点。与其主张本色当行的戏曲批评主张一致，凌濛初戏剧的人物语言，确实非常符合人物的身份，李师师是一个例子，《闹元宵》中写李逵也体现了这一特色。第九折李逵痛打杨太尉的唱词与科介是：

> （净大喊，脱衣帽，露内戎装介）【北收江南】呀！要知咱名姓呵，须教认得黑旋风！（将丑打倒介）一拳儿打个倒栽葱。（丑跌介）（戴劝介）使不得，使不得！（净）方才泄俺气填胸。（放火介）不是俺性凶，不是俺性凶，只教你今朝风月两无功。（净大喊介）梁山泊好汉全伙方在此！

这段唱词浅显通俗，结合脱衣、打人、放火、大喊等动作，把李逵冲动鲁莽、疾恶如仇的性格表现得淋漓尽致，非常符合李逵草莽英雄的人物身份。[②]

---

① 〔清〕金圣叹：《读第五才子书法》，见《第五才子书施耐庵水浒传》卷三，中华书局1973年影印贯华堂刻本。

② 关于凌濛初戏剧内容与艺术的论述，参见冯保善《论凌濛初的戏曲创作》，载《贵州文史丛刊》1991年第1期，第84—89页；王建平《论凌濛初的杂剧〈宋公明闹元宵〉》，载《孝感学院学报》2005年第1期，第65—67页。

倡本色于曲坛

凌濛初对戏曲理论的探讨，最重要的是提出了贵本色的戏曲观，而这主要体现在其戏曲理论著作《谭曲杂札》中。《谭曲杂札》共17则，5000多字。[①]它没有单行本，最早是附在《南音三籁》上得以流传。因此，《谭曲杂札》的写作当在凌濛初《南音三籁》编定之时或稍前。而《南音三籁》据后面的考订可知，大致成书于万历四十四年（1616）至天启七年（1627）11年间。《南音三籁》现有明末刻本以及康熙七年（1668）袁园客重订刻本。1959年，中国戏剧出版社出版《中国古典戏曲论著集成》，收入凌濛初《谭曲杂札》，依据的底本就是袁园客重订本。因此，尽管《谭曲杂札》目前仍无单刻本，但由于《中国古典戏曲论著集成》的出版，该书已得到普遍的流传，引起学术界的广泛关注。

《谭曲杂札》最重要的理论价值是提出了贵本色的戏曲观。凌濛初在一开篇就说："曲始于胡元，大略贵当行不贵藻丽。其当行者曰本色，盖自有此一番材料，其修饰词章，填塞学问，了无干涉也。"凌濛初认为，戏曲在元代诞生时，其语言就是本色当行的。这一方面是由戏曲的渊源决定的。戏曲兴起于民间，其曲多是在"里巷歌谣""村坊小曲"的基础上发展起来的，所以在语言上也继承了民间歌谣的特色。《谭曲杂札》第七则说："元曲源流古乐府之体，故方言常语，沓而成章，着不得一毫故实；即有用者，亦其本色事，如蓝桥、袄庙、阳台、巫山之类。以拗出之为警俊之句，决不直用诗句，非他典故填实者也。"戏曲语言的本色另一方面也受制于戏曲的舞台演出。与仅供人案头阅读的诗文不同，观众是通过舞台演出来接受戏曲的，所以语言不能深奥，不能填塞学问。[②]《谭曲杂札》第十五则说："盖传奇初起，本自教坊供应，此外止有上台勾栏，故曲白皆不为深奥。其间用诙谐曰'俏语'，其妙出奇拗曰'俊语'。自成一家言，谓之本色，使上而御前，下而愚民，取其一听而无不了然快意。"然

① 徐定宝先生统计为五万言，误。见徐定宝《凌濛初研究》，黄山书社1999年版，第229页。

② 参见俞为民《凌濛初的戏曲理论》，《金陵学刊》第1集，第56页。

而文体发展的一种普遍规律是，随着时间的流逝和文人学士的参与，原先受民间文化影响的质朴本色会渐渐消失，代之而起的是文人讲求藻丽典雅的倾向，于是这种文体也就失去了它的生命力。戏曲也是一样。元代贵本色当行的戏曲，自元末《琵琶记》开琢句修辞之端，到了明代，尤其是明嘉靖后，贵藻丽的倾向越来越严重：

> 自梁伯龙出，而始为工丽之滥觞，一时词名赫然。盖其生嘉、隆间，正七子雄长之会，崇尚华靡；弇州公以维桑之谊，盛为吹嘘，且其实于此道不深，以为词如是观止矣，而不知其非当行也。以故吴音一派，竞为剿袭。靡词如绣阁罗帏、铜壶银箭、黄莺紫燕、浪蝶狂蜂之类，启口即是，千篇一律。甚者使僻事，绘隐语，词须累诠，意如商谜。不惟曲家一种本色语抹尽无余，即人间一种真情话，埋没不露已。

凌濛初认为真正开启靡丽之风的是嘉靖间《浣纱记》的作者梁辰鱼，而崇尚华靡的后七子领袖王世贞，又因同乡之谊，对梁大加吹捧，从而导致了当时吴中剧坛语言绮丽、本色尽失的现象。不仅曲词使事用典，晦涩难懂，就连应该“直截道意”的宾白，也多词藻华丽，出现了“斗富”的情形。《谭曲杂札》第十五则曰：“今之曲既斗靡，而白亦竞富。甚至寻常问答，亦不虚发闲语，必求排对工切。”凌濛初说这种戏只有那些“广记类书之山人、精熟策段之举子”可以看懂，而不适合普通百姓观赏，这就使戏曲失去了群众基础。更可笑的是，戏曲中的丫头奴仆，也动不动就吟诗弄文，成了通今博古的雅士。凌濛初说：“何彼时比屋皆康成之婢、方回之奴也?”康成是指东汉经学家郑玄，方回是指东晋时草书家郗愔，两家分别有通诗之婢和精文之奴。曲坛宾白斗富，使一般丫鬟奴仆的对话也艰涩难懂，凌濛初认为其原因就在于“总来不解‘本色’二字之义，故流弊至此也”。

在《谭曲杂札》中，凌濛初还通过对众多作家作品的品评来标明自己的本色理论。他认为元曲四大本《荆钗记》《拜月亭》《杀狗记》《白兔记》原本均是本色作品，《杀狗记》《白兔记》现在之所以误谬不可读，是因为受到后人的窜改；《荆钗记》《拜月亭》虽受后人涂削，但“所存原笔处，仍足以见其长”；而《琵琶记》全传虽多本色胜场，但有些曲子有雕琢倾向。他认为梁辰鱼流行的剧作，语言多是逐句补缀，而非一意连贯，毫无本色可言，是典型的靡词；而张凤翼小有俊才，其剧作在不用意修辞处，能时现本色，颇有一二真语、土语，但由于受梁辰鱼靡丽词风的影响，也常堆砌词藻，镶嵌故实，语气不通，最后落入追求藻丽的时弊之中。他评琴川本《红梨花》一记“大是当家手，佳思佳句，直逼元人处，非近来数家所能”；评陆采《明珠记》不太用故实，不甚求藻丽，时作直率语，有直逼元人的佳句，但剧中“凤尾笺”“绞绡帕”“芙蓉帐”等语仍未脱绮丽时尚，因此“犹得与梁伯龙辈同类而共评”，算不得真正本色作品。

从戏曲的本色观出发，凌濛初对当时曲坛的一些热点问题发表了自己的看法。明代中后期，围绕着对《琵琶记》《拜月亭》《西厢记》的不同看法，剧坛上展开了一场大论争。从明隆庆年间开始，至以后的三个多世纪中，明代著名的文人都以不同的方式参与了这场论争，其余波一直延续到清康乾间。论争中，基本分化出两个对立的阵营：贬《琵琶》而褒《拜月》《西厢》者，有何良俊、胡应麟、李贽、臧懋循、沈德符、徐复祚等；褒《琵琶》而贬《拜月》《西厢》者，有王世贞、徐渭、王骥德、吕天成等人。在明中叶以前，一般视《西厢记》为北曲之冠，《琵琶记》为南曲之冠。论争肇始于何良俊，他在《四友斋丛说》卷三七中明确提出《拜月亭》“高出于《琵琶记》远甚”，认为《拜月亭》本色当行，远胜于《琵琶记》，而批评《琵琶记》“专弄学问”，不够本色。李贽接应了何良俊的观点，称《拜月亭》《西厢记》为“化工”，而称《琵琶记》为“画工”，认为《拜月亭》“关目极好，说得好，曲亦好，真元人手笔也。首似散漫，终致奇绝，以配《西厢》，不妨相追逐也，自当与天地相终始”[①]。在他看来，刻意求工的《琵琶记》显然不及自然本色的《拜月亭》。针对这种观点，后七子领袖王世贞首先发难，他认为“冠绝诸剧”的是《琵琶记》，《琵琶记》之下《拜月亭》亦佳，而“元朗（何良俊）谓胜《琵琶》，则大谬也”。他的理由是：

---

① 〔明〕李贽：《李贽文集》第1卷，社会科学文献出版社2000年版，第181页。

《琵琶记》有“琢句之工”“使事之美”，而《拜月亭》“中间虽有一二佳曲，然无词家大学问，一短也；既无风情，又无裨风教，二短也；歌演终场，不能使人堕泪，三短也”[①]。王世贞的观点得到王骥德、吕天成等人的随同附和。王世贞强调才情学问，重视文辞，倾心于骈俪的文风，得出的结论自然是《琵琶记》高于《拜月亭》。而何良俊提倡用本色语言编写剧本，剧本应“靓妆素服，天然妙丽”，不应“施朱傅粉，刻画太过”[②]。从这一本色角度来批评，《拜月亭》显然高于《琵琶记》。由于晚明曲家衡量戏曲创作最基本的尺度是本色，因此在这场论争中，支持何良俊一派的观点占多数。徐复祚力挺何良俊说：“何元朗谓施君美《拜月亭》胜于《琵琶》，未为无见”，王世贞“乃以‘无大学问’为一短，不知声律家正不取于弘词博学也”。[③]沈德符也支持说：“何元朗谓《拜月亭》胜《琵琶记》，而王弇州力争，以为不然，此是王识见未到处。《琵琶》无论袭旧太多，与《西厢》同病，且其曲无一句可入弦索者。《拜月》则字字稳帖，与弹搊胶黏，盖南词全本可上弦索者，惟此耳。”[④]凌濛初也是这一主流戏曲批评中的一员，他的“曲贵当行”的戏曲主张，与王世贞贵骈俪的戏曲主张明显对立。凌濛初反对曲作修饰词章、填塞学问，他认为《琵琶记》“间有刻意求工之境，亦开琢句修辞之端，虽曲家本色故饶，而诗余弩末亦不少耳”。因此，《拜月亭》能与《白兔记》《杀狗记》《荆钗记》一起列为“四大家”，而“长材如《琵琶》犹不得与”。在凌濛初看来，王世贞指责《拜月亭》“无词家大学问”，正是说明《拜月亭》有本色神韵，而绝无当时吴中词风靡丽的恶套；而王世贞赞扬的《琵琶记》两曲《新篁池阁》《长空万里》却因文辞藻丽华美，丢失了元曲的当行本色。对于《西厢记》，凌濛初也认为其本色语很多，但靡词丽语也不少。他批评王世贞崇尚高华，只看重“雪浪拍长空”“东风摇曳垂杨线”等骈俪的写景语，

---

①〔明〕王世贞：《曲藻》，《中国古典戏曲论著集成》第4册，中国戏剧出版社1959年版，第34页。

②〔明〕何良俊：《四友斋丛说》卷三七，《四库全书存目丛书》子部第103册，齐鲁书社1997年版，第550页。

③〔明〕徐复祚：《曲论》，《中国古典戏曲论著集成》第4册，中国戏剧出版社1959年版，第235—236页。

④〔明〕沈德符：《顾曲杂言》，《中国古典戏曲论著集成》第4册，中国戏剧出版社1959年版，第210页。

而不知这却是《西厢记》中非本色胜场处。因此，在这场论争中，凌濛初对《拜月亭》毫无贬词，对《西厢记》与《琵琶记》则赞赏之中也有批评，而一切的依据就是语言的本色与否。

对于晚明曲坛的“沈汤之争”，凌濛初也从自身的戏曲审美立场出发，发表了自己的看法。沈璟和汤显祖是明代中叶传奇创作的两大家。沈璟通晓音律，主张戏曲创作要讲究格律，而不惜“因律害意”；而汤显祖的创作讲求唯“情”，注重文章词采，而不惜“因意害律”。沈璟和汤显祖各有其信奉者，两派针对创作中文采和格律哪个更重要，展开了激烈的争论，戏曲史上称之为“沈汤之争”。吕天成《曲品》卷上记载：“光禄尝曰：‘宁律协而词不工，读之不成句，而讴之始叶，是曲中之工巧。’奉常闻之曰：‘彼恶知曲意哉！予意所至，不妨拗折天下人嗓。’”光禄指沈璟，奉常指汤显祖。两人都从各自创作主张的需要出发来否定对方，以致走向极端。作为晚辈，凌濛初与沈、汤两人均有所交往。他曾把自己的五种剧作寄给汤显祖，汤显祖也回了信[①]；他与沈璟也“雅称音中埙篪”，多次晤面探讨戏曲格律问题[②]。在《谭曲杂札》中，凌濛初并不为尊者讳，而是本着实事求是的原则和本色的戏曲宗旨，既肯定了汤、沈两人的长处，也指出了他们的不足。《谭曲杂札》第三则曰：

近世作家如汤义仍，颇能模仿元人，运以俏思，尽有酷肖处，而尾声尤佳。惜其使才自造，句脚韵脚所限，便尔随心胡凑，尚乖大雅。至于填调不谐，用韵庞杂，而又忽用乡音，如“子”与“宰”叶之类，则乃拘于方土，不足深论。止作文字观，犹胜依样画葫芦而类书填满者也。义仍自云：“骀荡淫夷，转在笔墨之外。”佳处在此，病处亦在此。彼未尝不自知，祗以才足以逞，而律实未谙，不耐检核，悍然为之，未免护前。况江西弋阳土曲，句调长短，声音高下，可以随心入腔，故总不必合调，而终不悟矣。

---

① 〔明〕汤显祖：《答凌初成》，见《汤显祖集》，上海人民出版社1973年版，第1344页。

② 〔明〕凌延喜《拜月亭传奇跋》：“乃家仲父即空观主人素与词隐生伯英沈先生善，雅称音中埙篪。每晤时，必与寻宫摘调，订格考误，因得渠所抄本。”

凌濛初高度赞扬汤显祖的才情，认为汤氏之作酷肖本色的元曲，但批评他不谙音律，使才自造，致使腔调失谐，音韵庞杂，有悖于戏曲的大雅之道。尽管如此，凌濛初还是认为，若只作为案头之曲来阅读，汤显祖这些格律上拘于乡音的剧作，比起那些模仿抄袭、填塞故实的剧本，仍然高出一筹。这样的观点显然是来自其本色的戏曲批评原则。对于沈璟，凌濛初肯定其精于格律，主观上追求本色，而批评他才具不足，以俚词俗语为本色。《谭曲杂札》第四则曰：

> 沈伯英审于律而短于才，亦知用故实、用套词之非宜，欲作当家本色俊语，却又不能，直以浅言俚句，绷拽牵凑，自谓独得其宗，号称“词隐”。越中一二少年，学慕吴趋，遂以伯英开山，私相服膺，纷纭竞作。非不东钟、江阳，韵韵不犯，一禀德清；而以鄙俚可笑为不施脂粉，以生梗稚率为出之天然，较之套词、故实一派，反觉雅俗悬殊。使伯龙、禹金辈见之，益当千金自享家帚也。

沈璟戏曲格律理论的基本思想，是对“场上之曲”的强调。为使“案头之曲”成为“场上之曲”，他不仅提出了戏曲要“合律依腔”，而且提出了语言本色的主张。凌濛初是一个曲谱观念很强的戏曲理论家，对沈璟提倡合律依腔自然会加以肯定，而且他也看到了沈璟在声韵方面对当时曲坛所作出的贡献，他说：“近来知用韵者渐多，则沈伯英之力不可诬也。”在沈璟的呼吁下，吴越年轻一辈的剧作能切实依据《中原音韵》，韵韵不犯。凌濛初对沈璟以浅言俚句为本色则给予尖锐批评，并指出它在曲界所造成的恶劣影响。凌濛初认为本色的语言必须通俗易懂，但并不等于俚语，若以“鄙俚可笑为不施脂粉，以生梗稚率为出之天然”，那就连梁辰鱼、梅鼎祚的藻丽派作品还大大不如。尽管凌濛初与沈、汤两人均有所交往，但由上可知凌濛初的评价是冷静客观的，甚至可以说是苛刻的。

据王骥德《曲律》，沈璟曾亲自执笔，为汤显祖“改易《还魂》字句之不谐者”，还特意请友人吕玉绳将改本寄给汤显祖[①]。汤显祖对此非常生气，甚至有点愤激，先后致信凌濛初、孙俟居、罗章二等人，宣称改本“切不可从”，因为“虽是增减一二字，以便俗唱，却与我原作的意趣大不同了”[②]，并针锋相对地说，“余意所至，不妨拗折天下人嗓子”[③]。“沈汤之争”实际上由此开始。汤显祖的抗议虽然有充足的理由，但戏曲舞台却另有诉求，并不以作者的主观意愿为转移。凌濛初强调戏曲的舞台实践，既然认为汤氏作品腔调不谐，自然不会反对改易，但关键是如何改。在《谭曲杂札》中，他说：“而一时改手，又未免有斫小巨木、规圆方竹之意，宜乎不足以服其心也。”对沈璟等人因缺乏才情而采取的削足适履的做法，凌濛初显然并不赞同[④]。最理想的做法当然就是既不牺牲原作的意趣文采，又能改掉原作不谐音律的弊病。沈汤之争发生后，许多戏曲家持折中调和之论，被认为是沈璟吴江派嫡系的吕天成在《曲品》中说：“倘能守词隐先生之矩矱，而运以清远道人之才情，岂非合之双美乎！”这种观点在当时很有代表性，也颇有可取之处。在《谭曲杂札》中，凌濛初就引用了吕氏的这一观点，表达了自己对沈汤之争的最终态度：“吕勤之序彼中《蕉帕记》，有云：‘词隐先生之条令，清远道人之才情。’又云：‘词隐取程于古词，故示法严；清远翻抽于元剧，故遣调俊。’……其语良当。”凌濛初认为两人互有所长，不能舍此取彼，隐含的自然也是合则双美的观点。

凌濛初非常重视戏曲尾声的创作，《谭曲杂札》的第八、第九两则就直接探讨这个问题，另外第十、十一、十二、十六等则对尾声问题亦偶有涉及。他认为尾声有优有劣，大致可分为四个等级，每个等级均举两例加以说明。第一等是词意俱若不尽，凌濛初举了《拜月亭》中两例来说明，一是“自从别后信音绝，这些时魂惊梦怯，都管是烦恼忧愁将人断送也”；二是“中心先自不如意，纵然间肯同随喜，也做了个兴尽空回”。第二等是词尽而意不尽，两个例子仍出

---

① 据汤显祖《答凌初成》和《与宜伶罗章二》中自述，改写《牡丹亭》的是吕玉绳。

② 〔明〕汤显祖：《与宜伶罗章二》，见《汤显祖集》，上海人民出版社1973年版，第1426页。

③ 〔明〕王骥德：《曲律》卷四，《中国古典戏曲论著集成》第4册，中国戏剧出版社1959年版，第165页。

④ 沈璟之后，《牡丹亭》又有臧懋循、冯梦龙、徐日曦等人的改本，大抵就原作压缩篇幅，删改曲词，以便昆唱，同时不同程度地以牺牲原作的意趣文采为代价。

自《拜月亭》，一是“别离会合皆缘分，受过忧危心自忖，从今暮乐朝欢还正本”；二是“迟疾早晚兵戈息，相约行朝访踪迹，怎肯依旧中原一布衣”。第三等是词意俱尽，如《琵琶记》尾声：“惟有快活是良谋，管取欢娱歌笑喧”；又如《明珠记》尾声：“多情自古多尴尬，料东君不把深盟罢，打点着锦帐鸾床受用咱”。第四等是词未尽而意先尽，如《灌园记》尾声：“绑他早去成波浪，断送芙蓉一夜霜，免教伊点辱门墙”；又如《红拂记》尾声：“重重蜃市成宫阙，仔细看来多幻也，枉使心机堆鬓雪”。从理论上看，“词”主要是指曲作的表现方法和形式，“意”则是指曲作的内容和情感。“词意俱若不尽”和“词尽而意不尽”就是要求在有限的形式中，表现出丰富的内容和意味，引发读者无尽的回味和想象，也就是强调戏曲尾声要有“余韵”。[①]凌濛初对尾声“余韵”确实非常重视，如第十则评《南西厢》说：“《西厢》尾声无一不妙。首折煞尾，岂无情语、佳句可采，以檃括南尾，使之悠然有余韵。”又如评《蕉帕记》曰：“虽谱《中原》有双煞一体，然岂宜频见，况煞尾得两，必无余韵乎！”在凌濛初看来，第一、第二等尾声均是有“余韵”的好尾声，特别是第一等尾声，非但意不浅露，而且语不穷尽，余味不绝；至于第三等尾声，凌濛初认为虽然平庸，但尚未有舛误之处；而对第四等尾声，凌濛初则大加挞伐。如对前所举《灌园记》尾声，凌濛初认为曲词到“断送芙蓉一夜霜”一句就可结束了，“免教伊点辱门墙”一句完全多余。又如《玉合记》尾声“休为我耽消瘦，道闺中少妇不曾愁，管取衣锦归来当昼游”，凌濛初认为若以“闺中少妇”句作结，这个尾声就很好，而敷衍上“管取衣锦”一句，就索然无味。凌濛初讥讽这类尾声为“狗尾续”。凌濛初还指出戏曲未必均有尾声，不少旧曲，如《琵琶记》《拜月亭》等常采用“老句”“妙句”来煞尾，以代替尾声。至于结尾用煞句还是用尾声，这取决于词曲调板。如果曲子到了末尾，而“紧板紧调不可舒”，那就采用尾声来“渐舒其调而收之”。如果过曲较长，曲末调子已较舒缓，那就不需用尾声，只要以煞句作结就可以了。凌濛初对尾声的这种批评无疑是正确的，这种批评也是针对当时曲坛的创作情况有感而发。他说：“今人于尾声且漫然涂

① 黄强：《凌濛初戏曲理论三题》，《文学研究丛刊》1986年第2辑，第291页。

塞”，如《南西厢记》首折佳境无限，但到尾声则“丑态俱是矣”。当时曲坛对以“老句”“妙句”作煞句的道理，更不通晓。不仅填曲者误以为曲皆有尾，曲末必安置一尾声，就连唱曲者若见旧曲中以煞句作结而未有尾声的，也会硬给按上一个。甚至一些曲坛高手有时也未能明白此理，如汤显祖作《四梦》，“曲末类作一尾”，又如吕天成《蕉帕记》“至尾必双收”。因此，凌濛初对尾声的这些论述是有现实意义的。

在《谭曲杂札》中，凌濛初对戏曲的情节结构也提出了一些独到的见解，主要体现在第十七则中。他说：“戏曲搭架，亦是要事，不妥则全传可憎矣。”所谓“搭架”，就是指戏曲结构。凌濛初认为结构是戏曲创作中不容忽视的“要事”，若结构不妥，则全剧面目可憎，很难被人接受。对于戏曲的具体结构，凌濛初主张一部剧作要线索清晰，不能有太多的人物和故事，最好是由一条主线贯穿始终。他不满于张凤翼传奇《红拂记》人物之多、线索之繁，因创作《北红拂三传》来精减情节线索，去掉了无关大局的一些人物，每剧由一人主唱，着重表现一个中心人物。剧作家沈璟也喜欢把许多不太相干的新奇故事拼缀在同一个剧本中，而没有主要人物和中心事件来贯穿始终，其传奇《博笑记》《十孝记》等均如此，对此凌濛初批评道：“沈伯英构造极多，最喜以奇事旧闻，不论数种，扭合一家，更名易姓，改头换面，而才又不足以运棹布置，掣衿露肘，茫无头绪，尤为可怪。”关于戏曲情节，凌濛初提出了合情理、通世法的主张。他认为以前的剧作家在设置故事情节时，大都符合人情事理，并无“扭捏巧造之弊”，即使虚构一些鬼神的情节，也因合情理而奇幻可信。然而“今世愈造愈幻，假托寓言，明明看破无论，即真实一事，翻弄作乌有子虚”。剧作家为了追求奇幻，吸引读者与观众，不仅虚构的情节幻而不实，就连原本真实的事情，也写得奇而不信。凌濛初直接点名批评的剧作是汪廷讷《无无居士》一折，说它“裒集故实，编造亦多”，简直“堪为齿冷”。总之，“人情所不近，人理所必无，世法自不通，鬼谋亦所不料”。晚明著名文人张岱也对这种“只求热闹，不论根由；但要出奇，不顾文理”的创作倾向提出了批评[①]，可见当时曲坛生拼硬

① 〔明〕张岱：《琅嬛文集》卷三《答袁箨庵》，岳麓书社1985年版，第143页。

造情节的现象是多么严重。若在舞台上搬演，线索的繁杂、情节的奇幻，均会导致“演者手忙脚乱，观者眼昏头暗”。因此，从舞台效果来考虑，凌濛初对戏曲情节结构的这种批评完全是正确的。

选编《南音三籁》

《南音三籁》是凌濛初编选的一部南曲选集，全书四卷，包括散曲二卷、戏曲二卷。该书《凡例》曾提到刊刻于万历四十四年（1616）的周之标《吴歈萃雅》，而《南音三籁》本身又曾被刊刻于天启七年（1627）的冯梦龙《太霞新奏》数次引用，因此它的成书时间大致在万历四十四年至天启七年的11年间。《南音三籁》至今仍有明刻本和康熙刻本存世，其中明刻本有1963年上海古籍书店的影印本，另外《续修四库全书》第1744册亦收入该书，因此流传颇广。

《南音三籁》是中国戏曲史上的一部重要文献，其贡献主要体现在保存传播南曲、规范戏曲格律和独特的戏曲审美观三个方面。作为南曲选本，《南音三籁》共收录了元明两代32位作家的南曲作品，其中散曲收套曲100套、小令28首；戏曲收44部传奇中套曲136套、单曲13支。①嘉靖、隆庆以来戏曲创作盛况空前，许多曲选应运而生，如《吴歈萃雅》《词林逸响》等，但在明清之际著名戏曲家李玉眼中，“其选之最精、最当者，莫如《三籁》一书也”，认为《南音三籁》一书所选之曲“尽属撷精掇华”。②《南音三籁》不仅为这些优秀南曲的流布作出了巨大贡献，而且由于凌濛初对所收的这些南曲进行了鉴赏归类，分成天、地、人三个层次，又对每曲进行包括眉批、尾批、圈点在内的诸多形式的评点，而这些评点不仅涉及戏曲格律规范，而且涉及戏曲理论批评，加上书前凌濛初为本书所写的《叙》和《凡例》对戏曲理论和格律的直接阐发，因此《南音三籁》完全超越了单纯选本的意义，成了中国戏曲史上重要的曲谱文献和理论批评文献。

---

① 此处依据陈多《凌濛初和他的〈南音三籁〉》一文的统计，见《中国文学研究》1988年第1期，第46页。徐定保《凌濛初研究》中的数量统计与此不同，见黄山书社1999年版，第265页。

② 〔清〕李玉：《南音三籁序》。

清初袁园客重刊《南音三籁》时，就是把它作为一部曲谱文献来接受的，他说："《南音三籁》者，证板与字句之书也。"①其从父袁于令在《南音三籁序》中，对该书的曲谱文献价值给予很高评价："词不轻选，板不轻逗，句有增字，调无赘板，能使作者不伤于法，读者不伤于规，有功于声教不浅。"袁于令比凌濛初小12岁，是明清之际著名的戏曲家，他认为《南音三籁》的曲谱价值甚至超过当时奉为典范的沈璟《南九宫十三调曲谱》。②另外，李玉也盛赞《南音三籁》的曲谱价值，说它"亥豕鲁鱼，悉为考证；校雠板眼，的有正传，真词家之津筏而歌客之金标也"。③《南音三籁》对戏曲格律的贡献，具体说来主要体现在以下五个方面：

一是辨明本调与犯调。犯调就是"集曲"，在一首曲子里头，集了好几个不同的曲牌。如【甘州歌】，它是集了【八声甘州】和【排歌】两个曲牌名而成的新曲。为了避免把集曲误解为原有的曲牌名，所以常在新集曲后加"犯"字来标明，如【风入松犯】【二犯梧桐树】【三犯集贤宾】等。但由于作曲者有意无意地未注明"犯"字，时间一久，后人就会把犯调误认为本调，甚至出现以犯调来纠正本调的情况，从而导致曲牌和宫调的混乱现象。凌濛初有感于这一弊端，在《南音三籁》中对犯调与本调进行了严格的辨别和判断，其《凡例》曰：

> 曲又易误于犯调，盖古来旧曲有犯他调者，或易其名，或止于本名下增一犯字，相沿之久，认为本调者多矣。度曲者懵然不知，按字句而填之；唱曲者习熟既久，反执此以改彼，其弊亦烦。此刻俱细查分出，间有未明，或已明而尚在疑似者，则志之上方以阙疑，盖慎之也。

凌濛初把查得的犯调在《南音三籁》中一律标出，不明确或疑似的也予以注明，存疑待考，这对戏曲格律意义重大。

---

①〔清〕袁园客：《南音三籁题词》。

②〔明〕袁于令《南音三籁序》："《九宫谱》出，协然向风，梨园子弟庶有规范，犹未若《三籁》一书之尽善也。"

③〔清〕李玉：《南音三籁序》。

二是区别正字与衬字。曲词是按谱填写的，因为要符合格律，所以会出现文义不连贯或不流畅的情况，衬字的作用就是为了弥补这一缺陷。但由于刻曲者对正字与衬字从来不加以分别，若创作者不精通音律，简单地仿照前人曲句的字数来填词，而不知该字句中可能包含衬字，就会出现不合格律的现象。以讹传讹，相沿既久，甚至会导致见了本调正格，反而怀疑其不合格律的情况。而曲词若不合格律，就会影响演唱的音乐效果。凌濛初对曲界不区别衬字而造成的这种弊端有深切认识，他说：

> 曲每误于衬字，盖曲限于调，而文义有不属不畅者，不得不用一二字衬之，然大抵虚字耳。不知者以为句当如此，遂有用实字者，唱者不能抢过而腔戾矣。又有认衬字为实字而衬外加衬者，唱者不能抢多字而唱又戾矣。固有度曲者懵于律，亦从来刻曲无分别者，遂使后学误认，徒按旧曲句之长短、字之多寡而仿以填词，意谓可以不差，而不知虚实音节之实非也。相沿之误，则反见有本调正格，疑其不合者，其弊难以悉数。

因此在《南音三籁》中，“凡衬字俱以细书别之”。

三是注出犯韵与借韵。曲韵与诗韵有所不同，作曲遵循的是周德清的《中原音韵》，而作诗遵循的是由沈约《四声谱》确立的“诗韵”，严格说来诗韵不可入曲，曲韵也不可入诗。但有些文人常会有意无意地把诗韵运用到戏曲创作中，甚至出现随心随口而押的情况，这是“犯韵”或“借韵”。为了“无误后学”，凌濛初在《南音三籁》中，每曲之后必注明用某韵，“其犯别韵，或借韵者，亦字字注明，至有杂用数韵，不可以一韵为正者，则书杂用某某韵”。

四是点定板眼。“曲自有正腔正调，衬字虽多，音节故在，一随板眼，毫不可动”，但当时不少“吴中教师”在演唱教习中，为了使声腔摇曳多姿，便于本句中添出多字，或重叠其音。如此增添既多，演唱时就需增板；增板既久，便乱正板。当时吴江派沈璟就说：“闻今日吴中清唱，即欲掩耳以避。”甚至有些人依据非正板随意填词，若予以正之，他反而会振振有词地说自己是依据某某所传。对此，《南音三籁》“一依旧本录曲，一依旧谱点板”，至于那些“时所沿者”，也都“明列其故，以备异同”。凌濛初重视“正腔正调”，强调规范，这在当时无视腔调规律、“止欲弄喉取态”的晚明曲坛固然有其价值，但在实际情况下，声韵曲调等也可适当调整变化，不应过于拘泥“旧曲”“旧谱”。如凌濛初批评《拜月亭·抱恙离鸾》一出重叠“我随着个秀”五字，说：“此戏本，非腔中正字也”，“凡曲有叠句，皆腔宜如此。独《拜月亭》刻本相沿重半句，是俗伶作态之误。有以此为关目之妙者，真说梦也。”《拜月亭》此出写王镇与女儿王瑞兰重逢后，问女儿现在和谁在一起，王瑞兰因娇羞，所以在唱出“我随着个秀”后就突然哽住了，待父亲追问“甚么秀”后，才重复唱“我随着个秀才栖身”。因此，重叠这半句是为了刻画人物的心理，而并非凌濛初所讥讽的“俗伶作态”。

五是标注闭口字和撮口字。字有开口、闭口之分，古时制韵的人，以侵、覃、盐、咸等19个韵，摆在其他的韵部之后，称作“哑韵”，表示必须闭口呼出，声不能舒展。词曲禁止尤其严格，不许开、闭口音同时押韵。吴人没有闭口字，每每把“侵”字发音成了“亲”，把“监”字发音成了“奸”，把“廉”字发音成了“连”，乃至于19个韵中，竟缺少了3个。这种错误相沿续，而牢不可破，为害不浅。对此，《南音三籁》依据沈璟《南九宫十三调曲谱》旧例，把人们容易误忘的闭口字，以加圈来表示。吴人还多撮口字，如朱、如、书、厨、徐、胥等，这些土音影响到南曲的演唱，所以需要甄别，使歌者明白其为撮口字，在遇到该字时能努力去掉乡音。这种甄别工作《吴歈萃雅》已经偶有涉及，可惜“殊略”。对此，《南音三籁》采用加小三角于字之左方的形式，把这些烦琐的撮口字一一注明，使甄别工作趋于全面。

从以上五个方面可知，《南音三籁》作为曲谱文献不仅为南曲创作提供了严谨的格律规范，也为我们研究明代戏曲音乐特别是昆曲音乐提供了重要参考。

当然，《南音三籁》最重要的价值是体现了凌濛初独特的戏曲审美观。凌濛初对《南音三籁》中所收的这些散曲进行了品评，把它们分为天籁、地籁、人籁三等。“三籁”之说源出《庄子·齐物论》。具体说来，人籁是指人工制造的排箫所发出的声音，地籁是风吹自然界中各种孔窍发出的声音，天籁则是风在较地籁更大范围内吹及万物时所发出的声音。庄子提出“三籁”之说，本意是反对人为，崇尚自然。在他看来，人籁是非自然的声音，地籁也要受制于风和孔窍的大小，只有天籁不受任何约束，是完全自由的。凌濛初借以论曲，就是要求散曲创作要最大限度地符合自然。他在该书的《凡例》中说："曲分三籁：其古质自然，行家本色为天；其俊逸有思，时露质地者为地；若但粉饰藻绘，沿袭靡词者，虽名重词流，声传里耳，概谓之人籁而已。"那么怎样才能打造自然的"天籁"之曲呢？在凌濛初看来，这离不开自然的音节、本色的语言和真率的情感。

凌濛初认为词曲的音节有自然和非自然之分，自然的就是"天籁"。他在《南音三籁叙》中说："夫籁者，自然之音节也。蒙庄分别为三，要皆以自然为宗。故凡词曲，字有平仄，句有长短，调有离合，拍有缓急，其所谓宜不宜者，正以自然与不自然之异在芒忽间也。"他认为词曲的音节是一种自然之物，有着自身的客观规律，"自乐不传于今之世，而声音之道流行于天地之间者，惟词曲一种而已。曲有自然之音，音有自然之节，非关作者，亦非关讴者，莫知其所以然而然"。这里凌濛初强调词曲的音节规律是"莫知其所以然而然"，主要就是为了突出词曲音节规律的自然性，反对作曲者或演唱者以自己的主观意志去任意改变或违背它。那么怎样才能掌握词曲音节的这种自然规律呢？凌濛初认为，对于精通音律者可以不设宫调、不立文字，但对初学者还是"不得不从宫调、文字入"。从宫调、文字等这些具体的规范、技巧入手，最后达到对自然音节的掌握，"从宫调、文字中准之，复从不设宫调、不立文字中会之，而自然之音节自出也"。这与严羽《沧浪诗话》中提倡的熟读名家名篇，"酝酿胸中，久之自然悟入"的做法颇为一致，都是主张通过具体学习和感悟，从而达到出神入化的艺术创作境界。

作为"天籁"之曲，语言上的要求就是要古朴自然、行家本色。根据语言特点的不同，中国戏曲历来有本色派和骈俪派之分。本着古质自然的原则，凌濛初在《南音三籁》中大力推崇的是本色派作品，如《拜月亭》《琵琶记》《白兔记》《牧羊记》等，其中《琵琶记》《拜月亭》被品为"天籁"的套曲分别达二十四出、十二出，占了全书六十一套天籁戏曲套曲的一半多；而像《浣纱记》《香囊记》《红拂记》等被视作骈俪派的作品，就没有任何被品为天籁的曲子。

在对天籁之曲的评点中，明显地体现了凌濛初对词曲本色语言的推崇和提倡。如他尾批《拜月亭》【正宫·锦缠道】一曲曰：“直上、诸余，皆本色语”；眉批《琵琶记》【正宫·雁鱼锦】曰：“不撑达、不睹事，皆词家本色语”；批点《牧羊记》【仙吕·桂枝香】曰：“各末句俱用本色成句，殊近自然，自是元人之笔”。反之，对那些粉饰藻绘、刻意求工的词曲作品，凌濛初则痛加批评。即使是对“本色故饶”的《琵琶记》中的一些藻饰现象，也不轻易放过，“《琵琶》间有刻意求工之境，亦开琢句修词之端，虽曲家本色故饶，而诗余弩末亦不少耳”。凌濛初主张语言的本色当行，对矫正当时曲坛的陋习有重要意义。当时曲坛以梁辰鱼、梅鼎祚为代表的一派，语言崇尚华靡，在曲作中“修饰词章、填塞学问”，把曲作变成了“诗学大成”“群书摘锦”。凌濛初认为，这种“以藻绘为曲，譬如以排律诸联入《陌上桑》《董妖娆》乐府诸题下”，简直是不伦不类，缺乏自然之美。而以吴江派领袖沈璟为代表的一些作家，虽然知道不宜用典故和套语，但他们“审于律而短于才”，内心想作本色俊语而实际不能，最后写出来的只是浅言俚句。凌濛初认为这种以鄙俚为天然的陋习，与修饰词章、以藻绘为曲一样，也不是真正的“本色”。

作为“天籁”之曲，情感上的要求就是要真率自然。他评梁辰鱼【仙吕·月云高】《梦魂初觉》曲曰：“此似男答女前曲者，词意不及前，然亦饶有真色。”又评朱有燉《夜思》曲曰：“调虽落江湖游腔，然自有真色，可喜。”凌濛初所说的“真色”，就是指词曲作品真实地反映了人物的思想情感。与音节的自然，语言的本色一样，这也是凌濛初品评曲作是否为天籁的一个重要标准。像《拜月亭》【仙吕入双调·销金帐】套曲，由于用了“这般萧索”“这般沉疾”“这般磨折”等十二个以“这般”开头的句子，充分展现了人物的内心世界和自然真率的情感，因此得到凌濛初的高度评价，称“此曲诸阕，佳处人皆知之，然其神采，在十二个‘这般’上”，作品也自然而然地被列入了天籁。那么怎样才能惟妙惟肖地刻画出人物的真情呢？凌濛初认为，一是要浅显易晓，不假藻绘；二是要直接道意，使人“一听而无不了然快意”。他在评《拜月亭》时说：“古人云：‘眼前光景口头语，便是诗家绝妙词。’此语于曲更然。如此等曲，不假藻绘，真率自然，所谓削肤见肉，削肉见骨者也。视为易，正自然。”在凌濛初看来，只有用不加雕琢的语言直接描述日常生活的场景，才最能体现真率自然的情感，从而创造出曲家绝妙词。凌濛初认为作曲与为文道理是一样的，为文不真是因为堆砌学问，作曲不近情理是因为藻绘文辞。而当时曲坛使用靡词隐语、僻事怪典的情况却非常严重，能传达人物真情实感的曲作并不多见。在这种情况下，凌濛初提倡戏曲要写“人间一种真情语”，就显得尤为重要。由于文人作品中真情语的缺失，凌濛初向世人指出了一条向民歌学习的道路。他认为，像吴歌《挂枝儿》“直述庸言”，似乎不太高雅，但它“具肖闺吻”，贴近情理，是“真词家上乘”之作。在凌濛初看来，学习这类包含“情至语”的民歌小调，正是疗救词曲缺乏“真色”的良药。

由上可知，《南音三籁》既传播了元明以来的南曲，又为当时的南曲创作提供了严谨的格律规范；尤其重要的是，凌濛初在《南音三籁》中通过对所收散曲的分类与品评，表明了自己对具有自然音节、本色语言和真率情感的“天籁”之曲的追求。

第六章　别出心裁“两拍”问世

演日常之奇为小说

天启七年（1627），48岁的凌濛初又一次赴北京参加乡试，然而仍以失败告终。怀着无限抑郁的心情，他回到南京，开始话本小说《拍案惊奇》的编撰。《二刻拍案奇小引》曰：“丁卯之秋事，附肤落毛，失诸正鹄，迟回白门，偶戏取古今所闻一二奇局可纪者，演而成说，聊抒胸中磊块。”凌濛初希望通过小说的写作来抒写心中郁郁不得志的“磊块”。在此之前，苏州的冯梦龙已经编撰了“三言”，《喻世明言》（又名《古今小说》）大约刊行于天启元年，《警世通言》刊于天启四年，《醒世恒言》刊于天启七年。三部书各收小说40篇，共计120篇。这些小说的来源十分广泛，但最主要的是宋元两代的话本。这些前人的话本经过冯梦龙的加工润色，刻上了明末社会的烙印，反映了当时新兴的市民阶层的思想感情和道德准则，因此出版后受到读者的热烈欢迎。凌濛初《拍案惊奇》的编撰正是受到了“三言”的影响，但困难也是显而易见的，因为宋元话本已被冯梦龙搜罗干净，《拍案惊奇序》曰：“独龙子犹氏所辑《喻世》等诸言，颇存雅道，时著良规，一破今时陋习，而宋元旧种亦被搜刮殆尽。”凌濛初于是另辟蹊径，摭拾古今奇闻异事，自己铺陈敷演，模拟宋元话本进行小说创作。

经过一年多的辛勤创作，第二年《拍案惊奇》即告完成。凌濛初为之写了序言和凡例，表达了自己写实主义的小说理论观。与前人一样，凌濛初追求小说令人惊奇的艺术效果，这从他名小说为《拍案惊奇》就可窥知。但以什么素材去达到这种令人惊奇的效果，凌濛初与前人则有着迥然不同的看法。《拍案惊奇序》曰：

> 语有之："少所见，多所怪。"今之人但知耳目之外，牛鬼蛇神之为奇，而不知耳目之内，日用起居，其为谲诡幻怪非可以常理测者固多也。昔华人至异域，异域咤以牛粪金，随诘华之异者，则曰有虫蠕蠕，而吐为彩缯锦绮，衣被天下，彼舌挢而不信，乃华人未之或奇也。则所谓必向耳目之外，索谲诡幻怪以为奇，赘矣。

绸缎锦衣由蚕吐丝而制成，对一般中国人来说是一种常识，毫不足怪，但对那些没有采桑养蚕业的国家的人民来说，就很难相信如此美丽的丝绸居然来源于一种蠕动的虫。凌濛初举这个例子，就是要说明，"奇"就在日常习见的生活当中，而不必到耳目之外求取。在凌濛初看来，这些现实题材之所以不受重视，那是因为"画犬马难，画鬼魅易"[①]。犬马为人所习见，要画得令人击节称赏，必须逼真传神；而鬼魅人所未见，无绝对客观的鉴赏标准，画者可以随意发挥。凌濛初批评小说家脱离现实而描写鬼怪蛇神，认为这是避难就易。这种写实主义的小说理论在中国小说理论史上有进步意义。唐以前的中国小说，搜神述异，距离实际生活很遥远。唐人小说开始把目光转向现实社会，但其主要描写对象还是那些不经见之事、非凡俗之人，所以称之为"传奇"。而凌濛初则反对搜奇猎怪，要求小说家写普通人的日常生活，认为日常起居中那些不可以常理推测的事情才是真正令人称奇的素材。这种以"常"代"奇"，"常"中求"奇"的思想，就是要求小说描写"闾巷新事"，反映了当时市民阶层想进入文学表现对象行列的愿望。因此，"两拍"的意义就是和"三言"、《金瓶梅》一起，把小说创作从殊方异闻的记述，转向现实生活的描写。这在文学史上是一个重要变化。

就是在崇祯元年（1628）这一年的冬天，《拍案惊奇》刊刻问世了。也许是

① 〔明〕凌濛初：《拍案惊奇凡例》。

考虑到了商业销售的因素，经营着火红印刷业的凌濛初并没有亲自刊行此书，而是把它交给了苏州尚友堂来出版。坊主安少云在扉页上，给首次发行的《拍案惊奇》作了一个很好的广告：

　　即空观主人，胸中磊块，故须斗酒之浇；腹底芳腴，时露一脔之味。见举世盛行小说，遂寸管独发新裁，摭拾奇衺，演敷快畅。原欲作规箴之善物，矢不为风雅之罪人。本坊购求，不啻拱璧；览者赏鉴，何异藏珠。金阊安少云梓行。

从商业角度来看，把《拍案惊奇》视作“拱璧”“藏珠”的广告语，若由作者凌濛初自己来打，显然不合适。凌濛初写作《拍案惊奇》除了宣泄举业失意的苦闷，以游戏笔墨求取精神的慰藉外，实际上也有浓厚的逐利欲望。其《拍案惊奇序》说，冯梦龙“三言”刊行后，“肆中人见其行世颇捷，意余当别有秘本，图出而衡之。不知一二遗者，皆其沟中之断芜，略不足陈已。因取古今来杂碎事可新听睹、佐谈谐者，演而畅之，得若干卷”。因为“三言”大受读者欢迎，书商看到印行类似的书有利可图，就怂恿凌濛初编撰。《拍案惊奇》问世后，果然销路很好，“支言俚说，不足供酱瓿；而翼飞胫走，较捻髭呕血、笔冢研穿者，售不售反霄壤隔也”[①]。销售如此火爆，连凌濛初自己也始料未及，他感叹说：“文岂有定价乎！”于是又在书商的怂恿下，创作了《二刻拍案惊奇》。《二刻拍案惊奇小引》曰：“贾人一试之而效，谋再试之”，“意不能恝，聊复缀为四十则”。所谓的“肆中人”“贾人”，笔者以为很可能只是托辞，实际上是凌濛初自己看到了这种商机而有意为小说。凌濛初在《拍案惊奇序》中批判当时社会风气淫靡，小说创作堕入恶道，“世承平日久，民佚志淫，一二轻薄恶少，初学拈笔，便思污蔑世界，广摭诬造，非荒诞不足信，则亵秽不忍闻，得罪名教，种业来生，莫此为甚！”他申明自己的创作是意存劝诫，不为风雅罪人，“是编矢不为风雅罪人，故回中非无语涉风情，然止存其事之有者，蕴藉数语，人自

① 〔明〕凌濛初：《二刻拍案惊奇小引》。

了了，绝不作肉麻秽口，伤风化，损元气”①。但从我们后面的分析中可知，凌濛初在实际创作中却时常津津乐道于男女情事的描写，这也充分说明他迎合世风而追逐商业利润的心理。

《拍案惊奇》从撰写到印行仅用了一年左右的时间，而《二刻拍案惊奇》的刊刻行世是在崇祯五年（1632）的冬天，距离《拍案惊奇》的问世已有四年。之所以《二刻拍案惊奇》的出手速度比《拍案惊奇》要慢这么多，因为在这四年中除了编撰《二刻拍案惊奇》外，凌濛初还忙于其他书籍的编撰。《拍案惊奇》行世后不久，凌濛初的第四个儿子橐出生了，这是在崇祯元年十一月二十八日。次年，凌濛初埋头于编撰《孔门两弟子言诗翼》，辑录明代徐光启、陆化熙、魏浣初、沈守正、钟惺、唐汝谔六家对《诗经》的评点，以句法、字法、章法来讨论《诗经》各篇，并依据钟惺评本加以圈点。在崇祯三年的春天，这部书问世，“台湾中央研究院”史语所藏有是书的手抄本，即题为“崇祯庚午春季吴兴凌濛初书于遁园之夕佳楼”。当时已中进士的侄子凌义渠、表兄潘湛、长子凌瑔等六人均参与了该书的校阅工作。也是出于商业销售的考虑，凌濛初把是书交给其他书坊刊行。南京大学图书馆所藏是书崇祯三年刻本是由季泰所刻，每页9行，每行20字，白口，四周单边，声明是由凌濛初“手授秘本”。这类评点《诗经》的书在明代很盛行，所以《孔门两弟子言诗翼》刊行后，凌濛初又在此基础上添加了毛传、郑笺，以丰坊诗传冠各篇之首，互考其异同，并在末尾附录丰坊所作《申公诗说》，于崇祯四年前编成了《圣门传诗嫡冢》。这本书编成后，凌濛初非常满意，自以为对圣门传诗的渊源探究，比千百年来率意而为的要高明很多，甚至可以解决千百年来《诗经》的疑案。为了增加这本书的附加价值，打造上市效应，他辗转求到了福建提学副使何万化的序言。何万化《传诗嫡冢序》曰：

> 西吴凌子初成，穷经嗜古，尝以合子夏序为《孔门两弟子言诗翼》，已深玩笃好。更合《鲁诗》毛传、郑笺诠正，以己意名曰《圣门传诗嫡冢》。

---

①〔明〕凌濛初：《拍案惊奇凡例》。

寅长潘昭度先生，其戚也，居闽，尝出示余索序。予始而愕，继而喜，渐觉其义味之有沁于予心也。

何万化，字宗元，上海人，明天启二年（1622）进士。他所说的寅长潘昭度，即潘曾纮，与凌濛初同为乌程人。潘凌两家世为姻戚。据光绪谱，凌濛初祖约言娶随州判官潘应元之女为妻，潘应元为著名水利专家潘季驯伯父，约言卒后，潘季驯有挽诗；凌濛初叔稚隆女嫁潘仲骖之子潘文阳为妻，潘仲骖为潘季驯之兄，而潘曾纮则是潘仲骖曾孙，因此何万化有“其戚”之说。何氏万历四十四年（1616）成进士，历新蔡、商城、高阳三县，天启三年擢兵部主事，崇祯初视学河南，三年迁福建提学副使。①何万化的序作于崇祯四年，而此时潘曾纮亦在福建。那么，凌濛初是自己亲自跑到福建，把书稿交给潘曾纮托其向何氏求序的，还是通过其他途径交给潘曾纮的呢？笔者以为很可能是前者。②因为《墓志铭》提到凌濛初曾游历福建，并与李瑞和交游。李当时尚未显达，凌濛初“阅其文，许以必售”，而李氏为崇祯七年进士，因此凌濛初此次游闽必在崇祯七年前。③正是因为凌濛初忙于编撰《孔门两弟子言诗翼》和《圣门传诗嫡冢》，并出游福建，从而使《二刻拍案惊奇》的问世时间与《初刻》隔了四年之久。

晚明社会的众生相

凌濛初的小说集《初刻拍案惊奇》与《二刻拍案惊奇》（简称“两拍”），是我国最早的文人独立创作的白话短篇小说集，它标志着我国古代白话短篇小说由说话人的集体创作跃进到作家个人的文学创作，由娱乐听众的手段变成抒发作家思想的工具，凌濛初也因而成了我国小说史上最杰出的白话短篇小说家

① 据清同治《湖州府志》卷七二引《昭度府君行略》、范锴《吴兴藏书录》引《湖录》。

② 冯保善《凌濛初史实四考》一文也认为，当时凌濛初就在福建，见《东南大学学报》2001年第1期，第112页。

③ 《墓志铭》记崇祯七年（1634），潘曾纮巡抚南赣，招凌濛初入幕。需要指出的是，此处入幕是赴江西，与游闽是两回事，徐永斌先生误以为同一事，从而认定凌濛初此次游闽是在崇祯七年。

之一。

“两拍”每集40卷，共80篇作品，其中《二刻拍案惊奇》卷二三与《初刻拍案惊奇》卷二三完全相同，卷四〇则为一杂剧，因此“两拍”实有小说78篇。这些小说已不再是宋元旧传话本的收录和改编，而完全是作者据野史笔记、文言小说和当时社会传闻等创作的拟话本，因此它比“三言”更贴近普通百姓的生活，更真实地反映了晚明世俗社会的生活风貌和时代精神。贪官廉吏、文人士子、商人娼妓、少女媒婆、小偷强盗、流氓骗子、尼姑道士等等，晚明社会各阶层人物的群像在“两拍”中都得到了生动的展示。不仅如此，作为独立创作的小说，凌濛初还通过各系列人物形象的描写，表达了自己的吏治观、商业观、人才观、宗教观等。因此，“两拍”不仅是晚明社会的一面镜子，也是窥知凌濛初思想的第一手材料。

据不完全统计，“两拍”中写官小说有40篇，达到“两拍”小说的一半，其中以官吏活动为重要内容的有《初刻》卷一〇《吴太守怜才主姻簿》、卷一一《恶船家计赚假尸银》、卷一二《张知县诛枭成铁案》、卷一七《开封府备棺追活命》、卷二〇《李克让竟达空函》、卷二五《赵司户千里遗音》、卷二六《假天语幕僚断狱》、卷三三《包龙图智赚合同文》，《二刻》卷一《进香客莽看金刚经》、卷一二《硬勘案大儒争闲气》、卷一三《青楼市探人踪》、卷三《权学士权认远乡姑》、卷一一《满少卿饥附饱飏》、卷一五《顾提控掾居郎署》、卷二〇《贾廉访赝行府牒》、卷二一《许察院感梦擒僧》、卷二八《王通判双雪不明冤》、卷三六《王渔翁舍镜崇三宝》等18篇。这些小说不仅塑造了一系列反面和正面官吏形象，而且通过官吏群像的塑造反映了当时社会的黑暗腐败与凌濛初的吏治观。

“两拍”写官小说的大部分是对封建吏治的揭露与批判，它所塑造的反面官吏形象主要是贪官、酷官和淫官三类。贪官们为了实现贪欲，不惜谋通强盗，甚至亲自做贼，其巧取豪夺行为简直令人发指。柳太守是《进香客莽看金刚经》中的贪官，他为掠夺白居易手书的珍贵的《金刚经》，与劫盗为谋，陷害无辜寺僧。杨佥宪是《青楼市探人踪》中的贪官，他不以是非曲直来判断案件，而是按贿赂多少来定夺。他身边专门设有“梯己过龙之人”，也就是专门为他收受贿赂的心腹。张寅为争家产，花五百两银子行贿打官司。杨佥宪答应包管停当，但必须“现过采”，即先交钱后断案。张寅交了钱后，杨佥宪却来不及履行诺言就被撤职还乡。后来张寅去倒赃，他就动了杀人之心，利用自己蓄养的强盗，将张寅主仆五人一并杀害。提点刑狱使浑耀是《王渔翁舍镜崇三宝》中的贪官，他为抢宝镜，竟将白水寺僧法轮活活打死。贾廉访则是《贾廉访赝行府牒》中的主人公，他“做官却做贼”，竟设局骗取亲家的财物，可以想见他在任职期间是何其贪婪。该话本入话中的武进知县也“是个贪夫”。他得知首状中的陈定是个富户，便“要在他身上设处些”，就立时准状，拿陈定到官，监在狱中。后来，又成心“从重坐罪”，吩咐仵作报重伤情，于是将无作有，竟把陈定问了斗殴杀人之罪。柳太守、杨佥宪、提刑浑耀、武进知县的贪私枉法已经到了谋财害命的程度，而贾廉访则亲自诈骗亲家的财物，小说入木三分地刻画了他们贪婪的嘴脸。在“两拍”塑造的贪官形象中，最多的要算是考官形象，这与凌濛初屡试屡挫的科举经历有关。如《韩秀才趁乱聘娇妻》中的试官梁士范极其贪婪，在其案下“中人姓富”，无银钻刺的穷儒韩子文锦绣般的文字只考了三等。又如《初刻》卷四中的蜀地某试官、卷四〇中的主司侍郎、《二刻》卷一九所写掌文衡的也都收受钱财，暗通关节。“两拍”塑造的庸官酷吏在审理案件时，或智力低下、主观臆断，或心胸狭隘、严刑逼供。如《恶船家计赚假尸银》入话中的长洲知县，本已拿住了杀李乙的真凶王甲，后只因有被人买通的死囚承认杀了李乙，便信之不疑，从监中取出王甲，登时释放。正话中的永嘉知县，诬认王生杀了湖州卖姜客，痛棒拷掠迫其成招。若非后来客人自己出现，王生便当病死狱中。《东廊僧怠招魔》中知县认定东廊僧就是杀人之盗，对他“百般拷掠，楚毒备施”，就连原告见受如此之惨却不招，也怀疑有冤。《硬勘案大儒争闲气》中南宋大儒朱熹只因小人一句闲话，说唐仲友并不服气自己，就捕风捉影拘了妓女，严刑逼供，定要她招出与唐仲友的关系，其狠毒令人发指。另外，像《许察院感梦擒僧》入话中的吴帅和正话中的知州，《迟取券毛烈赖原钱》中的合江知县，《两错认莫大姐私奔》入话中的大庾县令、正话中的北直兵马均糊涂昏庸，只知捶打，令清白者蒙冤。“两拍”还塑造了一系列的淫官形象。他们道德败坏，毫无廉耻可言。如《吕使君情染宦家妾》中的吕使君贪图朋友之妾的美色，还在朋友重病期间，就与她眉目传情，丑态百出；朋友死后，尸骨未寒，就迫不及待地与她发生关系，且志得意满，毫无愧色。《赵县君乔送黄柑》中的吴宣教不自尊重，贪淫好色，被人用美人局，扎了火囤去。最后“感了一场缠绵之疾，竟不及调官而终”。

“两拍”也写了许多好官，他们能主持正义，为民申冤，严惩罪犯。如《张知县诛枭成铁案》中判处不孝子赵聪死刑的知县张晋，《姚滴珠避羞惹羞》中打死拐骗妇女的罪犯汪锡的徽州府梁太守，《顾阿秀喜舍檀那物》中抓获劫盗顾阿秀兄弟并把他们问成死罪的薛御史，《李公佐巧解梦中言》中替谢小娥申冤的浔阳郡张太守等。他们聪察非常，碰到疑难案件，能细致调查，不草菅人命。如《假天语幕僚断狱》中林断事“吏才敏捷”“见事精明”，他见井、杜两家，走失妇人而争论不清，料知必有缘故，吩咐手下密访。案情有了眉目后，又设计智审，使骗奸杀人的和尚招出前情。《青楼市探人踪》写“极有才能”的谢廉使，派得力承差，乔装打扮成商人，秘密地把杨佥事残害人命的罪行访了个备细，最后将他绳之以法。《开封府备棺追活命》写“极廉明聪察”的开封府尹李杰，虽然生平最怪的是忤逆之人，但当吴氏告子不孝时，他并没有轻信，而是通过察言观色、心理分析的方法，断定其中有假，最后又以智审清了此案的真相。《甄监生浪吞秘药》写许襄毅公抓住方士玄玄子既然用药毒人，为何不逃这一疑点，求根溯源，认真追查，终于探明了甄监生致死的真正原因，从而纠正了一桩错误命案。他们有的还通情达理，善于权变，爱惜人才。《行孝子不简尸》中的陈大尹见王世名是个孝子，“心里大加矜念”，不仅不拘禁他，而且把申文多写得恳切，以减轻其杀人之罪。《吴太守怜才主姻簿》写台州府吴公弼太守，公平正直，见书生韩子文一表人才，不仅替他审清了案件，成其婚姻，而且“一力举荐”，使其联登甲第。《通闺闼坚心灯火》写秀才张幼谦与罗惜惜未婚私通，张被女方家长捉拿送官，但县宰见张人才俊雅，言辞慷慨，就有心成全他，使他与罗惜惜结成了美满婚姻。《错调情贾母詈女》也写县官重感情，见孙小官仪容可观，说话伶俐，非但不追究其钻穴私通之罪，反而竭力促成他与闰娘的婚姻。《许感院感梦擒僧》中的察院许公断了王禄这件无头公案后，见王禄子侄一皋、一夔年少俊雅，就问他们作何生理，又吩咐他们要安守本分，回家安心读书，不可效前人所为，很有人情味。

通过写官小说，凌濛初对明末封建吏治的黑暗进行了有力的批判。他抨击朝廷公开卖官鬻爵，放任官吏盘剥小民。如《钱多处白丁横带》写到当时只要纳钱，便有官做，“官职大小，只看银子多少”。而且纳钱也有路数，若正经纳钱，不过得个小官，只有拿钱去“私下买嘱了主爵的官人”，才能有大官做。但做官若无倚仗，未必行得去，只有那些“有根基，有脚力，亲戚满朝，党羽四布”的方能根深蒂固，“有得钱赚，越做越高。随你去剥削小民，贪污无耻，只要有使用，有人情，便是万年无事的”。在《青楼市探人踪》中，作者还揭露了地方乡宦横行乡里的黑暗情形：“更有一等狠心肠的人，偏要从家门首打墙脚起，诈害亲戚，侵占乡里，受投献，窝盗贼，无风起浪，没屋架梁，把一个地方搅得荞菜不生，鸡犬不宁，人人惧惮，个个收敛，怕生出衅端，撞在他网里了。”凌濛初抨击官吏之贪酷，其猛烈程度简直前所未有。在《恶船家计赚假尸银》中，凌濛初曰：

> 如今为官做吏的人，贪爱的是钱财，奉承的是富贵，把那“正直公平”四字，撇却东洋大海。明知这事无可宽容，也将来轻轻放过；明知这事有些尴尬，也将来草草问成，竟不想杀人可恕，情理难容。那亲动手的奸徒，若不明正其罪，被害冤魂，何时瞑目？至于扳诬冤枉的，却又六问三推，千般锻炼。严刑之下，就是凌迟碎剐的罪，急忙里只得轻易招，搅得他家破人亡。害他一人，便是害他一家了。只做自己的官，毫不管别人的苦，我不知他肚肠阁落里边也思想积些阴德与儿孙么！

这种对官场黑暗的揭露可以说是相当激烈深刻。《贾廉访赝行府牒》中，凌濛初引用无名氏之诗，讽刺官吏的“贪财无行，诡诈百端”，曰：“解贼一金并一鼓，迎官两鼓一声锣。金鼓看来都一样，官人与贼差不多。”又引用受招安做了官的剧贼郑广之诗曰：“郑广有诗献众官，众官与广一般般。众官做官却做贼，郑广做贼却做官。”通过对杨佥宪、柳太守、提刑浑耀等巧取豪夺的贪酷官吏的塑造，凌濛初在作品中彻底暴露了明末“官即是盗”的丑恶现实。

因为“狱本易冤”，狱情很难测度，所以凌濛初非常强调官员才智的重要性。他说：“世间经目未为真，疑似由来易枉人。寄语刑官须仔细，狱中尽有负冤魂。”认为世间刑狱之事，有许多隐昧之情，作为审案的官吏，不能有半点造次。不能先入为主，动不动就刑讯逼供。在《许察院感梦擒僧》中，作者议论说：“天地间事，只有狱情最难测度。问刑官凭着自己的意思，认是这等了，坐在上面只是敲打。自古道：‘捶楚之下，何求不得？’任是甚么事，只是招了。见得说道重大之狱，三推六问。大略多守着现成的案，能有几个伸冤理枉的？至于盗贼之事，尤易冤人。一心猜是那个人了，便觉语言、行动件件可疑，越辨越像。”作者认为，审案官吏若只靠搁问一节，而无聪明才智，“尽有屈杀了再无处说的”。“两拍”通过一系列对昏酷官吏和聪察官吏的塑造，从正反两个方面表达了这种吏治思想。除了审理案件外，凌濛初还强调官吏的经济之才。在《进香客莽看金刚经》中，他对那些在灾荒中禁止流通买卖来抑制米价的官吏进行了批评：

> 元来大凡年荒米贵，官府只合静听民情，不去生事。少不得有一伙有本钱趋利的商人，贪那贵价，从外方贱处贩将米来；有一伙有家当囤米的财主，贪那贵价，从家里廒中发出米去。米既渐渐辐辏，价自渐渐平减。最是那不识时务执拗的腐儒，做了官府，专一遇荒就行禁粜、闭籴、平价等事。他认道是不使外方籴了本地米去，不知一行禁止，就有棍徒诈害。遇见本地交易，便自声扬犯禁，拿到公庭，立受枷责。那有身家的，怕惹事端，家中有米，只索闭仓高坐；又且官有定价，不许贵卖，无大利息，何苦出粜。那些贩米的客人，见官价不高，也无想头。就是小民私下愿增价暗籴，惧怕败露，受责受罚，有本钱的人不肯担这样干系，干这样没要紧的事，所以越弄得市上无米，米价转高。

由于官吏昏庸，不知市场价值规律，反而给灾荒中的百姓带来了难以想象的灾难。凌濛初认为，官吏要通达时务，应变世情，不可迂腐，只知读“四书”“五经”。这表达了他对有治世之才的官吏的呼唤。

与凌濛初吏治观关系密切的是盗贼观。“两拍”中涉及盗贼人物的有十余篇，它们犹如一面透亮的镜子，映照出晚明国家动荡、官吏横行、盗贼四起、农民起义不断的时代风貌。就这十余篇作品所塑造的盗贼形象来看，主要有四类：盗亦有道、盗亦有才、为官却为盗、被视为盗的起义军领袖。凌濛初对“盗亦有道”“盗亦有才”的赞颂，对“官盗勾结”“恶官即盗”的批判，均表现了其非同一般的进步思想。但凌濛初毕竟是一个长期生活在封建统治旧营垒中的知识文人，因此他对农民起义还是非常仇视的，把农民起义首领视为大盗，大力进行丑化。

一提起“强盗”两字，人们眼前便会浮现出他们打家劫舍、骚扰民众的种种情景，但“两拍”却创作了不少突出表现“盗亦有道”的作品，塑造了鲜明的“盗亦有道”的盗者形象，其中最典型最有代表性的是《乌将军一饭必酬》中的乌将军形象。从阶级成分来看，乌将军是个千真万确的大盗。他独霸小岛，手下有百来个喽啰，整天使枪弄棒，劫财劫色，对社会产生了极大的危害，是百姓和官府的大敌，但作者却将他塑造成了一个知恩仗义的“强盗”形象。作品对乌将军的危害一笔带过，而津津乐道于乌将军对“一饭之恩”的报答。乌将军“身长七尺，膀阔三停”，“身上紧穿一领青服，腰间暗悬一把钢刀，形状带些雄威”。更为奇特的是，“大大一个面庞，大半被长须遮了”。就是没有须的地方，也有寸许长的毛。整个嘴脸全被毛遮住，几乎只剩两只眼睛在外。古人讲求相面术，认为相貌与人的性格、命运有多种联系，奇人必有奇相。凌濛初没有将乌将军形容成凶神恶煞或獐头鼠目，足见其是把乌将军作为骨格非凡的奇人来看待的。在一个大雪纷飞的冬日，苏州商人陈大郎只因一时好奇，想知道乌将军吃饭时如何处理这些胡须，就热情款待了落魄的乌将军。乌将军感其雪中送炭，为酬谢他的这一饭之恩，当时“一一记了”，不敢有忘。当了盗劫首领后，他叮咛手下人“凡是苏州客商，不得轻杀”，并屡次想去探访陈大郎，只因山寨中事多而没有成行。手下误劫得陈大郎眷属，乌将军“忙令各馆别室，不敢相轻”。后来，两人不期而遇，乌将军尽力热情款待，不仅使陈大郎合家团聚，还与陈大郎结成莫逆之交。他对大郎说：“小可不是哺啜之徒，感仁兄一饭。盖因我辈钱财轻，义气重。仁兄若非尘埃之中，深知小可，一个素不相识之人，如何肯欣然款纳？所谓‘士为知己者死’，仁兄果我之知己耳！”他引陈大郎为知己，报以无数金银，助他成了吴中巨富。作为盗贼，乌将军却有着一副豪杰心肠，是一位可钦可敬的义气之士。作者在结尾诗中赞曰：“胯下曾酬一饭金，谁知剧盗有深情。世间每说奇男子，何必儒林胜绿林。”对义盗的推崇之情直透纸面。该话本的入话写的也是一个“盗亦有道”的故事。故事中的强盗虽然打劫过往客商，却“誓不伤人性命”。王生第二次被劫后，向强盗首领哭诉，强盗们便还了些盘缠给他。第三次被劫后，王生感到走投无路，想要轻生。“那大王是个有义气的，觉得可怜他，便道：‘我也不杀你，银子也还你不成，我有道理。’”于是把劫来的一批苎麻给了王生，没想到里面藏了黄金，王生因此发了大财。作者最后议论说：“这个虽是王生之福，却是难得这大王一点慈心，可见强盗中未尝没有好人。”此外，《刘东山夸技顺城门》中不苟言笑武艺超常的十八兄、《伪汉裔夺妾山中》豁达大度通情达理的柯陈兄弟等也都是作品赞颂的有道之盗。可以说，“两拍”中的“盗贼”大多是具有豪侠精神的绿林好汉。

“两拍”对“盗亦有道”这类盗贼形象的塑造和歌颂，是对晚明进步思想的一种呼应。李贽在《忠义水浒传序》中说：“《水浒传》之众，皆大力大贤、有忠有义之人。”他不仅高度赞扬《水浒传》英雄们的忠义行为，而且要求统治阶级也来读《水浒传》，这在当时是违背封建传统观念的异端思想。在《乌将军一饭必酬》中，凌濛初也议论说：“《水浒传》上说的人，每每自称好汉英雄，偏要在绿林中挣气，做出世人难到的事出来。盖为这绿林中，也有一贫无奈，借此栖身的；也有为义气上杀了人，借此躲难的；也有朝廷不用，沦落江湖，因而结聚的。虽然只是歹人多，其间仗义疏财的，倒也尽有。当年赵礼让肥，反得粟米之赠，张齐贤遇盗，更多金帛之遗，都是古人实事。”在凌濛初看来，盗贼们虽来源复杂，但很多人都是因被逼无奈才铤而走险的，其间多有“盗亦有道”者。他们武艺高强，重视义气，并非只是一味地杀人劫财。凌濛初深情地赞扬说：“每讶衣冠多盗贼，谁知盗贼有英豪。”而在以往的历史中，盗贼一直是被贬斥踏在众人脚下的。民间“三教九流”中将盗贼祖师爷盗跖称为“忘八”，即忘记了儒教礼、义、廉、耻、忠、信、孝、悌八字真言之辈；李悝制定的《法经》六篇之中前四篇《盗法》《贼法》《网法》《捕法》都是针对盗贼的；

汉武帝更是制定盗贼课制度以考核地方官吏侦破盗案、捕获盗贼的成绩，若是有盗贼而没有发现，或是发现了没有全部捕获的，从太守到小吏，负责的人都得杀头。就连《水浒传》作者施耐庵在塑造了“水泊梁山”这样一个行侠仗义的盗贼山寨后，最终也只能安排一个悲剧来作为他们的归宿。因此，凌濛初在“两拍”中三番五次站出来为盗贼们辩护，无疑是需要叛逆思想和大胆勇气的。

“两拍”也创作了突出表现“盗亦有才”的作品，塑造了有才智的盗贼形象，其中最典型最有代表性的是《神偷寄兴一枝梅》中的懒龙。他是苏州的一名神偷。虽为偷儿，却正大光明，作案后必留下“一枝梅”的图案。好汉做事好汉当，大有当年武松鸳鸯楼上血书“杀人者打虎武松也”的气魄。他不淫妇人，不入良善与患难人家，与人说话不失信。他仗义疏财，曾说：“吾无父母妻子可养，借这些世间余财聊救贫人，正所谓损有余而补不足，天道当然，非关吾的好义也!”一次见到一个贫穷的朋友，他不但不嫌弃，反而帮他在贪官家偷了个金银匣子，助其大富，而自己却分文未取。真是济人贫苦，赒人之急，扶人之困，堪称“及时雨”。对于贪官，懒龙进行了戏谑性的报复。如无锡知县贪名大盛，他便偷了知县家一匣金银，一分为二藏于来捕他的公差家中，巧妙地堵住了公差的嘴。随后又夜探知县府，剪了知县爱妾的头发，以此告诫。这不仅可见其艺高胆大，而且可见其智力超常。作为小偷的懒龙是一个正面人物形象，作者对他完全是一种赞颂的态度。话本一开始就赞颂曰：“剧贼从来有贼智，其间妙巧亦无穷。若能收作公家用，何必疆场不立功?”话本的结尾诗又赞曰：“世上于今半是君，犹然说得未均匀。懒龙事迹从头看，岂必穿窬是小人!”字里行间充满崇敬之情。作品甚至将懒龙的出身描绘成是其母梦中与神受孕而成，把懒龙渲染成天降奇才，和历代史书中帝王的神奇出生类似。值得注意的是，《喻世明言》卷三六《宋四公大闹禁魂张》也写了一个类似懒龙的神偷宋四公。他拔刀相助了一个被吝啬鬼张员外无辜痛打的乞丐，当晚又去偷张员外家的财宝，得手后避祸于师弟赵正处，但作品接下来写他与赵正内讧斗法的故事。他们虽为同道中人，却彼此假仁假义，明争暗斗，互相陷害，互相拆台。同时他们还公然在东京做歹事，饮美酒，宿名娼，引起社会一片混乱。直至包公出面才使群盗绝迹，地方太平。在这里，作品虽然也描写了宋四公有义气、偷技高超的一面，但总体上仍是把他作为“被战胜”的反面人物来处置的。尽管“三言”的成书大都直接拾取宋元旧篇，但即使是编写，一般也能体现作者的主观意图。从《宋四公大闹禁魂张》来看，冯梦龙在盗贼问题上还是一种封建正统思想，与凌濛初明确赞颂“盗亦有才”有明显不同。

除了懒龙外，“两拍”塑造和赞颂的有才智的盗贼形象还有不少。如《神偷寄兴一枝梅》入话中的剧盗“我来也”，他到人家偷盗了物事，一些踪影不露出来，只是临行时墙壁上写“我来也”三个大字。第二天人家看见了字，检点家中财物，才晓得失了贼。“若无此字，竟是神不知，鬼不觉，煞好手段。”后来，不知怎么，被官府捕着了。他就运用智慧，买通狱卒，晚上放他出去，一连做了六七起盗事，仍在墙壁上留下“我来也”三字。官府不知内情，竟将狱中真的“我来也”放了，而狱卒得了重贿，也不敢说破。作品议论说“如此贼人智巧，可不是有用得着他的去处么?”《刘东山夸技顺城门》中的剧盗十八兄竟然是一个20岁左右的美少年，且打扮得好。他“微微冷笑”，接过刘东山的弓，“左手把住，右手轻轻一拽就满，连放连拽，就如一条软绢带”。而刘东山用尽平生之力却扯不动十八兄的弓。在强逼刘东山留下“骡马钱”时，只见十八兄站在百步外，“正弓挟矢，扯个满月，向东山道：‘久闻足下手中无敌，今日请先听箭风。’言未罢，‘飕’的一声，东西左右耳根但闻肃肃如小鸟前后飞过，只不伤着东山”。如此高超绝伦的武艺，真是天下少有。

神偷剧盗历来是被否定的，但凌濛初却在“两拍”中明确提出：“天下寸长尺技俱有用处”，即便是“鸡鸣狗盗”之辈，也可将其“贼智”“贼技”用来助善除恶、劫富济贫。“若是善用人才的，收拾将来，随宜酌用，未必不得他气力，且省得他流在盗贼里头去了。”像懒龙等人物，“若能收作公家用，何必疆场不立功?”况且那时的朱明王朝朝廷腐败，百姓无以聊生，农民起义此起彼伏，正是风雨飘摇、岌岌可危时期。面对这种危机四伏、一触即发的困境，作为有识之士的凌濛初必思求治，强烈要求朝廷广开门路，尽快选择各方面的真才来报效王朝。但就时代环境而言，要施展自己的才干，做一番经天纬地的事业，舍却科举入仕之路，别无他途。正如凌濛初所说：“而今世上只重着科目，非此出身，纵有奢遮的，一概不用。所以有奇巧智谋之人，没处设施，多赶去做了为非作歹的勾当。”在这里，凌濛初已经把笔触伸向了封建统治阶级的人才政策，指出只重科目的人才选拔制在造就了一大批进士出身的贪官、酷吏的同时，又使得别项人内的英雄豪杰无用武之地。致使懒龙之辈虽身怀绝技，却无自由驰骋的天地，只得以行窃为手段，对腐败的社会制度进行某种意义上的戏谑与报复。能说出如此惊世骇俗的言论，可见凌濛初对当时人才选拔制的批判是何等深刻。这份深刻当然与他胸怀治国平天下之志，却屡遭厄运、试辄不售的科举经历有关。

在凌濛初看来，真正的盗贼是那些恶官，他们为官却为盗，夺人财物，害人性命，比一般的盗贼有过之而无不及。《进香客莽看金刚经》中的柳太守、《青楼市探人踪》中的杨佥宪、《王渔翁舍镜崇三宝》中的提点刑狱使浑耀、《贾廉访赝行府牒》中的贾廉访均是这方面的代表。他们“贪财无行，诡诈百端”，和盗贼狼狈为奸、串通一气，共同迫害人民。所谓的大盗正是这些贪官污吏，正是这些在现实生活中披着各种外衣、道貌岸然的欺压良善之辈。《乌将军一饭必酬》入话中的一番议论，鲜明地表达了凌濛初这一看法：

> 世人最怕的是个“强盗”二字，做个骂人恶语，不知这也见得一边。若论起来，天下那一处没有强盗？假如有一等做官的，误国欺君，侵剥百姓，虽然官高禄厚，难道不是大盗？有一等做公子的，倚靠着父兄势力，张牙舞爪，诈害乡民，受投献，窝赃私，无所不为，百姓不敢声冤，官司不敢盘问，难道不是大盗？有一等做举人、秀才的，呼朋引类，把持官府，起灭词讼，每有将良善人家拆得烟飞星灭的，难道不是大盗？只论衣冠中尚且如此，何况做经纪客商，做公门人役，三百六十行中人，尽有狼心狗行，狠似强盗之人在内，自不必说。

这一连串有力的诘问，撕开了各种戴着“正人君子”假面具的衣冠者的嘴脸，还他们以劫财害命的盗者本相。凌濛初评说懒龙时曾曰：“似这等人，也算做穿窬小人中大侠了，反比那面是背非、临财苟得、见利忘义、一班峨冠博带的不同。”后来的文学家蒲松龄亦在《聊斋志异·梦狼》中愤恨地说道：“窃叹天下之官虎吏狼者，比比也。即官不为虎，而吏且将为狼，况有猛于虎者耶！”“官虎吏狼”“恶官即盗”的确是封建社会政治吃人本质的真实写照。凌濛初赞颂神偷义盗的高风亮节，揭露恶官恶吏的胡作非为、坑害百姓，认为“盗贼中未尝没有好人”，而“为官者中何曾没有窃国大盗”。这样的言论在封建社会中是何其大胆和犀利！

除了指劫夺和偷窃财物之人外，“盗贼”一词在封建社会中还有一个含义，那就是封建统治者对起义者的称呼。作为封建统治者中的一员，凌濛初亦视起义军首领为盗贼，并对他们进行了诬蔑和丑化，其中最典型的是《何道士因术成奸》中塑造的唐赛儿形象。山东唐赛儿起义是明初的历史事实。作品写到了唐赛儿出身的神异色彩，是母亲梦吞神人灵药而孕。她鼓励丈夫铤而走险，也是因为“家道萧索，衣食不足”。她调兵遣将，有非凡的军事本领，使周经历也不得不暗中佩服，“这妇人这等厉害”。攻破府县后，她“就出安民榜子，不许诸色人等抢掳人口、财物，开仓赈济，招兵买马。随行军官兵将，都随功升赏”。不仅释放狱囚，而且言而有信，释放了对攻城有功的朝廷官吏的家眷。因此，城里城外的人，包括地方豪杰都来投她。尽管作品有以上描写，但凌濛初的主观意图却非常明显，他是要把这位起义军领袖刻画成一个淫荡的有妖术的女人。丈夫死后，她与何道士勾搭成奸。当了起义首领后，她又看上了绒线铺里俊俏后生萧韶，“两人打得火热，一步儿也离不得”。她夜夜演习法术符咒，剪纸人纸马，变成真人。她不仅以妖术捉弄前来捉奸的一般游手好闲之辈，而且用妖术所变的二三百纸人马，竖起七星旗号来诱招百姓。作者不但极尽丑诋之能事，而且让这些起义之人一个个都不得好下场。唐赛儿最后是被情人萧韶一刀砍死。作品结尾诗曰：“四海纵横杀气冲，无端女寇犯山东。吹箫一夕妖氛尽，月缺花残送落风。”作品中的另一个起义军领袖何道士更是一个好色淫荡之人。他使计勾引了唐赛儿，占据县衙后，又每夜要奸宿两个好妇人好女子，“标致得紧的多歇几日，少不中意的，一夜就打发出来”。蒋监生的女儿，生得貌美，因被逼迫不过，自缢而死。何道士不仅贪色，而且贪酒贪财，凶残异常。他“时常乘醉打死人，每日又要轮坊的一百两坐堂银子”，使一县百姓“愁怨思乱”，最后被周经历一刀砍下头颅。入话中的樵夫侯元，因贫苦而对石叹息，石君授以法术，想助其富贵，叮嘱他千万不可称兵起事，图谋不轨。侯氏后来违背了诺言，与官军交战，结果自取灭亡。作品对起义军领袖唐赛儿、何道士、侯元等的塑造与丑化，源于凌濛初对朝廷的忠诚与对农民起义的仇恨这一封建正统思想。作者说：“天命从来自有真，岂容奸术恣纷纭？黄巾张角徒生乱，大宝何曾到彼人！”凌濛初视起义为天道难容的悖叛之事。他说：“若是得了道术，辅佐朝廷，如张留侯、陆信州之类，自然建功立业，传名后世。若是萌了私意，打点起兵谋反，不见有妖术成功的。从来张角、徵侧、徵贰、孙恩、卢循等，非不也是天赐的兵书法术，毕竟败亡”，“可见悖叛之事，天道所忌”。在凌濛初看来，得了法术应辅助朝廷，使国盛民安；而起义是“啃聚倡乱”，扰乱清平世界。《钱多处白丁横带》中提到唐末王仙芝、黄巢领导的农民起义，作者就说他们“烧杀抢劫”“劫掠郡县”。因此，凌濛初通过“两拍”虽然喊出了“盗亦有道”“盗亦有才”的叛逆呼声，也对当时“官盗勾结”的现状进行了入木三分的批判，提出了“恶官即盗”的惊世骇俗之言，但同时也陷入了反对农民起义、丑化起义领袖的泥淖而不能自拔。

“两拍”所表现出的这种对起义军及其领袖的攻击、仇视态度，原因是多方面的。首先与凌濛初所处的时代与社会阶层有关。凌家世代簪缨，曾祖、祖父、父亲皆出仕，又都博览群书，雅好文学，他从小接受的就是讲求忠义的儒家思想文化的熏陶。虽然他仕途蹭蹬，精神饱受煎熬，但物质上毕竟还是殷实。况且他生活在物产丰富、商业繁荣的江浙一带，那是产生资本主义萌芽的东南沿海。这使他无法切身体验经济落后地区贫民的一无所有的现状，从而较难理解历史上以及现实中由于走投无路而揭竿起义的农民。尽管受晚明新思潮的冲击，他对腐朽的社会现实十分不满，有变革社会现状的要求，但是他不想作激烈的反抗，甚至惧怕剧烈的社会动荡有可能毁灭自己的理想。从他后来的出仕经历也可看出，他对社会旧秩序表现出的是依恋和维护。作为封建社会的忠臣孝子，凌濛初是不可能作出肯定农民起义这种“逆子贰臣”的行为的。其次，凌濛初反对农民起义，与他爱护百姓、希望安定和平的思想也不无关系。晚明时期，尽管在经济发达的东南沿海一带出现了资本主义萌芽，但整个明王朝基本上还是一个落后封闭、以自给自足的小农经济为主体的封建国家。在这个国家中，农民构成了庞大的社会基础。只要他们安分守纪，社会就不会剧烈地动荡。而一旦发生起义战乱，就会导致土地荒芜、人民颠沛流离。作为仁义爱民的文人，凌濛初不希望民众因社会动乱而陷于水深火热之中。郑龙采在《墓志铭》中说他面对当时兵荒马乱的现实，“慨然有击楫澄清之志”。他后来在上海县丞和徐州通判任上忠于职守，爱民如子，颇有政绩；甚至在命不保夕之际，还向着攻夺房村的部队连呼三声“勿伤我百姓”，最后大口喷血，倒地而亡。这一切都说明了他多么希望社会安定，希望百姓能免于战争之苦。

总之，盗贼是一个富有政治敏感性的话题，作家对盗贼采取什么态度，进行怎样的描写很能体现他的政治观。“两拍”有关盗贼的十余篇小说，虽然也有打家劫舍、谋财害命的盗贼危害社会的描写，但更多的却是对一些所谓的“鸡鸣狗盗”之辈的道义、才智的赞颂，以及对“官盗勾结”“恶官即盗”的批判与嘲讽。而凌濛初对农民起义的仇视、对农民起义领袖的诋毁与丑化，则是时代、阶级出身赋予他的真实烙印。

“两拍”塑造了众多秀才形象，有重情蔑礼的，有才智双全的，更有迷恋功名的。凌濛初一生屡中副车，始终没能过举人一关，因此在这些秀才形象中他倾注了较多的思想情感和理性观念。在重情蔑礼的秀才形象中，最典型的是《通闺闼坚心灯火》中的秀才张幼谦。他与罗惜惜年貌相当，自幼同馆求学，“罚誓必同心到老”。长大后，张幼谦曾作两词一诗寄赠罗惜惜，表达了朝朝暮暮“怎不思量”“愿早成双”的热烈情感。罗惜惜回赠一粒相思子，取其团圆之象、思恋之意。张幼谦把它系在自己贴身的汗衫带子上不时抚摩，真是情真意切。但两人的爱情遭到罗惜惜父母的干预，他们借口待幼谦及第做官后再结良缘，活活地拆散了这一对情侣。在封建势力的阻拦下，张幼谦并没有退缩。他登梯而入，夜夜与罗惜惜相会，并表示要以死抗争，后来当场被捉。在供状中，他却说：“情之所钟，正在吾辈”，表现了反对封建礼教、追求自由爱情的勇敢精神。《闻人生野战翠浮庵》中风度翩翩的秀才闻人生，对爱情的追求也不拘泥于礼法，行为大胆超常。他邂逅年轻貌美的女尼静观后，一发而不可收拾，把她藏到自己姑母家中，后来索性一起歇宿，对未婚同居行为毫不在意。其他如《宣徽院仕女秋千会》中的秀才拜住，他大胆追求婚姻自主，听闻速哥失里小姐自尽身死，就到棺前痛哭，“真是哭得三生诸佛都垂泪，满房禅侣尽长吁”，对恋情可谓忠贞不渝。再如《莽儿郎惊散新莺燕》中的凤来仪，他与张素梅没有当面交谈过，却神交已久，第一次见到张素梅，就向她求欢。可以看出，在爱情生活面前，这些秀才们变得坦然直露，他们不再做各种虚伪滑稽的解说，而是恣情的表白：“姐姐，想杀了凤来仪”，“但得尝尝滋味，死也甘心”。这无疑是对“存天理，灭人欲”的封建伦理纲常的一种有力反击。

“两拍”中秀才们对礼教的蔑视还表现在他们对女性贞节问题的宽容上。他们大都能站在人本主义的立场对女子失贞问题坦然处之。如《酒下酒赵尼媪迷花》中写贾秀才的妻子巫娘子遭到流氓奸骗，痛不欲生，贾秀才不但没有责怪她，反劝她：“不要寻短见！此非娘子自肯失身，这是所遭不幸。”然后夫妻合伙设计，杀了仇人。失身一事不但没有造成夫妻间的隔阂，反而“那巫娘子见贾秀才干事决断，贾秀才见巫娘子立志坚贞，越相敬重”。两人情投意合，白头偕老。封建的贞操观告诫妇女“饿死事小，失节事大”，失节与夫妻感情似乎是无法调和的矛盾，但作者却通过夫妻间的信任和真情，把这二者和谐地统一起来，这在封建社会里确实是很难达到的一种思想境界。再如《吕使君情媾宦家妻》中的史生，他对薛倩一往情深，但薛倩却是妓女。当吴太守问史生“而今假若以此女配足下，足下愿以之为室家否”时，史生回答道：“淤泥清莲，亦愿加以拂拭。”秀才光明正大地娶妓女为正式妻子，这种行为无疑是给那些封建礼教的卫道者一个响亮的耳光。作品通过这些秀才们的思想和行为，表明了明末张扬个性解放、反对程朱理学的新思潮对知识分子所造成的影响。

晚明时期由于资本主义萌芽的发展和社会阶级关系的变化，出现了一场声势浩大的思想解放运动，反对程朱理学的“存天理，灭人欲”，主张顺应人的自然本性去追求物质和精神生活的满足。李贽在《答邓明府》中认为“好色”与“好物”是人的自然本性，是人所“共好而共习，共知而共言”的东西。屠隆在《与李观察》信中也指出男女之欲是人的天性，不论是帝王圣贤，还是凡夫俗子，都不免留心于男女之欲，只是程度有所不同而已。既然是人的本性，那就是合理的，不应该予以人为的限制。当时一大批文人都倡导享乐主义思想，如袁宏道鼓吹人生有五大乐，其中第一乐是“目极世间之色，耳极世间之声，身极世间之鲜，口极世间之谈”[①]。其弟袁中道也有诗宣称：“人生贵适意，胡乃自局促。欢娱极欢娱，声色穷情欲。”[②]类似这样的思想在陶望龄、张岱等人的诗文中也多有表现。总之，晚明的这场思想解放运动，最突出的特点就是对人的自然本性的极度肯定，关注个人的内心情感。为此文学家们纷纷以“情”作武器，主张尊情。汤显祖讲“至情”，他在《牡丹亭题辞》中说：“情不知所起，一往而深，生者可以死，死可以生。生而不可与死，死而不可复生者，皆非情之至也。”《牡丹亭》于是倾力虚构了一个因情而死，然后又死而复生的故事，以彰显上述主题。冯梦龙讲“真情”，在《情史叙》中指出“情始于男女”，是人类社会生存发展的基础，“天地若无情，不生一切物。一切物无情，不能环相生。生生而不灭，由情不灭故。四大皆幻设，惟情不虚假”。这简直是把“情”提升到了哲学的高度，作为一种独立于生命的、宇宙间的一个基本元素来看待了。可以说，晚明士大夫都特别强调情欲，认为只有顺应本性，满足情欲，才能使人感到幸福。

“两拍”倡导个性解放，要求摆脱礼教束缚，肯定人的自然欲望，重视表现真情实感等，正是晚明思想解放运动的产物。值得指出的是，晚明思想解放运动倡导对人的情欲的追求，也给许多士大夫纵欲放荡制造了口实。他们认识不到人的情欲所具有的丰富复杂的社会内涵，只是把人的情欲看作一种原始的生理需求。受此影响，“两拍”中的一些秀才形象也明显带有纵欲色彩。如前面所论述的闻人生曾与众女尼纵情风流，凤来仪宣称“但得尝尝滋味，死也甘心”，都是对明末人欲横流的社会现实的生动写照。再如《陶家翁大雨留宾》中的王生与蒋生见女子美貌而威逼她们随自己而去；《乔兑换胡子宣淫》中秀才刘唐卿追逐美貌的船家女等，这些所谓的男女之“情”中，包含更多的是“欲”的因素。尽管它们也是对“存天理，灭人欲”的伦理纲常的一种冲击，体现了晚明时代的个性解放精神，但这种个性解放更多的不是体现在思想上的解放，而是

① 〔明〕袁宏道：《与龚惟长先生书》，见钱伯城笺校《袁宏道集笺校》卷五，上海古籍出版社1981年版，第205页。

② 〔明〕袁中道：《咏 怀》其一，见钱伯城点校《珂雪斋集》卷二，上海古籍出版社1989年版，第63—64页。

恣意放纵自己的性欲和追求本能的快感。

在中国古代文学作品中，书生大多是一种手无缚鸡之力的柔弱形象，缺乏豪迈与阳刚之气。他们一心只读圣贤书，谦和有理，个性温吞，但是“两拍”中的许多秀才形象却突破了这种个性模式。秀才们的言语行为充满了以往读书人所不具有的干练和豪气，给读者以一种全新的感受。如《酒下酒赵尼媪迷花》中的贾秀才“青年饱学，才智过人”。他得知其妻被流氓骗奸后，气愤而不失理智。当时摆在他面前的是一个非常棘手的难题：既要为妻子报仇，又要保全自家的名声，但罪犯是谁却不知道。由于唯一的知情人是赵尼姑，因此他先做妻子的思想工作，鼓励她去赚赵尼来家，诱其说出奸者卜良，并让其传信给卜良，骗他上贾家幽会，乘机让妻子咬下卜良的舌头。拿到罪证后，贾秀才又连夜持剑直奔观音庵，杀死赵尼师徒，把卜良的舌头放在小尼口里，然后从容不迫地回家，坚信“自有人杀他”。果然，一切都在预料之中，不久卜良即由街坊众人扭获送官，一顿乱棍之下，命丧黄泉。贾秀才借官府之手“既得报仇，亦且全了声名”，一计双雕，全部达到预期目标。凌濛初赞扬他“识见高强”“干事决断”。从他报冤的全过程来看，的确是天衣无缝。他在调查真相的基础上，审时度势，制订周密的计划，并一一付诸实践，充分显示了他过人的智慧和杰出的才华。又如《卫朝奉狠心盘贵产》中所描写的贾秀才和陈秀才，也识见高强，干事决断，所作所为充满豪侠气概。贾秀才是入话中的人物，他心灵机巧，仗义助人。若负债还不起的，他便肯替人赔偿；假若有人恃强，他便出奇计以胜之。李生贫穷，负了寺僧慧空银子一百两，不得已把房子抵了债。得了贾秀才救济后，他前往慧空处赎房子。不料好利趋势的和尚硬说添造了许多房子，要他补大额的账。贾秀才得知后就设计偷了慧空的僧衣僧帽穿戴了，开了他家后窗，嘻着脸调戏对楼大户人家的妇女，“直惹得那妇人焦躁，跑下楼去。贾秀才仍旧脱下衣帽，放在旧处，悄悄下楼，自回去了”。结果慧空被认为调戏人家主母，在李生的原房里立足不得，甘愿以原价奉还。陈秀才则是正话的主人公，而且也是用智赚房。狠心的卫朝奉趁陈秀才放荡不羁、家私耗尽之机，用低价攫取了他的一座价值千金的庄房。一日，陈秀才见河中漂来一具死尸，就设计报复。他让家僮陈禄去投靠卫朝奉，暗中将死尸上取下的人腿带去埋在卫家。

一月后，陈禄出走不归，陈秀才就谎称陈禄是家中逃奴，来卫家索人，挖出人腿，控告卫朝奉杀人，闹着要见官。卫朝奉只得哀告陈秀才息事，甘愿出屋相还。两秀才都是凭着自己的聪明才智，在与邪恶势力的斗争中取得了胜利。“两拍”中最具豪杰气概的秀才要属《伪汉裔夺妾山中》的汪秀才。他权略过人，“见识能作弄强盗”。为了夺回被洞庭大盗柯陈兄弟抢去的爱妾，他乔装成新任游击前往盗薮，去拜会这些连官府也怕三分的巨盗。“汪秀才解带脱衣，尽情欢宴，猜拳行令，不存一毫行迹。行酒之间说着许多豪杰勾当，掀拳裸袖，只恨相见之晚。”大盗见游击如此相待，不仅心服，而且十分感恩。当柯陈兄弟来船中回拜时，汪秀才就留住他们饮酒看戏。等船不知不觉行出数十里时，晓以利害，迫使他们送回了爱妾。一切停当后，汪秀才才道明事情真相。柯陈兄弟这才如梦初醒，不觉大笑：“元来秀才诙谐至此，如此豪放不羁，真豪杰也!”

“两拍”所描写的这种智慧胆略过人的秀才形象，尤其是豪放不羁的汪秀才，完全是凌濛初自己的写照。他生而颖异，12岁进学，17岁被耿定向“目为天下士”。他过人的智慧，甚至在湖州民间传说中也有所提及。传说他曾以敏捷的文思，巧对对子，搅乱了当时大贪官松江知府为庆贺荣升而摆设的百鱼宴。民间传说中，凌濛初不仅智慧过人，而且武艺娴熟。他的家乡晟舍位于太湖南岸，而太湖是强盗经常出没的地方。因此他从小练习武艺，有着过人的箭术，甚至与太湖侠盗“浪里飘”有往来[①]。凌濛初后来的为宦经历，也印证了他的智慧和胆略。在出任上海县丞期间，他“催科抚字，两无失焉”，办理漕运和管理盐场两件事更是体现了他的智慧与才能。办理漕运是件苦差事，在凌濛初之前，许多人都因不能圆满完成任务而受到法律惩罚。凌濛初不仅出色完成了任务，而且根据切身体验，写成了《北输前后赋》。在管理盐场一事上，凌濛初推行井字法，九堆盐为一井，每一井派一场官守之，每堆大小高下如一，较其一堆而知其八，这样不但量定速度快，而且“锱铢无爽”，使灶户、奸商、胥吏均不能从中作弊。至于凌濛初的豪气与胆略，从他后来在房村为官期间所献的《剿寇十策》及招降陈小乙的壮举中可见一斑。当时的陈小乙，自号萧王，占据丰城，

① 钟伟今：《湖州民间文学选》，海南出版社1999年版，第67—75页。

拥众数万，声势浩大。凌濛初却单骑前往陈小乙大营，去劝说他投降。时陈小乙高踞帐中，两旁刀枪林立，然凌濛初毫无惧色，慷慨陈词，最终使对方“俯首感悟”，接受了招抚。这种场面和架势与《伪汉裔夺妾山中》中的描写完全一致。汪秀才深入虎穴，所面临的正是“刀枪森列，形状狰狞”的“一伙大盗”。而“大盗”们对“乃肯自屈”又倜傥又大度的汪秀才，也竞相诧异，共同叹服。凌濛初才华过人，胸怀匡时济世之志，却科举不利，无法施展治世才能，因此曾长叹曰：“使吾辈得展一官，效一职，不出生平筹划以匡济时艰，亦何贵乎经笥之腹、武库之胸邪！”[①]“两拍”创作于他科举蹭蹬，踏上仕途之前，小说对秀才们智慧的歌颂正是流露了凌濛初的怀才不遇思想，而汪秀才的成功则强烈地表达了凌濛初跃跃欲试的济世欲望。柯陈兄弟赞扬汪秀才说：“秀才真宰相器量，能如此不拘小节，决非凡品，他日做了宰相，宰制天下，当念吾曹为盗多出于不得已之情。”向都司说：“有此奇事，真正有十二分胆智，才弄得这个伎俩出来。仁兄手段，可以行兵。”而兵巡道的话更是直接：“不动干戈，能入虎口，取出人口，真奇才奇想！秀才他日为朝廷所用，处分封疆大事，料不难矣。”凌濛初借众人之口夸奖汪秀才，表达的正是自身的理想与追求！

在封建社会中，人们出人头地、光宗耀祖的唯一方式就是读书科举入仕。士子们十年寒窗，为的就是有朝一日能金榜题名，进而享受荣华富贵。因此，与传统文学一样，“两拍”也深入描写了文人士子对科举仕宦的重视与迷恋。最能体现这种痴迷的是《华阴道独逢异客》中的江陵副使李君形象。他在考场上屡战屡败，连续十次不第，也不愿放弃。最后在仙书的指引下用钱买通主考官，才终于榜下及第。李君的这一形象是对当时读书人迷恋功名的真实写照。他们一方面把考取功名作为光宗耀祖和取得荣华富贵的手段，另一方面他们也把考取功名当作验证自己学问的一种方法，李君直到临终还以自己“一生应举，真才却不能一第”为憾事。又如《韩秀才乘乱聘娇妻》，小说中韩秀才说：“我如今也好议亲事了。据我胸中的学问，就是富贵人家把女儿匹配，也不冤屈了他。”他科考“出场来，将考卷誊写出来，请教了几个先达、几个朋友。又自己

---

① 〔清〕郑龙采：《墓志铭》，清光绪谱卷四《碑志》。

玩了几遍，拍着桌子道：‘好文字！好文字！就做个案元帮补也不为过，何况优等？’又把文字来鼻头边闻一闻道：‘果然有些老婆香！’”从他这种酸腐的行径可以看出他对功名的迷恋已经到了走火入魔的地步。在《酒下酒赵尼媪迷花》中，贾秀才劝失贞的妻子不要寻短见，说：“此非娘子自肯失身，这是所遭不幸，娘子立志自明。今若轻身一死，有许多不便。……你死了，你娘家与外人都要问缘故。若说了出来，你落得死了丑名难免，抑且我前程罢了。”这一番劝解之词，虽然体现了贾秀才对贞节观的宽容，但也是因为妻子的死有可能对他的科举仕途造成不利。贾秀才的言语中不经意地流露了他的内心思想，那就是在他心目中，前程科举永远占第一位。尽管凌濛初久困场屋，但他对科举制度始终也没有觉悟。因此，“两拍”中秀才们对科举制度的痴狂，明显带有凌濛初自己执迷不悟的影子。

“两拍”中也叙述了大量女性故事，塑造了众多女性形象，主要有三类：才干智慧型、情爱型和伦理型。这些女性形象不仅是晚明尊重个性自由、主张个性解放的反传统、反理学思想的形象表述，而且体现了凌濛初复杂的妇女观和怀才不遇等思想。“两拍”所塑造的一大批才干智慧型女性形象中，最有亮色的是：独立自主的闻蜚娥、见识高明的陆蕙娘、为社会除恶的剑侠韦十一娘、用智慧为家人报仇雪恨的谢小娥和崔俊臣之妻等。闻蜚娥是《同窗友认假作真》中的主人公，虽身为女子却有优秀男子的才干与智慧。她不仅武艺精熟，而且才学过人。作者在结尾诗中赞扬说：“世人夸称女丈夫，不闻巾帼竟为儒。朝廷若也开科取，未必无人待价沽。”她有独立的意志，这表现在她的择偶上。她根本不顾传统的“父母之命，媒妁之言”，也不讲门第与金钱，而完全凭自己的意志在两个志同道合的异性同学中选择了杜子中。正如小说开场诗说：“从来女子守闺房，几见裙钗入学堂？文武习成男子业，婚姻也只自商量。”闻蜚娥还有社交才干，她不仅女扮男装，四处寻找社会关系，替父亲申明冤情，而且替男同学魏撰之撮合成美满婚姻。晚明著名思想家李贽反对用“条教之繁”和“刑法之施”来限制人的个性，束缚人的自由，主张“顺其性，不拂其能”[①]，也就是

①〔明〕李贽：《焚书》卷三，中华书局1975年版，第87页。

允许每个人有独自的个性，并任其自由发展。“两拍”通过对不守闺房、婚姻上“自商量”、替他人择配的闻蜚娥形象的塑造，对李贽的这种反封建、反传统思想作了文学上的呼应。

陆蕙娘是《张溜儿熟布迷魂局》中的女子，其丈夫张溜儿是一个骗子，常利用妻子的美貌骗人钱财。陆蕙娘因多次劝阻丈夫无果，只好等待时机，“只要将计就计，倘然遇着知音，愿将此身许他，随他私奔了罢”。她见被骗的进京赶考的书生沈灿，人品高尚，态度非凡，志诚软款，是心目中的知音；又通过交谈，得知他是个有根基的人，就果断地把丈夫的骗局和盘托出，让沈灿连夜搬到丈夫找不到的谨密所在，并自媒以从。沈灿两个月后考中了三甲进士，陆蕙娘也就成了诰命夫人。凌濛初赞扬说：“女侠堪夸陆蕙娘，能从萍水识檀郎。巧机反借机来用，毕竟强中手更强。”小说对独具慧眼的识才妇人陆蕙娘的赞颂，实际上表达了凌濛初的怀才不遇思想。这种思想在其戏剧创作中也有深刻体现。其《宋公明闹元宵》杂剧中，能识才学之士周美成的正是身份卑微的妓女李师师。《北红拂》杂剧中，能识李靖和虬髯翁的也是伎女红拂。凌濛初说：“余居恒言，觅有心人，丈夫不若女子，人定以为诞。今观越公、卫公皆命世人豪，乃越公不识卫公，卫公不识髯客；而红拂一伎，遂于仓卒中两识之。且玩弄三人股掌上有余，谁谓其智乃出丈夫下哉！嗟乎！世有具眼，毋致有血气者，徒索钟期于此辈，令明眸皓齿宜登赏鉴之堂，却笑须眉男子不得其门而入也。”凌濛初把识人慧眼归于女子，表现了他对明末黑暗现实的深刻观察和对自己遭际的深深感慨。

《程元玉店肆代偿钱》中共写了十位侠女，其中前九位基本上是唐宋之际小说中的人物，最后一位韦十一娘才是作者倾全力塑造的女侠形象。她剑术绝高，作品不仅描写了她与两位女弟子精妙绝伦的剑术表演，而且通过她与程元玉关于剑术发展史的问答，写出了她高深的剑术理论修养。她料事如神，能预测到为自己代付饭钱的程元玉将遭强盗抢劫。她爱憎分明，疾恶如仇，认为术家所必诛的有五类人：“世间有做守令官，虐使小民，贪其贿又害其命的；世间有做上司官，张大威权，专好谄奉，反害正直的；世间有做将帅，只剥军饷，不勤武事，败坏封疆的；世间有做宰相，树置心腹，专害异己，使贤奸倒置的；世间有做试官，私通关节，贿赂徇私，黑白混淆，使不才侥幸，才士屈抑的：此皆吾术所必诛者也。”她教弟子不用剑术猎取稚兔以充口腹，并诛杀了蜀地贿赂徇私、私通关节的某试官，充分展现了其剑侠风采。小说通过群盗送还程元玉被抢的行李仆马，并拒收谢金，写出了韦十一娘在江湖上的威力和影响。可以说，韦十一娘是作者塑造的既有深刻思想又才干卓著的女性形象。通过这一女性形象的塑造，凌濛初倾吐了对明末黑暗现实的不满，尤其是对不能公正选拔人才的科举制度的不满。

谢小娥是《李公佐巧解梦中言》中的女主人公。在这篇小说中作者赞颂了一大批“赛过男子”的有智妇人，有班婕妤、曹大家、鱼玄机、薛校书、李季兰、李易安、朱淑真、夫人城、娘子军、高凉冼氏、东海吕母、卓文君、红拂妓、王浑妻钟氏、韦皋妻苗氏、孙翊妻徐氏、董昌妻申屠氏、庞娥亲、邹仆妇、秦木兰、娄逞、孟母、黄崇嘏等等。凌濛初说她们“智略可方韩白”，“以权达变，善藏其用”，“多是男子汉未必做得来的”，“是极巧极难的”。而谢小娥是作者专门为之立传的人物。她为了寻访杀害父、夫两家的强盗，女扮男装，遍历江湖，佣工度日。在浔阳郡，她见有出榜雇工者，问是申兰，合梦中所言，就有心投了他家。她冤仇在身，日夜提心吊胆，不仅没露出丝毫破绽，而且用自己的勤勉工作赢得了申兰的信任。看见申兰出没踪迹，又认识旧物，小娥已知他就是杀人凶手，但她仍不动声色，因为另一仇人申春还未露面。一日，趁申春前来饮酒之际，小娥殷勤服侍，把群盗尽皆灌醉，手刃申兰，又叫上平时用心结交的邻人同擒申春。她恐人多抢散赃物，“先已把平时收贮之处安顿好了，锁闭着”，明请地方加封，告官起发。作者借李公佐之口赞道：“誓志不舍，毕竟访出其人，复了冤仇。又且佣保杂处，无人识得是个女人，岂非天下难事！”《顾阿秀喜舍檀那物》中的崔俊臣妻王氏也是一个用自己的智慧为丈夫雪恨的人物。她在跟随丈夫崔俊臣赴任途中，被恶船家顾阿秀兄弟暗算，丈夫被抛入水中，自己被逼作他人之妇。她假意应允，用勤奋料理家务来麻痹恶船家，最后终于逃脱，当了女尼。在庵中，她见到丈夫的绘画真迹，就在画上题词，抒发遭变的伤情。正是这一题咏，使她找到了丈夫，冤情也得以昭雪。由于现实社会的黑暗，注重智慧和才能成了晚明时代进步作家的共同心声。冯梦龙收集历代智慧故事1238则编成了《智囊补》，在序中他指出："人有智犹地有水，地无水为焦土，人无智为行尸。"张明弼在《智囊叙》中也说："天地黝黑，谁为照之？日月火也。人事黝黑，谁为照之？智也。天地之智曰日月火。人心之日月火曰智。"只有智慧才能照亮黑暗的现实，给人以光明。"两拍"对有智妇人和前面所述有智秀才、小偷的赞颂，具有晚明时代的鲜明特征。

受晚明尊情重欲思潮的影响，"两拍"也塑造了众多情爱型女性形象。以"情"为主的女性形象，有《李将军错认舅》中的刘翠翠、《瘗遗骸王玉英配夫》中的王玉英。刘翠翠与金定同窗读书，因此产生深厚的恋情。两人互赠情诗，金定曰："十二栏杆七宝台，春风到处艳阳开。东园桃树西园柳，何不移来一处栽？"刘翠翠曰："平生最恨祝英台，怀抱为何不肯开？我愿东君勤用意，早移花树向阳栽。"当父母因金家贫寒表示反对时，翠翠说："今若不依我，我只是死了，决不去嫁别人的。"在翠翠的抗争下，终于如愿以偿，二人结为恩爱夫妻。但不久战乱，翠翠被李将军掠走，强逼为妾。金定历尽险阻，终于找到翠翠，但两人却不敢相认，只能以兄妹相称。金定相思成疾，翠翠赋诗曰："一自乡关动战烽，旧愁新恨几重重。肠虽已断情难断，生不相从死亦从。"金定死后，翠翠果然也从于地下，做了一对鬼夫妻。王玉英死去已200多年，是一个女鬼。因感激秀才韩庆云收集掩埋自己的遗骨，现身自荐。两人相处一年，情同伉俪，并产下一子。后来，韩秀才感其厚意，竟不再娶。在刘翠翠、王玉英身上，均体现了一种超越生死的情爱观。以"欲"为主的女性形象，在"两拍"中数量也不少。有正面的，如《闻人生野战翠浮庵，静观尼昼锦黄沙弄》中的静观。她在船上与闻人生一见钟情，且主动求欢。尽管她后来与闻人生结为合法夫妻，但在她身上主要体现为一种性欲。也有反面的，如《任君用恣乐深闺》中杨太尉的四位姬妾。她们趁杨太尉外出之际，主动约会馆客任君用，先是轮流与他取乐，后来索性欢爱一处，纵欲宣淫，快活了一个多月。还有《乔兑换胡子宣淫》中的狄氏，当她得知丈夫看上了好友胡生之妻，不但没有半点醋意，反而想办法使丈夫接近胡生之妻，结果丈夫还没有勾搭上胡生之妻，自己倒先看中了胡生。两人一拍即合，放情欢爱。狄氏为了能在家中畅情作乐，就抓住丈夫喜酒好色的弱点，亲自出资让胡生寻觅名妓，绊住丈夫。小说在狄氏和杨太尉的四位姬妾身上反复渲染的并不是什么忠贞不渝的爱情，而是赤裸裸的性欲。情欲并重型女性形象，如《莽儿郎惊散新莺燕》中的杨素梅。她和书生凤来仪两人一见钟情，传话递书，互赠情物，私订佳期。正要欢爱时，却被凤来仪的两位朋友搅散。两人的这种接触基本上体现的是一种情欲，但接下来这种情欲却上升为一种至死不渝的爱情。由于再无约会之机，两人思念日增。当双方家长都给他们订下门当户对的亲事时，杨素梅做好了以死殉情的准备，凤来仪也有了应变的计划，最后有情人终成眷属。

古代人们很早就认识到了文学作品的教化功能。《毛诗序》曰："风，风也，教也；风以动之，教以化之。"又曰："风之始也，所以风天下而正夫妇也，故用之乡人焉，用之邦国焉。"像初唐诗人柳冕等更是将教化思想提到了无以复加的高度，他说："故文章之道不根教化，则是一技耳。"①教化思想可以说深深地扎根于古代文人的心灵之中，凌濛初也不例外。尽管其妇女思想中有很多新的时代气息，但由于这种根深蒂固的教化为先的思想以及小说的说教传统，"两拍"依然塑造了一些代表传统伦理思想的妇女形象。如节妇形象，最典型的是《张福娘一心守贞》中的张福娘。张福娘是个遭夫家遗弃的女子，但她自觉遵守封建礼教，守寡教子，最后因子而贵。这类女性形象既体现了中国传统女性文化中的精神美德，同时也向人们展示封建礼教思想对妇女的奴役与迫害。《行孝子到底不简尸》中王名世的妻子在丈夫死后，表示"君能为孝子，妾亦能为节妇"，立志绝食而死。这种女性形象纯粹是为了宣扬三从四德、因果报应、宿命论等封建思想，体现了时代与阶级的局限性。

然在"两拍"中，伦理型的妇女毕竟是少数，更多的是像陆蕙娘、韦十一娘、闻蜚娥、刘翠翠等闪耀光芒的形象。通过这些女性形象的塑造，不仅生动展示了晚明的个性解放思潮，而且体现了作者进步的妇女观。凌濛初强调爱情婚姻上男女平等，在小说《满少卿饥附饱飏》中，他鲜明地表达了这一观点：

---

①〔唐〕柳冕：《谢杜相公论房杜二相书》，转引自郭绍虞《中国文学批评史》，百花文艺出版社1999年版，第208页。

> 天下事有好些不平所在。假如男人死了，女人再嫁，便道是失了节，玷了名，污了身，是个行不得的事，万口訾议。及至男人家丧了妻子，却又凭他续弦再娶，置妾买婢，做出若干的勾当，把死的丢在脑后不提了，并没有人道他薄幸负心，做一场说话。就是生前房室之中，女人少有外情，便是老大的丑事，人世羞言。及至男人撇了妻子，贪淫好色，宿娼养妓，无所不为，总有议论不是的，不为十分大害。所以女子愈加可怜，男人愈加放肆。这些也是伏不得女娘们心理的所在。

男人可以续弦，女人为何不可再嫁？男人可以宿娼养妓，女人偶有外情也很正常。这种大胆批判封建礼教、主张男女平等、表现人欲的思想，无疑具有民主性和进步性。在这篇小说中，凌濛初还表达了一个鲜明观点：假如男人负女人，以致误人终身的，就应该得到惩罚。

在对众多女性的描写中，“两拍”突出表现与肯定了女性对情欲的积极追求。《闻人生野战翠浮庵》中静观尼一见闻人嘉，便起情思。后来相遇，就主动招惹对方，两人遂相私合。在凌濛初看来这样的事情是人情所致，不应该加以指责。他通过静观的口说：“今年正月间，正在门首闲步，见相公在门首站立，仪表非常，便觉神思不定。相慕已久，不想今日不期而会，得谐鱼水，正合夙愿，所以不敢推拒，非小尼之淫贱也。”《通闺闼坚心灯火》中罗惜惜的情欲也很强烈，是她主动约张幼谦私会，并委身于对方，而且表示若能“极尽欢娱而死，无所遗恨”。当张幼谦有些胆怯时，她说：“我此身早晚拚是死的，且尽着快活。就败露了也只是一死，怕他甚么！”在这些小说中，凌濛初都强调了妇女情欲的正当合理，肯定了她们为满足欲望所采取的大胆行动。这是肯定人欲的晚明启蒙思潮的鲜明体现，对揭露封建礼教的虚伪与脆弱本质也起着一定的进步作用。

从男女平等、肯定情欲的观念出发，作者对那些受情欲驱使而失去贞操的妇女表示了极大的宽容和同情。《两错认莫大姐私奔》写莫大姐背着丈夫徐德与杨二郎私通，又与郁盛有染。她一心想与杨二郎私奔，却错投了郁盛，后又被郁盛卖入娼家。杨二郎被徐德所冤，吃了几年官司，但对莫大姐情意不变。徐德因觉自己冤枉了杨二郎，愿意把莫大姐让给他为妻。徐、杨二人对这个背夫通奸、私奔，又曾沦为妓女的人，均采取了宽容态度。《姚滴珠避羞惹羞》中，姚滴珠私自离家出走，被骗后又与别的男人姘居，但其夫对她非但没有指责，而是"巴不得见她""仍旧完聚"。另外，像《李将军错认舅》《顾阿秀喜舍檀那物》《徐茶酒乘乱劫新人》及《陶家翁大雨留宾》的入话，也都表现了丈夫对失足妻子的同情和宽容，而这实际上也是作者的同情和宽容。

"两拍"中有和尚、尼姑、道士活动其间的小说有20多篇，占有一定的比重。所写的僧尼道士几乎没有一个是好东西，他们不是贪色好淫，就是骗财害命，最后因作恶多端而不得善终。如《酒下酒赵尼媪迷花》入话写静乐院主慧澄受了滕生钱财，帮助其设计诱奸了有夫之妇狄氏。正话中的赵尼姑则不仅替人牵头，有时还趁着绰趣，甚至养了个有姿容的徒弟，陪人歇宿，得人钱财。后又与一个浮浪子弟串通一气，设计玷污了一个正经女子，自己也从中渔色，肆意淫乐，真可谓荒淫无耻、阴险狡诈。《西山观设箓度亡魂》中的道士黄妙修是个色中饿鬼，不仅奸淫了自己的两个徒弟，而且借做法事之名，与寡妇吴氏勾搭成奸，还唆使吴氏告子忤逆，以除去眼中钉。《王渔翁舍镜崇三宝》里的出家人也都是贪财好利之徒。住持因贪财，偷换了王甲施舍在寺中的宝镜；而弟子行者也因贪图钱财，携宝物逃走，害了师傅性命。《夺风情村妇捐躯》写庆福寺和尚广明与太平禅寺和尚大觉均极淫毒，霸占徒弟，拐藏妇女，最后竟为色事动了杀心。《闻人生野战翠浮庵》入话写一和尚装成尼姑奸淫了众多妇女，正话写翠浮庵观主花嘴巧舌，贪恋风月，通同两个标致的后生徒弟，勾引俗客干奸淫之事。《盐官邑老魔魅色》《何道士因术成奸》也集中描写僧道贪钱好色的丑恶行径。可以说，"两拍"中无论是僧还是道，都是贪淫奸邪的色中饿鬼；无论是佛寺还是道观，都是藏污纳垢的罪恶场所。正如凌濛初所批判的："其间一种最狠的，又是尼姑。他借着佛天为由，庵院为囤，可以引得内眷来烧香，可以引得子弟来游耍。见男人，问讯称呼，礼数毫不异僧家，接对无妨；到内室，念佛看经，体格终须是妇女，交搭更便。从来马泊六、撮合山，十桩事到有九桩是尼姑做成，尼庵私会的。”[①]

“两拍”淋漓尽致地揭露和批判了佛、道两教中神职人员的荒淫无耻、虚伪丑恶，向世人揭示了宗教中藏污纳垢的一面。但通过深入考察，可以发现，“两拍”对宗教的这种揭露与批判实际上正是为了维护和宣扬宗教。早期道教的《太平经》把善恶报应概括为“善自命长，恶自命短”，还提出了“天道循环，善恶承负”的思想。所谓承负，即前人惹祸，后人遭殃；前人种树，后人遮荫。在佛教中，因果报应说得到了更为系统的阐发。释迦牟尼宣扬众生所作的善业和恶业都会引起相应的果报，那就是善有善报，恶有恶报。或者是今生作业，今生便受报应；或者是今生作业，下世受报应。因果报应思想可以说是佛道两家所共同宣扬的，而“两拍”中宣扬因果报应的篇目很多。《李克让竟达空函》就讲述了一个好人好报的故事。刘元普凭一封空函，仗义收留非亲非故的孤儿寡母；又把原本买来做妾的名门之后兰孙收为义女；不但为春郎与兰孙义配美满姻缘，还厚葬了他们亡故的亲人。由于刘元普好善高义，上帝增其寿三十，赐其双子，生贵死荣，遗荫后代。《乔兑换胡子宣淫》则讲的是一个恶有恶报的故事。铁生见友人胡生的妻子貌美，思量着与其款曲暗通。哪知友人胡生与自己的妻子狄氏利用他的色念，先已暗中勾搭成奸。胡生宣淫，死于痈疽。不久，狄氏也恹恹成病，饮食不进而亡。而铁生沉迷于酒色，荒淫无度，本是有死之理，但因祖上有荫福蔽之，才逃此大劫，后娶了胡生之妻做续弦。最后，铁生才顿悟到：“我只因见你姿色，起了邪念，却被胡生先淫媾了妻子，这是我的花报。胡生与吾妻子背了我淫媾，今日一时俱死，你归于我，这却是他们的花报。”凌濛初借绣衣公之口道出了他作此话本的目的，“与世人说知，也使知祸福不爽”，希望能以此劝人，“变了好些风俗”。除了人间果报，“两拍”还有在阴间为阳世的善恶受报的话本。《李克让竟达空函》中，刘元普死后被封为都城隍，是为阳间行善之善报；《诉穷汉暂掌别人钱》入话中的张善友妻生前贪和尚之银，死后遍历十八层地狱，却是阴间恶报；《屈突仲任酷杀众生》更是详细描写了阴间的审判惩罚。杀生是佛、道两教共有的戒条，而仲任好杀，害了许多

① 《初刻》卷六《酒下酒赵尼媪迷花》。

飞禽走兽的性命，便被押到冥府受审。他本应被那些受他所害的生灵的冤魂食啖以偿其命，幸他姑父庇护，只让冤魂喝了些他的血解恨。仲任重返阳间后，刺臂取血写经，劝世人放生戒杀，终得善果而终，正应了佛家“放下屠刀立地成佛”之言。

宿命论也是佛教中的一个重要观念，它宣扬人的富贵财禄、姻缘寿限等都是上天注定的。所谓生死由命，富贵在天，是人力所无法改变的。宿命论与因果报应论紧密联系在一起。前生种善因，或是祖上有阴功，此生便能得善果，能享荣华富贵；反之，前生种恶果，或是祖上孽债太多，此生就要受尽人间苦难，甚而做牛做马，为鸡为犬。宗教的这一教义历来被统治阶级利用来安抚民心，以维护他们的统治。他们宣扬老百姓是业因不好，所以命贱，注定要受苦受难；而王侯将相则是业因好，有富贵之命。“两拍”中许多话本宣扬了贫富天定的宿命论思想。在《诉穷汉暂掌别人钱》中，作品虽然描写了百姓的穷困无度，“衣不遮身，食不充口，吃了早起的，无那晚夕的”，也借穷汉贾仁之口说出了社会的贫富悬殊：“有那等骑鞍压马，穿罗著锦，吃好的，用好的，他也是一个世人。我贾仁也是一世人，偏我衣不遮身，食不充口，烧地眠，炙地卧，兀的不穷杀小人!”但作品的主要目的则是宣扬一种宿命论，说贾仁今世受苦挨饿是他前生“不敬天地，不孝父母，毁僧谤佛，杀生害命，抛撇净水，作践五谷”而受到的果报。虽然贾仁以精诚祷告求来了20年的财主命，但具有讽刺意味的是，他悭吝勤苦挣来的家产，结果仍是双手捧还了本主，辛苦养大的儿子也是人家的。到头来，一切都只是在为他人做嫁衣而已。《转运汉遇巧洞庭红》也宣扬了财禄天定思想。入话中金老汉劳碌一生得八百两银子，结果却平白到了王老汉家中，而正话中文若虚一心经商时，却百做百不着，把偌大家私都败尽了。后来无意于做生意了，却连连以奇货赚得巨额利润。这就是作品宣扬的“命若穷，掘得黄金变成铜；命若富，拾着白纸变成布”，一切都是命中注定，强求不得。“两拍”还宣扬功名天定，认为一个人能不能取仕全看命数，才学在其次。在《华阴道独逢异客》的入话中，作品就以七个科场里的故事来宣扬这一观点。有的考生得上科之鬼相助而得第，有的撞着神来相帮以取仕，甚而有人接连三场考试都交了白卷却能考中，作品认为这些都是命中注定有此功名。

而那些命中无此福分的，即使得了考试之题，早做了准备，也是考不中的，即使中了也要被拉下来。功名定数，毫不可强，“从来名人达士，巨卿伟公，再没一个不是有宿根再来的人。若非仙官谪降，便是古德转生”。“两拍”在涉及男女情爱婚姻的话本中，也多有宣扬缘分天定的宿命论思想。如《宣徽院仕女秋千会》中，拜住家道中落，速哥失里的父母势利悔婚，把她许与他人。坚贞的速哥失里在大婚之日上吊而死。拜住闻知后，前去拜祭，速哥失里于是竟活转过来，两人遂成夫妇。作品宣扬的正是“宿世姻缘，他人想拆也拆不散”的思想。《感神媒张德容遇虎》的入话讲的是一个无缘对面不相逢的故事。李小姐与卢生大喜之日，新郎竟把貌美如花的新娘看成了一个大怪物，胆破惊走，李小姐遂嫁与傧相郑生。与此相反，正话中则讲的是一个有缘千里来相会的故事。即使《同窗友认假作真》最后也没有逃脱宿命论的思想，闻蜚娥的择偶采用的是以箭问卦的方式，因为箭最先是被杜子中拾得，所以尽管经历了许多曲折，最后两人还是能结成姻缘。

“两拍”还写到了许多道教方术，其中最主要的是占卜。占卜就是求神预示吉凶。《太平经》曰：“古者圣人问事，初一卜占者，其吉凶是也，守其本也，乃天神下告之也。再卜占者，地神出告之也。三卜占者，人神出告之也。”早期道教以占卜为沟通神意之术，后世道教将其演变而为卜卦、测字、抽签、相面等等。在“两拍”中写了不少涉及占卜之术的话本。如《感神媒张德容遇虎》就写到一个算命老人李知微，星数精妙。凡看命起卦、说人吉凶祸福，必定断下个日子，时刻不差。他与刘生断仕途兴衰，与张、裴两家推算婚期事宜，无一不准，甚是神异。像李知微这样精于算命相术的人物在“两拍”中还有很多，如本卷入话当中的女巫，《袁尚宝相术动名卿》中的相士袁尚宝，《杨抽马甘请杖》中杨抽马夫妇，《唐明皇好道集奇人》中的张果、罗公远等。在《乔势天师禳旱魃》中也写到了那些骗财害人的太保、师娘。文中详细写了一个叫郭赛璞的无赖与一个冒牌女巫勾结行骗，骗得天师的封号，为非作歹，唬弄百姓，拿人钱财，最后被清官狄县令所诛。在此话本里，凌濛初劝人们不要相信师巫邪术，不要被那些香火道士所骗。然而他对占卜本身并不排斥，小说开头就说：“男巫女觋，自古有之，汉时谓之‘下神’，唐世呼为‘见鬼人’。尽能役使鬼神，晓得人家祸福休咎，令人趋避，颇有灵验。所以公卿大夫都有信着他的，甚至朝廷宫闱之中，有时召用。此皆有个真传授，可以行得去做得来的，不是荒唐。”小说结尾还写到狄县令求雨成功之事，这也可从侧面窥知凌濛初的态度。

宗教在明代有着很大的势力和影响，明中叶以后佛、道两大家更是交替成为政治思想舞台上的一种特殊力量。正德时武宗尚佛，嘉靖时世宗崇道，万历时神宗复又信佛。当时，在最高统治者的宠信和重用之下，和尚道士相继成为社会的一个特权阶层，他们被封官晋爵，委以重任，气焰嚣张。许多和尚、道士就利用手中的特权在社会上招摇过市、胡作非为，形成一种特殊的黑暗势力。许多文人对此颇多微词，凌濛初也不例外。在“两拍”中，他用自己的笔对释子道徒的种种洋相丑态、罪孽劣迹进行了不遗余力的揭露、讽刺与批判。在当时的社会现实下，这种揭露与批判具有进步意义，但这并不意味着凌濛初在否定宗教。在“两拍”中，凌濛初攻击的只是宗教中变质的神职人员，而不是宗教本身。作品在批判这些变质的出家人时，往往安排神仙显灵，帮助善良与弱小，指引世人去惩罚“自己门下”的这些恶徒孽生，甚而自己亲自动手“清理门户”。如《酒下酒赵尼媪迷花》中，贾秀才之妻巫娘子遭赵尼姑陷害，贾秀才正是在观音菩萨的托梦警示下才及时返回家里。不但如此，观音菩萨还在梦中点破机关，指示贾秀才报仇之法：“口里来的口里去，报仇雪耻在徒弟。”贾秀才依此法设计，果真杀死赵尼姑师徒，除去恶徒卜良，“既得报了仇，亦且全了声名”。能如此顺利地除恶报仇，可以说主要仗了观音菩萨的暗中相帮。《西山观设箓度亡魂》中那个因奸唆杀的恶道黄知观的伏法，表面上看来是得力于知府李杰的明察秋毫，可故事末却借太清之口，点明黄知观之所以落得被活活打死的下场，全是因为他胡作非为而被太上老君显灵惩罚，知府李杰只是被老君借用的除恶之手而已。在《王渔翁舍镜崇三宝》中，金甲神人甚至亲自出手除恶助善，杀死了欺心盗物的行者，指引善良的王甲夫妻寻得他们命中应有之财。由此可见，在凌濛初的心目中，作恶欺世的只是那些伪善的僧道，宗教本身是无可指责的。即使在揭露和抨击某些僧尼道徒为非作歹的罪行时，他也没有诋毁宗教的正统思想，相反他给这些淫僧恶道安排一个不得善终的下场，正是在宣扬宗教中的因果报应论。

在阶级社会里，宗教总是被统治阶级利用来消磨人民的斗争意志、安抚民心，以维护他们的统治。但从另一方面看，宗教对于维护社会稳定、人民安居乐业的确也起到了不可磨灭的作用。佛道的因果报应说，尽管有浓厚的迷信色彩，但它对约束人的行为、劝人去恶向善也起了一定的作用。因为对于崇尚“仁”“礼”的中国人来说，法律的约束力是薄弱的，道德的约束力是没有保障的。在这种情况下，宣扬善恶因果，让人们有一点对神的敬畏、对地狱的恐惧和对天堂的向往，就具有了特殊意义。凌濛初在“两拍”中以相当数量的篇目来宣扬这一观念，正是想以宗教的因果报应论来教化民众，使其去恶向善，以维护封建社会的稳定和百姓的安定。至于宿命论思想，则完全是糟粕。“贫与富一定不可移，笑愚民枉使欺心计”；“命若穷，掘得黄金变成铜；命若富，拾着白纸变成布”；婚姻“多是氤氲大使暗中主张，非人力可以安排也”；“自古文齐福不齐，随你胸中锦绣，笔下龙蛇，若是命运不对，到不如乳臭小儿、卖菜佣早登科甲去了”。凌濛初在“两拍”中反复宣扬的这种富贵功名天定的思想，只能使民众安于现状，不求进取，听任命运摆布，起到的效果完全是愚民的。这种宿命论思想，也大大影响了“两拍”作品的进步性，使“两拍”作品呈现出非常矛盾复杂的状态。如在《诉穷汉暂掌别人钱》中，作者关注到了百姓穷困，但他又认为这种贫贱是上天注定的。在《华阴道独逢异客》中，作者表达了对科举制的强烈不满，但他最后又把得第与否归结为命运。在婚姻爱情上，“两拍”虽然歌颂了勇敢追求爱情幸福的青年男女，但落脚点最后也还是归于婚姻天定，这就大大削弱了他们的抗争精神。从“两拍”对道教方术的描写来看，凌濛初对方术本身也不反对，只是对那些假巫师假巫婆以此骗财表示切齿痛恨。另外，凌濛初对宗教的禁欲主义也是持肯定态度，在“两拍”中虽然有许多小说表现了对男女情欲的肯定和对妇女贞节观的藐视，但凌濛初肯定的仅仅是凡夫俗子间的情爱欲望，对宗教的禁欲制度还是维护的。在凌濛初看来，佛门净地与道家修身之所都应该是圣洁的，出家人的生活态度应该是十分严肃、端正的，不能沾惹淫秽之事。因而在“两拍”中，只要是破了淫戒的僧尼道徒大多是死于非命，几乎个个都是不得善终。像赵尼姑师徒被贾秀才一剑劈死，黄知观死在公堂的乱杖之下，太素染成遗精梦泄痨瘵之病而亡，何道元甚至只是起了一个淫念，还不曾实干些什么污秽法门的事，便被神将处死，这一切都显示出宗教教规的清正。可见，“两拍”中反映出来的仍是对宗教禁欲主义的支持与肯定。

描写商人与商业活动的作品在“两拍”中也占有相当比重。据初步统计，“两拍”78篇拟话本中，有37篇涉及商人或商业活动的描写，其中以描写商业活动为中心的有两篇，它们是《初刻》卷一《转运汉遇巧洞庭红》和《二刻》卷三七《叠居奇程客得助》。在37篇涉及商人或商业活动的作品中，共出现了80多位有姓名或称号的商人，其中在正话或入话作主人公的有19人，非主人公但描写较多的有21人，偶尔提及的有45人，这在文学史上是空前的。在“两拍”所描写的众多商人形象中，大部分是正面人物。他们忠厚老实，买卖公道；他们对事业的追求执着、顽强，并最终获得了成功。《程元玉店肆代偿钱》中的徽商程元玉“秉性简默、端重，不妄言笑，忠厚老成”，做生意大得利息。一次在饭店中遇一美貌女子，别人都胡言乱语，品头评足，只有他端坐不瞧。当女子无钱付饭费，被店主扭住不放时，也只有程元玉掏出钱来代为清账。当女子要他道出姓名，以便加倍偿还时，程元玉却说：“些些小事，何足挂齿。还也不消还得，姓名也不消问得。”《青楼市探人踪》写掌管红花场庄子的纪老三，“生性梗直，交易公道”，因此许多客人都来找他做买卖，每年替家主挣下千来金利息。《韩侍郎婢作夫人》中的徽商看见一妇女抱着小孩要投水自尽，就挺身而出加以搭救，并赠了二两银子。后来其夫生疑，逼妻子夜间叩门道谢来试他，不想他煞有正经，并无趁人之危的邪念。正文中所写卖饼江溶，也因“老实忠厚”而“生意尽好”。《乌将军一饭必酬》入话中所写王生外出经商，屡屡遭劫，但在其婶母的频频鼓动下，他仍大胆前往，终于平白获得了一注横财，而且“自此以后，出去营运，遭遭顺利。不上数年，遂成大家”。

在“两拍”所塑造的众多正面、成功的商人形象中，最生动、最典型的莫过于文若虚和程宰。文若虚是《转运汉遇巧洞庭红》中的主人公，在国内经商破产，濒临绝境，转而冒险去海外经商。他偶然搭上一艘“拼死”走海道去国外经商的船只。在吉零国，他带去的仅值一两银子的洞庭红却卖得了800多两银子。在回国途中，文若虚又捡到了一只内藏无数珍宝的鼍龙壳，于是顷刻间由破落户跃为大富商。程宰是《叠居奇程客得助》中的主人公，因经商破产，流落他乡。后经辽阳海神指点，先后囤居药材、丝缎、粗布，低价收回，高价抛售，如此仅四五年时间，十多两本银增到五万至七万两。文若虚和程宰在经商事业中，几经曲折，最终大获成功。在他们身上体现了坚韧执着、勤劳营运、老实本分、不取非分之物等优良品质。

"两拍"也描写了一大批反面的商人形象。有癖好女色的，《韩侍郎婢作夫人》中所写徽商因慕色心重，根本不把金银放在心上；《程朝奉单遇无头妇》中的程朝奉心里喜欢的只是女色，见人家妇女生得有姿容的，必要千方百计弄到才住手；《许察院感梦擒僧》中的盐商王禄寻花问柳，结果得病而死。有花钱买官，妄想推剥百姓，卷地皮归家的，如《钱多处白丁横带》中的江湘富商郭七郎。有狠心刻毒，百般昧心取利，用600两银子盘了价值千金的房产的，如《卫朝奉狠心盘贵产》中的卫朝奉。有嫌贫爱富，为赖婚约，生出奸计，状告他人的，如《韩秀才趁乱聘娇妻》中的金朝奉。有凶暴残忍，害死多条人命，私藏强盗的，如《青楼市探人踪》中所写红花场庄主杨佥宪。有薄情厌旧，抛弃妻女的，如《李将军错认舅》入话中的王八郎。

"两拍"不仅刻画了众多形形色色的商人，还写到世人对商人和经商行业的看法。《乌将军一饭必酬》中杨氏对侄子王生说："你到江湖上做些买卖也是正经。"王生欣然应道："这个正是我们本等。"《赠芝麻识破假形》中，马少卿对商人蒋生说："经商亦是善业，不是贱流。"可见当时人们已视经商为正道、善业，毫无鄙薄之意。《叠居奇程客得助》甚至公开宣称，徽州风俗"以商贾为第一等生业，科第反在次着"，经商归来所受待遇以得利多少为重轻。得利多的，亲属朋友尽皆趋奉；得利少的，尽皆轻薄鄙笑。《转运汉遇巧洞庭红》中行商成就的大小也成了价值评判标准。波斯胡宴请商人，座次排名看货物轻重，不论尊卑年纪。这些描写鲜明地体现了明末社会价值观念的变化。

晚明时期由于城市经济的高度繁荣、消费欲望的极度膨胀，抢劫、偷盗、流氓、赌博等不法行为与社会恶习也空前兴盛、泛滥成灾，因此描写社会险恶、批判世风颓败也成了"两拍"的重要内容。《乌将军一饭必酬》入话中的一伙强人，竟一连打劫了王生三次。正话中大盗乌将军的手下不仅抢了陈大郎的妻子、小舅，而且还劫掠了一船烧香客，见搜出的银子太少，就提起刀来吓他们要杀。《李公佐巧解梦中言》中江洋大盗申春、申兰杀了谢小娥父、夫两家数十余人，并席卷两家金银财宝一空。《襄敏公元宵失子》写十来个贼专在节令盛会时，剽窃杀人，“罪状山积，难以枚举”。妇女儿童是他们作案的主要目标，5岁的南陔被拐，17岁的真珠姬被他们抢走轮奸，后又被转卖给牙婆。《顾阿秀喜舍檀那物》中以顾阿秀为首的强盗不仅劫了崔俊臣财物，而且把其家僮、使女尽行杀尽，又沉崔于水中，只留下其妻王氏，逼她做儿媳。《王氏子因风获盗》入话中的王林竟伙同20余人劫走了银子四百锭，正话中的李旺也是偷盗惯家，趁人熟睡时抱走了一匣银子。另外，像《黑衣盗奸生杀》《伪汉裔夺妾山中》也描写了盗贼的不法行为。

“两拍”中有大量描写流氓及其流氓集团的文学作品。晚明时期由于纲纪陵夷，世风日下，“流氓意识和流氓行为以超乎寻常的速度，向社会的各个层面和群体扩散滋长”①。流氓队伍十分壮大，手段卑劣无耻，骗法千奇百怪，给社会造成了极大的不良影响。《姚滴珠避羞惹羞》写了“一个专一做不好事的光棍”汪锡，绰号“雪里蛆”。他四处游荡，设法拐骗良家妇女到隐蔽的住处，然后引那些好扑花行径的浮浪子弟来勾搭。被拐骗的女子非常多，有供片时取乐的，有卖作外宅的，也有卖去为娼的，汪锡以此赚了无数银钱。冯梦龙《增广智囊补》卷下《杂智·狡黠》写到了啮耳讼师和邹老人两个流氓讼棍。他们替人出谋划策逃脱罪行，从中索取巨额贿赂。这两个流氓均被传主凌濛初摄入小说“两拍”中，分别见《恶船家计赚假尸银》《赵六老舐犊丧残生》。邹老人以重金密结刑曹，让他唆使死囚犯承认杀人，致使真正杀人凶手无罪获释，逍遥法外。啮耳讼师为贪求百金的谢礼，一口咬掉了不肖之子的耳朵，让他诬蔑是父亲殴打自己时所为，审案官吏信以为真，当场判决父亲败诉。这不仅是颠倒黑白，而且没有父子伦理。世风之劣，金钱魔力之大，均可想见。还有帮闲型流氓，他们为了捞取钱财，设下圈套，摆下迷魂阵，诱使一些阅历不深、不懂世故的

① 完颜绍元：《流氓的变迁》，上海古籍出版社1993年版，第174—175页。

富家公子上当受骗，以致毁家败产。如《痴公子狠使噪脾钱》中，在姚公子身旁聚集了一百多个帮闲型流氓，他们“献技呈能，掇臀捧屁”，不仅吃着公子的，而且拿了公子的钱去养家糊口。他们引诱公子射猎，高价买下好马好弓；打猎时踏伤田禾，惊失家畜，便事先与受害之家商量好，高估损失价格，一起骗公子的钱互相分成。当姚公子囊中空虚时，他们又诱使公子出卖田产，暗中与买户沟通压低田价，从中落钱。一旦公子田产、房产卖尽，两手空空时，他们就再也不上门了。骗财手段之卑劣，让人瞋目，且有财就热，无财就冷，一切围绕金钱展开，足见当时世风之败坏。

“两拍”中直接写流氓集团做成高明圈套行骗的有6篇。组成流氓集团设局诈骗他人钱财的现象在晚明社会，特别是繁华的江南一带非常普遍，像俗语所称的“提罐”“扎火囤”等，就是当时几种常见的骗局。“提罐”就是以替人炼丹为名设的骗局，“两拍”对此就有一段介绍：“世上有这一伙烧丹炼汞之人，专一设立圈套，神出鬼没，哄那贪夫痴客，道能以药草炼成丹药，铅铁为金，死汞为银，名为黄白之术，又叫得炉火之事。只要先将银子为母，后来觑个空儿，偷了银子便走，叫作‘提罐’。”[①]《丹客半黍九还》中的道士宣传自己能炼丹，只要炼得丹成，便能点铅汞为金，哄骗潘富翁拿出两千金炼丹。不久便设计称说家中有丧事，偷银离开。奸诈的道士还留下一个包来的妓女假称小妾，让其引诱富翁干出昧心之事，趁机把炼丹不成归因于此，并拿此事又敲诈了三百金。“扎火囤”也是一种流氓骗局，先以美色相诱，然后赖人奸骗良家女子，敲诈钱财。对此“两拍”也有一段解说：“听说世上男贪女爱，谓之风情。只这两个字，害的人也不浅，送的人也不少。其间又有奸诈之徒，就在这些贪爱上面，想出个奇巧题目来。做自家妻子不着，装成圈套，引诱良家子弟，诈他一个小富贵，谓之‘扎火囤’。若不是识破机关，硬浪的郎君，十个着了九个道儿。”[②]《张溜儿熟布迷魂局》写张溜儿谎称妻子为寡居的表妹，替她做媒嫁人，待那些慕色的公子与其成了亲，就合一伙棍徒以奸骗良家子女为由，把他们的

① 《初刻》卷一八《丹客半黍九还，富翁千金一笑》。

② 《二刻》卷一四《赵县君乔送黄柑，吴宣教干偿白镪》。

钱财箱笼搜刮殆尽。《赵县君乔送黄柑》中的吴宣教就在类似的色骗之局中吃尽了苦头。还有利用美人设置赌局来诈骗的，《沈将仕三千买笑钱》写两个赌中光棍郑十歌与李三郎，抓住沈将仕好色习赌的特性，设计了七八个美女开赌局，从沈将仕身上骗走了2000多两银子。这些诈骗集团，都是有组织的，团伙分工明确。像这种流氓集团，"两拍"中典型的还有《张溜儿熟布迷魂局》中拐骗了扈家两个儿媳的流氓拐骗集团；《襄敏公元宵失子》中所写的专门抢劫、拐骗、强奸妇女的"雕儿手"流氓集团；《赵五虎合计挑家衅》中专一捕风捉影、挑弄是非，扛帮生事的赵家五虎流氓集团，等等。"两拍"在对这些流氓团伙进行深刻揭露和批判的同时，也真实而生动地反映了晚明社会流氓泛滥的情形。

晚明时期崇拜金钱，近乎迷狂。有一首名为《山坡羊·做好梦》的曲生动地刻画了当时老百姓迷恋金钱的心理："正三更，我做了个好梦……出了几股本钱，置地土，买下庄院，干监生，成乡宦。众亲友齐来瞧看，我家下骡马成群，喜地欢天。我的银钱！被那不成材的妻儿一足蹬散。我的银钱！再想做好梦难上难。"[①]当时还流行着一首《题钱》歌，歌中唱道："人为你跋山渡海，人为你觅虎寻豺，人为你把命倾，人为你将身卖"；"人为你亏行损德，人为你断义辜恩，人为你失孝廉，人为你忘忠信"[②]。对金钱的崇拜伴随而来的是对封建礼法纲常的猛烈冲击，家庭观念、亲缘关系趋于淡薄。《张员外义抚螟蛉子》中刘氏为了金钱把失散多年的侄儿棒打出门，《程朝奉单遇无头妇》中开酒店的李方哥垂涎于"白白送来"的十两银子，竟劝说"有几分姿色"的妻子和一老翁拼作一夜欢。正是在人耻言之的"黄白之物"面前，封建伦常被冲了个七零八落。"人面逐高低，世情看冷暖"这条谚语在"两拍"中时常提及，它一针见血地道出了世态的炎凉。托人帮忙办事，仅靠交情不行，必须好酒好菜招待，因为"酒在口头，事在心头"[③]。赤裸裸的人际利害关系导致趋炎附势、攀龙附凤的社会风气出现。贫者攀富，贱者附贵，成为许多人力图改变自己社会地位的惯用手段。明末清初的董含曾论及这一风气："曩昔士大夫以清望为重，乡里富

① 〔明〕朱载堉：《醒世词》，见路工编《明代歌曲选》，上海古典文学出版社1956年版，第74页。

② 〔明〕薛论道：《林石逸兴》卷五，云南大学出版社2010年版，第189页。

③ 〔明〕顾起元：《客座赘语》卷一《谚语》，中华书局1987年版，第10页。

人，羞于为伍，有攀附者，必峻绝之。今人崇尚财货，见有拥厚赀者，反屈体降志，或订忘形之交，或结婚姻之雅，而窥其处心积虑，不过利我财耳。”[①]“说着钱，便无缘”这条谚语在“两拍”中也屡屡提及。如《杨抽马甘请杖》：“真个‘说了钱，便无缘’，这富子虽与杨抽马相好，只是见他兴头有术，门面撮哄而已，忽然要与他借贷起来，他就心中起了好些歹肚肠。一则说是江湖行术之家，贪他家事，起发他的，借了出门，只当舍去了。一则说是朋友面上，就还得本钱，不好算利。一则说是借惯了手脚，常要歆动，是开不得例子的。只回道是：‘家间正在缺乏，不得奉命。’”又如《转运汉遇巧洞庭红》：“只见张大气忿忿走来，说道：‘说着钱，便无缘。这些人好笑！说道你去，无不喜欢；说到助银，没一个则声。’”这些都生动说明了金钱在人们心目中的至尊地位。无论至亲还是挚友，说到借钱都是万万不行的。

“两拍”直接写贪图钱财，事亲不孝，甚至家族成员间反目成仇的有6篇。《赵六老舐犊丧残生》入话写严公之子怪父教诲，竟打落了父亲两颗门牙。正话写赵聪家财颇饶，其父却因为子做亲，负下重债，不仅衣食无着，还日日为债主所逼。在赵聪不肯分毫通融的万般无奈之下，其父竟做贼偷儿子的东西，结果被儿子用斧劈死。《懵教官爱女不受报》写高广的三个女儿知父亲有些钱财，便争着来孝敬。待父亲把钱财全分给她们而两手空空之时，便把他视作老厌物，推来攮去，没有一家愿意接待。《占家财狠婿妒侄》写刘从善的上门女婿张郎为独占家私，想方设法赶走了刘从善之侄，又想暗算已怀有身孕的刘从善之妾。《青楼市探人踪》写张廪生与庶母幼弟为分家财，互相争斗，构出讼事后，张廪生拿五百金交结官府，妄图独吞家业。另一人物杨佥宪眼红侄儿家财，竟纠合强盗，几次三番想劫财害命，只因对方早有防备而没得手。《张员外义抚螟蛉子》写杨氏为把家私尽予女儿女婿，不但抵死不认亲侄儿，还把他打得头破血流。《行孝子到底不简尸》写专一放债的王良，眼中只认银子，其族叔向他借了二两银子，已还过两倍本银的利钱，他还不肯放过，最后竟把族叔活活打死。

---

① 〔明〕董含：《三吴风俗十六则》，见于德源点校《三冈识略校注》，北京燕山出版社2018年版，第227页。

可见，由于受到商品经济的冲击，在晚明社会亲情关系已被赤裸裸的金钱关系所取代。

多方面的艺术特色

“两拍”不仅为我们展现了一幅幅明代社会现实的真实图景，而且产生了令读者拍案惊奇的艺术效果。而“两拍”之所以能达到这种效果，赢得读者的青睐，是因为它在艺术形式和表现手法上，具有自己鲜明的特色。

凌濛初擅长利用旧的题材，敷演成充满现实气息的富有艺术性的小说。“两拍”中的故事绝大部分都取材于笔记、野史等，但正如孙楷第在《三言二拍源流考》中所说：“凌氏的拟话本小说，得力处在于选择话题，借一事而构设意象；往往本事在原书中不过数十百字，记叙琐闻，了无意趣，在小说则清谈娓娓，文逾数千，抒情写景，如在耳目；化神奇于臭腐，易阴惨为阳舒，其功力实亦等于造作。”利用本事，加工创造，翻陈出新，可以说是“两拍”最大的艺术特色。如《程朝奉单遇无头妇》，本事出于《智囊补》卷一〇中的一则笔记：

徽富商某，悦一小家妇，欲娶之，厚饵其夫。夫利其金以语妇，妇不从，强而后可。卜夜为具招之，故自匿，而令妇主觞。商来稍迟，入则妇先被杀，亡其首矣，惊走，不知其由。夫以为商也，讼于郡，商曰：“相悦有之，即不从，尚可缓图，何至杀之？”一老人曰：“向时叫夜僧，于杀人次夜遂无声，可疑也。”商募人察僧所在，果于傍郡识之，乃以一人着妇衣居林中，候僧过，作妇声呼曰：“和尚还我头。”僧惊曰：“头在汝宅上三家铺架上。”众出缚僧，僧知语泄，曰：“伺其夜门启，欲入盗，见妇盛装泣床侧，欲淫不可得，杀而携其头出，挂在三家铺架上。”拘上三家人至，曰：“当时惧祸，移挂又上数家门首树上。”拘又上数家人至，曰：“有之，当日即埋在园中。”遣吏往掘，果得一头，乃有须男子，再掘而妇头始出，问：“头何从来？”乃十年前斩其仇头，于是二人皆抵死。

原作约300字，只有简单的情节，凌濛初却把它敷演成8000余字的小说，增添了许多细节，使整个故事极富晚明时代气息。小说中富商成了程朝奉，他拥有巨万家私，因此饱暖思淫欲，只要看到有些姿色的，就不管费多少金钱也要把她弄到手。他看中了开酒店的李方哥的妻子陈氏，一时勾搭不上，就决定以钱明买，说：“天下的事，惟有利动人心。这家子是贫难之人，我拼舍着一主财，怕不上我的钩？私下钻求，不如明买。”李方哥见到程朝奉送来的白灿灿的银子，“好不眼热”，但还是有些脸红。当“程朝奉要收拾起银子，便呆着眼不开口，尽有些沉吟不舍之意”。程朝奉早已瞧在眼里，于是就中取了三两多重一锭银子，塞在李方哥袖子里道：“且拿着这锭去做样，一样十锭就是了。你自家两个计较去。”李方哥终于挡不住金钱的诱惑，回家做起妻子的思想工作：

> 李方哥道：“我一时没主意拿了，他临去时就说‘象得我意，十锭也不难。’我想我与你在此苦挣一年，挣不出几两银子来。他的意思，倒肯在你身上舍主大钱。我每不如将计就计哄他，与了他些甜头，便起他一主大银子，也不难了。也强如一盏半盏的与别人论价钱。”李方哥说罢，就将出这锭银子放在桌上。陈氏拿到手来看一看，道：“你男子汉见了这个东西，就舍得老婆养汉了？”李方哥道：“不是舍得，难得财主家倒了运来想我们，我们拼忍着一时羞耻，一生受用不尽了。而今总是混帐的世界，我们又不是甚么阀阅人家，就守着清白，也没人来替你造牌坊，落得和同了些。”陈氏道：“是倒也是，羞人答答的，怎好兜他？”李方哥道：“总是做他的本钱不着，我而今办着一个东道在房里，请他晚间来吃酒，我自到外边那里去避一避。等他来时，只说我偶然出外就来的，先做主人陪他，饮酒中间他自然撩拨你。你看着机会，就与他成了事。等得我来时，事已过了。可不是不知不觉的落得赚了他一主银子？”陈氏道：“只是有些害羞，使不得。”李方哥道：“程朝奉也是一向熟的，有甚么羞？你只是做主人陪他吃酒，又不要你去兜他。只看他怎么样来，才回答他就是，也没甚么羞处。”陈氏见说，算来也不打紧的，当下应承了。

这在原作中不过是“厚饵其夫，夫利其金以语妇”11字，凌濛初却把它铺陈得如此细致。两个男人间的特殊交易，夫妻间的对话，写得如在目前。从脸红，到半推半就地拿了银子，再到大胆地做妻子的工作，细致地写出了李方哥为了金钱而出卖老婆的心理。陈氏从开始有点不愿意，到后来觉得不打紧而应承下来，也有一个心理变化过程。金钱的诱惑力和腐蚀力在这里得到了形象的表现。晚明时代随着商品经济的发展，金钱的作用日益增大。在程朝奉等商人看来，人世间的一切都是商品，都可以买卖，人与人之间的关系完全是赤裸裸的金钱关系。“而今的世界，有甚么正经？有了钱，百事可做。”[①]在这种金钱至上或是拜金主义面前，传统的伦理道德受到强烈的冲击。原先极被看重的女子贞操，已经不值一提。李方哥“就守着清白，也没人来替你造牌坊”这样的话，正是晚明时代物欲横流而礼教松弛的形象反映。

凌濛初在创作“两拍”时确实是充分调动了他丰富的生活经验，并在构思上花了大功夫。《转运汉遇巧洞庭红》的本事也不过五六百字，而且一开头就把从事海外贸易者称为奸商。凌濛初更换了主人公的姓名和籍贯，添加了许多人物，虚构了许多生动的细节，从而把它敷演成了情节曲折、首尾连贯、意趣横生的13000余字的小说，而且小说对商人的看法与原作截然不同，烙上了晚明时代新的商业价值观和道德观。其他如《伪汉裔夺妾山中》《许察院感梦擒僧》《错调情贾母詈女》《襄敏公元宵失子》等，本事也不过数百字，但在“两拍”中都成了构架曲折、生活气息浓郁的万言上下的令人称奇的小说。这是真正意义上的创作，与“三言”仅是宋元旧本或明代话本的编选迥然不同。

话本小说一般由入话、正话、结尾三个部分构成。正话是小说的主要故事，正话之前先引几首诗词或讲一个小故事，以引起正文，这叫作入话。正话之后，往往以一首诗总结故事主题，或以“话本说彻，权做散场”之类套话作结。作为拟话本，“两拍”继承了话本小说的这一体制，但又有新的创造和发展。如宋元话本小说中的入话，目的是延缓开场时间以招徕更多的听众，所以有时与正话不一定有密切的关系。但“两拍”中的入话则已经成为小说中不可或缺的有

① 《初刻》卷二二《钱多处白丁横带》。

机组成部分，它们是对正话主题的烘托与反衬。如《华阴道独逢异客》的入话中写了七个科场里的故事，与正话中江陵副使李君的故事相类，都在说明“人生只有科第一事，最是黑暗，没甚定准的”。又如《钱多处白丁横带》的入话讲的是唐朝李德权由仆射沦为养马人的故事，正话中的郭七郎则由刺史沦为艄公，它们都用来证明“荣枯本是无常数”这一主题。再如《恶船家计赚假尸银》的入话与正话讲的都是人命案，前者是真人命案，凶手反被贪官开脱，后者则是假人命案，无辜者却险遭诬陷，两个故事都在说明吏治的黑暗。“两拍”中入话与正文思想内容统一的这种实践，在后来的拟话本小说中基本定型。

“两拍”不仅善于利用入话中的故事来烘托与反衬正话的主题，而且通过叙述者对入话和正话故事的反复评论来进一步深化小说主题。“两拍”中的小说往往先以诗词引起议论，然后是一个简短的入话故事，再接以一段评论，此后才是正话故事，最后以一段总评收结。这种叙事方式在“两拍”中相当稳定，形成了一种独特的叙述模式。在这一模式中，不仅入话故事与正话主题一致，而且这些故事都包裹在叙述者的评论之中，反复的主观判断使得小说故事叙述的主旨更为明确。如上述《恶船家计赚假尸银》一篇，入话和正话故事的主题在作品一开始的长篇议论中就定下了。叙述者明确说：

> 如今为官做吏的人，贪爱的是钱财，奉承的是富贵，把那“正直公平”四字，撇却东洋大海。明知这事无可宽容，也将来轻轻放过；明知这事有些尴尬，也将来草草问成。竟不想杀人可恕，情理难容。那亲动手的奸徒，若不明正其罪，被害冤魂何时瞑目？至于扳诬冤枉的，却又六问三推，千般锻炼，严刑之下，就是凌迟碎剐的罪，急忙里只得轻易招成，搅得他家破人亡，害他一人，便是害他一家了。

接下来入话与正话所讲的人命案，都是为了突出这一主题。而且在正话之后，叙述者又总结说：“所以说，为官做吏的人，千万不可草菅人命，视同儿戏。假如王生这一桩公案，惟有船家心里明白，不是姜客重到温州，家人也不知家主受屈，妻子也不知道丈夫受屈，本人也不知自己受屈，何况公庭之上，岂能尽照覆盆？慈祥君子，须当以此为鉴！图圄刑措号仁君，吉网罗钳最枉人。寄语昏污诸酷吏，远在儿孙近在身。”这一尾评再次强化了小说的主题。小说主题明确也说明“两拍”是文人的独立创作，这与“三言”中集体创作的话本有显著区别。“三言”之《宋四公大闹禁魂张》的正话，通过曲折生动、扣人心弦的故事情节，竭力铺写盗贼的智慧，字里行间都让人感觉作品是在歌颂这群与官府作对的盗贼，但小说结尾却说：“这一班贼盗，公然在东京做歹事，饮美酒，宿名娼，没人奈何得他。那时节东京扰乱，家家户户，不得太平。直待包龙图相公做了府尹，这一班贼盗方才惧怕，各散去讫，地方始得宁静。”这显然又是在批判盗贼。小说结尾诗曰：“只因贪吝惹非殃，引到东京盗贼狂。亏杀龙图包大尹，始知官好自民安。”除批判盗贼、企盼好官外，结尾诗显然也是在批评贪吝。而且批评贪吝这一主题，不仅在结尾诗中提到了，开场诗更是只强调“恤寡周贫莫吝财”，入话中的关于石崇的故事也只在说明“财多害己”，正话中禁魂张员外之所以会引来盗贼也是因为吝财。总之，这篇小说的主题很不明确，既有歌颂盗贼和批判盗贼的矛盾，也有批评贪吝、批判恶官不能治盗等思想。而凌濛初《神偷寄兴一枝梅》的两个入话故事和正话都是在歌颂盗贼的智慧，小说的开场诗、入话故事后的议论以及尾评，包括尾评中的结尾诗，也都是扣牢这一主题来发议论，感叹当时社会不善用人才，以致有才之人流落为盗贼，借此表达了作者自己怀才不遇的思想。因为有了叙述者的反复议论，再加上实例证明，所以小说主题非常鲜明，这可以说是“两拍”的又一重要特色。

叙述者反复的主观判断不仅使作品的主旨更为明确，而且也使作品呈现出鲜明的议论化倾向。凌濛初在《拍案惊奇凡例》中就说：“是编主于劝戒，故每回之中，三致意焉，观者自得之，不能一一标出。”与“三言”相比，“两拍”明显增加了议论成分，开场诗后或入话、正话故事后，动不动就是长篇议论。当时社会的各种问题和世风世相，如吏治的黑暗、科举的不公、验尸的弊端、道学的虚伪、道术的荒谬、僧道的胡作非为、男女贞节观的不平等、崇拜金钱的风气等等，都成了“两拍”小说的议论对象。这些议论，有的感情充沛，汪洋恣肆，有排山倒海之势，如《转运汉遇巧洞庭红》入话前的议论；有的口吻严肃，议论迂回，对社会黑暗的批判极其深刻，如《乌将军一饭必酬》入话前的议论；有的娓娓道来，融抽象的道理于形象的叙说之中，如《刘东山夸技顺城门》引诗后的一番议论。“两拍”不仅有包裹在故事外的议论，而且在故事的叙述过程中也穿插有议论。如《闻人生野战翠浮庵》写静观女在翠浮庵看到闻人生风度翩翩，萌生爱恋，但想到自己已是出家人，因而感叹落泪。这时作者插入了一段议论：“但凡出家人，必须四大俱空。自己发得念尽，死心塌地做个佛门弟子，早夜修持，凡心一点不动，却才算得有功行。若如今世上，小时凭着父母蛮做，动不动许在空门，那晓得起头易，到底难。到得大来，得知了这些情欲滋味，就是强制得来，原非他本心所愿。为此，就有那不守分的，污秽了禅堂佛殿。正叫做‘作福不如避罪’。奉劝世人，再休把自己儿女送上这条路来。”这种包裹在故事内的议论与故事外的议论互相映照，更增添了“两拍”的议论色彩。

话本的叙述者是“说话人”，整个故事都由他用第三人称全知视角进行讲述。事件的前因后果、线索的来龙去脉、人物的一生行事等都要向听众交代得一清二楚。作为文人独立创作的拟话本，“两拍”在叙述方式上有时有意采用限知视角，来增强叙事的吸引力，以求取得“拍案惊奇”的效果。如《丹客半黍九还》，小说是在写一个富翁因好丹术而上当受骗的故事。如果仅着眼于交代故事情节，则只需叙述丹客怎样设计骗人就够了。但为了保持故事的神秘性，引起读者的好奇心，小说却有意从富翁一方叙起，通过富翁的见闻感受来展开故事。这位富翁偶遇一阔人带着美妾在西湖上花天酒地，不禁动了艳羡之心。经过打听，得知该阔人居然能点铅成金，于是他便将阔人邀至家中，待为上宾，并拿出2000两银子供其烧炼。忽一日，阔人得知老母去世，急忙丢下小妾，赶回家去。富翁则乘机与其小妾在丹房偷情。十天后，阔人回来，打开丹炉，大吃一惊，断言有人在此做了交感污秽之事，导致丹银变成了糟粕。其妾被责打不过，只得招认了偷情之事。阔人不依不饶，富翁只好再拿出300两银子来赎罪。自此以后，富翁又数次上当，以致流落异乡，无钱归家。到这里为止，读者仍然不知道那个阔人与小妾是在骗人。直到有一日，富翁看到船上有个美人活像那个阔人的小妾，正感疑惑，不料她竟主动差人把富翁叫去，说自己原是妓女，当日是与阔人一起设局，特意来骗他的，并赠给富翁三两银子，告诫他：

"此后遇见丹客，万万勿可听信。"富翁至此才如梦初醒。由于限知视角的巧妙运用，极大地增强了叙事张力，整个故事因而显得扑朔迷离，悬念丛生，非常吸引人。又如《沈将仕三千买笑钱》写一伙赌中光棍，结成一帮党羽，再邀上几个妓女，设成一个赌局，骗了沈将仕3000两银子。但故事照样不是从骗子的角度写，而是从沈将仕的所见所闻写。在骗局未揭开前，沈将仕一直处在未知状态。从池边唤马，到宅内留宾，再到阁中聚赌，一切都显得特别真实。沈将仕即使输掉了3000两银子，也不曾怀疑这是人家装成圈套在骗他。他再次赴约，见原先的宅院已人去楼空，也还半信半疑。直到屡屡吃闭门羹后，才确信是被人骗了，故事因而显得神奇莫测。其他如《赵县君乔送黄柑》也是善于利用限知叙事来制造奇趣动人的效果。《恶船家计赚假尸银》中，作者还有意将原来见于《夷坚志补》卷五《湖州姜客》的顺序故事改为倒叙。《湖州姜客》叙卖姜小贩与王生发生争执，被殴打得昏死过去。王生害怕，待其苏醒后，以礼送之。小贩在回途中与船家道及此事，而船家正好看见水上漂来一具尸体，遂生恶心，骗得小贩东西，谎称小贩已死，以此敲诈王生。而《恶船家计赚假尸银》则略去了小贩与船家相遇一段，直接叙述船家前来敲诈，此后仆人怀恨告发，王生深陷牢狱，染上大病，眼看就要死了，这时候小贩出现，事情才真相大白。这样的叙述，就使得该故事读起来诡奇难测，引人入胜①。

为了吸引读者，"两拍"非常善于利用巧合、奇遇或误会，把故事编得奇巧曲折，摇曳多姿。如《转运汉遇巧洞庭红》写文若虚在国内经商屡屡折本，偶然随商船出海，带上一篓洞庭红橘，居然在国外卖得了上千两银子。回国途中，不想船只又被风暴刮到一座荒岛。他到岛上散闷，无意中却发现了一只奇大无比的龟壳。出于好奇，他就将龟壳捡回，准备当床使用。谁料波斯商人发现这只龟壳后，竟不惜以50000两银子买下了它。原来，此龟壳是鼍龙壳，它的肋节中竟长有24颗寸许大的夜明珠。整个故事充满了一连串的巧合与奇遇，致使情节奇幻莫测，妙趣横生，富有传奇色彩，生动地反映了当时沿海一带商人渴

---

① 纪德君：《"拍案"何以"惊奇"——"两拍"传奇艺术论》，《中山大学学报》2005年第6期，第32页。

望到海外经商发财的奇思梦想。《陶家翁大雨留宾》写在京应试的王公子，夜间经过一小宅时，见隔墙丢出了一块上书“夜间在此等候”的瓦片，觉得事有蹊跷，就在瓦背戏写上“三更后可出来”，仍丢回墙内，结果把一个打算与他人私奔的美丽女子变成了自己的妻子。后来王公子被迫离开京城，随父赴任。妻子在京久候不至，就携银南下寻夫。没想到未到夫家，盘缠就已用尽，不得已沦为扬州官妓。两年后，王公子因会试途经扬州，在乡试同门的宴席上，与她相遇，夫妻终于团圆。这不过是一个入话故事，作者也通过巧合与误会，把它写得曲折动人。其他如《同窗友认假作真》《程朝奉单遇无头妇》《错调情贾母詈女》《两错认莫大姐私奔》等也都善于用巧合、奇遇或误会来编织情节，以使人“耳目生奇”。

“两拍”善于运用一些小道具来勾连故事，使情节奇巧多变。如《顾阿秀喜舍檀那物》就是抓住一屏芙蓉画，来巧妙安排，精心敷演。作品写崔俊臣携妻赴任，途中遇劫，夫妻离散。妻子王氏栖身尼庵，恰逢顾阿秀将芙蓉画布施给庵主。王氏认出正是自家被劫之物，就在上面题诗一首，以寓冤情。接着，芙蓉画被富商郭庆春买去，转赠给喜爱字画的高御史，于是被正巧在高家的崔俊臣看到，知是妻子王氏所为，就向高诉说冤情。高即循迹追踪，终得王氏下落，又查明布施之人即为劫盗，让其得到了应有的惩罚。最后，高向崔氏夫妻讲述芙蓉画故事，使两人当场相认。作品以芙蓉画为线索，使人物故事前后勾连，相互承应，形成了一个有机的结构整体，令人拍案叫绝！[①]《二刻》卷三六《王渔翁舍镜崇三宝》则是通过一面古镜来兴发波澜，推动情节发展，造成令人称奇的效果。小说写渔翁王甲一日在水中得到了一面古镜，从此财物不求而至。先是得到了两颗石子，被胡人以三万缗的高价买走。后又有两个道士来他家求宿，一夜之间变成了金人和银人。于是本分不贪的渔翁夫妇决心把它舍于寺庙，但住持却是一个贪婪奸诈之人，铸起假镜供在佛座，却将真镜归了自己。于是住持日富，王甲日贫。无奈之下，王甲要求归还古镜，但拿回的是假镜，仍旧贫穷。而住持的富贵却引来了与他一样贪婪的提点刑狱使浑耀，由于哄骗不出

① 纪德君：《“三言”“两拍”结构艺术新探》，《广东社会科学》2001年第1期，第152页。

真镜，浑耀竟将住持活活打死。住持的徒弟也是贪婪之人，趁乱携镜出逃，被金甲神人正法。金甲神人托梦王甲，让王甲去某处取回古镜。王甲没有取回古镜，却得到了一车宝物。最后金甲神人再度托梦，揭示古镜乃神天之宝，现仍归天上，那车财物正是古镜所聚，以报王甲一生好善。由于古镜这个道具的巧妙运用，整个故事不仅情节峰回路转，层折生奇，引人入胜，而且深刻揭示了人性的贪婪以及官即是盗的明末黑暗现实。其他如《进香客莽看金刚经》中的“金刚经”、卷三《权学士权认远乡姑》中的紫钿盒盖子等，也都是借用一件小道具来生发、勾连、绾合故事，致使情节曲折奇巧，充满戏剧性和趣味性。

早期的话本为吸引听众，往往在情节的曲折上下功夫，而不太注重人物性格的刻画。“两拍”作为凌濛初独立创作的拟话本，在注重情节的同时，也善于刻画人物。如“三言”中的《宋四公大闹禁魂张》，情节不可谓不曲折，但宋四公给人的印象不过是一个凭借智慧盗取钱财、大把消费的恶盗。而“两拍”中的《神偷寄兴一枝梅》同样写盗贼的智慧，人物性格却更为丰满完整。懒龙有神奇的出身，这使他的偷技有了合理的解释。他不入良善患难之家，许别人的事情从不失信，将偷来的东西随手散于贫穷之人。他虽然喜欢戏谑无义富人、无行官吏，但有时迫于义气，也会为他们做事。他曾为治行贪秽的吴江知县盗取了御史的印信，但当他感觉到御史敏捷聪察、正直为民后，又对知县忠言相谏，劝他还了印信。小说通过一系列的事件和言行，塑造了一个血肉丰满的神偷形象。“两拍”对《转运汉遇巧洞庭红》中文若虚的刻画更加细致鲜活。文若虚本是一个善良聪明的破落户子弟，虽然琴棋书画件件粗通，但对经商并不在行。所以小说一开始，写他百做百不着，经营什么亏什么。他跟着张大等出海，本意只在“看看海外风光，也不枉人生一世”，这很符合他的身份和性格。他对世态人情有一定的了解，所以当张大说要和众人商量帮助他置办些东西时，他并不乐观，说：“只怕没人如兄肯周全小弟”，后来果然是“说到钱便无缘”。他买洞庭红除了自己解渴，也是为了“可分送一二，答众人助我之意”。这也说明他乖巧懂人情。他之所以会一人去逛荒岛，与他作为文人“想看看海外风光”的闲情雅致有关。而他之所以拖来巨大的龟壳，除了人的好奇心外，也与他喜欢艺术善于审美的文人情趣不无关系。在文若虚的脑海里，已把这个乌龟壳，设计成了两张床。当波斯商人问他这个龟壳要卖多少钱时，他“其实不知值多少：讨少了，怕不在行；讨多了，怕吃笑。忖了一忖，面红耳热，颠倒讨不出价钱来”。当众人劝他“不如开个大口，凭他还”时，他还是“碍口识羞，待说又止”。小说把文若虚这样一个没有经商经验而又老实厚道的人物形象刻画得栩栩如生。当然，作为市民文人，文若虚并非毫无心计。当吉零国人疯狂抢购他的洞庭红，而洞庭红又所剩不多时，他也会拿班作势，说不卖了，要留着自己吃，从而抬高价格。当龟壳以50000两银子成交后，他嘱咐别人说：“船上人多，切勿明言！小弟自有厚报。”船上人问他卖了多少钱时，他“只不做声，一手提了包裹，往岸上就走”。最后，他将卖洞庭红所得的银钱，送每人十个，“止有张大与先前出银助他的两三个，分外又是十个”。同时又把波斯商人所出的1000两用钱作了合理分配，使得“众人千欢万喜，没有说话”。通过这些细致入微的描写，文若虚的形象显得十分丰满鲜活。[①]其他如《李公佐巧解梦中言》中的谢小娥形象、《女秀才移花接木》中的闻蜚娥、《崔俊臣巧会芙蓉屏》中的女主人公王氏，也都写得具体细致、入情入理。在刻画人物形象时，“两拍”还善于运用对比的手法。如《硬勘案大儒争闲气》写朱熹身为道学家，却心理卑劣，为报私仇，竟然诬陷台州太守唐仲友与妓女严蕊有私。而严蕊身为妓女，却人格高尚，在严刑拷打之下，也不信口妄言。两相对照，不仅严蕊形象大放光芒，而且朱熹虚伪的道学家面目也被彻底暴露。《懵教官爱女不受报》中高秀才对三个女儿发自肺腑的爱心与三个女儿对父亲的假心假意形成对比，而三个女儿的认钱不认亲又分别与侄子高文明的不认钱只认亲、李御史的知恩图报形成对比。通过对比，人物形象更为鲜明。特别是高秀才的三个女儿，尽管没有姓名，却依然刻画得栩栩如生，让人不由地想起《高老头》中的那两个同样不孝的女儿。

美国汉学家韩南评价说：“如果说凌氏的作品具有某种特出的写作态度或格调的话，我们可以说，那就是其中喜剧的或讽刺的特质。”[②]他认为凌濛初是一

---

① 曦钟：《“二拍”思想艺术浅说》，《明清小说研究》1997年第1期，第114—125页。

② （美）帕特里克·韩南：《凌濛初的初、二刻拍案惊奇》，姜台芬译，《中外文学》（台北）1977年第5卷第8期，第142—177页。

位突出的讽刺作家，“两拍”的讽刺努力在于对愚行与罪恶的嘲弄。从“两拍”故事的实际情形来看，确实大都带有讽刺意味。如《通闺闼坚心灯火》讽刺当时极端势利的社会风气，那些穷秀才中举前“没有谁肯把眼梢来管顾他”，“还有一等豪富亲眷放出倚富欺贫的手段，做尽了恶薄腔子待他，到得忽一日榜上有名，掇将转来，呵脬捧卵，偏是平日做腔欺负的头名，就是他上前出力”。赵琮及第前很贫穷，靠妻父度日。妻家宗族兴旺，见赵琮是个多年不利市的寒酸秀才，没有一个不轻薄他。就连岳父母见别人不放其女婿在心上，也自觉没趣，一科厌一科，把女婿视作老厌物，很是怠慢。丈夫不第，连带妻子受委屈。“春设”看百戏，众女眷憎嫌赵琮妻妆饰弊陋，恐怕一同坐着外观不雅，就将一个帷屏遮着她，叫她独坐一处。而一旦其夫及第的消息传来，众亲眷就急把帷屏撤开，到她前称喜道：“而今就是夫人县君了。”一齐拉她来同席，个个争先拿出衣服、簪、钗，霎时间把赵娘子打扮得花团锦簇。还恐怕她不欢喜，都无心看春会，个个只撺哄赵娘子，看她的眉头眼后。作品讽刺说：“本是一个冷落的货，只为丈夫及第，一时一霎更变起来。人也原是这个人，亲也原是这些亲。世情冷暖，至于如此。”正话中张幼谦的故事也具有喜剧或讽刺色彩。他家境清贫，求亲不允，因而做出了风流事，被五花大绑押上县衙，收进监牢。正在难分难解之际，忽然传来中举捷报，于是县官拱手称贺，太守为之周全，女方父亲也对他刮目相看，当下认他作了女婿。在中举前的狼狈情状与中举后的喜庆景象的比照中，透露出了强烈的讽刺意味，作者感叹说：“做了没脊梁、惹羞耻的事，一床锦被可以遮盖了说话。”又如《刘东山夸技顺城门》入话中的举子，听说老妇常为性格暴烈的媳妇所苦，大为不平，声称自己“生平专一欺硬怕软，替人出力”，要帮助老妇教训其媳妇。可是等到老妇的媳妇归来，看到她扛回了一只猎获的斑斓虎，就惊怕不已。再看到她数落老妇时，以手划石，石上似锥子凿成一个“川”字，足足皆有寸余，更是“惊得浑身汗出，满面通红”，“把一片要与他分个皂白的雄心，好像一桶雪水淋头一淋，气也不敢抖了”。与这个举子一样，正话中夸技的刘东山，遇到大盗十八兄却慌了手脚，下马膝行，主动献上银钱，请求饶命。人物自身言行相悖，大话被戳穿，从而产生了强烈的喜剧色彩。再如《张溜儿熟布迷魂局》讽刺张溜儿的愚蠢行为，也极具喜剧性。

他利用老婆设局骗人，结果老婆却倒戈相向，跟对方跑了，最后弄得人财两空。可以说，喜剧性或讽刺性在“两拍”中随处可见，确已成了“两拍”的特质之一。

海内外传播与影响

凌濛初创作的“两拍”收入白话短篇小说近80篇（现存78篇），这在此前无人能及。此前的冯梦龙只是“三言”的编者，书中大部分小说系宋元作品。文人大量撰写或编撰白话短篇小说始于凌濛初，在他之后300年内，亦没有人有如此大量的白话短篇小说创作。“从世界文学眼光来看，凌濛初也早于19世纪欧美的短篇小说作家，如莫泊桑、陀斯妥也夫斯基、詹姆斯等有二三百年”[①]。就影响来看，凌濛初也是世界级的小说家。人民文学出版社曾出版《世界文学名著文库》，汇集了世界一流作家的一流作品200种，其中国内几千年文学史产生的浩如烟海的作品仅择取了40种，而凌濛初的“两拍”就是其中之一。中华书局也将“两拍”列入“中国古典小说十大名著”。此套丛书共计十本，其中“两拍”就占了两本，另外八本是《红楼梦》《三国演义》《水浒传》《西游记》《聊斋志异》各一本以及“三言”三本，现已被国务院确定为国家常备礼品书之一。除此之外，“两拍”还被各级各类出版社列入“中国古典文学名著文库”“中国古典小说名著丛书”“中华古典小说名著普及文库”等各种名著丛书或文库出版。

“两拍”自从诞生后，就在国内外广为流传，产生了巨大的影响。《初刻拍案惊奇》于崇祯元年（1628）一问世，就“翼飞胫走”，成了海内畅销书。正是在这种轰动效应下，《二刻拍案惊奇》又应运而生，而且同样深受读者的青睐。然而，“两拍”的盛行引起了封建统治阶级的注意，小说中大胆鲜明的反封建思想使他们深感不安。除了肯定男女情欲、宽容妇女失贞等思想让统治阶级觉得有伤风化外，“两拍”中歌颂盗贼、抨击吏治等在统治阶级眼中更是异端之甚。

---

① 柳无忌：《关于凌濛初的〈拍案惊奇〉》，《读书》1983年第6期，第136页。

入清后，“两拍”因此遭到查禁的厄运。在清道光二十四年（1844），湖州知府所颁布的禁毁书目中，就有凌濛初的《拍案惊奇》，而早在清初，《二刻拍案惊奇》在国内就已被禁绝。然而优秀的文学作品总是剿灭不光的，它可以越出国界而保存下来。就目前所知，世界各地图书馆和私人藏书家手中，都存有不少“两拍”的明清刊本。

现存世的《拍案惊奇》明刊本有两部。一部藏于日本日光山轮王寺慈眼堂法库，它是尚友堂原刊初印四十卷足本。半叶10行，行20字。有插图40叶，每叶两幅，共80幅，雕刻十分精美。正文除卷一二缺第14页及卷三五缺第8页外，皆完整无恙，是迄今为止所发现的最完整的本子。另一部为尚友堂原刊后印三十九卷本，原属日本细野燕堂氏，现藏日本广岛大学图书馆。该书缺原刊四十卷本里的第二三卷，而将四十卷本中的第四十卷改为第二三卷。据李田意先生观察，此卷和四十卷本里的第四〇卷虽内容相同，但并不是同版，而系重刻，其余38卷则皆为尚友堂本原版。[①]《二刻拍案惊奇》的尚友堂刊本也有两部。一部藏日本内阁文库，共40卷。除卷二三与卷四〇外[②]，其余38卷均为尚友堂原刊。另一部尚友堂刊本为李文田氏旧藏，现存北京图书馆，残存21卷，缺失卷一三到卷三〇、卷四〇。

《初刻拍案惊奇》在清代虽遭查禁，但仍有许多新刊本出现，仅目前所知就有10余种。覆尚友堂本，为马隅卿旧藏，现存北京大学图书馆。消闲居本，它有三十六卷本、十八卷小字巾箱本、二十三卷小字巾箱本之区别。消闲居刊三十六卷本流传最广，许多清刊本都据它重印，现北京大学图书馆、大连市图书馆、美国哈佛大学和耶鲁大学图书馆均藏。富文堂本，封面题《新镌绣像批评原本拍案惊奇》，每篇有夹评及眉批，英国皇家亚洲学会藏。万元楼精刊本，为大型本，黄纸封面书题，右上端刻姑苏原本，下有两章，阴文圆形刻“开卷有益”，其下阳文方形刻“静观自得”，英国博物院藏。同人堂本，法国巴黎国家

---

① 李田意：《重印拍案惊奇原刊本序》，见凌濛初《拍案惊奇》，李田意辑校，香港友联出版社1967年版，第4页。

② 这两卷的原刊本已佚，因而将《初刻拍案惊奇》卷二三和凌濛初的杂剧《宋公明闹元宵》分别补入，以凑足40卷之数。

图书馆藏；鳣飞堂本，美国哈佛大学国家图书馆藏；松鹤斋本，马隅卿旧藏，现存北京大学图书馆；另外，还有同文堂本、文绣堂本、聚锦堂本等。以上这些清刊本，除消闲居所刊二十三卷小字巾箱本只有26篇小说外，其余的都是36篇，且所缺均为原书最后4篇。除缺原刊本4篇外，为了避免查禁，许多清刊本还被出版者删削。

民国以来刊印通行的《初刻拍案惊奇》，现在所知道的，有1936年上海杂志公司的铅印本及中央书店、新文化书社等的翻刻本。20世纪50年代后，中国台湾地区、香港地区、大陆均出版了众多的“两拍”，主要有六种。

一是王古鲁注释本，上海古典文学出版社1957年版。其中《初刻》以北京大学图书馆所藏马隅卿旧藏的覆尚友堂本为依据，校以其他清刊本中较好的消闲居刊三十六卷本；《二刻》则根据王古鲁先生自己抄录的日本内阁文库藏本，其中卷三四《任君用恣乐深闺》一篇王先生认为“确是猥亵太甚，无法删节保留，决定不收外，其余无保留地全部刊出”。王先生为两书加了标点和注释，注释质量很高，其中包括大量吴语方言的注释，这非常有利于读者对“两拍”的阅读和研究。

二是李田意校阅本。其中《拍案惊奇》由台北正中书局出版于1960年，它是我国现在所能见到的《拍案惊奇》的最早最完整的排印本。此书1967年又于香港友联出版社重新辑校出版，加了新式标点。李田意1955年到1956年在日本搜集有关中国小说材料时，见到了日光山轮王寺慈眼堂法库所藏尚友堂原刊四十卷本，其所辑校的底本即据此，并保留了原书批语。在《重印拍案惊奇原刊本序》中，他说：“此次重印全书，完全以《拍案惊奇》的尚友堂原刊四十卷足本为根据，以期恢复全书的本来面目。”①《二刻拍案惊奇》由台北正中书局初版于1960年，至1981年出了第5版，是圈点本，“颇能保持原刻本的圈点风貌”②。此书亦有香港友联出版社1980年辑校本，亦采用新式标点。李田意

① 李田意：《重印拍案惊奇原刊本序》，见凌濛初《拍案惊奇》，李田意辑校，香港友联出版社1967年版，第5页。

② 李田意：《二刻拍案惊奇新标点本序》，见凌濛初《二刻拍案惊奇》，李田意辑校，香港友联出版社1980年版，第1页。

《二刻拍案惊奇新标点本序》说：“二十多年前我曾费了许多时间和精力，把《二刻拍案惊奇》原刊本整理了一遍，由正中书局出版。当时因为想维持原文的圈点，我只是改正了所有断句错误之处，并没有用新式标点符号把全书重新标点一遍。事后想来，不免觉得遗憾。等到我的《初刻》新标点本印出之后，益觉有印行《二刻》新标点本的必要。”

三是章培恒整理本，由上海古籍出版社排印。其中《拍案惊奇》上、下两册，出版于1982年8月。章培恒先生1979年至1980年在日本神户大学任教期间，得到了复印的广岛大学图书馆珍藏的尚友堂原刊后印三十九卷本《初刻拍案惊奇》。章先生即以此复印本为底本，校以清刊本中较好的覆尚友堂本及消闲居刊三十六卷本。这个整理本保留了王古鲁先生所作的注释及其所撰的《本书的介绍》《明刊四十卷本的拍案惊奇》和《稗海一勺录》三文。《二刻拍案惊奇》则出版于次年9月。以章培恒先生所拍摄的内阁文库藏本的照片为底本，也保留了王古鲁先生的注释，以及古典文学出版社版《二刻拍案惊奇》所附的王先生的文章。“原书中有些关于两性关系的描写，考虑到可能在部分读者中产生副作用，因而作了删节。原书有眉批和夹批，由于排印的困难，也均删去。”上海古籍的“两拍”排印本已印刷了数次，影响颇大。

四是上海古籍出版社1985年影印本。其中《拍案惊奇》的底本为章培恒先生得到的日本广岛大学所藏的尚友堂刊三十九卷本的复印本，《二刻拍案惊奇》则据章培恒先生所拍摄的内阁文库藏本胶卷。

五是中华书局《古本小说丛刊》本，出版于1991年。其中《拍案惊奇》据日光山轮王寺慈眼堂法库所藏的尚友堂原刊四十卷本影印，《二刻拍案惊奇》据日本内阁文库藏本影印，分别收入《古本小说丛刊》的第十三、十四辑。

六是陈迩冬、郭隽杰校注本，人民文学出版社出版。其中《拍案惊奇》出版于1991年，采用日本游万井书房据日光山轮王寺慈眼堂所藏尚友堂四十卷足本的影印本为底本；《二刻拍案惊奇》则出版于1996年，采用上海古籍出版社的影印本为底本。两书以简化字排印。

近20年来，图书市场上“两拍”的版本更是五彩缤纷，几乎每个社科类出版社都有出版，这充分说明了“两拍”在人们心目中的地位和影响。

明末清初，由于“两拍”的广泛流布，当时文人纷纷仿效，从而出现了拟话本创作热潮。据不完全统计，仅崇祯到顺治约30年间，就产生了40余部拟话本小说集。如天然痴叟的《石点头》、陆人龙的《型世言》、李渔的《十二楼》、酌元亭主人的《照世杯》、周清源的《西湖二集》、东鲁古狂生的《醉醒石》、徐述夔的《八洞天》、渔隐主人的《欢喜冤家》等等。明末清初拟话本的创作可以说是蔚然成风，这个时期也就成了我国话本小说发展史上的全盛期。

由于“三言”“两拍”深受世人喜爱，也产生了许多选本，其中最早的是明末清初抱瓮老人的《今古奇观》。据郑振铎先生的推测，该书的刊行年代约在崇祯十年（1637）左右[①]，这样看来距《二刻拍案惊奇》的刊行不过五年。它选录了“两拍”作品11篇，其中《初刻》8篇、《二刻》3篇。除内容上有所删改外[②]，在标题上也把原来的双句对偶改成了单句。依据《今古奇观》顺序与标目，这11个故事依次是：《转运汉遇巧洞庭红》《诉穷汉暂掌别人钱》《刘元普双生贵子》《怀私怨狠仆告主》《念亲恩孝女藏儿》《女秀才移花接木》《十三郎五岁朝天》《崔俊臣巧会芙蓉屏》《赵县君乔送黄柑》《夸妙术丹客提金》《逞多财白丁横带》。受《今古奇观》的影响，这种编选的风气在清代大为畅行。清代芝香馆居士编的《删定二奇合传》，选录了“两拍”作品19篇，其中《今古奇观》所收的11篇作品全部包含在内。清代《绘图续今古奇观》三十卷，则是选取了《初刻拍案惊奇》中的作品29篇，再凑上《娱目醒心编》中的作品一篇而成。其中所选的《初刻》中的作品，皆是《今古奇观》所选余的，这大概就是它取名为“续今古奇观”的原因。

除了选本外，清代还出现了许多以“两拍”为命名依据的小说集，前所言《二奇合传》即是。芝香馆居士《删定二奇合传叙》曰：“二奇者，《拍案惊奇》《今古奇观》也。合而辑之，故曰‘二奇’也。”当然最明显的是《三刻拍案惊奇》和《二刻拍案惊奇别本》。《三刻拍案惊奇》，一般以为是明崇祯十六年癸未（1643）刊本，题梦觉道人、西湖浪子辑。该书原名《幻影》，后才改题《三刻

---

① 郑振铎：《明清二代的平话集》，收录于《中国文学研究》（上），人民文学出版社2000年版，第386页。

② 主要是删去了一些男女情色方面的描写。

拍案惊奇》，显然是受“两拍”影响，而欲鼎足而三。《二刻拍案惊奇别本》为清初刻本，现藏法国巴黎国家图书馆，共34卷34篇。此书系书贾拼凑《二刻拍案惊奇》与《幻影》两书的残版而成，其中见于凌濛初《二刻拍案惊奇》的有10篇，为卷一至卷一〇。反复的选录、类似的命名以及书商的热衷出版，生动地说明了“两拍”在当时社会所产生的深刻影响。

这种影响还表现在不断有人对“两拍”作品进行改写创作。大约在“两拍”问世后十年，就有杭州人傅青眉根据“两拍”写成了12个杂剧，总名叫作《苏门啸》。它们是《截舌公招》《人鬼夫妻》《买笑局金》《卖情扎囤》《没头疑案》《智赚还珠》《错调合璧》《贤翁激婿》《义妾存孤》《死生冤报》《蟾蜍佳偶》《钿盒奇姻》，分别改编自《初刻》卷六、卷二三，《二刻》卷八、卷一四、卷二八、卷二七、卷三五、卷二二、卷三二、卷一一、卷九、卷三。傅青眉对篇中的主人公，有的改易姓名，有的一仍不改，故事仅有少许改动。除傅氏杂剧外，移植“两拍”故事创作而成的小说戏曲作品还有：清初李渔《秦淮健儿传》(《初刻》卷三)、明末顾景星《虎媒记》传奇(《初刻》卷五)、《玉蜻蜓》中的插话(《初刻》卷八)、无名氏《龙凤钱》传奇(《初刻》卷七)、清初谢宗锡《玉楼春》传奇(《初刻》卷九)、明末张大复《快活三》传奇(《初刻》卷一二)、明末王夫之《龙舟会》杂剧(《初刻》卷一九)、明末《尺素书》《通仙枕》传奇(《初刻》卷一二)、清黄振《石榴记》传奇(《初刻》卷二九)、无名氏《犁世魔》传奇(《初刻》卷三六)、《紫金鱼》传奇插话(《二刻》卷五)、《领头书》(《二刻》卷六)、《撮合缘传奇》(《二刻》卷二七)、《失印救火盗银壶》(《二刻》卷三九)，等等。如此大量的文艺作品均改编自“两拍”，可见“两拍”在明清时期文坛上的地位。

明清文人的反复选录和改编，实际上也是在扩大“两拍”的影响。特别是《今古奇观》一书，问世后流传不绝，在中国百姓中产生了广泛而深刻的影响。而入清后，“三言”“两拍”屡遭查禁，加上卷帙浩繁，原刊全本曾一度失传，因此国人多通过《今古奇观》这部选集来阅读和接受“三言”“两拍”。作为“三言”“两拍”的选本，《今古奇观》在国际上也久负盛名，世界各大百科全书对它的评价皆很高。《法国拉斯鲁大百科全书》说：“《今古奇观》是由优美的爱情故事或背叛爱情的故事、赞扬高尚道德的故事、公案故事等篇章组成的，这些故事具有诱人的魅惑力，叙写这些故事的语言清新而流畅。”《美国大百科全书》则把它与《聊斋志异》《儒林外史》并列，认为这三部小说都对后来的讽刺文学影响极大。日本《大百科事典》有《今古奇观》的专门词条，详细介绍了它的底本“三言”“两拍”，赞扬它“细致入微地描摹世态人情，批判人世的丑恶行为，是一部很有益的书”，并且指出日本在江户时期有许多作品就是根据《今古奇观》中的故事改编的。①

由于《今古奇观》的盛行，它所选的“两拍”中的这些作品也很早就在国外流传。1735年，法国巴黎勒梅尔西埃出版社出版了四卷本《中华帝国全志》，其中就收录了“两拍”中《怀私怨狠仆告主》一篇，另有“三言”中两篇，它们是中国小说中最早被译为西文的作品。《中华帝国全志》不仅有法文的再版本，而且在1737年被译成了英文本在伦敦出版，1747年又有德文版，此后还有俄文版，在欧洲影响深广。自《中华帝国全志》后，“两拍”作品的各种译本相继出现。1827年，法国巴黎蒙塔迪埃出版社出版了《中国短篇故事集》，收录“两拍”两个故事，即《怀私怨狠仆告主》和《念亲恩孝女藏儿》。②1885年，法国巴黎欧内斯特鲁出版社出版了《三种中国小说》，内收《夸妙术丹客提金》和《诉穷汉暂掌别人钱》。③1892年，巴黎梅松纳夫书局出版了《六种中国小说》，收有“两拍”的两篇译文，它们是《敲诈》（*Chantage*），即《赵县君乔送黄柑》；《揭开屏风的秘密》（*Paravent révélateur*），即《崔俊臣巧会芙蓉屏》。法文版的“两拍”故事，此后还有1917年版《中国文化教程》中的《崔俊臣巧会芙蓉屏》、1903年版《汉语入门》中的《怀私怨狠仆告主》和1921年《中国》杂志第一卷中吴益泰译的《转运汉遇巧洞庭红》。在德国，1881年斯图加特出版社出版了《今古奇观》的选译本，收有“两拍”中《转运汉遇巧洞庭红》一

① 王丽娜：《中国古典小说戏曲名著在国外》，学林出版社1988年版，第166—167页。

② 这两篇法文分别译作 Le Crime puni（《被惩处的罪人》）、La Calomnie démasqueé（《揭开诽谤》）。

③ 这两篇作品的法文题目是：Les Alchimistes（《炼金者》）、Comment le ciel donne et reprend des-richesses（《看财奴刁买冤家主》）。

篇[1]；1884年，莱比锡蒂尔出版社出版《中国小说》，收有“两拍”译文《女秀才移花接木》。此后，德国在1900年、1914年、1945年都有以《中国小说》名义问世的不同人翻译的作品，均含有“两拍”作品，它们是《诉穷汉暂掌别人钱》《怀私怨狠仆告主》《赵县君乔送黄柑》《夸妙术丹客提金》《转运汉遇巧洞庭红》[2]。另外，德文版的还有：1922年慕尼黑海波利瓮出版社出版的《赵夫人的黄柑》，收“两拍”译文《赵县君乔送黄柑》和《夸妙术丹客提金》；1940年柏林施泰尼格尔出版社出版的《十三层塔》，收“两拍”译文《崔俊臣巧会芙蓉屏》和《夸妙术丹客提金》；1968年蒂宾根埃德曼出版社出版的“三言”“两拍”选译本《中国近世爱情园圃：明代著名爱情小说选》。英文本则有：1883年，英国爱丁堡和伦敦布莱克伍德父子公司分别出版的英文本《中国故事集》，书中收录了“两拍”的三个故事，即《怀私怨狠仆告主》《女秀才移花接木》和《夸妙术丹客提金》[3]；1926年伦敦布伦和塔诺的沃纳劳里有限公司分别出版的《今古奇观》选译本，收录“两拍”两个故事《转运汉遇巧洞庭红》和《十三郎五岁朝天》，题目分别被译作《年幼的臣子》（*The Infant Courtier*）、《若虚的命运》（*The Luck of Jo-Hsu*）；1955年由杨宪益与戴乃迭合译的英文《明代小说选》，刊载在《中国文学》该年第3期上，其中有“两拍”作品4篇：《转运汉遇巧洞庭红》《崔俊臣巧会芙蓉屏》《夸妙术丹客提金》《逞多才白丁横带》；1973年伦敦拉普及惠廷出版社出版的《好色的院士及凌濛初的其他故事》。在俄苏，则有1909年发表在《活的时代》上的俄译《十三郎五岁朝天》；1966年莫斯科文学出版社出版的《闲龙劣迹：十七世纪话本小说十六篇》，选译“三言”“两拍”中的作品，书名就是根据“两拍”中《神偷寄兴一枝梅》所题；1982年苏联科学出版社出版的两本话本选集《银还失主》和《道士之咒语》，其中有选自“两拍”的作品11篇。日本人非常重视对“三言”“两拍”的选本《今古奇观》的翻译。最早的是1814年出版的由淡斋主人翻译的《通俗今古奇观》，该书由

---

① 标题译作Das abenteuer des Kaufmanns Tschan-yi（《商人转运汉历险记》）。

② 《夸妙术丹客提金》在1914年出版了两次，一是慕尼黑格奥尔格穆勒出版社，一是莱比锡岛社。

③ 这三篇英文分别译作*With His Danger*（《在危险中》），*A Chinese Girl Grudate*（《一个中国女秀才》），*Love and Alchemy*（《情妇与炼金术》）。

青木正儿校注后，1932年再版。此后有1926年出版的佐藤春夫的译本、1942年东京清水书店出版的井上红梅译本、1958年东京平凡社出版的千田九一与驹田信二的合译本等。至于“两拍”，则有辛岛骁翻译本，1958年由东洋文化协会出版。[①]另外，日本1828—1834年出版的马琴的长篇小说《近世说美少年录》，其第26—28回取材于“两拍”之《夸妙术丹客提金》。1983年在韩国国家图书馆发现的《啖蔗》手抄本中，有7篇作品来自于“两拍”。[②]另外，还有拉丁文翻译的《崔俊臣巧会芙蓉屏》一篇，收入意大利汉学家晁德莅译著的《中国文化教程》第一卷中。[③]

由上可见，“两拍”作品在世界范围内广泛流行，深受各国民众欢迎。若按其被翻译的次数来考察其流行程度，则大致依次是《怀私怨狠仆告主》《夸妙术丹客提金》《崔俊臣巧会芙蓉屏》《转运汉遇巧洞庭红》《赵县君乔送黄柑》《女秀才移花接木》《诉穷汉暂掌别人钱》《十三郎五岁朝天》《念亲恩孝女藏儿》《逞多财白丁横带》《神偷寄兴一枝梅》《徐茶酒乘闹劫新人》等，特别是前五篇可以说是屡被翻译。

除了被翻译和模仿外，“两拍”也受到世界学者的广泛关注。从20世纪20年代开始，我国对“两拍”的研究从未中断。郑振铎、王古鲁、赵景深、孙楷第、柳无忌、叶德均、谭正璧等可以说是凌濛初与“两拍”研究领域的最早学者。他们分别在查访和发掘原著、追溯作者生平、考订作品本事与影响几个方面做了开拓性的工作。还有鲁迅先生，虽然还没来得及看见“两拍”的全部拟话本，但也根据《今古奇观》的选篇对“两拍”作了评价。20世纪50年代以后，章培恒、李田意、刘本栋、黄霖、孙逊、陈迩冬、刘世德等知名学者，除了继续完善和恢复“两拍”原貌以外，还以实事求是的历史分析态度把“两拍”提到了应有的高位。90年代以来，“两拍”的研究更是此起彼追，方兴未艾，

---

① 辛岛骁原计划是想把“三言”“两拍”中的作品全部翻译出来，但1958年出版时实际上并未译全。

② 它们是《刘弘敬传》《芙蓉屏记》《刘从善传》《王文豪传》《合同文字记》《黄柑传》《移花接木记》，分别来自于《初刻》卷二〇、卷二七、卷三八、卷一一、卷三三，《二刻》卷一四、卷一七。

③ 王丽娜：《中国古典小说戏曲名著在国外》，学林出版社1988年版，第166—209页。

不仅产生了大量的论文，而且开始出现研究专著。据不完全统计，我国大陆公开发表的研究凌濛初与“两拍”的论文已不下500篇，大小专著8本。在国外，研究最早也最热的首推日本。随着“两拍”原刊本在日本的发现，日本学者20世纪20年代开始就对其进行了介绍和研究，如长泽规矩也的《关于“三言二拍”》，载《斯文杂志》第十编九号、第十一编五号；丰田穰《明刊四十卷本〈拍案惊奇〉和〈水浒志传评林〉完整本的出现》，载《斯文杂志》第二十三编六号。除了一般性的介绍外，还有专门的研究，其中富有影响的有：香坂顺一《拍案惊奇的语言》①、小川阳一《通奸为什么有罪——“三言”“二拍”中的情形》②、荒木猛《“二拍”的娱乐性和游戏性》③等。

西方学者对“两拍”的研究始于20世纪30年代，在六七十年代得到了较大发展。黑尔斯1964年发表于美国印第安纳大学的博士论文《拍案惊奇：文学评论》，论述了“两拍”作品的主题、人物特点、故事来源与修辞手法等。黑尔斯的《中国传统短篇小说中的梦与魔》则论述了“两拍”所描写的鬼怪，文章收入尼恩豪泽所编《中国文学评论集》，1976年由香港中文大学出版社出版。在德国，有沃尔夫·鲍斯1972年发表于埃郎根大学的博士论文《凌濛初的〈拍案惊奇〉》，该论文两年后正式出版。苏联汉学家沃斯克列先斯基的《中国古典作家凌濛初著作的题材与版本》一文也是研究“两拍”的力作，它收入《苏联中国文学研究》，1973年由莫斯科出版社出版。当然，最值得称道的是美国汉学家韩南，他的实证和理论结合的研究代表了西方学术界“两拍”研究的最高成就。早在1973年哈佛大学出版的《中国短篇小说的系年、作者归属与成书》一书中，他就论述了“两拍”的著作权和成书过程。此后的研究专文《凌濛初小说的特质》，通过对“两拍”与“三言”的比较，深入论述了“两拍”作品所体现出的喜剧和讽刺要素。该文收入蒲安迪所编《中国叙事体文学评论集》，于1978年由普林斯顿大学出版社出版。在浙江古籍出版社1989年出版的中译本《中国白话小说史》中，也有颇多对“两拍”的精彩论述。韩南认为，“两拍”

---

① 见《人文研究》第22卷第11期，1972年。

② 见《东洋学集刊》第29号，1973年。

③ 见《东洋学集刊》第41号，1979年。

中有个性的叙述者代替了早期话本中带普遍性的叙述者，作者凌濛初借助于叙述者来调节自己与人物故事之间的关系，体现自己的价值观念和审美意向。

总之，“两拍”不仅在国内深受欢迎，在国外也广为流传。“两拍”是世界级的文学作品，凌濛初也因而成了世界级的文学大师。

第七章 晚年入仕 呕血而死

两度赴京谒选

在著述刻书、经商逐利的同时，凌濛初的匡时济世之志仍然十分强烈。他曾抚膺长叹曰：“使吾辈得展一官，效一职，不出生平筹划以匡济时艰，亦何贵乎经笥之腹、武库之胸邪！”①强烈的济世欲望，使他两度走上赴京谒选之路。第一次谒选可以追溯到写作“两拍”前的天启三年（1623）。这一年的正月，父执朱国祯召拜为礼部尚书兼东阁大学士，于四月离乡赴京，因招濛初同舟，“访以经济之术”。六月，两人抵达北京。尽管此次入都是与身居要位的朱国祯同舟，但谒选之事并不顺利。在淹留京城期间，他与同郡茅维交游。茅维是唐宋派散文理论家茅坤的小儿子，字孝若，号僧昙，与同郡臧懋循、吴稼竳以及凌濛初表舅吴允兆号称“吴兴四子”。他不仅继承了父亲的文学才华，在明清之际的词坛和剧坛均有一定的地位和影响，而且好奇策，慷慨奋发，有很强烈的参政意识，但他“不得志于科举”，乡试屡次败北。因此与凌濛初一样，这也是一个怀抱经世之略却没有施展天地、生活在末世社会的怀才不遇之士。茅维《十赉堂丙集》卷八有《初冬访凌濛初成病榻留赠一律》，可知天启三年冬天②，凌

---

①〔清〕郑龙采：《墓志铭》，清光绪谱卷四《碑志》。

② 按：茅维诗歌编年，此诗后面两题分别为：癸亥除夕志感二律、甲子元日试笔二律，故知此诗作于是年冬天。

濛初病了。又卷五有《甲子重九日集葛震甫、于鬯先、王开美、周安期、谭友夏、程应止、张葆生、沈定之、沈不倾、凌初成、侄厚之、郝姬月娟邸中，限赋八韵，分得深字》诗。从诗题来看，在这次雅集中，凌濛初结识了不少名人。其中谭友夏，名元春，是竟陵派代表诗人，与钟惺齐名；葛震甫，名一龙，是吴下著名诗人；王开美，名家彦，号尊五，为人有大志，不拘小节，卒后入《明史》；周安期，名永年，为吴江诸生，才名颇高，与钱谦益交游；程应止，名道寿，湖北孝感人，曾知滁州来安县；张葆生，名尔葆，是著名画家，与李流芳、董其昌齐名；茅厚之，名培，也是画家，善画兰竹。[①]从该诗“刺促长安邸，不知霜叶深”“道路虞行李，京华苦滞淫”等句来看，当是在京城，而甲子就是天启四年，即1624年。由此可知，凌濛初滞留京城至少有一年多时间，但最后的结果是一无所获。

第二次谒选则是在“两拍”刊行之后。凌濛初写作“两拍”，以文化上才能的发挥充填自己的人生，但内心中根深蒂固的依然是仕宦之路。因此，在“两拍”“翼飞胫走”、套版书“无论贫富，垂涎购之”的情况下，他还是千方百计地想寻找机会踏入仕途。崇祯四年（1631），他出游福建，凭借亲戚潘曾纮的关系，展开了一些交游活动。他请到了福建提学副使何元化，为自己的学术著作《圣门传诗嫡冢》十六卷作序。漳浦人李瑞和当时还没有功名，凌濛初看了他的文章倍加赞赏，断定他总会得中。对于凌濛初的赏识，李瑞和十分感激。崇祯七年，潘曾纮升为南赣巡抚，遂聘凌濛初入幕，凌氏在南方的交友圈进一步扩大。时潘曾纮得到王惟俭所撰《宋史》，招福建晋江曾异撰等人更定。曾氏字弗人，号肺子，工书擅诗，以文章、气节闻名乡里[②]。其所撰《纺授堂集》卷五有送凌濛初游福建诗，即《南州署中送凌初成游吾闽兼柬孙子长先生社中张道羽诸子》[③]。从诗题及“轻舟出处泊江花，却寄闲愁载到家”两句来看，是时曾、

---

① 郑志良：《凌濛初佚作及交游补考》，《明清小说研究》2001年第2期，第120—122页。

② 潘曾纮督学政时，上其母节行，获旌于朝。

③ 曾异撰《纺授堂集》二十六卷，《四库禁毁书丛刊》集部第163册，北京出版社1997年版，第424页。诗题中孙子长，名昌裔，福建侯官人，万历中期曾任湖州府学教授，后官至浙江提学副使，因得悉有人欲中伤他而治装归隐。凌濛初再度游玩福建，当与他有交游。

凌二人均在潘氏衙中[①]。潘氏亦有诗歌送行，见曾氏《潘昭度师亦次韵送行予又续之》。崇祯九年，天下荒乱，“寇贼蜂起”，潘曾纮帅师勤王，凌濛初慨然有击楫澄清之志，于是二度赴京入选[②]，但也没有成功。因此，凌濛初心怀萧瑟，一度又有了醉心释道之念。这一年的深秋，他游览了湖州城西南杼山，写下了《游杼山赋》一文。

杼山，晋以前称“稽留山”，晋代名“东张山”，唐代始称“杼山”。所谓杼山，是因为经茶圣陆羽考证此山为“夏杼南巡之所”。山高不过数百尺，周围也不广，然“山不在高，有仙则名”。南朝著名诗人鲍照、庾信、谢灵运及千字文作者梁散骑侍郎周兴嗣等人皆到此游览过。特别是唐大历间，大诗僧皎然、大书法家颜真卿、茶圣陆羽、著名词人张志和、女诗人李季兰等，都与杼山有密切关系，更增加了杼山的知名度。皎然诗集称《杼山集》，诗论称《杼山诗式》，都因了他长久主持杼山妙喜寺的关系。颜真卿大历间任湖州刺史，专门写了《杼山妙喜寺碑铭》。他在杼山妙喜寺招隐院里主持编纂了《韵海镜源》一书。当时到这里参与编纂工作的有陆羽、皎然等东南名士55人之多。杼山妙喜寺还是茶圣陆羽撰著《茶经》的所在。大历八年（773）癸丑，冬十月癸卯，二十一日癸亥，颜真卿为迎接浙西判官、殿中侍御史袁高巡视湖州，在杼山妙喜寺旁构建了三癸亭。此亭落成后，聚集了大批文人名士，举行了盛大的诗茶聚会。此类大型诗会在杼山曾多次举行，据董斯张《吴兴备志》记载，千古绝唱的张志和《渔父词》就是某次诗会的作品。孟郊、李季兰、李萼等都是诗会的成员。由于陆羽、颜真卿、张志和、李季兰等人经常在杼山聚会，杼山一时形成了儒、释、道合流，诗、茶、禅合一的格局，高士名流慕名来游者络绎不绝。

凌濛初游历这座蕴含丰厚人文历史的名山，是应其表兄潘湛之邀。潘湛，字朗叔，又名阳升，字朗士，号画山。以荫任职都察院，历任刑部郎中，清介

---

① 潘曾纮崇祯七年十月任南赣巡抚，此南州当指南昌。《后汉书·徐稺传》：“徐稺字孺子，豫章南昌人也……及林宗有母忧，稺往吊之，置生刍一束于庐前而去。众怪，不知其故。林宗曰：‘此必南州高士徐孺子也。’”

② 据《墓志铭》，在潘曾纮帅师勤王的崇祯九年，凌濛初赴京入选，但赴京入选时，与官拜大学士离乡赴任的朱国祯同舟，而朱氏赴任实际上是在天启三年，所以笔者认为凌濛初一生有两次赴京入选，《墓志铭》把它们混成了一次。

不阿。有《画山楼诗集》[①]。他是著名治黄专家同郡潘季驯之孙。如前所述，晟舍凌氏与汇沮潘氏世为姻戚。此前五年，凌濛初刊刻自己的学术著作《圣门传诗嫡冢》时，潘湛就参与了校对工作[②]，可见表兄弟之间关系不错。潘湛家产雄厚，在杼山之南买了一块地，构建了庞大的别业，里面亭台池馆众多，各有含义丰富的命名。于是在这一年深秋，邀濛初游览，并属其为之赋。对此，《游杼山赋》正文前的小序说得很明白："表兄潘朗士得地于杼山之阳，形势绝胜，构为别业。考颜鲁公碑文，则梁之妙喜寺，而鲁公刺湖时，集诸名士于此，辑《韵海镜源》者也。朗士博雅好古，虽圭组登朝而性耽丘壑，意甚乐之。凡亭台池馆，皆自题识，各有笺解小纪，渊奥高旷，胜情雅韵，备于是矣。丙子季秋日，与余登览而属余为之赋，余乃摭述其意而成之。"可见，这篇赋主要是为潘氏别业而作，并非如《墓志铭》所说，是凌濛初因科举不得意，想在杼山营一精舍而归隐，遂写《杼山赋》以见志[③]。

《游杼山赋》是一篇大赋，近3000字。杼山在湖州城西南30里左右，凌濛初与潘湛等是坐船前往游览。赋一开始描写了湖州城南一带的美丽风光："湖澄鲜兮始波，搴芙蓉兮骋望。野以耕而命村，水夹山而成漾。古桂馥郁以流馨，浮图峥嵘而矗上。钟磬硡磕以激涛，橘柚青黄其殊状。睇赭霞之复幕，负苍弁以列障。"城南一带是湖州风光最美的地方，碧浪芙蓉、霞幕高秋、耕村晓月、石桥远钟等景色在濛初笔下生色不少。在杼山，濛初等游览了妙喜寺、三癸亭遗址："梁武赐嘉名以妙喜，唐文赐御书而重辟。玄之疏为胜绝，鸿渐于焉载笔。鲁公著作其中，名流至者络绎。三癸名其亭，鸿章勒诸石。"三癸亭是颜真卿担任湖州刺史时为浙西观察判官、殿中侍御史袁高而建，由茶圣陆羽命名、书法家颜真卿题名、诗僧皎然赋诗，时称亭、书、诗三绝。杼山上饮马池（相传为吴越王驻马处）、宣洒园、憩寂岩、塔照亭、古帆亭等，濛初等也驻足游览，流连忘返。

---

① 清乾隆《湖州府志》卷五八《艺文略》、卷七二《人物》。

② 凌濛初在该书《凡例》末题："表弟潘湛朗士父、子凌琛献之父同订。"这里凌濛初称潘湛为表弟，与《游杼山赋》中称潘湛为表兄相左，不知何因。

③ 按：另有一种可能是《杼山赋》与《游杼山赋》是不同的两篇文章。

《游杼山赋》的主要部分是对潘湛别业中亭台楼馆的铺叙。从濛初的铺叙看，别业面积广大，建筑物多而有序。仅赋中写到的就有选言堂、城书楼、石叶斋、虹玉堂、话雨轩、画山楼、砚田庐、霜叶亭、灵和馆、竹主斋、情绮楼、穗书堂、品水堂、珂日堂、晓阁、寿孳园等。这些建筑物构建十分精心，赋中描写话雨轩及周围环境曰："更沿溪而潆洄，林苍蔚于水湄。筑斗室兮如舫，舣沧江兮依楼。羯鼓起兮声高，红牙拍兮度迟。接亲戚兮情话，胜巴山兮雨时。"轩建于水边，形如舫船，于秋夜雨中，与友朋情话，吟咏诗词，别有韵味。再看对晓阁的铺写："宵分将曙，残照未灭。一抹远林，晨光渐晰，启高阁之绮窗，拾晓霞之可啜。"可谓名副其实。

此赋收入崇祯《乌程县志》卷一二《艺文》，编者评语曰："此赋甚佳。"作为一篇大赋，凌濛初对杼山景色及潘湛别业的描写极尽铺张之能事。特别是对建筑群、花草树木的铺张刻画，颇具感染力。在语言上，凌濛初还随着层次意思的变换而相应使用不同的韵脚字，配以较工整而又不致板滞的对仗句，如：

> 读书秋树之根，湾名得之老杜。援灵和之藏琴，向芳树以一鼓。梅破萼而影横，茗品水而指楼。是皆极种植之幽趣，殆更仆而难数。况于悦鸟兽与同群，期鹤情之咸畅。沙平衍而墅宽，烟弥漫而波荡。雁傍木以为居，凫唼萍而成宕。朱鱼在藻而沉浮，黄鹂出谷而下上。恋山林之友昆，成昕夕之随唱。已而纵目林表，任足所之。遡稽往迹，指掌诸奇。黄浦有明远之送别，黄蘖见文通之赋诗。昭明著青宫之山，乐天留临水之矶。玄真以高人而来访，皎然以名宿而住持。陆生煮茗而葡萄泉出，坡翁摇竹而书堂名垂。

这段文字，从富种植幽趣之所在，写到恋山林之友昆，再写到杼山上的历史掌故，三层意思用了三种不同韵脚的字。另外，该赋还十分注意活用典故。上引写杼山历史掌故的文字，涉及的人物依次为鲍照（字明远）、江淹（字文通）、萧统（谥昭明）、白居易（字乐天）、张志和（有《玄贞子》，因以称）、皎然 、陆羽、苏东坡等，凌濛初把与本地风光有关的人物掌故均融入自己赋中。总的来看，此赋语言洗练清新，富有音乐美，编者“此赋甚佳”的评语并不为过。

当然，更值得我们注意的是，因为谒选的失败而导致的传主失意情绪在这篇赋中的体现。赋一开始其实就蒙上了抑郁不平之气，“秋将暮，云气清。客怀萧瑟，乐为山行”，深秋的寥落之景与濛初失意心情正合。对杼山及潘湛别业的铺叙中也都流露了凌濛初落拓不得意而欲潜心释道的思想。他借潘朗士之口抒发了自己耽于丘壑之情：“余也不敏，丘壑成癖。披循故址，偶获据摭。构数椽以容与，邀吾子于今夕。”表达了富贵非其所愿，而欲躬耕隐居，与青松为伴的出世思想，“藐圭祖之为荣，志泉石之可游”，“愿耨之而为田，爰以伴夫松滋”。也强调了隐居的快乐，可以醉心坟典，系情竹树；可以吟唱诗词，与亲戚情话。在这个时期，释道思想在凌濛初心中占有十分重要的地位。道教的羽化登仙、长生不死引发了他极大的兴趣，“尚羡偓佺之羽化，欲饵菖阳以引年。希谷神之不死，昉犹龙之真诠”。特别是对佛教，凌濛初更是情有独钟，“宣洒何园，译彼梵言。华称弟子，初乘居焉。植夙慧于二氏，粉吾契于禅玄”。联系到凌濛初《圆觉经》《维摩诘所说经》等佛教典籍的刊刻，以及《维摩诘所说经》中所附谢灵运《维摩诘十譬赞》四页题“佛弟子凌濛初书”等情形，佛教思想对凌濛初的影响确实非同小可。

然而需要指出的是，凌濛初这一时期潜心释道、耽于丘壑的思想与陶渊明“性本爱丘山”有根本不同。陶渊明是在目睹社会与官场的黑暗后，觉得仕宦与其性格不合，而立志躬耕隐居。凌濛初则是由于科场失意、谒选失败而一度萌生这一思想。无论是从其自身的科举实践活动来看，还是从“两拍”对科举活动的描写来看，科举仕进一直是凌濛初内心的最大奋斗目标。对功名心，他只是暂时抛闪，而不是彻底根除。这不过是在功名思想的烈焰上盖了一层灰而已，一旦时过境迁，遇到什么事一撩拨，火焰还会熊熊燃烧。果然，三年之后的崇祯己卯（1639），凌濛初再次赴京参加乡试。这时他已经是60岁的老人了，但他还是没有《儒林外史》中的范进、周进来得幸运，等待他的依然是副车的无奈结局。[①]

---

① 凌濛初60岁应试中副车，事见闵宝梁撰《晟舍镇志》卷三《贡生》。

出任上海县丞

据《晟舍镇志》卷五《人物》，凌濛初出仕一直要到崇祯己卯（1639）。这一年，乡试落榜在京的凌濛初，才以副贡资格谋到了上海县丞一职，此时距其初次入京谒选已过了16年之久。

关于凌濛初出任上海县丞的时间，历来有不同说法。一是崇祯四年（1631）说。清同治俞樾等纂《上海县志》卷一二《职官表》记载县丞凌濛初是“崇祯四年任”。二是崇祯七年（1634）说。《涉园陶氏鉴藏明板书目》引《乌程县志》曰：“崇祯甲戌（1634）以副贡授上海丞，署海防事。”叶德均《凌濛初事迹系年》亦主张此说。三是崇祯八年说①。四是崇祯十二年说。《晟舍镇志》卷五《人物》就载凌濛初出仕之年为“崇祯己卯”②，即崇祯十二年。关于崇祯四年说，叶德均先生已经驳斥。而叶先生主崇祯七年、徐永斌主崇祯八年说均是源于两个证据：一是嘉庆宋如林等纂《松江府志》卷四二《名宦传》言李瑞和为“崇祯七年进士，授松江推官”、卷三六《职官表》记府秩推官李瑞和为崇祯八年任，二是郑龙采《墓志铭》说凌濛初在上海八年，崇祯十五年壬午（1642）擢为徐州通判。叶先生之所以定为崇祯七年，是因为他拘泥于《涉园陶氏鉴藏明板书目》所引《乌程县志》凌濛初“崇祯甲戌（即崇祯七年）以副贡授上海丞”的说法，认为以崇祯七年计，至十五年为八年，与铭文合。但叶先生自己也意识到了主此说有一个未能解决的问题，那就是李瑞和虽然在崇祯七年授松江推官，但他出任此职是在崇祯八年，而《墓志铭》有凌濛初出任县丞时，李瑞和欣然相接，盛情款待的描写。③也正是据此，徐永斌先生否定了崇祯七年说，力主崇祯八年说，认为以崇祯八年计，至十五年，前后亦八年。

笔者倾向于《晟舍镇志》所主张的崇祯十二年说。主要理由是：第一，《墓

① 徐永斌：《凌濛初出任上海县丞考》，《文学遗产》2005年第1期，第144—145页。

② “崇祯”两字，《晟舍镇志》原作“崇正”，据明代纪年改。

③〔清〕郑龙采《墓志铭》：“后选得上海丞，司李公为闽人李宝弓，欣然相接曰：‘子我师也，而屈于是耶！’”

志铭》谓潘曾纮为赣府抚军，招濛初入幕。适潘氏帅师勤王，濛初慨然，遂入都就选。而潘氏任南赣巡抚为崇祯七年事，勤王为九年事，[①]因此谒选得官当更在崇祯九年后。这条证据之所以被学术界所忽视，是因为《墓志铭》接下来谈到凌濛初此次赴京入选，与官拜大学士离乡赴任的朱国祯同舟，而朱氏赴任实际上是在天启三年。在这里，《墓志铭》作者把两件事情的时间顺序搞错了，但并不能就此否认凌濛初崇祯七年入潘氏幕的史实，而凌濛初既入潘幕，那就不可能出任上海县丞。第二，从《墓志铭》来看，凌濛初在上海任上政绩卓著，干得有声有色，但其崇祯九年所作《游杼山赋》一文，却表达了落拓不得意而耽于丘壑、欲隐居而醉心于释道的思想，思想情绪极其低落，根本不像一个有作为的官吏的样子。因此，他出仕也当在崇祯九年后。第三，《晟舍镇志》卷三《贡生》记载崇祯十二年凌濛初第五次中副榜。万分无奈之下，在京继续活动，谒选为上海县丞也是顺理成章的事。而且凌濛初崇祯十二年出仕是记载在《晟舍镇志》卷五《人物》，同一本书中不同之处的相关记载可印证，《晟舍镇志》的说法是有所依据的，而不太可能是误载。第四，崇祯十二年出任上海县丞，与李瑞和的欣然相接也不矛盾，因为宋如林等纂《松江府志》卷四二《名宦传》明确记载李氏“在郡七年，征拜监察御史”。可见，崇祯十二年，他仍在上海推官任上。因此，笔者认为，若不拘泥于《墓志铭》在上海八年的说法，凌濛初出任上海县丞的时间应如《晟舍镇志》所载，是在崇祯十二年。而崇祯七年或崇祯八年说，尽管符合《墓志铭》凌濛初在上海八年的说法，但实际上也无视《墓志铭》凌濛初崇祯七年入潘幕的事实。

出任上海县丞，尽管官职不高，但毕竟是历尽艰辛好不容易得来，因此凌濛初非常珍惜。任职期间，“催科抚字，两无失焉”。特别是在办理漕运和管理盐场两件事情上，凌濛初表现了杰出的治理才能。办理漕运是件苦差事，在凌濛初之前，许多人都因不能圆满完成任务而受到法律惩罚。当地绅衿耆宿爱护凌濛初，愿意请于漕院，以他官代。然凌濛初忠于职守，且自信能办之，因此

---

① 见〔清〕范锴《吴兴藏书录》引《湖录》、《湖州府志》卷七〇引《昭度府君行略》、清光绪重修《江西通志》卷一三。

没有同意。他不仅亲自输粟入都，出色地完成了任务，而且根据切身体验，写成了《北输前赋》与《北输后赋》。上司阅后，一致认为“可为松郡良法”。在管理盐场一事上，凌濛初更是多次受到上司嘉奖。之前盐场积弊甚多，“灶户奸商交相蒙蔽，而胥吏弄法，莫可究之”。凌濛初接手后，推行井字法，“每盐作九堆为一井，其大小高下如一。每一井一场官守之，较其一而知其八”。由于井字法的推行，不但量定速度快，而且“锱铢无爽”，使灶户、奸商、胥吏均不能上下其手，从中作弊。于是盐政为之一清，百姓拍手称快。井字法也很快成为定法，在沿海推广。可以说，凌濛初在上海县丞任上，确实是勤勉为政，而且颇有政绩，以致在凌濛初去世后，“海滨故老犹能称述之”[①]。

擢升徐州通判

因政绩卓著，崇祯十五年（1642），63岁的凌濛初被擢升为徐州通判。当他离开上海的时候，老百姓痛哭流涕，竞相追送。《墓志铭》描述了百姓送他的情景：“去任之日，卧辙攀辕，涕泣阻道者，踵相接也。”凌濛初依依不舍，告别了上海百姓，踏上了新的任途。当他渡过淮河，抵达徐州的时候，看到黄河水枯竭，竟然能通车马，不禁喟然长叹，以为天下不能无事也。这不禁让我们想起杜甫赴奉先途中，看到泾渭水势凶猛，也预感一场社会大动乱就要爆发。两人敏锐的社会洞察力和忧国忧民的心态是何其相似！

在徐州通判任上，凌濛初分署房村，治理黄河。《墓志铭》曰：

> 乃分署房村，料理河事。房村对岸为吕梁洪，河之要害处也。桃花水发，民胥栗栗焉。公与防河主事方允立公昼夜图维，防筑有法，淮抚振飞路公表奖者再。

房村地处交通要道，对岸是吕梁洪，扼守着南北航运的咽喉，历来是兵家

① 〔清〕郑龙采：《墓志铭》，清光绪谱卷四《碑志》。

必争之地。他上任不久，发现每当春天桃花水发时，洪水泛滥成灾，居民流离失所。经过实地考察后，凌濛初与负责治理黄河的官员方允立商量，在沿岸构筑防洪堤，阻挡了洪水的冲击。当时两淮巡抚是路振飞，字见白，号皓月，河北曲周人，天启五年（1625）进士。这是一个不畏权贵的人。他任泾阳知县时，知府让他为魏忠贤建生祠，拒不从命。有一个叫张问达的人，因迕逆了阉党，被罚款十万，交由路振飞办理，路振飞却故意迁延，直到阉党败落，不了了之。崇祯四年（1631）他升任御史，又仗义弹劾奸臣周延儒，并刚直不阿直接上书皇帝，陈时事十大弊端，对崇祯进行批评。路振飞用人，也功过分明，不计较个人恩怨，巡抚邹维琏起先御海寇不力，路振飞进行了弹劾，待邹维琏加强了防范，连奏数捷，路振飞又竭力进行表彰，使之官复原职。崇祯十六年秋天，路振飞被擢为右佥都御史，总督漕运，巡抚淮扬。他到任后，马上注意到凌濛初房村治水的成就，于是进行了多次嘉奖，这使凌濛初再次声名大振。

然而，凌濛初在房村竭力治河之时，明王朝已经走向覆灭边缘。李自成、张献忠农民起义，经过多年奋战，已从战略防御转为战略进攻。他们分别从陕甘、四川进兵中原，攻城略地，势如破竹，各地民众纷起响应。淮徐地区有陈小乙，自号萧王，占据丰城，拥众数万，声势浩大。其党扫地王等的势力甚至越出了淮徐而扩及山东，沿河数百里群众均受到骚扰。朝廷因命淮徐兵备道何腾蛟予以征剿。何腾蛟，字云从，贵州黎平人。明天启元年（1621）中举，任山西榆次教谕。崇祯九年（1636）调任河南南阳知县，十一年升京都大兴令，复升兵部职方主事。出任淮徐兵备佥事，奉命征剿陈小乙则在崇祯十六年。他一到任，即秣马厉兵，誓师于房村对岸吕梁洪上汉协帝、唐鄂公庙中。当时正值大风扬沙，官军连遭败战。在商讨对策的会议上，部下议论纷纷，莫衷一是："或言请兵剿者，或言招之降者，或言檄远近卫所募骁勇会计者，或言咨南司马约诸道各处掩截遮其饷道者。"有的主张向朝廷申请兵马征剿，有的主张招降陈小乙，有的提出让远近各卫所招募骁勇善战的人马来参战，有的提出约请附近各路官军截断陈小乙的后勤粮食供应。会议一直开到晚上，最后仍无结果。只有凌濛初不发一言，拱手作别何腾蛟，回到驻扎的寺庙歇卧。

快半夜的时候，凌濛初起身，燃灯提笔，写下了《剿寇十策》。这时候何腾蛟正好派人来请他，凌濛初于是对家人说：“我固知何公之见招也，故篝灯属草以待耳。”何腾蛟的单独召见，正在凌濛初的预料之中。在何腾蛟的帅营，凌濛初得到隆重的礼遇。何腾蛟亲自出门相迎，免去凌濛初跪拜的参见礼节，仅让他拱手作揖而已，而且赐坐交谈。何腾蛟比凌濛初小12岁，之前对凌濛初的才干已有所闻，因此很客气地问道：“子非浙西凌十九耶？慕子才名素矣，何无一言开予也？”凌濛初说，自己官位卑微，不敢在大会上阻挠众议，但知道何公您肯定会来询问我，所以事先已把建议写好了。于是献上《剿寇十策》：一曰宽抚宥；二曰行疑间；三曰据形胜；四曰练乡勇；五曰信赏罚；六曰出奇兵；七曰置弩车；八曰伏地雷；九曰广应援，十曰出滞狱。何腾蛟阅后十分振奋，把臂大呼，说有了凌濛初的妙策，即使李自成、张献忠的起义大军也不难扫清，何况是区区陈小乙的部队。当即与凌濛初结盟，呼凌濛初为十九兄。凌濛初见何腾蛟如此重用自己，也非常感动，说：“明公不以拙谋见摈，脱略尊卑，待以诚赤，此身已许公死，敢不执鞭弭以从！”表示愿意誓死追随。

次日，何腾蛟就祷于黄石公祠，卜筮大吉，于是准备行事。当时一连下了十天雨，也正是出兵的好时机。何腾蛟信任凌濛初，想让他担任监记一职，但凌濛初并不看重职务，他说：“侍左右可也，何必专衔？”在凌濛初的建议下，先行宽抚宥、行疑间、广应援、出奇兵、信赏罚五策，果然连挫对手，望风而降者不计其数。在这种情况下，凌濛初又自告奋勇，请求单骑诣陈小乙大营，喻以祸福，使其早降。当凌濛初天亮到达丰城时，面对的是一派杀气腾腾的景象：

> 彼萧王者，踞高坐，左右执戟列侍，叱公曰：“尔来畏死乎？”答曰：“畏死不来矣！”贼呼左右缚公，公叱之曰：“杀则杀耳，缚何为！”延颈就刃无惧色。左右皆辟易。贼曰：“尔果不畏死，来说吾降耶？”公厉声曰：“有言直言，奚用说也！”言辞侃切，晓以祸福，贼俯首感悟，稽首惟命。公与之盟而还。

萧王陈小乙高踞帐中，两旁刀枪林立。凌濛初没有却步，毫无惧色地来到陈小乙面前。陈大声呵斥说："你难道不怕死吗？"凌濛初凛然回答："怕死就不来了！"陈小乙大怒，命手下把凌濛初捆绑起来，要把他当场处死。凌濛初厉叱说："杀就杀吧，何必绑我！"说完，延颈就刃，面不改色，反把持刀者吓得倒退了数步。凌濛初在房村治理黄河，深受百姓爱戴，忠信之名已传遍徐州。陈小乙此前早有耳闻，现在看见凌濛初果真不怕死，义气凛然，大为钦佩，当即给他松绑。凌濛初见此情状，就言辞恳切，晓以祸福，最终使对方"俯首感悟"，接受了招抚。为示友好，凌濛初还当场与陈小乙结盟。看到凌濛初能活着回来，何腾蛟非常高兴，但对陈小乙是否真心接受招抚还是半信半疑。然而这种疑问很快被打破了，第二天陈小乙、扫地王等就率众来降。

徐州民变被顺利平息后，何腾蛟会郡邑文武各官在燕子楼大开庆功宴。在宴会上，何腾蛟命人给凌濛初敬酒，说："二十逋逃薮，一旦廓清，凌别驾之力也。"何腾蛟实事求是地把平叛的首功归之于凌濛初，凌濛初受宠若惊，避席而辞。此时，众文武官员都站了起来，他们先敬上司何腾蛟，次敬凌濛初，并请凌濛初吟咏赋诗，说："别驾夙赡倚马才，今日之事，不可无吟咏以志之。"凌濛初谦让未果，于是即席赋《砀山凯歌》三十章、《燕子楼公宴诗》五十韵。房村治河同事方允立亦即席赋长歌一篇赠凌濛初，有"小范胸中兵百万，大苏笔阵学三千"之句，赞扬凌濛初的文才武略，以宋代范仲淹、苏轼相比。待酒酣之时，何腾蛟命选出30位善歌的军士，各授以凌濛初《砀山凯歌》一章，歌一遍，行酒一巡。宴会"尽醉极欢，达旦而罢"。一时缙绅之士，咸歌咏其事。甚至有人征集这方面的诗歌，打算刊刻出版。其征诗启有曰："分臬壮猷，勤纶綍于常卣之上；别骖奇计，镌歌颂于梨枣之中。"

因平"寇"有功，是年冬天，何腾蛟升任湖广巡抚。他没有忘记凌濛初的贡献，一得官就向朝廷保举凌濛初为监军佥事。然而凌濛初的上司也非常器重凌濛初的才能，便以"萧寇初平，河上方起"，吕梁洪为要害之地，非凌濛初不能治理为由，不放他走。因此，凌濛初仍居房村，料理河事。

崇祯十七年（1644）正月，李自成在西安建立大顺政权，年号永昌。同年二月，李自成亲率精兵两万，经韩城禹门口渡过黄河，占领太原。在太原，李自成发布了声讨明王朝的檄文，并移檄山西、河南各地。二月初八日，大顺军从太原分两路出发，一路由李自成亲自统率，取道忻州、代州、大同、宣化，经居庸关攻取北京；另一路由左营大将刘芳亮率领，东出固关，经真定、保定，向北攻取北京。以后的一段时间里，李自成的大顺军就如摧枯拉朽一般，一路向北京逼进。三月十七日，大顺军南北两路人马，先后到达北京城下，崇祯帝和他的大臣们陷于一团混乱之中。十九日，北京城破，崇祯帝吊死煤山，明朝灭亡。在明朝灭亡前后的这段时间内，全国一片混乱，许多事情的真相也难以确知。传主凌濛初正是在这场混乱中与世长辞，因此关于其死日有多种说法。郑龙采《别驾初成公墓志铭》言崇祯甲申正月十二日晨；嘉庆、光绪两个版本的《凌氏宗谱》亦言“卒于崇祯甲申正月十二日”，但非早晨，而是“未时”，即下午一至三点；《晟舍镇志》卷五《人物》则言凌濛初死于崇祯甲申三月；贾三强《凌濛初晚年二事考》一文认为凌濛初死于崇祯甲申五月；徐永斌考证为崇祯十六年（1643）十二月中下旬①。我们采用《墓志铭》与《凌氏宗谱》的说法，时刻的差异则忽略不计。

据《墓志铭》，在崇祯十七年（1644）正月初七，有“流寇来薄徐城，流一队掠房村”。因为时局动荡，在此之前，凌濛初所管辖的房村与其他各村已经在招募乡兵，进行军事操练，以防备各类义军或民变的攻击。他们约定，若有小寇来攻，则放鸰鸽为号，附近村落来援；若有大寇至，则举烽火为警，所有村落皆来增援。然而当时因“流寇”来势猛锐，附近各村皆不敢救援，凌濛初只好独自率众死守。一直相持到初九日的黎明，敌营中数人大呼曰：“我辈欲见凌公。”凌濛初早已把生死置之度外，在城楼上大骂曰：“汝等欲说我降耶？诚目我为何如人！我岂鼠辈偷生者比耶！”当即用火枪击毙对方数人。于是，对方被激怒了，攻势越加凶猛。他们高呼着口号，发誓要生擒凌濛初，屠杀全村。看到这种情景，凌濛初大义凛然，对百姓说：“岂可为我一人害合村百姓！我将坠楼而死，以保全汝众。”一时百姓皆号哭，发誓愿意与凌濛初同生死。凌濛初说：“我在此三载，无德于汝，讵可遗尔荼毒！我死，汝辈得全。”于是绝食，滴水不入口。面对满地干戈，凌濛初预感到明王朝已时日不多，所以当家人劝

---

① 徐永斌：《凌濛初考证》，江苏人民出版社2010年版，第40页。

他进食时，他悲愤地说：“他日觅一死所亦不可得，今没于此，得死所矣！”家人又以凌濛初官职卑微、不必效忠为由进行劝解，凌濛初则说：“我自全我节耳，岂以爵之崇卑计耶?”说完呕血数升。凌濛初自忖危在旦夕，遂在手下的搀扶下勉力登楼，向对方喊话：“我力已竭，明日死矣，万勿伤我百姓。”对方被凌濛初的忠义所感动，唯唯而退。到了十二日早上，凌濛初吐血不止，呼百姓谓曰：“生不能保障，死当为厉鬼殛贼!”边说边吐血，最后连呼三次“无伤吾百姓”而卒。[①]全村百姓皆恸哭，自杀以殉者有十余人。次日，“流寇”入城，见凌濛初面色如生，十分惊异。于是对房村老百姓说：“我与凌公约，勿伤百姓。”除斩一人、抓三人外，其余皆秋毫无犯。

远在楚地的何腾蛟听闻凌濛初去世的消息后，非常悲痛，遣官致祭。其文有曰：“文辞播宇宙，比眉山而多武略；忠义贯日月，媲睢阳更著蜚声。”以宋代大文豪苏轼、唐代抗击安禄山叛军的睢阳太守许远比凌濛初，说凌濛初不仅文才斐然，而且比苏轼更“多武略”，有杰出的军事才能；比许远更显忠义，许远在睢阳城破后，被叛军所俘，执送洛阳，而凌濛初与房村共存亡。清代范锴《〈湖录〉记事诗》赞曰：“胸罗经济为国用，乃击副车竟五中。剿寇淮徐十策陈，弃官入幕有余痛。贼锋啸聚纷狼犴，日色无光刀血殷。孤城誓与百姓守，孤臣独悲天步艰。生不能保障效职，死当为厉鬼杀贼。病榻但闻呼渡河，兄弟志同身许国。”凌濛初后人凌介禧亦有诗赞曰：“有才未大用，下位终浮沉。剿寇陈画策，十万扫地擒。嗟嗟□国难，流贼彭城侵。生不能保障，呕血兼呕心。”[②]

凌濛初在房村所遭遇的“流寇”，《墓志铭》明确指出为李自成农民起义军的一支。因此，凌濛初被指责镇压过农民起义，这甚至影响到对“两拍”的评价。为了给凌濛初翻案，从20世纪90年代开始，不少研究者竭力证明，在崇祯十七年正月间徐州一带并没有李自成军队活动，因此濛初在房村所遭遇的“流寇”并非李自成大顺起义军。如贾三强通过考证认为，濛初所遭遇的“流寇”

① 以上未注明出处者均见郑龙采《墓志铭》。

② 转引自《晟舍镇志》卷五《人物》。□，原文缺字。

就是先前所招抚的陈小乙，其真名为程继孔，他是一个卖友求荣、反复无常的义军败类。①徐定保也认为凌濛初在房村所遭遇的“流寇”以及所招抚的陈小乙、扫地王等并非正规的农民起义军，而是山寨土寇，他们以敛财享受为目的，带给百姓的是祸患与灾难，容易被统治者所收买，甚至常常成为统治者镇压农民起义军的工具与帮凶，因此凌濛初予以剿灭是为百姓作贡献，并非只是为朝廷立功。②尽管凌濛初最后在房村所遭遇的“流寇”，是属于李自成农民起义军，还是其他义军败类，甚或是为非作歹的山寨土寇，目前学术界仍有分歧，但以下两点必须明确：

一是作为一个封建时代的文人，凌濛初即使行动上没有镇压过农民起义，他的内心也不可能拥护农民起义。农民起来造反，目的就是要推翻现行统治。而在凌濛初看来，即使是秦始皇这样的无道暴君，“亦是天命真主”③，并非随意可以推翻。从《初刻》卷三一对唐赛儿的描写即可看出作者对农民起义的敌视和反对。

二是一个内心反对、甚至行动上镇压过农民起义的人，却仍有可能对“官逼民反”的现实有清醒认识，仍有可能是一个体恤民情的好官。“两拍”虽然对农民起义领袖唐赛儿有所丑化，但也对《水浒传》里的英雄表示赞赏。小说把那些侵剥百姓、诈害乡民、把持官府，把良善人家拆得烟飞星散的“做官的”“做公子的”“做举人的”一律称之为“大盗”，认为“倒不如《水浒传》上说的人，每每自称好汉英雄，偏要在绿林中挣气，做出世人难到的事出来”④。从凌濛初晚年的从政经历来看，特别是临死之前三呼“无伤吾百姓”，他无疑是一位难得的勤政爱民的好官，一个典型的国士形象。

---

① 贾三强：《凌濛初晚年二事考》，《西北大学学报》1990年第3期，第99页。

② 徐定保：《凌濛初生命历程探析》，《华东师范大学学报》1997年第3期，第91—92页。

③ 陈迩冬、郭隽杰校注：《拍案惊奇》卷四《程元玉店肆代偿钱》，人民文学出版社1995年版，第75页。

④ 陈迩冬、郭隽杰校注：《拍案惊奇》卷八《乌将军一饭必酬》，人民文学出版社1995年版，第133页。

结语　凌濛初在文化史上的地位

凌濛初既是传统士人的楷模，也是一个不乏精明的市民。作为传统士人，读书仕进、一展宏图是他最大的人生奋斗目标。入选为官后，他忠于职守，治理剧务，大显身手。他曾单骑到起义军大营，劝拥兵数万的陈小乙归顺政府。面对“流寇”的层层包围，他发誓死守，最后高呼“无伤吾百姓”，吐血而卒。可见，在事关君子大节时，凌濛初表现出的是典型的士人风范。但在一般社会生活尤其是经济生活中，凌濛初看上去更像是一个精明的市民，甚至就是一个商人。他专意于街谈巷议，应书商邀请写作“两拍”；他办刻书工场，经营套版刻书业，以获取利润。作为文人，凌濛初出入青楼，与名妓往来，一意为欢，有着柳永、关汉卿那样的风流才子气质；作为书生，凌濛初皓首穷经，痴迷于科举，又有着《儒林外史》中范进、周进的影子。因此，凌濛初的性格与形象具有明显的多重性。这既与其世代为宦的家族背景有关，也是肯定人的感性欲望、经商蔚然成风的晚明时代使然。

凌濛初在中国文化史上的地位首先是由他的小说“两拍”奠定的。“两拍”虽然是受冯梦龙“三言”的影响而创作，但“三言”中话本的创作者多是宋元明各代的说话人，冯梦龙的工作主要是编辑而非创作，至多也不过是稍加修饰，或偶有创作混杂其中，而“两拍”中的小说都是由凌濛初自己创作。孙楷第先生说，“两拍”“要其得力处在于选择话题，借一事而构设意象；往往本事在原书中不过数十百字，记叙琐闻，了无意趣，在小说则清谈娓娓，文逾数千，抒情写景，如在耳目；化神奇于臭腐，易阴惨为阳舒，其功力实亦等于创作”[①]。因此在中国小说史上，冯梦龙的贡献主要是保存宋元话本，凌濛初才是文人独立创作白话短篇小说的第一人。从世界文学的眼光来看，凌濛初也早于19世纪欧美的短篇小说作家，如莫泊桑、契诃夫、欧·亨利等有二三百年。“两拍”中的80篇作品，除掉一篇重复的小说和一篇戏剧，仍有小说78篇。这一数量，在此后三百年内也无人逾越。因此，凌濛初也是中国古代白话短篇小说产量最多的作家。

在中国古代小说史上，“两拍”向与“三言”并列。孙楷第先生说：“自非才思富赡，洞达人情，鲜能语此”，“而前后二集，取材宏富，体物装点，敷衍成文，与冯氏‘三言’并蔚然为小说巨观”。[②]张静庐《初刻拍案惊奇跋》亦曰：“才藻丰赡，颇为可诵，遂与冯氏‘三言’为千秋瑜亮。”由于“两拍”是凌濛初的独立创作，因此它实际上比“三言”更贴近晚明社会普通百姓的生活，更真实地反映了晚明世俗社会的生活风貌和时代精神。晚明社会贪官廉吏、文人举子、行商坐贾、流氓娼妓、少女媒婆、小偷大盗、尼姑道士等各阶层人物的群像在“两拍”中都得到了生动的展示。通过各阶层人物群像的描绘，“两拍”撕开了腐朽的封建社会的黑幕，高扬起晚明市民思想的旗帜。“两拍”的写作技巧也大都有相当水平，不像“三言”那样参差不齐。在题材选择、主题表达、视角采用、情节结构、人物刻画和叙事风格上，都充分显示出凌濛初独具的匠心，从而产生了令读者拍案称奇的艺术效果。由于“两拍”的广泛流传，不仅引发了明末清初拟话本创作的热潮，而且产生了许多选本。“两拍”中的作品还不断被后人改写，并出现了许多以“两拍”为命名依据的小说集。“两拍”的影响甚至越出了国界，世界各地发现了不少“两拍”的明清刊本，“两拍”中的一些作品也很早就被翻译成不同文字在国外流传。随着作品的不断被翻译出版，“两拍”受到了世界学者的广泛关注。目前，“两拍”已是公认的世界级的文学作品。人民文学出版社出版的《世界文学名著文库》，汇集世界一流作家一流作品200种，其中国内几千年文学史所产生的浩如烟海的作品仅择取了40种，而

①② 孙楷第：《三言二拍源流考》，《国立北平图书馆馆刊》1931年第5卷第2号，第49页。

凌濛初的“两拍”就是其中之一。

凌濛初在中国文化史上的地位也来自于他的戏剧创作和批评。他的一生共创作有杂剧13种、传奇3种。这些戏曲创作在当时就受到高度评价。明代最著名的戏剧作家汤显祖称其为“定时名手”，赞扬他的戏曲作品“缓隐浓淡，大合家门”。[①]明代著名戏曲理论家祁彪佳赞扬凌濛初有“妙才”，说他熟读元曲，所作戏曲“信口所出，遒劲不群”，并将他的杂剧《李卫公蓦忽姻缘》收入《远山堂剧品》之《妙品》中，认为该剧比剧坛推重的著名戏曲家张凤翼的《红拂记》还要杰出，“向日词坛争推伯起《红拂》之作，自有此剧，《红拂》恐不免小巫矣”[②]。明代《盛明杂剧》的编者沈泰，把凌濛初与明初戏曲大家周宪王并举，说：“初成诸剧，真堪伯仲周藩，非复近时词家可比。”[③]明人汪㰚甚至以为，凌濛初《虬髯翁》一剧可与元代关汉卿、马致远的杂剧相媲美。[④]凌濛初的传奇也受时人关注，冯梦龙说他“天资高朗，下笔便俊”，赞扬他改《玉簪记》为《衫襟记》才气纵横，“一字不仍其旧”[⑤]。

凌濛初不仅是晚明著名的戏曲作家，也是晚明著名的戏曲理论家。他的戏曲理论著作《谭曲杂札》批评了明嘉靖后剧坛的贵藻丽倾向，提出了贵本色的戏曲观。从戏曲的本色观出发，《谭曲杂札》对当时曲坛的一些热点问题，如《琵琶记》和《拜月亭》的高下之争、沈汤之争等，均发表了自己中肯的、实事求是的看法。对戏曲的尾声、戏曲的情节结构，《谭曲杂札》也提出了一些独到的见解。嘉靖、隆庆以来戏曲创作盛况空前，许多曲选应运而生，如《吴歈萃雅》《词林逸响》等，但在明清之际著名戏曲家李玉眼中，“其选之最精、最当者”，莫如凌濛初《南音三籁》一书。《南音三籁》所选之曲“尽属撷精掇华”[⑥]，共收录了元明两代32位作家的南曲作品，包括散曲套曲100套、小令

① 〔明〕汤显祖：《答凌初成》，《汤显祖集》，上海人民出版社1973年版，第1344页。

② 〔明〕祁彪佳：《远山堂剧品·妙品》，《中国古典戏曲论著集成》第6册，第144页。

③ 见《盛明杂剧二集》卷二二所收《虬髯翁》剧按语，董氏诵芬室1925年刻本。

④ 见《盛明杂剧二集》卷二二所收《虬髯翁》剧第四折眉批，董氏诵芬室1925年刻本。

⑤ 〔明〕冯梦龙：《太霞新奏》卷六，《冯梦龙全集》，凤凰出版社2007年版，第88页。

⑥ 〔清〕李玉：《南音三籁序》。

28首，传奇剧曲136套、单曲13支。[①]《南音三籁》不仅为这些优秀南曲的流布作出了巨大贡献，而且由于凌濛初对所收的这些南曲进行了鉴赏归类，分成了天、地、人三个层次，又对每曲进行了包括眉批、尾批、圈点在内的诸多形式的评点，因此《南音三籁》完全超越了单纯选本的意义，成了中国戏曲史上重要的曲谱文献和理论批评文献。

凌濛初在中国文化史上的地位还来自于他对套版刻书的贡献。套版印刷法是印刷术发展过程中的新成就，与雕版印刷、活字印刷并称为中华印刷史上的“三变”。欧洲在18世纪才知道套版印刷，后来虽说铅印、石印、胶印发展得很快，但它们的基本原理和方法，都是从我们的套版印刷法中演变出来的。尽管套版印刷不是由凌濛初首创[②]，但凌濛初与同里闵齐伋在普及、提高及灵活运用套印这一独特的印刷方法上却是作出了重大贡献，他们是印刷史上公认的最有名的两位套版刻书家。作为晚明著名刻书家，凌濛初一生刊刻了众多书籍。目前基本上能确定是他所刻的套色书籍有17种近150卷。而且在凌濛初的带动下，凌氏兄弟子侄20余人均参与套版刻书，他们在天启、崇祯年间刊印了大量套色书籍。据不完全统计，现存的凌氏所刻套色书籍有48种约460卷[③]，内容遍及经、史、子、集四部。这些套色书籍对历史文化的保存和传播，尤其是普及文化满足群众需要等方面都作出了重要贡献。它们在当时很热销，明代著名文学评论家陈继儒说：“吴兴朱评书籍出，无问贫富，垂涎购之。”[④]特别是凌濛初所刻的《西厢记》《东坡禅喜集》等至今受到学人高度重视。像《西厢记》，明清两代刻本有180多种，但现在成为典范的却是凌濛初的套印本，当代几部著名的《西厢记》印本，均是采用凌濛初的刻本为底本。也就是说，现在我们一般读者所接触的元杂剧《西厢记》，基本上就是凌刻本《西厢记》。

---

① 此处统计依据陈多《凌濛初和他的〈南音三籁〉》，见《中国文学研究》1988年第1期，第46页。

② 据王重民判定，最早发明套版印刷法的是徽州人，时间是1602年左右。几年后这种印刷法才传到湖州，发展为闵版、凌版。见王重民《套版印刷法起源于徽州说》，原载《安徽历史学报》创刊号，收入《版本学研究论文选集》，书目文献出版社1995年版，第40—57页。

③ 陈勇杰主编：《织里镇志》，中国农业出版社2023年版，第1522—1526页。

④ 见闵刻《史记钞·序》。

睡乡居士在《二刻拍案惊奇小引》中说："即空观主人者，其人奇，其文奇，其遇亦奇。因取其抑塞磊落之才，出绪余以为传奇，又降而为演义，此《拍案惊奇》之所以两刻也。" 睡乡居士不知何许人，但这却是对凌濛初一生的遭遇与性格以及小说与戏曲创作的绝妙评价。当然，凌濛初文化才能的发挥，不仅表现在小说与戏曲创作上，而且体现在书籍的评点与出版上。因此，只要深刻理解睡乡居士的这一评价，再加上对凌濛初刻书活动及其成就的深入认识，一个较为全面的凌濛初形象就可以展现在我们面前。

大事年表

1580年（明万历八年）1岁

五月初七日，凌濛初诞生于浙江湖州府乌程县东晟舍铺（今属浙江省湖州市织里镇），字玄房，号初成，亦名凌波，一字彼厈，别号即空观主人。祖约言，嘉靖庚子举人，仕至南京刑部员外郎，已卒九年。父迪知，嘉靖丙辰进士，授工部营缮司主事，时年五十二。嫡母包氏，同郡兵马指挥使包大厦女，已卒六年。生母蒋氏，鹤庆知府同郡菱湖蒋子岳女，时年二十一岁。长兄湛初，字玄旻，号洞湖，郡廪生，已卒七年；次兄润初，字玄雨，号岘石，邑庠生，已卒十一年；三兄涵初，字玄勃，号屺瞻，太学生，时年二十二。三兄均为包氏所出。妻沈氏，为贵州兵备副使同郡进士沈子来女，时年一岁。

1581年（明万历九年）2岁

弟浚初生。

1591年（明万历十九年）12岁

入学。郑龙采《墓志铭》：“十二游泮宫。”

1594年（明万历二十二年）15岁

是年，在离晟舍约三十里的南浔，礼部尚书董份和祭酒范应期两家发生民变，刹那间身槁产落。该事件波及湖州其他巨族，凌氏因居产颇饶，亦受百姓围困，但最终未遭到哄抢。

1596年（明万历二十四年）17岁

吴中著名文人王穉登游湖州，拜见凌迪知于且适园。

1597年（明万历二十五年）18岁

补廪膳生。《墓志铭》："十八补廪饩。"

1600年（明万历二十八年）21岁

十二月初五，父迪知卒，年七十二。同郡进士朱国祯前来吊唁。

1602年（明万历三十年）23岁

凌濛初与寓居杭州的嘉兴著名文人冯梦祯结为亲家，把女儿许配给冯的孙子冯延生。十一月初八日，冯梦祯前来晟舍下聘，凌濛初邀请著名布衣诗人、苕溪四子之一表舅吴允兆作陪，并请吕三班作戏，演《香囊记》。

1603年（明万历三十一年）24岁

正月二十五日，冯梦祯至湖州德清山中祭扫，凌濛初、宋宗献、张髯君等闻讯，从湖州前往拜见，聚饮聊谈至二更。次日，四人同游湖州佛教圣地菁山，邂逅守庵上人。二月，凌濛初与冯梦祯、复元上人、宋宗献等游苏州，四人联舟以行，作诗论文。冯梦祯为凌濛初所获元版《景德传灯录》作跋，并为之评点《东坡禅喜集》与《山谷禅喜集》。八月初五，凌濛初前往杭州拜访冯氏，恰好复元上人亦在。是年，王穉登再次游湖州，在濛初、涵初、浚初三兄弟的盛情邀请下，扶病重游凌家且适园。是年，兄涵初卒，年四十五。

1604年（明万历三十二年）25岁

凌濛初上书时任国子监祭酒的刘曰宁，这使他名声鹊起，"一时公卿无不知有凌十九者"（《墓志铭》）。

1605年（明万历三十三年）26岁

六月，妻沈氏生下长子琛。九月，生母蒋氏卒于南京。十月，凌濛初奉柩归里。冯梦祯闻讣，前来晟舍吊唁。

1606年（明万历三十四年）27岁

凌濛初与时任南京国子监司业的父执朱国祯定交。表舅吴允兆来南京凌濛初寓所，两人促膝长谈，赏玩图书。凌濛初请求吴允兆为自己的戏曲撰写序言。湖州复元上人来访，凌濛初请他带信给吴允兆，询问序言是否已挥毫完成。凌濛初的第一部学术著作《后汉书纂》在南京由周氏刊刻行世。为使该书能见重于世人，凌濛初特请父执王穉登作序。王氏盛赞凌濛初删削编撰班固《后汉书》是截长补短，化腐朽为神奇。此年开始，凌濛初长期寓居南京。

1607年（明万历三十五年）28岁

凌濛初早先在苏州结识了一位妓女，两人情投意合。大约是年夏日，这位苏州妓来南京与濛初相会。两人月下抚琴，情意绵绵，但该女子不久就被人逼迫离开南京，给凌濛初留下无尽的痛苦和思念，凌濛初因作套曲《南吕・梁州新郎・惜别》。

1608年（明万历三十六年）29岁

大约是年，凌濛初把自己的五种剧作寄给著名戏曲家汤显祖，汤显祖在回信中对其大加赞赏："缓隐浓淡，大合家门。至于才情，烂漫陆离，叹时道古，可笑可悲，定时名手。"（汤显祖《答凌初成》）大致是年，凌濛初与一名秦淮妓有了一段欢歌调笑、诗酒风流的生活，但由于此妓暴病而亡，也带给凌濛初无尽的思念。凌濛初作套曲《南吕・香遍满・伤逝》表示挽悼，其友人董斯张亦作有《叹逝曲为凌初成赋》一诗。

1609年（明万历三十七年）30岁

三月至七月间，凌濛初在南京珍珠桥寓所接待前来拜访的公安三袁之一袁中道。秋冬间，凌濛初与朱无瑕、钟惺、林古度、韩上桂、潘之恒等人在秦淮河畔结社吟诗。

1610年（明万历三十八年）31岁

凌濛初曾漫游古都洛阳一带，结识了河阳姬。这是一位人人争挥买笑之金的名妓，但她偏偏钟情于落魄文士凌濛初。凌濛初南归后，她放弃青楼的热闹生活，承受巨大压力苦苦等候凌氏。因生活实在难以维继，她来南京找寻凌濛初。经过许多波折，是年三月两人终于团圆，凌濛初因作套曲《南北合套·新水令·夜窗话旧》。

1616年（明万历四十四年）37岁

同里闵齐伋刻《春秋左传》十五卷，湖州套版印刷业从此开始。十二月，妾卓氏生下次子楘。

1619年（明万历四十七年）40岁

八月，妾卓氏生下三子楚。

1621年（明天启元年）42岁

凌濛初用套版刻成《东坡禅喜集》与《山谷禅喜集》。《东坡禅喜集》请了著名文人陈继儒作序。

1622年（明天启二年）43岁

秋，凌濛初学术著作《诗逆》刊行，书后附有《诗经人物考》一篇。是书由凌瑞森等参订，凌濛初自序。

1623年（明天启三年）44岁

四月，凌濛初赴京谒选。时朱国祯召拜为礼部尚书兼东阁大学士，也离乡赴京，因招濛初同舟，“访以经济之术”（《墓志铭》）。六月，两人抵达北京。

冬，凌濛初病，茅维前来探望。

1624年（明天启四年）45岁

凌濛初淹留京城。重阳日，与谭元春、葛一龙、王家彦、周永年、程道寿、张尔葆、茅厚之、郝月娟等人，共集茅维京城邸所，饮酒赋诗。

1626年（明天启六年）47岁

凌濛初《虬髯翁》等13个杂剧、《乔合衫襟记》等3个传奇以及南曲选本《南音三籁》成于是年前。

1627年（明天启七年）48岁

秋，凌濛初北京乡试失利，回南京后开始编撰《拍案惊奇》。

1628年（明崇祯元年）49岁

十月，凌濛初《拍案惊奇》由苏州尚友堂刊行。十一月，妾卓氏生下四子橐。

1629年（明崇祯二年）50岁

沈泰编刊《盛明杂剧二集》，选凌濛初《虬髯翁》一剧。

1630年（明崇祯三年）51岁

凌濛初学术著作《孔门两弟子言诗翼》刊行，由凌瀛初校阅，凌濛初自序。

1631年（明崇祯四年）52岁

凌濛初游福建，与漳浦李瑞和交游。李当时还没有功名，凌濛初阅罢其文，断定他总能得中。通过在福建任职的亲戚潘曾纮的关系，凌濛初请到福建提学副使何元化为自己的学术著作《圣门传诗嫡冢》十六卷作序。同年，是书刊行，后附《申公诗说》一卷。

1632年（明崇祯五年）53岁

冬，凌濛初编成《二刻拍案惊奇》。十月，妾卓氏生下五子椠。

1634年（明崇祯七年）55岁

潘曾纮巡抚南赣，聘凌濛初入幕。

1636年（明崇祯九年）57岁

潘曾纮帅师勤王，凌濛初慨然有击楫澄清之志，于是二度赴京入选，但也没有成功。九月，凌濛初应其表兄潘湛之邀，登览湖州城南杼山，写下《游杼山赋》一文，表达消极失意的心情。

1637年（明崇祯十年）58岁

张楚叔、张旭初编《吴骚合编》，选凌濛初散曲《伤逝》《惜别》《夜窗话旧》三套。

1639年（明崇祯十二年）60岁

凌濛初赴乡试，仍以失败告终，最后以副贡资格选得上海县丞一职。任职期间，曾代理县令八月，“催科抚字，两无失焉”（《墓志铭》）。办理漕运，输粟入都，圆满完成任务；又署海防事，创立井字法，清理盐场积弊，屡受上司嘉奖。

1642年（明崇祯十五年）63岁

凌濛初升徐州通判，分属房村，治理黄河。

1643年（明崇祯十六年）64岁

何腾蛟兵备淮徐，奉命围剿“流寇陈小乙”。凌濛初上《剿寇十策》，并单骑赴陈小乙军营游说，使其心悦诚服，与扫地王等率众来降。在何腾蛟举办的庆功宴上，凌濛初即席赋《砀山凯歌》三十章、《燕子楼公宴诗》五十韵。因平叛有功，授楚中监军佥事，不赴，仍留房村治河。

1644年（明崇祯十七年）65岁

正月，有“流寇”攻打房村，凌濛初率百姓死守，因无外援，最后吐血而死，死时三呼“无伤吾百姓”。

参考文献

著作

陈大康：《明代商贾与世风》，上海文艺出版社1996年版。

〔明〕凌濛初撰：《拍案惊奇》，陈迩冬、郭隽杰校注，人民文学出版社1995年版。

〔明〕凌濛初撰：《二刻拍案惊奇》，陈迩冬、郭隽杰校注，人民文学出版社1996年版。

陈学文：《明清时期杭嘉湖市镇史研究》，群言出版社1993年版。

〔明〕董斯张撰：《静啸斋存草》《静啸斋遗文》，《续修四库全书》，上海古籍出版社2002年版。

杜信孚：《明代版刻综录》，江苏广陵古籍刻印社1983年版。

冯保善：《凌濛初》，春风文艺出版社1999年版。

〔明〕冯梦龙编撰：《喻世明言》《警世通言》《醒世恒言》，岳麓书社1993年版。

〔明〕冯梦龙编：《太霞新奏》，《冯梦龙全集》，凤凰出版社2007年版。

〔明〕冯梦龙编：《情史》，岳麓书社2003年版。

〔明〕冯梦祯：《快雪堂集》，《四库全书存目丛书》，齐鲁书社1997年版。

韩大成：《明代社会经济初探》，人民文学出版社1986年版。

胡士莹：《话本小说概论》，中华书局1980年版。

〔明〕胡应麟：《少室山房笔丛》，上海书店2009年版。

湖州市文化艺术志编委会编：《湖州市文化艺术志》，浙江古籍出版社1994年版。

蒋星煜：《明刊本〈西厢记〉研究》，中国戏剧出版社1982年版。

李清志：《古书版本鉴定研究》，台北文史出版社1986年版。

〔明〕凌濛初撰：《拍案惊奇》，李田意辑校，香港友联出版社1967年版。

〔明〕李维桢撰：《大泌山房集》，《四库全书存目丛书》，齐鲁书社1997年版。

〔明〕李贽：《焚书》《续焚书》，中华书局1975年版。

〔明〕凌濛初撰：《拍案惊奇》《二刻拍案惊奇》，上海古籍出版社1985年影印本。

〔明〕凌濛初编：《南音三籁》，上海古籍书店1963年影印本。

〔明〕凌濛初辑刊：《选诗》，《四库全书存目丛书》，齐鲁书社1997年版。

〔明〕凌濛初辑刊：《东坡禅喜集》，《四库全书存目丛书》，齐鲁书社1997年版。

〔明〕凌濛初编撰：《圣门传诗嫡冢》《孔门两弟子言诗翼》《诗逆》，《四库全书存目丛书》，齐鲁书社1997年版。

《凌氏宗谱》，清光绪甲辰重修本，1905年刊。

《凌氏宗谱》，清顺治抄本。

〔明〕凌震撰：《练溪集》，清刻本。

〔清〕刘世珩：《暖红室汇刻传奇》，江苏广陵古籍刻印社1978年版。

〔明〕刘沂春修《乌程县志》，书目文献出版社1991年影印明崇祯本。

〔唐〕柳宗元撰：《柳河东集》，上海人民出版社1974年版。

〔明〕陆人龙编撰：《型世言》，江苏古籍出版社1993年版。

马美信：《凌濛初与两拍》，上海古籍出版社1994年版。

〔清〕闵宝梁撰：《晟舍镇志》，清同治本。

潘承弼、顾廷龙编：《明代版本图录初编》，1941年开明书店影印本。

〔清〕潘玉璿等修：《乌程县志》，清光绪七年刊本。
〔明〕潘之恒撰：《亘史抄》，《四库全书存目丛书》，齐鲁书社1997年版。
钱伯城笺校：《袁宏道集笺校》，上海古籍出版社1981年版。
钱杭、承载：《十七世纪江南社会生活》，浙江人民出版社1996年版。
〔清〕钱谦益撰：《列朝诗集小传》，上海古籍出版社2008年版。
〔明〕沈泰编：《盛明杂剧》，中国戏剧出版社1958年版。
孙楷第：《中国通俗小说书目》，人民文学出版社1982年版。
〔明〕沈德符：《万历野获编》，文化艺术出版社1998年版。
谭正璧：《三言两拍资料》，上海古籍出版社1980年版。
〔明〕汤显祖撰：《汤显祖集》，上海人民出版社1973年版。
陶慕宁：《青楼文学与中国文化》，东方出版社1993年版。
完颜绍元：《流氓的变迁》，上海古籍出版社1993年版。
王丽娜：《中国古典小说戏曲名著在国外》，学林出版社1988年版。
王振忠：《明清徽商与淮扬社会变迁》，三联书店1996年版。
〔明〕王穉登撰：《王百穀先生集外诗文》，缪荃孙手抄本。
〔明〕王穉登撰：《清苕集》，《四库禁毁书丛刊》，北京出版社1997年版。
王重民：《中国善本书提要》，上海古籍出版社1983年版。
魏同贤主编：《冯梦龙全集》，凤凰出版社2007年版。
魏同贤、安平秋主编：《凌濛初全集》，凤凰出版社2010年版。
魏隐儒：《中国古籍印刷史》，印刷工业出版社1984年版。
〔明〕谢肇淛撰：《五杂组》，上海古籍出版社2012年版。
徐定宝：《凌濛初研究》，黄山书社1999年版。
徐永斌：《凌濛初考证》，江苏人民出版社2010年版。
〔明〕汤显祖：《汤显祖全集》，徐朔方笺校，北京古籍出版社1998年版。
中华书局编辑部编：《学林漫录》（五集），中华书局1982年版。
叶德均撰：《戏曲小说丛考》，中华书局2004年版。
叶银海、嵇发根编：《人文织里》，方志出版社2004年版。
〔清〕永瑢等撰：《四库全书总目》，中华书局1965年版。

〔明〕茅坤：《茅坤集》，张大芝、张梦新点校，浙江古籍出版社1993年版。

张兵：《凌濛初与两拍》，辽宁教育出版社1992年版。

〔明〕张楚叔、张旭初编：《吴骚合编》，《续修四库全书》，上海古籍出版社2002年版。

〔明〕凌濛初撰：《拍案惊奇》，章培恒整理、王古鲁注释，上海古籍出版社1982年排印本。

〔明〕凌濛初撰：《二刻拍案惊奇》，章培恒整理、王古鲁注释，上海古籍出版社1983年排印本。

〔清〕张廷玉等撰：《明史》，中华书局1974年版。

张秀民：《中国印刷史》，上海人民出版社1989年版。

赵红娟：《凌濛初考论》，黄山书社2001年版。

赵红娟：《晚明望族编刊活动研究》，中国社会科学出版社2021年版。

〔明〕臧懋循：《臧懋循集》，赵红娟点校，浙江古籍出版社2012年版。

中国图书馆学术委员会古籍版本研究组编：《版本学研究论文选集》，书目文献出版社1995年版。

中国戏曲研究院编：《中国古典戏曲论著集成》，中国戏剧出版社1959年版。

钟伟今：《湖州民间文学选》，海南出版社1999年版。

〔明〕朱国祯撰：《涌幢小品》，上海古籍出版社2012年版。

〔清〕朱霞甫撰：《练溪文献》，岱云书社订本。

〔清〕宗源瀚等修：《湖州府志》，清同治十三年刊本。

论文

（日）表野和江：《明末吴兴凌氏刻书活动考——凌濛初和出版》，《中国典籍与文化》2003年第3期。

陈多：《凌濛初和他的〈南音三籁〉》，《中国文学研究》1988年第1期。

陈学文：《明代中叶湖州府乌程县的社会经济结构——明清江南典型县志个

案研究之三》,《中国社会经济史研究》1992年第2期。

冯保善:《论凌濛初的戏曲创作》,《贵州文史丛刊》1991年第1期。

冯保善:《凌濛初史实四考》,《东南大学学报》2001年第1期。

冯保善:《凌濛初家世述略》,《艺术百家》2003年第2期。

韩结根:《〈亘史〉与“两拍”——“两拍”蓝本考之一》,《复旦学报》2004年第1期。

韩结根:《〈广艳异编〉与“两拍”——“两拍”蓝本考之二》,《复旦学报》2005年第5期。

黄季鸿:《论凌濛初刻本〈西厢记〉》,《古籍整理研究学刊》2003年第3期。

黄强:《凌濛初戏曲理论三题》,《文学研究丛刊》1986年第2辑。

纪德君:《“拍案”何以“惊奇”——“二拍”传奇艺术论》,《中山大学学报》2005年第6期。

纪德君:《“三言”“两拍”结构艺术新探》,《广东社会科学》2001年第1期。

贾三强:《凌濛初晚年二事考》,《西北大学学报》1990年第3期。

蒋文仙:《明代套色印本研究》,华东师范大学2005年博士论文。

李伯重:《明清江南的出版印刷业》,《中国经济史研究》2001年第3期。

柳无忌:《关于凌濛初的〈拍案惊奇〉》,《读书》1983年第6期。

潘建国:《凌濛初刊刻、评点〈世说新语〉考述》,《上海师范大学学报》2004年第5期。

潘建国:《明凌濛初尺牍真迹考释》,《文学遗产》2001年第5期。

孙楷第:《三言二拍源流考》,《国立北平图书馆馆刊》第5卷第2号。

陶湘:《明吴兴闵板书目》,《青鹤》1937年第5卷第13期。

滕新才:《明朝中后期狎妓之风与文学创作》,《西南师范大学学报》2003年第5期。

王建平:《论凌濛初的杂剧〈宋公明闹元宵〉》,《孝感学院学报》2005年第1期。

王裕明：《新见凌濛初史料三则》，《明清小说研究》2013年第3期。

曦钟：《“二拍”思想艺术浅说》，《明清小说研究》1997年第1期。

许振东、宋占茹：《明代金陵周氏家族刻书成员与书坊考述》，《河北大学学报》2011年第2期。

徐定保：《凌濛初生命历程探析》，《华东师范大学学报》1997年第3期。

许建中：《凌濛初戏曲存目考补》，《扬州师院学报》1991年第2期。

徐永斌：《凌濛初〈红拂〉杂剧创作考》，《内蒙古大学学报》2008年第4期。

俞为民：《凌濛初的戏曲理论》，《金陵学刊》第1集，1996年。

张伯伟：《〈东坡禅喜集〉的文化价值》，《中华读书报》2004年12月22日。

赵红娟、刘振华：《新发现的〈凌氏宗谱〉光绪甲辰重修本（乙巳刊）》，《明清小说研究》1998年第3期。

赵红娟：《凌濛初先世和迁徙情况考索》，《明清小说研究》1998年第3期。

赵红娟：《凌濛初评点〈幽闺记〉及与沈璟交游考》，《浙江社会科学》2004年第6期。

赵红娟：《凌濛初生平与交游五题》，《厦门广播电视大学学报》2014年第1期。

赵红娟：《晚明江南望族的编刊活动与晚明都市——以凌、闵、茅、臧四大望族为中心》，《浙江社会科学》2014年第12期。

赵红娟：《晚明湖州四大望族的戏曲编刊活动及其特点》，《中国文学研究》第28辑，复旦大学出版社2016年版。

赵红娟：《凌濛初的编撰、刊刻活动及其刻书特点》，《古典文献研究》第19辑上卷，凤凰出版社2016年版。

赵红娟：《晚明望族的编刊活动、编刊者身份心态及其人员聘雇——以湖州凌、闵、茅、臧四大望族为中心》，《古典文献研究》第21辑上卷，凤凰出版社2018年版。

郑志良：《凌濛初佚作及交游补考》，《明清小说研究》2001年第2期。

周录祥：《明湖州出版家凌稚隆辑著文献考》，《湖州师范学院学报》2009年第6期。

周越然：《书谈·套印书》，《小说月报》1931年第22卷第7期。

后　记

十年前，我负笈南京，师从周维培教授攻读硕士学位，就以凌濛初研究为课题。由于不少新资料的发现，因此在凌濛初家世生平与刻书研究方面有了较大突破。特别是对凌濛初刻书经商活动的描述，以前学术界从未予以关注，因而成了论文最大的亮色。在评阅和答辩中，论文均得到好评。后来又经过长时间的修改补充，终于在2001年由黄山书社出版，这就是我的第一本学术专著《凌濛初考论》。

2002年，我再次踏上求学之路。导师孙逊先生见我凌濛初研究做得尚可，多次有意让我继续。但为了开辟新的研究领域，我最终还是把凌濛初排除在了博士论文的选题之外。尽管如此，我还是一直在关注学界的凌濛初研究，在思考凌濛初这个人物的复杂与深度。原本较单一的凌濛初形象在我心目中渐渐变成了一个多重面目叠印在一起的奇特形象。他既有《儒林外史》中皓首穷经、痴迷于科举的范进、周进的影子，又有柳永、关汉卿那样抑郁不得志而出入青楼、与下层女子为伍的风流才子气质；他既是一个眼光敏锐、脑子活络、善于谋利的商人，又是一个为国尽忠、死而后已的国士。这些形象之间的差异是如此之大，但他们居然统一在了凌濛初一个人身上，由此引发了我对凌濛初生存的时代与环境的极大兴趣。随着阅读的增加和深入，那个政治腐败而经济却繁荣的晚明社会，那个商业畅旺、消费高涨、妓业随之大盛的六朝古都南京，那个名爵显宦、举人进士层出不穷而商业文化气息却非常浓厚的江南小镇晟舍，还有生活在晟舍这片弹丸之地上世代姻亲而又不免竞争仇妒的凌、闵二氏，都恍然眼前，似乎随手可以触摸。于是一切迎刃而解：我们的传主凌濛初是在一个朝政废弛、江河日下的时代苦苦求仕，因而留下了四中或五中副车的可悲的失败记录。在仕宦无门、伤痕累累的情况下，他才退而求其次，抓住了当时文化需求高涨的商机，经营起套版刻书业，并频频出入青楼，写作“两拍”与词曲，以文化上才能的发挥充填自己的人生。可以说，没有荒怠废弛的晚明政治，没有晚明出版市场的繁荣，没有晚明娼妓业的兴盛，也许就不会有凌濛初的“两拍”、凌濛初的词曲和他所刻的那么多的套版书。而世代为宦的家族背景所导致的根深蒂固的功名心理，使得他在以著述刻书为施展才能的途径的同时，内心的自我评价依然没有仕宦高。因此，在“两拍”“翼飞胫走”、套版书“无论贫富，垂涎购之”的情况下，他还是再次走上了谒选之路，以贡生的资格获得了上海县丞一职。清理盐场积弊、呈献《剿寇十策》、单骑劝陈小乙来降等等，尽管凌濛初有所作为，但在这个任何人都已无法力挽狂澜的时代，他最终也必然走向失败。1644年，凌濛初在房村通判任上因抵抗“流寇”献出了生命，与明王朝的寿终正寝正处同时。

由于有了一些新的思考，因此很想再写一本有关凌濛初的书。2006年8月，“浙江文化名人传记丛书”选题之一《凌濛初传》的写作使我终于有了这个好机会。然而由于所给的时间非常少，从接受撰写工作到任务完成只有半年左右时间，再加上凌濛初的诗文集《国门集》《鸡讲斋诗文》等均佚失不传，凌氏生平资料显得很缺乏，一些活动的时间也很难确定，所以写作中仍然留下不少遗憾。例如，尽管自己对凌、闵二氏的刻书关系一直很感兴趣，很想凭借对它的探讨来揭示凌濛初的商业竞争心态，但由于时间的关系我并没有找到更好的材料。对凌濛初在青楼的情感故事的展示也是如此，由于只存三个套曲和一篇赋文，而没有其他诗文来印证，所以故事并不完整，有些甚至只是一个片段。

虽然颇多遗憾，但回顾这半年的写作，实是艰辛与不易。除了简单的饮食、短暂的睡眠和给学生上课，几乎所有的心思都花在了写作上。常常是衣冠不整地在电脑前，一坐就是几个小时。无论是在路途上，还是在饭桌前，甚或在睡梦中，满脑中飞动的仍是凌濛初。为了写作，原本想少承担些教学任务，结果最后还是未能如愿，繁重的教学工作与例行事务占据了我大半周的时间。再加上这一年来，理想与现实的冲突导致的接二连三的烦恼，心中的抑郁与苦闷可想而知。因此非常感谢我的家人，是他们让我远离了一切家务的干扰；非常感谢我的师友，是他们鼓励安慰我，使我渐渐有了一个安宁的写作心态；特别感谢省社科院的卢敦基先生和浙江大学的廖可斌先生，是他们的信任，才使我十年后重新有了这次亲近凌濛初的机会。尤其是廖可斌先生，他在期末和乔迁的百忙之中，认真审阅了书稿，不仅指出了不少错误，而且提出了一些非常有价值的修改意见。在钦佩于他的严谨、博学和敏锐的同时，我感到自己幸运地得到了良师的指点，这也是我这次写作的一大收获。

赵红娟

二〇〇七年于湖州白鱼潭